高等学校"十一五"规划教材

PUTONGHUA YU KOUCAI XUNLIAN

普通话与口才训练

第2版

◎ 王劲松 主编

北京师范大学出版集团
BEIJING NORMAL UNIVERSITY PUBLISHING GROUP
安徽大学出版社

图书在版编目(CIP)数据

普通话与口才训练/王劲松主编. —2版.—合肥：安徽大学出版社，
2011.8(2024.12重印)
ISBN 978-7-5664-0286-8

Ⅰ.①普… Ⅱ.①王… Ⅲ.①普通话②汉语—口才学
Ⅳ.①H102②H119

中国版本图书馆CIP数据核字(2011)第165300号

高等学校"十一五"规划教材
普通话与口才训练(第2版)　　　　王劲松　主编

出版发行：	北京师范大学出版集团
	安 徽 大 学 出 版 社
	(安徽省合肥市肥西路3号 邮编230039)
	www.bnupg.com
	www.ahupress.com.cn
印　　刷：	合肥创新印务有限公司
经　　销：	全国新华书店
开　　本：	787 mm×1092 mm　1/16
印　　张：	18.25
字　　数：	393千字
版　　次：	2011年8月第2版
印　　次：	2024年12月第14次印刷
定　　价：	37.00元

ISBN 978-7-5664-0286-8

责任编辑：姜　萍　王　晶　　　　装帧设计：孟献辉
责任校对：刘　红　　　　　　　　　责任印制：陈　如

版权所有　　侵权必究

反盗版、侵权举报电话：0551—65106311
外埠邮购电话：0551—65107716
本书如有印装质量问题，请与印制管理部联系调换。
印制管理部电话：0551—65106311

高等学校人文基础课省级规划教材
编委会

（排名不分先后，以姓氏笔画为序）

主　任　王劲松　杨忠慧　陈晓云　夏文先

委　员　马凌云　王永军　乔守春　任绪伟
　　　　李秀华　张宽胜　陶会平　徐永森
　　　　徐　明　唐　菀　梅四海

《普通话与口才训练》
编写组

主　　编　　王劲松

副 主 编　　李秀华

编写组成员（排名不分先后，以姓氏笔画为序）

王永红　王　颖　王劲松
李秀华　刘志梅　沈晓燕
陈　珂　宣恒大　谈　莉
秦名娟　梁昌明　黄洪沫
黄应秋　程邦海

修订说明

《普通话与口才训练》主要讲授和训练普通话及口语表达的基本知识和基本技能,训练学生的普通话水平和口语表达能力,使学生达到所学专业职业资格所要求的普通话等级,并具备一定的口语交际能力;基础知识目标方面要求学生了解普通话的声母、韵母、声调、音变、语调等基础知识;理解在不同语境下口语表达的不同要求。能力目标方面要求掌握普通话的声母、韵母、声调、音变、语调,达到普通话二级以上的水平;能够适应不同语境的需要,熟练运用口头语言进行沟通交流,并显示出一定的技巧。

全书共分七章,大约38万字。编写体例以章节为序,每章下列本章的知识目标、能力目标;重实训轻理论,简单介绍普通话与口才训练的相关基础知识,将原理渗透到训练设计中;注重教材形式的活泼、增强可读性,适时在文中插入"示例"等内容;加强口语表达的情境训练设计。使用方便,既适合于教师的课堂教学,又可供学生自学参考使用。

本书已被安徽省教育厅列为安徽省高等学校"十一五"省级规划教材(教秘高〔2007〕65号文),出版发行以来受到师生的广泛好评。现在编者从教学实践出发,本着负责的态度对教材进行推敲、修改完善,保证了教材的时效性、适用性。

本次修订是在前面已经比较成熟的基础上结合教学的实际需要进行的。主要修订情况包括:适应现在的社会发展,对部分例文进行了更换,尤其是修改了例文中的一些提法,使其跟上时代的发展步伐;此外根据教学的实际对第一版的部分内容进行了适当的修改,主要体现在第二章、第三章、第四章、第七章,使内容和措辞更加完善。

本次修订主要由王劲松、梁昌明、秦名娟、宣恒大等承担。教材由安徽医学高等专科学校王劲松老师担任主编。分工情况如下:王劲松(安徽医学高等专科学校)承担编写第一章、第六章的一、二节,宣恒大(合肥师范学院)承担编写第二章的第一节,王永红(舒城师范)承担编写第二章的第二节,黄应秋(桐城师范)承担编写第二章的第三节,梁昌明(淮南师院)承担编写第二章的第四节,徐明(安徽财贸职业技术学院)承担编写第三章,陈珂(蚌埠学院)承担编写第四章,刘志梅(安徽医学高等专科学校)承担编写第五章的第一、二、三节,谈莉(巢湖学院)承担编写第五章的第四节、第六章的第三节,王颖(安徽财经大学)承担编写第七章的第一至四节,秦名娟(合肥师范学院)承担编写第七章的第五节。

教材编写与修订过程中,参考和借鉴了一些专家、学者及报刊杂志网络发表的论文、专著及其他资料,在此谨表深深的谢意。

前 言

《普通话与口才训练》主要讲授和训练普通话及口语表达的基本知识和基本技能,训练学生的普通话水平和口语表达能力,使学生达到所学专业职业资格所要求的普通话等级,并具备一定的口语交际能力;培养学生具有灵活的思维能力、应变能力,使学生具有坚定、自信的心理素质,在语言表达中做到主旨明确、条理清楚、语言生动、仪态自然。

基础知识目标方面要求学生了解普通话的声母、韵母、声调、音变、语调等基础知识;理解在不同语境下口语表达的不同要求。能力目标方面要求掌握普通话的声母、韵母、声调、音变、语调,达到普通话二级以上的水平;能够适应不同语境的需要,熟练运用口头语言进行沟通交流,并显示出一定的技巧。

本课程实践性强,本着"理论够用,突出实训"的原则,教材中普通话与口才的知识性内容少而精、讲清楚即可,重点放在通过各种常用口语表达形式的训练,使学生能够熟练地掌握各种口语表达形式的运用技巧,真正具备较高的口语表达水平,满足相应的职业需求。教学中教师的知识讲授为辅,以学生的训练为主。教师在教学活动中主要是设计一定的模拟情境,指导学生在模拟的情境中进行实际的语言表达训练。

全书共分七章,编写体例以章节为序,每章下列本章的知识目标、能力目标;重实训轻理论,简单介绍普通话与口才训练的相关基础知识,将原理渗透到训练设计中;注重教材形式的活泼、增强可读性,适时在文中插入"示例"等内容;加强口语表达的情境训练设计。使用方便,既适于教师的课堂教学,又可供学生自学参考使用。

本书已被安徽省教育厅列为安徽省高等学校"十一五"省级规划教材(教秘高〔2007〕65号文)。

教材的编写者都是具有较丰富教学经验和教材编写经验的老教师,所有编写人员为了保证教材的质量,均以严谨负责的态度对待自己的任务,克服重重困难,为保证教材的编写质量做出了最大的努力。

教材由安徽医学高等专科学校王劲松老师担任主编。王劲松(安徽医学高等专科学校)承担编写第一章、第六章的一、二节,宣恒大(合肥师范学院)承担编写第二章的第一节,王永红(舒城师范)承担编写第二章的第二节,黄应秋(桐城师范)承担编写第二章的第三节,梁昌明(淮南师院)承担编写第二章的第四节,徐明(安徽财贸职业技术学院)承担编写第三章,陈珂(蚌埠学院)承担编写第四章,刘志梅(安徽医学高等专科学校)承担编写第五章的第一、二、三节,谈莉(巢湖学院)承担编写第五章的第四节、第六章的第三节,王颖(安徽财经大学)承担编写第七章的第一至四节,秦名娟(合肥师范学院)承担编写第七章的第五节。

由于编写的时间有限、编者的水平有限,不足与疏漏之处在所难免,敬请有关专家、同行和广大读者批评指正。

教材编写过程中,参考和借鉴了一些专家、学者及报刊杂志网络发表的论文、专著及其它资料,在此谨表深深的谢意。

编　者

2011 年 8 月

目 录

第一章 概 述

第一节 口才及口才训练的意义 …… 1
　一、口才的概念 …………………… 1
　二、口才的特征 …………………… 1
　三、口才训练的意义 ……………… 3
　　训练设计 ………………………… 4

第二节 口才训练的内容及要求 …… 4
　一、口才提高的途径 ……………… 4
　二、口才训练的内容 ……………… 6
　三、口才训练的要求 ……………… 8
　　训练设计 ………………………… 9

第二章 普通话训练

第一节 普通话语音基础 …………… 10
　一、声母 …………………………… 10
　二、韵母 …………………………… 13
　三、声调 …………………………… 16
　四、音变 …………………………… 17
　　训练设计 ………………………… 20

第二节 普通话表达技巧 …………… 30
　一、停连与轻重 …………………… 30
　二、快慢与节奏 …………………… 33
　三、语气与语调 …………………… 35
　　训练设计 ………………………… 37

第三节 朗读与朗诵 ………………… 43
　一、普通话的发音技巧 …………… 43

　二、朗读 …………………………… 46
　三、朗诵 …………………………… 47
　　训练设计 ………………………… 48

第四节 普通话水平测试 …………… 51
　一、普通话水平测试等级标准 …… 51
　二、安徽省普通话水平测试内容 … 52
　三、安徽省普通话水平测试的要求和评分 ……………………………… 52
　四、国家普通话水平智能测试系统 … 55
　五、国家普通话水平智能测试系统考生培训 ………………………… 55
　六、模拟试卷 ……………………… 57
　　训练设计 ………………………… 62

· 1 ·

第三章　口语表达基础训练

第一节　口语表达方式训练 …… 65
  一、复述训练 …… 65
  二、描述训练 …… 69
  三、解说训练 …… 71
  四、评述训练 …… 74
  五、答问训练 …… 77
  　训练设计 …… 81

第二节　态势语训练 …… 83
  一、体态语言的内涵 …… 84
  二、体态语言的功能 …… 84
  三、体态语言的表现形式 …… 84
  四、体态语言运用的原则 …… 85
  五、体态语言的训练方法 …… 85
  　训练设计 …… 89

第三节　心理素质训练 …… 90
  一、心理误区 …… 90
  二、心理素质的要求 …… 91
  三、心理素质训练 …… 93
  　训练设计 …… 94

第四章　演讲训练

第一节　演讲概述 …… 95
  一、演讲的类别 …… 95
  二、演讲的作用 …… 97
  三、演讲的基本要求 …… 98
  　训练设计 …… 99

第二节　命题演讲 …… 100
  一、概念与种类 …… 100
  二、命题演讲的准备 …… 101
  三、命题演讲的技巧 …… 108
  　训练设计 …… 112

第三节　即兴演讲 …… 114
  一、概念与种类 …… 114
  二、即兴演讲的准备 …… 116
  三、即兴演讲的技巧 …… 117
  　训练设计 …… 121

第四节　论辩演讲 …… 123
  一、概念与种类 …… 123
  二、论辩演讲的准备 …… 124
  三、论辩演讲的技巧 …… 127
  　训练设计 …… 131

第五章　社交口才

第一节　介绍与交谈 …… 133
  一、概述 …… 133
  二、介绍的技巧与典型范例 …… 133
  三、交谈的技巧 …… 135

训练设计 …………………… 141
第二节　赞美与批评 ………… 142
　　一、概述 …………………… 142
　　二、语言技巧 ……………… 143
　　　训练设计 ………………… 150
第三节　接待与送别 ………… 152
　　一、概述 …………………… 152
　　二、语言技巧 ……………… 152
　　　训练设计 ………………… 156
第四节　询问与答复 ………… 157
　　一、概述 …………………… 157
　　二、语言技巧与典型范例 … 158
　　　训练设计 ………………… 166

第六章　说服口才

第一节　说服与劝解 ………… 168
　　一、概述 …………………… 168
　　二、语言技巧 ……………… 168
　　　训练设计 ………………… 175
第二节　宣传与鼓动 ………… 178
　　一、概述 …………………… 178
　　二、语言技巧 ……………… 178
　　　训练设计 ………………… 182
第三节　求职与应聘 ………… 182
　　一、概述 …………………… 182
　　二、语言技巧与典型范例 … 183
　　　训练设计 ………………… 189

第七章　行业口才

第一节　公关口才 …………… 193
　　一、概述 …………………… 193
　　二、语言技巧与典型范例 … 194
　　　训练设计 ………………… 201
第二节　推销口才 …………… 203
　　一、概述 …………………… 203
　　二、语言技巧与典型范例 … 203
　　　训练设计 ………………… 210
第三节　导游口才 …………… 213
　　一、概述 …………………… 213
　　二、语言技巧与典型范例 … 214
　　　训练设计 ………………… 221
第四节　主持口才 …………… 223
　　一、概述 …………………… 223
　　二、语言技巧与典型范例 … 224
　　　训练设计 ………………… 235
第五节　教师口才 …………… 236
　　一、教师口才的基本内涵与分类 ……
　　　…………………………… 236
　　二、教学语言 ……………… 237
　　三、教育语言 ……………… 255
　　　训练设计 ………………… 269

· 3 ·

附 录

附录一 容易读错的单音节字词 … 271
附录二 普通话水平测试用朗读作品 …………………… 272
附录三 普通话水平测试用话题 … 273
附录四 安徽省普通话水平测试评分细则 ……………… 274

主要参考文献 ……………………………………………………… 275

第一章 概 述

知识目标

了解普通话与口才的关系,认识口才的重要作用。

能力目标

掌握快速提高普通话和口才水平的途径及基本训练方法;养成运用普通话进行口语表达的习惯。

第一节 口才及口才训练的意义

古人云:"一人之辩重于九鼎之宝,三寸之舌强于百万之师。"孔子的弟子子贡云:"出言陈辞,身之得失,国之安危也。"二战时,有些西方人士曾把舌头、原子弹和金钱合称为"世界三大威力";后来又有人把口才、美元和电脑作为"三大战略武器",这里,我们看到口才无不独冠其首。时下,口才好的人的确可以受益无穷。他可以让人托付重任、使自己和他人快乐;他可以通达成功的彼岸,使自己魅力四射。而一个人有了才干,假使没有口才,虽也会成功,但比起既有才干又兼有口才的人来不知要多走多少弯路。

一、口才的概念

汉民族共同语已经经历了相当长的发展时期,从春秋时期的"雅言"开始,先后历经"通语"、"正音"、"官话"、"国语"等阶段。1955年在中科院召开的学术会议上正式确定现代汉民族的共同语是普通话,并从语音、词汇方面进行了规定,1956年,国务院又增补了语法的内容。所以,今天我们所说的普通话就是"以北京语音为标准音,以北方话为基础方言,以典范的现代白话文著作为语法规范的现代汉民族共同语"。

口才是运用口头语言表情达意的能力,普通话是口才展示过程的语音形式。既是能力,就可以锻炼。既然当今的社会需要口才、成才需要口才,那就让我们在口才的训练和培养上下一番工夫吧!

二、口才的特征

(一)普通话的特征

每种事物都有自己的独特之处,普通话也不例外。

1. 语音方面

(1)音节的界限分明,结构整齐。普通话,无论是音节开头或结尾,都没有两三个辅音联结在一起的现象,也就是说普通话没有复辅音,元音和辅音相间,这样音节的界限就非常分明,组成结构也显得比较整齐。

(2)音乐成分比例大。元音是乐音,而普通话中元音占绝对优势。普通话音节中可以没有辅音,但不能没有元音。如"啊"(ā)、"鹅"(é)、"安"(ān)等,就没有辅音。

(3)音乐性强。因为普通话有声调,它是音节中不可或缺的组成部分,声调既使音节和音节之间界限分明,又使声音具有高低升降的变化形式,因而能给人以音乐的美感。

(4)发音洪亮持久。普通话中辅音出现在音节开头,除了－n和－ng以外,都不能出现在音节末尾。响亮的开口呼音节约占全部音节的半数,用最响亮的元音 a 作为主要元音的音节有 150 多个。因而普通话给人的总体感觉是发音洪亮持久。

2. 词汇方面

(1)词形较短。由于汉语的语素以单音节为基本形式,所以由它构成的单音词和双音词也较多,词形较短。

(2)双音节化。从前的单音节有的被双音节代替,如"目——眼睛"。许多多音节也被缩减为双音节,如"家用电器——家电"。新创词语也多为双音节,如"智力商数——智商"。

3. 语法方面

(1)量词非常丰富。在汉语普通话中,数词和名词结合时,通常在数词后加个量词,名词不同,所用量词也不同。如"一辆车、一艘船、一架飞机、一棵树、一张纸、一间房"等。

(2)主要以语序和虚词来表达语法意义。如"不去"和"去不"只因语序不同,所表达的语意和语气均不同。"老师和学生"、"老师的学生"之所以语法关系和意义不同,就在于"和"表示并列关系,而"的"表示偏正关系。

(二)口才的特征

1. 口才不是与生俱来的

许多人认为自己口才不好是天生的,这种认识是不正确的。丘吉尔被誉为"世纪的演说家",但他原来讲话结巴、口齿不清,个头仅 1.65 米,难听的喊叫声根本算不上洪亮,在议会下院的最初一次演讲中,竟只讲了一半就跑了,他之所以最终拥有举世称赞的雄辩口才,是刻苦、勤奋、坚持的结果。

2. 口才对语音的依赖性

语音是语言的物质外壳,口才离不开语言,所以也必须依赖于语音。语音是否优美动听,又很大程度上取决于语调,因为有人做过实验,让著名演员用悲切的语调朗诵阿拉伯数字,竟然也使台下听众潸然泪下,这就是语调作用的结果。

3. 口才的综合性

口才,尽管看不见、摸不着,但有口才者无不具备敏捷的思维、明晰的思路、丰富的想象、渊博的学识和良好的心理素质等。所以口才是一个人综合能力的真实体现,要想拥有口才,就必须使自己具备一些相应的素质、修养和能力。

语言是人与人沟通的桥梁,口才的展示过程也关系到听者和说者双方,所以口才同样又有桥梁的作用。大千世界、芸芸众生,每天有多少事务要通过口才来洽谈,有多少纠纷要通过口才来解决,有多少笔生意要通过口才来商定……这些都无不体现出口才的桥梁作用。

4. 口才的技巧性

一个人天天口若悬河,并非真正口才好,口才好坏的关键是看说话有没有效,而有效的说话是有一定技巧的。比如与人谈话,如果把自己说得比对方好,便会化友为敌,反之则可化敌为友。俗语"一句话说得人笑,一句话说得人跳"讲的就是这个道理。

三、口才训练的意义

(一)学习普通话的意义

汉语是世界上使用人数最多的语言,也是联合国的六种工作语言之一。所以学好作为现代汉民族共同语的普通话,具有重要的意义:

(1)有利于克服语言障碍,促进社会政治、经济、文化的交往;

(2)有利于促进人员流通、商品流通和建立统一的市场;

(3)有利于增进各民族、各地区的交流,维护祖国的统一,增强中华民族的凝聚力;

(4)有利于贯彻教育面向现代化、面向世界、面向未来的战略方针,弘扬祖国优秀的传统文化,加强社会主义精神文明建设;

(5)有利于推动中文信息处理技术的发展和应用;

(6)有利于促进国际、国内的交往。

(二)口才训练的意义

在社会迅猛发展的今天,不管一个人从事何种职业,口才运用的好坏都将预示他能否步入成功之门,具备好口才意义重大。

1. 口才能影响一个人的生存状态

资料显示,在发达国家中,有近10%的人直接或间接从事着和口才有关的工作。生活在开放化环境中的人们要生存,就必须交流,要交流,就必须要充分展示口才的魅力。

2. 口才就是力量

好口才可以给人增添许多助力。它能赢得友谊;它能给人排忧解难、消除人与人之间的隔阂;它能解除人的愁苦、悲观,使人更加美好快乐;它能取信于人,甚至使人托付重任。

3. 口才能化解尴尬

口才并非一般的说话,它有时像润滑油,有时又像消声器,能化解尴尬,甚至维护人格、国格。

示例

据说2000年11月一位领导考察香港,有记者问:"您在讲话中强调了团结的重要,这是不是指香港不够团结?"刁钻的问题使得会场顿时鸦雀无声。这位领导微微一笑反问道:"如果我祝你身体健康,是不是你的身体就不健康呢?"片刻的寂静后是满堂的笑声和雷鸣般的掌声。

 训练设计

一、普通话是在什么时候被定为我国现代汉民族共同语的?

二、普通话概念从哪几方面对普通话进行了规定?

三、你能简单说说普通话和口才的关系以及口才和普通语言的区别吗?

四、有些人很会说话,他怎么说都能叫人听了舒心。比如清代有个布政使请巡按吃酒。这个巡按为自己只有一个儿子而忧伤。布政使衙门内有一个小官在酒宴上伺候时劝慰巡按说:"子好不在多呀。"布政使听了,对小官说:"我发愁的是儿子太多了。"小官说:"子好不愁多呀。"

现实生活中类似这样的场合很多,以下是生活中选取的几个片段,请同学们找出一些应对措施,讨论一下哪种最好?

1. 一天,某人骑车回家,无意中骑到路左边,与迎面一位骑车而来的小伙子撞上了,小伙子说:"你怎么骑的?懂不懂交通规则?为什么不能靠右行?"违规的这个人该怎么说才能使小伙子息怒呢?

2. 一位小姐参加新年舞会,和男友一起下舞池时,一只高跟鞋给裙子绊住,一下摔倒并滚下铺着地毯的楼梯。男友怎么做才能把女友从这尴尬中解脱出来?

3. 一个星期天,小吴同未婚妻小刘及刘母一起泛舟湖面。突然,刘母问小吴:"假如此刻翻船,我们母女同时落水,只能一个一个被救时,你先救谁?"小吴只说了一句话,小刘和刘母都很满意。小吴是怎么说的呢?

4. 有位演讲家演讲时说:"男人,像大拇指",他高高地竖起大拇指,又说"女人像小拇指"。语音刚落,全场哗然,女士们强烈反对使用如此的比喻。演讲家立刻进行了补充,一句话就平息了女士们的愤怒。演讲家该怎么说?

第二节 口才训练的内容及要求

说普通话完全是一种口语技能的训练,而口才的好坏还需要技巧,不管是技能也好,技巧也好,都有一定的规律可循,找到了规律就等于找到了训练的捷径。

一、口才提高的途径

任何知识和技能的学习都有自己特有的方法和途径,掌握了方法和途径才能少走弯路,事半功倍。

(一)先会听

一个人说起话来总是滔滔不绝、没完没了,并不能叫口才好。那些只顾自己讲不顾别人听的人,即使他讲得再好、再专业,也不能说他口才好,因为讲的效果要由听的效果来决定。口才好的人,他首先关心的是听者的心情和态度,如果只言片语别人就懂了的问题,再多说只能令人生厌,俗语说得好"过犹不及",而如果洋洋洒洒说了许多,别人还是听不懂的话,那就更不能叫口才好了。一个人三言两语就能使人折服,关键就在于他善于思考、善于观察。所以要想成为一个有口才的人,除了掌握基本的口才训练之外还要培养自己善思考、勤观察的良好习惯。

会听还包括"会看",一个口才好的人无论是在自己说或是听的时候,眼睛总会关注对方的面部表情、神态及其动作。反之,不管说或听时,眼睛只在对方的面部之外停留或扫射,给人的感觉是不感兴趣。所以,辞不在深,达意则灵;言不在多,有效就行。

(二)要积累

常言道:"巧妇难为无米之炊。"说话也是如此。要注意搜集讲话的内容。这主要有两方面的来源:一是丰富的生活。生活中不能没有语言,同样语言中也不能没有生活,生活内容丰富,语言内容才会丰富,"两耳不闻窗外事,一心只读圣贤书",则只能是书呆子。二是博览群书。古人讲究"读书破万卷,下笔如有神",其实"说"是"写"的前奏,这里可改为"读书破万卷,开口如有神"。古人讲"言之无文,行而不远",不过言之无"文",风行天下的事也还真有,那是在上世纪20年代,山东军阀韩复榘,本来大字不识,但在齐鲁大学"视察"时,却附庸风雅地发表所谓"演讲",的确可笑;在我们周围,有的人由于知识欠缺也或多或少地闹过此类笑话。因此"会讲"必须多读书看报,做材料积累的是有心人。

(三)具德才

要培养自己运用语言的能力,必须德、才兼备。

"德"是口才之魂。一个人要生存不能不讲个人修养,不能不讲伦理道德;否则,人们将贪欲成性、极度自私,社会将会混乱,国家将失去尊严。所以高尚的伦理道德具有强烈的感染力,它可以大大增强口才的魅力。

"才"是口才之核心,口才就是既要有口,还要有才,一个人口才的好坏并非只有广博的知识就行了,还要具备良好的记忆能力、观察能力、思维能力、想象能力甚至创新能力、应变能力等,它是各种能力综合作用的结果。

示例

二战后日本首相田中角荣在中国的一次宴会中说:"过去几十年间,日中关系经历了不幸的过程。其间我国给中国国民添了很大的麻烦,我对此再次表示深切的反省之意。"才思敏捷、多学博才的周恩来当场反问:"你对日本给中国造成的损害怎么理解?难道仅仅是'麻烦'?"接着列举了一系列具体的历史事实,详细到年月日、杀人的数目、场面的巨大、手段之毒辣等。周总理以超人的记忆、卓越的才华维护了祖国的尊严,赢得了世人的敬佩。

(四)有思想

口才要有艺术,更要有思想。有了丰富的思想,才会有无穷无尽的话题,有了无穷无尽的话题,还愁做不到口若悬河吗?要有丰富的思想就要多观察、细观察、全面观察。

所以,口才不仅是一门学问,更是一门艺术,是一门兼取众长的综合艺术。好的口才兼有相声的幽默、演员的形象、论辩的机智、朗诵的感染力和播音的清晰悦耳等。它具有折服人的力量,能把人带入一种综合美的境界,受到综合美的感染。

二、口才训练的内容

(一)把握原则

做人要讲原则,办事要有原则,说话也不能忽视原则。

1. 准确性

人们每天做人做事都是语言先行,口才的内在形式就是语言,所以要讲实效,首先就是用语准确。

示例

有位朋友过生日,特邀四位朋友来家小聚。左等右等还是缺一位,主人一急,脱口而出:"急死人啦!该来的总也不来!"

有位客人不高兴地说:"你的意思是说我是不该来的,那就告辞了!"说完气冲冲地走了。

一人没来,又走一人,主人又急得冒出一句:"哎呀,不该走的却走了。"剩下的两人中有一个生气地说:"你的意思是说该走的是我啦!好,我走!"说完也走了。

最后的这位朋友大概交情较深,劝主人说:"朋友都被你气走了,你说话也该注意一下。"

主人无奈地说:"其实他们全都误会我了,我压根儿不是说他们的。"

仅剩的这位朋友脸色陡变:"什么!原来你是说我!哼!有什么了不起!"也青着脸走了。

假如人人都像上文这位主人,那我们不仅办不成事,还会使生活中充满怨恨,直接影响到工作和生活的质量。所以使用口才的第一点就是要表意准确。

2. 针对性

考虑到不同的人,年龄、性格、爱好、心理、身份、职务等不同,我们在讲话时就要"见什么人,说什么话",这和"曲意逢迎"有着根本的区别,我们所说的是看对象、看场合。犹如对一个孩子或没有文化的老人问"贵庚了?"会让对方摸不着头脑。所以说话要看对象,对症方可"下药"。

3. 互动性

说话通常是双方的活动(除了自言自语),口才要讲实效,说者和听者要有互动,积极地参与交流,每个人又往往同时具备说者和听者双重身份,不管听、说都要为对方着想。担任说的一方,不能只对一个人说,要顾及到每一个人;要谦逊,这包括先让别人说和在与对方说话时从神态、语言、举止,主要是心理上要显示出谦逊;不能和别人抢着说;不能一直自己说,要给对方说的机会。担任听的一方,要专著地听,时而点头、时而发问;不能眼扫别处,心不在焉,不能插话或抢过话题自己说;要耐心听别人把话说完。只有双方在平等互惠、和谐友好的气氛中,谈话才能发生效力,谈话也才能称得上展示口才。

(二)掌握技巧

1. 明白晓畅、通俗易懂

写文章是让别人看的,写的要让人能看懂;说话是让人听的,说的要让人能听懂。这都要注意用词习惯。日常生活的交往还是以用语朴实通俗为好,如果用词华丽或高深,不仅会使人敬而远之,还会有"好炫耀"之嫌。要把本来很高深抽象的东西说清楚,就要从生活入手。

示例

爱因斯坦的相对论据说全世界没几个人能看懂,但一次人们包围住他,要他用"最简单的话"解释清楚他的理论时,爱因斯坦是这样说的:"比方这么说——你同你最亲密的人坐在火炉边,一个钟头过去了,你觉得好像只过了五分钟;反过来,你一个人孤孤单单地坐在热气逼人的火炉边,只过了五分钟,但你却像坐了一个小时。——唔,这就是相对论!"

爱因斯坦拿一个人人都会遇到的生活事实为例来解释科学问题,把深奥的道理说得通俗易懂。

2. 知己知彼,百说百胜

战场上需要知己知彼,和平时期人与人的交往、谈话也同样需要知己知彼,犹如医生看病要查病因、人们吃饭要合胃口一样,解决思想问题,要搞清问题的所在;教师讲课要了解学生的兴趣和需要;经商谈判要掌握信息,摸清情况;说服一个人也要对其家庭、思想、心理、经历、素质等各方面进行分析、综合后,精心准备,把握时机,才能动之以情、晓之以理,达到目的。

3. 言不在多,精当为益

写作要中心突出,说话更是如此,常言道:言多必失,多言多败。无论我们学习、生活、工作或交际,说话都要有重点,只有说得少且精,留给人的印象才会深。

4. 处处留心,回避禁忌

口才艺术是教人说哪些话,而口语中的禁忌则是告诫人们不该说哪些话。常见的禁忌列举如下:

(1)个人隐私。西方有"男士不问钱数,女士不问岁数"的说法,也就是说年龄、收入、婚姻、家庭、职位等不能直问其人,这是一种基本的礼节。

(2)在公众场合,不说脏话、粗话和非礼之话。如:"屁股、拉屎"等等。

(3)不说与场合环境不适的话。如进出厕所时,不能招呼对方"吃了没有?";到沿海城市吃鱼不能说翻过来,要说划过来;西方人忌讳数字13等。各地风俗不同,禁忌也有别。

(4)谈话礼节方面:首忌喋喋不休、自吹自擂,给人的感觉是极度的自私、自负,不尊重人;二忌心不在焉,有瞧不起人之嫌;三忌假大空的说教,这是在浪费别人的时间;四忌武断暴躁,雄辩成性,这样会把气氛搞得很紧张,别人也会认为你是神经质。

总之,方方面面都有禁忌,一定要多观察、多积累,方可不犯禁。

三、口才训练的要求

普通话、口才训练都要求字正腔圆、音色纯正,也就是做到发音准确、吐字清晰,语流通畅。

(一)普通话训练的要求

1. 练好基本功,把握好声韵调的标准读音

2. 理论联系实际,反复训练

音变、轻声、儿化等理论学习过程中能读准的,还必须再放到语流中反复练习。

3. 听、读、说三者结合,缺一不可

听是读的前奏,读是说的基础,光听不读,什么时候都是纸上谈兵,光读不说永远达不到灵活运用的目的。

4. 找出差异,摆脱方音影响

找准自己所在的方言区在语音、词汇和语法上同普通话的区别,再按照正确的发音方法反复训练直至完全摆脱方音影响。

5. 反复训练,长期坚持

对于普通话基础较差的同学,最好使用复读机和相关磁带逐字逐句地听,逐字逐句地练,坚持下来效果显著。

(二)口才训练的要求

口才是一个人综合素质和综合能力的体现,除了对普通话的要求外,在训练中还要求做到:

1. 感情真挚、节奏明快

各种有声语言都离不开感情,感情是内在思想的外化,它要通过各种有声语言的表达技巧(包括节奏)传达给听众。口语表达中感情真挚容易感染人,同时给人以信任感。朗读、朗诵时节奏会随着情感的变化而有变化,但在口才使用中,节奏以明快为宜。明快的节奏活泼、流畅,很适于交流。

2. 眉目传神,幽默睿智

面部表情丰富是感情的自然流露,有人认为丰富的面部表情可以弥补一个人性格、相貌的不足。幽默睿智也常配以相应的表情,幽默的语言不仅体现出言语者的聪明智慧,还充溢着一种美感,一种令人愉悦的美感,它能缓解紧张的气氛,使人摆脱窘境。

3. 忘掉自我,学会沉默

一个口才好的人首先要做一个耐心的听众,忘掉自我,心存对方,这是实现有效沟通的重要方面;其次要懂得沉默的作用,学会沉默,有时沉默恰是最好的表达。

训练设计

一、找出古今中外历史上能够口若悬河、滔滔不绝的人士若干（越多越好），分析他们的共性，谈谈高水平口才所应具备的素质。

二、想让人家遵照你的意思去做事时，你应该用怎样的口气？怎样跟人说？请试一试。

三、在西方曾流传一句格言："诗人是先天的，演说家是后天的。"这说明了什么？

四、小数点的故事：

元宵佳节，数学家同女友漫步公园。女友问他："我脸上有点雀斑，你真的不介意？"数学家温柔地回答："绝对不！我生来就爱跟小数点打交道。"

试分析这位数学家此时的心理活动，他的谈吐表明了他具备哪些方面的基本素质？

第二章 普通话训练

知识目标

学习普通话语音基础、普通话表达技巧以及普通话朗读、朗诵方面的知识。

能力目标

正确掌握普通话发音的语音基础,能够熟练运用普通话的表达技巧进行朗读、朗诵,并通过训练通过相应的普通话水平测试,达到一定的普通话等级要求。

第一节 普通话语音基础

一、声母

(一)声母的发音

声母是音节中位于元音前头的那部分。例如,在"会"(huì)这个音节里,辅音"h"就是它的声母。有的音节不以辅音开头,元音前头那部分是零,习惯上叫做"零声母"。例如"奥"(ào)开头没有辅音,就算是零声母音节。普通话的声母共有 22 个,其中除零声母外,共有 21 个辅音声母。

辅音的主要特点是发音时气流在口腔或咽头总要受到各种阻碍,因此可以说,声母发音的过程也就是气流受阻和克服阻碍的过程。由于阻碍气流的位置和方式不同,就形成了不同的声母。声母分类的依据就是发音部位和发音方法这两大因素。

1. 声母的发音部位

发音部位,是指发音时气流在发音器官中受阻碍的部位。上下两个部位接触或接近,就会形成阻碍。上位以上颚为主,是形成阻碍的被动或不动部分;下位以舌头为主,是形成阻碍的主动即活动部分。按发音部位分,普通话辅音声母可以分为七类。

(1)双唇音(b、p、m),由上唇和下唇接触阻碍气流而形成。

(2)唇齿音(f),由上齿和下唇内缘(不是外缘)接近阻碍气流而形成。

(3)舌尖前音(z、c、s),由舌尖抵住或接近上齿背阻碍气流而形成。

(4)舌尖中音(d、t、n、l),由舌尖抵住上齿龈阻碍气流而形成。

(5)舌尖后音(zh、ch、sh、r),由舌尖抵住或接近硬腭前部阻碍气流而形成。

(6)舌面音(j、q、x),由舌面前部抵住或接近硬腭前部阻碍气流而形成,又叫做"舌面前音"。

(7)舌根音(g、k、h),由舌面后部抵住或接近软腭阻碍气流而形成,又叫做"舌面后音"。

2. 声母的发音方法

发音方法指的是发音时喉头、口腔和鼻腔节制气流的方式和状况。可以从阻碍的方式、声带是否振动、气流的强弱三个方面来观察。

(1)阻碍的方式:根据形成阻碍和解除阻碍的方式不同可以把普通话辅音声母分为五类。

①塞音(b、p、d、t、g、k):发音时,上下发音部位完全闭塞,使气流受阻;然后突然打开,气流迸裂而出,爆发成音。

②擦音(f、h、x、s、sh、r):发音时,上下发音部位接近,形成窄缝;然后气流从窄缝中挤出,摩擦成音。

③塞擦音(j、q、z、c、zh、ch):发音时,上下发音部位先完全闭塞,然后气流把阻塞部位冲开一条窄缝,从窄缝中挤出,摩擦成音。塞擦音的前一半是塞音,后一半是擦音,先破裂,后摩擦,前后两半紧密结合成一个音。

④鼻音(m、n):发音时,口腔中形成阻碍的上下部位完全闭塞,软腭下降,打开鼻腔通路,气流振动声带,从鼻腔通过而发出声音。

⑤边音:发音时,舌尖抵住上齿龈,但舌头的两边仍留有空隙,气流振动声带,从舌头的两边或一边通过。

(2)声带是否振动:根据发音时声带是否振动可以把辅音分为清音和浊音。普通话21个辅音声母中,浊音共有m、n、l、r四个,其余声母都是清音。

(3)气流的强弱:根据解除阻碍后呼出气流的强弱,可以把塞音、塞擦音这两类12个声母再分为送气音和不送气音两种。

①送气音(b、d、g、j、z、zh):除阻后有较强的气流喷吐而出的音。

②不送气音(p、t、k、q、c、ch):除阻后呼出气流短促而微弱的音。

根据以上分类,可以概括出普通话21个辅音声母的发音要领,列表如下:

普通话辅音声母发音要领表

发音方法 \ 发音部位			双唇	唇齿	舌尖中	舌根	舌面	舌尖后	舌尖前
塞音	不送气	清	b		d	g			
	送气	清	p		t	k			
塞擦音	不送气	清					j	zh	z
	送气	清					q	ch	c
擦音		清		f		h	x	sh	s
		浊						r	
鼻音		浊	m		n				
边音		浊			l				

(二)声母辨正

各地方言的声母同普通话声母不尽相同,方言区的人学习普通话声母时要注意以下几个问题:

1.分辨 n 和 l

这两个音的相同之处,一是发音部位,都是舌尖抵住上齿龈,是舌尖中音,二是声带振动,是浊音。它们的不同主要在于有无鼻音,是从鼻腔出气还是从舌头两边或一边出气。为了分辨 n 和 l,不妨用捏鼻孔的办法来练习。捏鼻孔后发音,如果觉得发音有困难,而且耳膜有鸣声,那就是 n 音。因为发 n 时软腭下垂,气流振动声带后要从鼻孔通过,捏住鼻孔是发不成鼻音的。捏鼻孔而觉得发音不困难,耳膜并无显著鸣声,那就是 l 音。因为发 l 是软腭上升,堵塞鼻腔通路,舌身收窄,气流由舌头两边或一边流出,不带鼻音。比较下列各组词语:

　　你想 nǐxiǎng—理想 lǐxiǎng　　水牛 shuǐniú—水流 shuǐliú
　　年代 niándài—连带 liándài　　无奈 wúnài—无赖 wúlài

2.分辨 zh、ch、sh 和 z、c、s

普通话里这两类音的发音部位一前一后,完全对立。zh、ch、sh 是舌尖后音,发音时舌尖卷起来对着硬腭前部;z、c、s 是舌尖前音,发音时舌尖对着上齿背。先发 z、c、s,然后把舌尖卷起来对着硬腭,发出的音就是 zh、ch、sh。掌握这两类声母的发音特点及规律后,还要能准确区分含有这两类声母的不同字词。可以根据汉字声旁进行类推。例如"正"字声母是 zh,可以类推带有"正"字做声旁的"证"、"整"、"政"、"征"、"症"、"怔"等字声母也都是 zh。还可以借助声韵配合规律来分辨,例如 ua、uai、uang 三个韵母,在普通话中只跟 zh、ch、sh 相拼,不跟 z、c、s 相拼。比较下列各组词语:

　　诗人 shīrén—私人 sīrén　　主力 zhǔlì—阻力 zǔlì
　　木柴 mùchái—木材 mùcái　　新春 xīnchūn—新村 xīncūn

3.分辨 f 和 h

普通话中这两个音的发音方法相同,都是清擦音。区别在于发音部位:f 是唇齿音,发音时上齿和下唇构成阻碍。h 是舌根音,发音时舌根和软腭构成阻碍。避免两音相混,除了消除方言影响,找准发音部位外,关键是发 f 音时不能圆唇,舌根部位不要抬高;发 h 时唇和齿不要接触参与发音。多数情况下,是部分 h 声母字混入 f 声母字。比较下列各组词语:

　　发生 fāshēng—花生 huāshēng　　废话 fèihuà—会话 huìhuà
　　公费 gōngfèi—工会 gōnghuì　　三伏 sānfú—三壶 sānhú

4.分辨送气音和不送气音

普通话的辅音声母中,b、d、g、j、zh、z 是不送气音,p、t、k、q、ch、c 是送气音。送不送气是指声母发音时气流的强弱。体会和练习送气不送气音有一个直观的方法,即拿一张书本大小的纸,用手指捏住,使其直立,放到嘴唇前约1~2寸处。当发不送气音时,纸面只有微弱的振动;当发送气音时,纸被吹折倒,动感明显。还可以将手掌心对着嘴部,发送气音时,感觉到有一股气流喷出来;发不送气音时,感觉不到有气流出来。比较下列各组词语:

拔树 báshù——爬树 páshù　　　肚子 dùzi——兔子 tùzi

一个 yígè——一刻 yíkè　　　　吉他 jítā——其他 qítā

二、韵母

(一)韵母的发音

韵母就是汉语音节中声母后面的部分。韵母主要由元音构成,有些韵母里除了元音之外还有辅音。普通话韵母里的辅音只有 n 和 ng 两个鼻辅音。

普通话有 39 个韵母,可以从两个不同角度进行分类,一是根据韵母的结构特点,一是根据韵母开头元音的发音口形。

1. 按结构分

根据韵母内部结构成分的不同,可以把韵母分为单元音韵母、复元音韵母和带鼻音韵母三类。

(1)单元音韵母,是由一个元音因素构成的韵母,简称单韵母。普通话有 10 个单元音韵母。

单韵母的发音特点是,发音时舌位、唇形及开口度按发音要求维持发音状态,始终不变,没有动程。单韵母的不同音色是由舌位的高低和前后、唇形的圆扁及开口度的大小不同造成的。根据发音时的舌位及状态,10 个单韵母分为两种:

①舌面单元音韵母:a、o、e、ê、i、u、ü。发音时舌头的高点在舌面上,是舌面起主要作用。

a 舌面、央、低、不圆唇元音(是舌面元音、央元音、低元音、不圆唇元音的简称,以下类推)。发音时,口大开,舌位低,舌头居中央(不前不后)。唇形不圆。例如"发达"fādá 里的 a。

o 舌面、后、半高、圆唇元音。发音时,口半闭,舌位半高,舌头后缩,唇拢圆。例如"磨破"mópò 里的 o。

e 舌面、后、半高、不圆唇元音。发音状况与 o 基本相同,但双唇要自然展开。例如"特色"tèsè 里的 e。

ê 舌面、前、半低、不圆唇元音。发音时,口半开,舌位半低,舌头前伸使舌尖抵住下齿背,唇形不圆。在普通话里只有"欸"这个字念 ê(零声母)。

i 舌面、前、高、不圆唇元音。发音时,唇形呈扁平状,舌头前伸使舌尖抵住下齿背,唇形不圆。例如"集体"jítǐ 里的 i。

u 舌面、后、高、圆唇元音。发音时,双唇拢圆,留一小孔,舌头后缩,使舌根接近软腭。例如"互助"hùzhù 里的 u。

ü 舌面、前、高、圆唇元音。发音状况与 i 基本相同,但唇形拢圆。例如"语句"yǔjù 里

的 ü。

② 舌尖单元音韵母：-i(前)、-i(后)、er。发音时舌尖位置起主要作用。

-i(前)舌尖、前、高、不圆唇元音。发音时舌尖前伸，靠近上齿背，形成一条窄缝，气流经过时不发生摩擦。只用在声母 z、c、s 的后面。例如"自私"、"此次"的韵母。

-i(后)舌尖、后、高、不圆唇元音。发音时舌尖翘起，靠近硬腭，形成一条窄缝，气流经过时不发生摩擦。只用在声母 sh、ch、sh、r 的后面。例如"知识"、"支持"的韵母。

er 卷舌、央、中、不圆唇元音。发音时舌头处于自然状态，舌尖翘起和硬腭相对，气流的通路比较宽，嘴唇不圆。韵母 er 永远不和辅音声母相拼。例如"儿"、"而"、"耳"等字的韵母。

(2)复元音韵母，是由两个或三个元音复合而成的韵母，简称复韵母。

复韵母的发音有两个特点。第一，发音时从一个元音到另一个元音是逐渐过渡的，而不是跳跃的，中间有许多过渡音。例如发 ao 时，先发 a，然后舌位逐渐升高，后移，嘴唇逐渐收圆，最后发出 o。第二，各元音的响度不等。响度大的元音在前的，叫做前响复韵母；响度大的元音在后的，叫做后响复韵母；响度大的元音在中间的，叫做中响复韵母。

普通话有13个复韵母，分为三组：

①前响复韵母：ai、ei、ao、ou。发音时，前面的元音清晰响亮，音值稍长，后面的元音轻短模糊。

②后响复韵母：ia、ie、ua、uo、üe。发音时，前面的元音轻短模糊，后面的元音清晰响亮。

③中响复韵母：iao、iou、uai、uei。发音时，中间的元音清晰响亮，前后元音轻短模糊。

(3)带鼻音韵母，是由元音和鼻辅音构成的，也叫鼻韵母。鼻韵母发音时，由元音开始逐渐向鼻辅音过渡，最后阻碍部分完全闭塞，气流从鼻腔流出。

普通话有16个鼻韵母，根据鼻辅音韵尾的不同，可分为两种：

①前鼻音韵母，以 n 为韵尾的韵母，有 8 个：an、ian、uan、üan、en、in、uen、ün。

②后鼻音韵母，以 ng 为韵尾的韵母，有 8 个：ang、iang、uang、eng、ing、ueng、ong、iong。

2. 按口形分

按照韵母开头元音的发音口形，汉语传统的音韵学还将韵母分为"四呼"。

开口呼：不是 i、u、ü 或不以 i、u、ü 开头的韵母。

齐齿呼：i 或用 i 开头的韵母。(即韵母表中 i 行韵母)

合口呼：u 或用 u 开头的韵母。(即韵母表中 u 行韵母)

撮口呼：ü 或用 ü 开头的韵母。(即韵母表中 ü 行韵母)

以上两项结合起来看反映韵母的基本面貌，如下表：

普通话韵母表

结构＼韵头	开口呼	齐齿呼	合口呼	撮口呼
单韵母	—i(前) —i(后)	i	u	ü
	a			
	o			
	e			
	ê			
	er			
复韵母		ia	ua	
			uo	
		ie		üe
	ai		uai	
	ei		uei	
	ao	iao		
	ou	iou		
鼻韵母	an	ian	uan	üan
	en	in	uen	ün
	ang	iang	uang	
	eng	ing	ueng	
			ong	iong

（二）韵母辨正

1. 分辨前鼻音韵母和后鼻音韵母

前鼻音 n 和后鼻音 ng 发音不同关键在于造成阻碍的部位不同。n 是舌尖浊鼻音，发音时由舌尖和上齿背构成阻碍；ng 是舌根浊鼻音，发音时由舌根和软腭构成阻碍。普通话里由鼻韵尾 n 和 ng 组成两套鼻韵母，区别意义。注意分辨下列各组词语的发音：

赞颂 zànsòng—葬送 zàngsòng　　陈旧 chénjiù—成就 chéngjiù

山口 shānkǒu—伤口 shāngkǒu　　亲近 qīnjìn—清静 qīngjìng

2. 分辨齐齿呼韵母和撮口呼韵母

要分辨齐齿呼韵母和撮口呼韵母其实就是分辨 i 和 ü。i 和 ü 都是舌面前高元音，差别只是发音时 i 不圆唇，ü 要圆唇。先发 i 的音，舌位保持不变，慢慢把嘴唇收圆就是 ü。另外撮口呼只能同声母 n、l、j、q 相拼或自成音节，可在此范围内辨音记字。注意分辨下列各组词语的发音：

名义 míngyì—名誉 míngyù　　前面 qiánmiàn—全面 quánmiàn

季节 jìjié—拒绝 jùjué　　盐分 yánfèn—缘分 yuánfèn

3. 分辨单韵母和复韵母

普通话的复韵母比较丰富,有13个,而有些方言缺乏复韵母。单、复韵母混淆的方言,要注意普通话里复韵母发音有动程(即口腔开合、舌位高低、前后有变化),单韵母没有动程。注意分辨下列各组词语的发音:

咔嚓 kācā—开采 kāicǎi　　　炉子 lúzi—骡子 luózi

他怕 tāpà—逃跑 táopǎo　　　贴切 tiēqiè—特别 tèbié

三、声调

(一)调值和调类

声调指的是音节中具有区别意义作用的音高变化。例如普通话里"山西"(shānxī)和"陕西"(shǎnxī)的不同,"主人"(zhǔrén)和"主任"(zhǔrèn)的不同,就是由于声调的不同。汉语的声调可以从调值和调类两个方面来分析。

调值指声调的实际读法,也就是高低升降变化的具体形式。描写调值常用五度制声调表示法。把一条竖线四等分,得到五个点,自下而上定为五度:1度是低音,2度是半低音,3度是中音,4度是半高音,5度是高音。一个人所能发出的最低音是1度,最高音是5度,中间的音分别是2度、3度和4度。一个音如果又高又平,就是由5度到5度,简称为55,是个高平调;如果从最低升到最高,就是由1度到5度,简称为15,是个低升调;如果由最高降到最低,就是由5度降到1度,简称为51,是个全降调。五度制声调表示法图示如下:

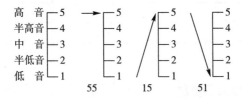

调类指声调的类别,就是把调值相同的音归纳在一起建立起来的声调的类别。例如普通话的"去、替、废、动、恨"调值相同,都是由5度到1度,就属于同一个调类。

普通话有四种基本调值,可以归并为四个调类。根据古今调类演变的对应关系,定名为阴平、阳平、上声和去声。具体描写如下:

1. 阴平

高而平,叫高平调。发音时由5度到5度,简称55。例字:妈、督、加、先。

2. 阳平

由中音升到高音,叫中升调。由3度到5度,简称35。例字:麻、毒、荚、贤。

3. 上声

由半低音降到低音再升到半高音,叫降升调。由2度降到1度,再升到4度,简称214。例字:马、赌、甲、显。

4. 去声

由高音降到低音,叫全降调。由5度到1度,简称51。例字:骂、度、价、县。

普通话声调的调类和调值可以综合为下面的表：

调类	调值	调型	调号	例字
阴平	55	高平	—	咪 mī 身 shēn
阳平	35	中升	/	迷 mí 神 shén
上声	214	降升	∨	米 mǐ 审 shěn
去声	51	全降	\	密 mì 慎 shèn

（二）声调辨正

1. 明确方言和普通话声调的对应关系

首先要把普通话四个声调的调值念准，其次要找出自己方言声调和普通话声调的对应关系。念准普通话四个声调的调值时，记住这个口诀：

阴平调，起音高高一路平；阳平调，由中到高往上升；

上升调，先降后升曲折起；去声调，高起猛降到底层。

找自己方言声调和普通话声调的对应关系，可以用五度标记法记下自己家乡话中各调类字的调值；仿照例图所示方式，画出家乡话与普通话调值、调型比较图；并说明学习普通话调值要注意的问题。例如：

合肥话与普通话调值、调型比较图

调类	普通话		合肥话		例字
	调值	调型	调值	调型	
阴平	55	高平	212	降升	妈 mā
阳平	35	高升	55	高平	麻 má
上声	214	降升	24	高升	马 mǎ
去声	51	全降	53	半降	骂 mà

2. 古入声字的改读

普通话是没有入声的，古入声字普通话分别归入阴平、阳平、上声、去声四个声调里。因此，有入声的方言区的人学习普通话，首先要弄清哪些是入声字，然后注意把入声字那种短促的念法改掉，按普通话的声调去念。区别古入声字的今读声调有困难的人，可采取"记少不记多"的方法，重点记住普通话里读阴、阳、上声的入声字，其他入声字就可一律读成去声。

四、音变

在说话过程中，由于相连音节的相互影响或表情达意的需要，有些音节的结构会发生程度不同的变化，我们称这种现象为语流音变，简称音变。

普通话的音变主要包括变调、轻声、儿化和语气词"啊"的变读。

（一）变调

在语流中，由于相连音节的相互影响，使某个音节本来的调值发生变化，这种变化叫做变调。变调是汉语许多方言都有的现象,最常见的变调是后面音节的调值影响前面音节的调值。下面我们介绍普通话里两种重要的变调。

1. 上声的变调

(1)两个上声相连时,前一个上声的调值由 214 变为 35。例如:买米、好酒、土改。

(2)上声和非上声相连时,前一个上声的调值由 214 变为 21(半上)。例如:买姜、买油、买菜、买了(轻声)。

(3)三个以上的上声相连,根据词语的意义自然分节后再按上述变调类型念。例如:

请你 处理好 与老百 姓的关系。

2. "一"和"不"的变调

"一"的本调是阴平,"不"的本调是去声。"一"单读时或在词句末尾时读本调。"不"单读、在词句末尾、在非去声前读本调。例如:一、第一、不、就是不、不说、不来、不走。

(1)"一"在非去声前念去声。例如:一斤、一天、一元、一年、一两、一晚。

(2)"一"、"不"在去声的前边改读为 35 阳平。例如:一寸、一夜、一个、不去、不累、不会。

(3)"一"、"不"夹在词语中间念轻声。例如:想一想、管一管、来不来、开不开、做不好。

(二)轻声

普通话中有些词语的音节失去原有的声调,读又轻又短的调子,这样的语音变化叫做轻声。轻声比较灵活,但还是有规律可循的。下面一些成分,在普通话中通常读轻声。

(1)助词"的、地、得、着、了、过"和语气词"吧、吗、呢、啊"等。

(2)构词后缀"子、头"和表示群体的"们"等。

(3)名词、代词后面表示方位的语素或词"上、下、里、边"等。

(4)动词、形容词后面表示趋向的词"来、去、起来、下去"等。

(5)叠音词的第二个音节及重叠动词中的"一"和"不"。

(6)量词"个、些"等。

(7)作宾语的人称代词"我、你、他"等。

(8)动词后的介词"在、到"等。

(9)动词后的某些结果补语。如"站住、打开"。

(10)部分四音节词语里的衬字,如"啰里啰嗦、黑不溜秋、丁零当啷"。

(11)有一批常用的双音节词,第二个音节习惯上要读轻声。例如:

衣服	豆腐	薄荷	扁担	认识	打听	拾掇	漂亮	干净	凉快
本事	编辑	大方	窗户	算盘	消息	牡丹	体面	动静	应付
扫帚	客气	便宜	吩咐	力量	石榴	稀罕	清楚	精神	喜鹊

(三)儿化

1. 什么叫儿化

儿化与卷舌元音 er 有关,普通话 er 有两种用法,一是自成音节,表示具体的意义,这类用法较少,如"儿、而、耳、二";二是粘附在别的音节后面,使这一音节的主要元音起卷舌作用,韵母发生变化,成为一种卷舌韵母。这种使韵母卷舌化的现象叫儿化现象,被儿化的韵母叫做儿化韵。儿化韵音节用汉字表现时要两个汉字,用拼音表现时只需在原来的韵母后面加一个 r 就行了,不需写成一个单独的音节,如 huār(花儿)。

2. 儿化韵的发音

儿化韵都是在韵母后加卷舌动作,但不同类型的儿化韵卷舌时可能引起其他的音变,使儿化韵有不同的读法。具体情况表现为:

(1)韵母最后音素是 a、o、e、u 的,儿化后只在原韵母后加卷舌动作。如:

  上哪儿 na—nar 山坡儿 po—por 唱歌儿 ge—ger 火炉儿 lu—lur

(2)韵尾是 i 或 n 的,儿化时去掉韵尾,加卷舌动作。如:

  小孩儿 hai—har 宝贝儿 bei—ber 窍门儿 men—mer 一点儿 dian—diar

(3)韵尾是 ng 的,儿化时,丢掉 ng,主要元音变成鼻化元音,同时加卷舌动作。如:

  帮忙儿 mang—mār 吊嗓儿 sangr—sār 胡同儿 tongr—tōr

(4)主要元音是 i、ü 的,要在原韵母后加 er。如:

  小姨儿 yi—yier 打旗儿 qi—qier 金鱼儿 yu—yuer 马驹儿 ju—juer

(5)主要元音是-i(前)、-i(后)的,去掉主要元音,在声母后直接加上 er。如:

  墨汁儿 zhi—zher 小事儿 shi—sher 带刺儿 ci—cer 拔丝儿 si—ser

(6)韵母是 in、ün 的,丢 n,加 er。如:

  干劲儿 jin—jier 白云儿 yun—yuer

(四)语气词"啊"的音变

语气词"啊"用在句末,发音时往往受到前一个音节韵尾的影响而发生音变,这种音变也可能相应产生"啊"的变体写法。其规律如下表:

前字韵腹或韵尾+a	"啊"的音变	规范写法	举例
a、o、e、ê、i、ü+a →	ya	呀	鸡呀、鱼呀、磨呀
u、ao+a →	ua	哇	苦哇、好哇
n+a →	na	哪	难哪、新哪、玩哪
ng+a →	nga	啊	娘啊、香啊、红啊
-i(后)、er+a →	ra	啊	是啊、店小二啊
-i(前)+a →	[za]	啊	次啊、死啊

普通话与口才训练

 训练设计

一、声母训练。

（一）声母的发音。

1. 根据"普通话声母发音要领表"，发准每个声母。

2. 写出并读准下面《太平歌》每个字的声母。

　　子夜久南明，喜报东方亮。此日笙歌颂太平，众口齐欢唱。

3. 同声母词语练习。

双唇音练习：

　　b—步兵　摆布　半边　办报　包办　辨别　阜鄙　奔波　百般　冰雹
　　p—品牌　批评　批判　评判　偏僻　匹配　澎湃　琵琶　攀爬　偏颇
　　m—面貌　密码　秘密　命名　迷茫　盲目　买卖　莫名　麻木　弥漫

唇齿音练习：

　　f—方法　吩咐　非法　仿佛　丰富　发放　反复　夫妇　防范　非凡

舌尖中音练习：

　　d—导读　得到　达到　当地　等待　到底　道德　等到　导弹　单独
　　t—头痛　天堂　团体　淘汰　疼痛　探讨　体贴　逃脱　挑剔　铁通
　　n—年内　男女　牛奶　南宁　泥泞　难耐　恼怒　拿捏　泥淖　袅娜
　　l—力量　浏览　理论　利率　流泪　靓丽　来临　联络　留恋　流浪

舌尖后音练习：

　　zh—站住　这种　找准　之中　政治　战争　住宅　注重　主张　执着
　　ch—查处　出场　传出　长城　长春　出差　超出　拆除　抽查　撤出
　　sh—上升　少数　上市　受事　实施　时尚　事实　手术　税收　舒适
　　r—仍然　融入　容忍　柔软　惹人　忍让　溶入　荣辱　柔韧　荣任

舌尖前音练习：

　　z—自在　藏族　罪责　祖宗　在职　早在　栽赃　总则　走在　自尊
　　c—参差　仓促　苍翠　粗糙　草丛　从此　璀璨　猜测　措辞　残存
　　s—琐碎　松散　思索　撕碎　色素　瑟缩　诉讼　洒扫　搜索　所思

舌面音练习：

　　j—接近　经济　基金　解决　积极　拒绝　即将　究竟　结局　坚决
　　q—全球　前期　请求　亲戚　强求　齐全　确切　情趣　气球　祈求
　　x—学校　学习　现象　消息　小心　休息　相信　形象　想象　新鲜

舌根音练习：

g—改革　广告　公告　尴尬　高管　规格　巩固　供给　挂钩　骨干

k—开口　坎坷　可靠　刻苦　空旷　苛刻　慷慨　科考　看客　扣款

h—后悔　辉煌　黄河　混合　豪华　回合　呵护　呼唤　和好　黄昏

(二)声母辨正

1.n和l对比练习。

(1)词的对比练习。

n—l　脑子—老子　男鞋—蓝鞋　大怒—大陆　浓重—隆重　泥巴—篱笆
　　　黄泥—黄鹂　无奈—无赖　留念—留恋　水牛—水流　鸟雀—了却

(2)组词练习。

n—l　努力　能力　年龄　那里　能量　男篮　农历　奴隶　耐力　鸟类
　　　年老　农林　奶酪　内陆　浓烈　年轮　暖流　尼龙　纳凉　年率

l—n　两年　理念　辽宁　鲁能　靓女　历年　留念　老年　来年　连年
　　　冷暖　流年　岭南　落难　罹难　累年　蓝鸟　楼内　流脑　老农

(3)绕口令练习。

①出南门,面正南,有一个面铺面冲南。面铺门口挂着一个蓝布棉门帘。摘了蓝布棉门帘,看了看面铺面冲南,挂上蓝布棉门帘,瞧了瞧,哟,嘿!面铺还是面冲南。出西门走七步,拾到鸡皮补皮裤。是鸡皮补皮裤,不是鸡皮不必补皮裤。

②牛郎年年恋刘娘,刘娘连连念牛郎;牛郎恋刘娘,刘娘念牛郎,郎恋娘来娘念郎。

③蓝教练是女教练,吕教练是男教练。蓝教练不是男教练,吕教练不是女教练。蓝南是男篮主力,吕楠是女篮主力,吕教练在男篮训练蓝南,蓝教练在女篮训练吕楠。

2.平舌音和翘舌音对比训练。

(1)字的对比训练。

平—翘　资—知　租—猪　砸—扎　早—找　邹—周　载—摘　张—脏　字—制
　　　磁—迟　擦—插　侧—撤　粗—出　才—柴　仓—昌　匆—冲　曹—巢
　　　思—诗　撒—傻　色—设　苏—书　腮—筛　桑—商　搜—收　岁—睡

(2)词的对比训练。

平—翘　资助—支柱　栽花—摘花　早到—找到　木材—木柴　擦嘴—插嘴
　　　乱草—乱吵　推辞—推迟　私人—诗人　死记—史记　自力—智力
　　　赞助—站住　暂时—战时

(3)组词练习。

z—zh	栽植	杂志	栽种	增长	资质	自主	辎重	总之	增长	组织
zh—z	掌嘴	种族	帐子	沼泽	制作	著作	站在	指责	转载	职责
c—ch	采茶	草场	猜出	菜场	彩船	餐车	残喘	财产	此处	存储
ch—c	车次	场次	纯粹	蠢材	插槽	长此	陈词	成材	尺寸	吃醋
s—sh	私事	死神	私塾	扫射	扫视	散失	撒手	丧失	缩水	诉说
sh—s	上司	少数	山色	慎思	深邃	伸缩	疏散	哨所	双色	射速

(4)绕口令练习。

①红砖堆、青砖堆,砖堆旁边蝴蝶追,蝴蝶绕着砖堆飞,飞来飞去蝴蝶钻砖堆。

②这是蚕,那是蝉,蚕常在叶里藏,蝉常在林里唱。

③四和十,十和四,十四和四十,四十和十四。说好四和十得靠舌头和牙齿。谁说四十是"细席",他的舌头没用力;谁说十四是"适时",他的舌头没伸直。认真学,常练习,十四、四十、四十四。

3. f 和 h 对比训练。

(1)字的对比训练。

f—h	福—湖	飞—灰	分—昏	房—航	饭—汗	份—恨	府—虎
	粉—很	烦—寒	非—黑	富—户	方—夯	发—花	肥—回
	风—轰	防—杭					

(2)词的对比训练。

f—h	理发—理化	发现—花县	公费—工会	民房—民航	飞机—挥击
	防虫—蝗虫	房地—皇帝	方志—荒置	斧背—虎背	附注—互助
	舅父—救护	风声—轰声			

(3)组词练习。

f—h	复合	发挥	返回	废话	分红	峰会	富豪	凤凰	丰厚	符号
	分化	防护	返还	放缓	发火	负荷	发黄	反悔	浮华	封号
h—f	恢复	回复	合法	和服	花费	挥发	话费	划分	和风	回放
	汇丰	化肥	黄蜂	横幅	寒风	耗费	海风	哈佛	荒废	护肤

(4)绕口令练习。

①粉红墙上画凤凰,红凤凰,粉凤凰,粉红凤凰黄凤凰。

②风吹灰飞,灰飞花上花堆灰。风吹花灰灰飞去,灰在风里飞又飞。

③红饭碗,黄饭碗,红饭碗盛满饭碗,黄饭碗盛饭半碗。黄饭碗添了半碗饭,红饭碗减了饭半碗。黄饭碗比红饭碗又多半碗饭。

4.送气音和不送气音对比训练。

(1)词的对比训练。

b—p 败兵—派兵 鼻子—皮子 部位—铺位 辫子—骗子 爆竹—炮竹
补课—普客

d—t 淡化—碳化 肚子—兔子 稻子—套子 毒药—涂药 读书—图书
队伍—退伍

z—c 座位—错位 在场—菜场 大字—大刺 自序—次序 自杀—刺杀
租书—粗疏

zh—ch 知道—吃到 长着—敞着 侄子—池子 质子—赤子 中锋—冲锋
掌门—敞门

j—q 匠人—呛人 掬水—渠水 经历—庆历 坚强—牵强 举报—取报
基数—期数

g—k 孤树—枯树 工地—空地 怪道—快到 米缸—米糠 各对—客队
过水—阔水

(2)组词练习。

b—p 扁平 不怕 被迫 背叛 奔跑 帮派 扳平 逼迫 爆破 编排
d—t 当天 冬天 动态 地铁 地图 独特 代替 电台 电梯 歹徒
z—c 在此 字词 再次 自从 总裁 早餐 左侧 做错 自此 足彩
zh—ch 支持 指出 正常 主场 支撑 中场 真诚 侦查 战场 争吵
j—q 加强 近期 进球 及其 坚强 机器 技巧 激情 崛起 郊区
g—k 概括 高考 公开 顾客 观看 赶快 感慨 港口 公款 广阔

(3)绕口令练习。

①吃葡萄不吐葡萄皮,不吃葡萄倒吐葡萄皮。

②八百标兵奔北坡,炮兵并排北边跑,炮兵怕把标兵碰,标兵怕碰炮兵跑。

③车上放着一个盆,盆里放着一个瓶。乒乒乓乓乒乒,瓶碰盆,盆碰瓶,不知是盆碰坏了瓶,还是瓶碰坏了盆。

二、韵母训练

1.根据普通话韵母表,读准普通话的39个韵母。

2.同韵母词语训练。

(1)单韵母练习。

a— 打杀 沙发 腊八 大马 拉闸 吧嗒 加大 罚他 挞伐 发达 爸妈
o— 磨破 薄膜 伯伯 婆婆 薄薄 佛破 拨 颇 莫 泼 魔 播 墨
e— 特色 苛刻 合格 色泽 割舍 舍得 侧设 折射 隔热 克热 呵责
i— 启迪 妻弟 利息 奇迹 契机 笔迹 提议 题记 齐集 避忌 啼泣

```
u —嘱咐    主妇    除阻    束缚    五谷    初步    出租    舒服    无辜    图书
ü —絮语    驱雨    女婿    渔女    须臾    絮语    伛偻    区域    须臾    屈居
—i(前)—子嗣  次次    丝丝    自私    此次    私自    四次    刺字    字词
—i(后)—只是  制止    迟滞    吃食    事实    实质    支持    日蚀    时日
er —耳机    偶尔    十二    儿童    然而    而且    尔尔    儿科    二哥    耳朵
```

(2) 复韵母练习。

```
ai —掰开    晒台    买卖    摆开    海带    灾害    埋汰    该来    开赛    彩排
ei —北非    肥美    蓓蕾    配备    黑妹    北美    每杯    美眉    类配    黑贝
ao —报道    糟糕    牢靠    操劳    报导    高超    找到    超导    烧着    报告
ou —守候    走漏    漏斗    首艘    搜购    沟口    后楼    露头    欧洲    叩头
ia —压价    招架    恰恰    架下    加压    加价    压下    下家    下辖    假牙
ua —花袜    娃娃    耍滑    挂画    瓜    夸话    挖    华刮    跨    瓦画
ie —铁屑    乜斜    贴切    结业    铁鞋    接卸    斜街    贴接    业界    冶铁
uo —骆驼    蹉跎    错过    罗锅    脱落    堕落    啰嗦    陀螺    错落    挪过
üe —约略    雀跃    绝却    缺略    缺血    薛岳    学学    月虐    月缺    虐学
iao —巧妙    妙药    逍遥    吊桥    教条    苗条    小鸟    笑料    悄悄    潇潇
iou —悠久    绣球    久留    优秀    求救    有救    久游    遛遛    六九    有求
uai —外快    摔坏    拽歪    踹歪    踹拽    帅    块    淮    怪歪    拽    揣
uei —汇兑    鬼祟    摧毁    归队    回味    灰堆    贵为    岁尾    回水    水退
```

(3) 鼻韵母练习。

```
an —    漫谈    淡蓝    犯难    坦然    橄榄    单干    繁难    胆敢
ian —    变迁    偏见    电线    连绵    眼线    便签    脸面    沿线
uan —    官船    专断    转弯    宽缓    宛转    贯穿    玩转    万贯
üan —    轩辕    圆圈    源泉    源源    全权    渊源    拳拳    远远
en —    沉闷    人身    本分    深圳    人参    愤恨    妊娠    人们
in —    亲近    琴音    金银    秦晋    尽心    殷勤    近亲    金鑫
uen —    温顺    分寸    论文    温存    昆仑    文存    论婚    分论
ün —    均匀    逡巡    芸芸    军训    云群    运军
ang —    纲常    方塘    螳螂    上当    盲肠    钢厂    放糖    行当
iang —    奖项    相像    向阳    湘江    像样    将相    降将    想象
uang—    狂妄    网状    装潢    状况    双簧    双矿    黄庄    闯王
eng —    丰盛    更正    声称    奉承    登程    风声    生成    争胜
ing —    宁静    命令    蜻蜓    经营    情景    倾听    明令    清静
ueng—    翁    瓮    嗡
ong —    公众    从容    中东    总统    轰动    从戎    工种    共同
```

iong — 炯炯　汹汹　穷凶　汹涌　熊熊　茕茕

3. 前后鼻韵母对比训练。

(1)字的对比训练。

  an—ang　办—棒　凡—房　判—胖　谈—唐　蛮—茫　单—当　干—刚　寒—航

  en—eng　笨—蹦　喷—砰　份—凤　闷—梦　跟—更　痕—恒　针—征　陈—程

  in—ing　斌—兵　频—瓶　民—明　进—竟　新—星　亲—清　因—英　金—经

(2)词的对比训练。

  an—ang　反问—访问　开饭—开放　心烦—心房　铲子—厂子　满满—茫茫

  en—eng　清真—清蒸　伸张—声张　瓜分—刮风　终身—终生　分化—风化

  in—ing　禁地—境地　临时—零时　民生—鸣声　信服—幸福　心理—行礼

(3)组词练习。

  an—ang　南方　反抗　繁忙　边疆　联想　勉强　观光　宽广　钻床　汤团

  en—eng　本能　神圣　认证　分封　跟风　门灯　很猛　审证　申城　怎生

  in—ing　聘请　新型　心灵　新星　品行　品茗　民兵　敏性　新丁　今明

(4)绕口令练习。

  ①东洞庭,西洞庭,洞庭山上一条藤,藤条顶上挂铜铃,风吹藤动铜铃响,风停藤定铜铃静。

  ②晶晶和欣欣,一起看星星。天上星星亮晶晶,晶晶欣欣数星星。

  ③风儿停停,风儿行行,风儿吹着铃铃,铃铃响响停停,宝宝看看听听。

4. 齐齿呼韵母和撮口呼韵母对比训练。

(1)读准下面四组韵母。

  i—ü　　ie—üe　　ian—üan　　in—ün

(2)字的对比训练。

  你—女　挤—举　写—雪　节—绝　前—全　闲—玄　勤—裙　新—熏

(3)词的对比训练。

  面议—面谕　挤出—举出　茄子—瘸子　前面—全面　通信—通讯

(4)绕口令练习。

  ①南面来了个瘸子,腰里别着个橛子,北边来了个矬子,肩上挑着担茄子。别橛子的瘸子要用橛子换挑茄子的矬子的茄子,挑茄子的矬子不给别橛子的瘸子茄子。别橛子的瘸子抽出腰里的橛子打了挑茄子的矬子一橛子,挑茄子的矬子拿起茄子打了别橛子的瘸子一茄子。

②山前有个阎圆眼,山后有个阎眼圆,二人山前来比眼,不知是阎圆眼的眼圆,还是阎眼圆的眼圆。

5.单韵母和复韵母对比训练。

(1)读准下面几组韵母。

　　　　ei—e　i—ie、ei　ou—u　ai—a　uo—o

(2)字的对比训练。

　　　　乐—累　黑—喝　笔—瘪　北—头　图—斗　赌—百—把　太—踏　拖—破

(3)词的对比训练。

　　　　黑水—喝水　题图—贴图　米面—没面　好斗—好赌　怕辣—派来　脱水—泼水

(4)绕口令练习。

①大妹和小妹,一起去收麦。大妹割小麦,小妹割大麦。大妹帮小妹挑大麦,小妹帮大妹捆小麦。大妹小妹收完麦,高高兴兴去打麦。大妹打小麦啪啪噼,小妹打大麦噼噼啪。

②颗颗豆子进石磨,磨成豆腐送哥哥,哥哥说我的生产虽然小,可是小小的生产贡献多。

三、声调训练

1.单音发音训练。

　　　　ā á ǎ à ō ó ǒ ò e é ě è ī í ǐ ì ū ú ǔ ù ǖ ǘ ǚ ǜ

2.单音节四声顺序练习。

(1)同调相连音节训练。

　　阴平　居安思危　江山多娇　珍惜光阴　卑躬屈膝　攀登高山　息息相关
　　阳平　严格执行　闻名全球　提前完成　轮船航行　勤劳人民　和平繁荣
　　去声　变幻莫测　胜利闭幕　创造纪录　浴血奋战　意气用事　爱护备至

(2)四声顺序音节训练。

　　山明水秀　花红柳绿　光明磊落　高朋满座　兵强马壮　英雄好汉

(3)四声逆序音节训练。

　　逆水行舟　智勇双全　异口同声　万古长青　四海为家　信以为真

3.绕口令练习。

①老伯伯卖墨,老婆婆卖馍,老婆婆卖馍买墨,老伯伯卖墨买馍。墨换馍老伯伯有馍,馍换墨老婆婆有墨。

②妈妈骑马,马慢,妈妈骂马;伯伯磨墨,墨破,伯伯摸墨;姥姥烙酪,酪烙,

姥姥捞酪;舅舅救鸠,鸠飞,舅舅揪鸠。

四、音变训练。

(一)变调训练。

1.上声变调训练。

　　上＋阴　　首都　北京　喜欢　组织　老师　小心　主张　普通
　　上＋阳　　祖国　海洋　指责　羽毛　口才　果茶　语流　草原
　　上＋去　　解放　土地　脚步　体育　考试　等待　美丽　努力
　　上＋上　　水果　了解　美好　手表　所有　减少　也许　领导
　　上＋上＋上　管理组　小老虎　展览馆　手写体　小拇指　孔乙己
　　一串上声　请你给我买几把小雨伞。
　　　　　　　种马场养有五百匹好母马。
　　　　　　　展览馆里有好几百种展览品。

2."一"、"不"的变调训练。

　　一毛不拔　一成不变　一帆风顺　一念之差　一见如故　一网打尽
　　一心一意　一五一十　一丝一毫　一朝一夕　一粥一饭　一颦一笑
　　不共戴天　不见经传　不速之客　不毛之地　不了了之　不可思议
　　不屈不挠　不骄不躁　不伦不类　不尴不尬　不闻不问　不干不净

(二)轻声训练。

1.带有规律的轻声词练习。

　　我的　天的　吃着　看着　好了　算了　儿子　凳子　我们　他们
　　什么　那么　床上　地下　家里　前头　里边　外面　奶奶　妈妈
　　谢谢　看看　三个　十个　好些　少些　打开　收下　回去　过来
　　看起来　说下去　慌里慌张　稀里哗啦

2.普通话必读轻声词练习。

　　爱人　案子　巴掌　把子　把子　爸爸　白净　班子　板子　帮手
　　梆子　膀子　棒槌　棒子　包袱　包涵　包子　豹子　杯子　被子
　　本事　本子　鼻子　比方　鞭子　扁担　辫子　别扭　饼子　拨弄
　　脖子　簸箕　补丁　不由得　不在乎　步子　部分　裁缝　财主　苍蝇
　　差事　柴火　肠子　厂子　场子　车子　称呼　池子　尺子　虫子
　　绸子　除了　锄头　畜生　窗户　窗子　锤子　刺猬　凑合　村子
　　耷拉　答应　打扮　打点　打发　打量　打算　打听　大方　大爷
　　大夫　带子　袋子　耽搁　耽误　单子　胆子　担子　刀子　道士
　　稻子　灯笼　提防　笛子　底子　地道　地方　弟弟　弟兄　点心
　　调子　钉子　东家　东西　动静　动弹　豆腐　豆子　嘟囔　肚子

27

缎子	对付	对头	队伍	多么	蛾子	儿子	耳朵	贩子	房子
份子	风筝	疯子	福气	斧子	盖子	甘蔗	杆子	干事	杠子
高粱	膏药	稿子	告诉	疙瘩	哥哥	胳膊	鸽子	格子	个子
根子	跟头	工夫	弓子	公公	功夫	钩子	姑姑	姑娘	谷子
骨头	故事	寡妇	褂子	怪物	关系	官司	罐头	罐子	规矩
闺女	鬼子	柜子	棍子	锅子	果子	蛤蟆	孩子	含糊	汉子
行当	合同	和尚	核桃	盒子	红火	猴子	后头	厚道	狐狸
胡琴	糊涂	皇上	幌子	胡萝卜	活泼	火候	伙计	护士	机灵
脊梁	记号	记性	夹子	家伙	架势	架子	嫁妆	尖子	茧子
剪子	见识	毽子	将就	交情	饺子	叫唤	轿子	结实	街坊
姐夫	姐姐	戒指	金子	精神	镜子	舅舅	橘子	句子	卷子
咳嗽	客气	空子	口袋	口子	扣子	窟窿	裤子	快活	筷子
框子	困难	阔气	喇叭	喇嘛	篮子	懒得	浪头	老婆	老实
老太太	老头子	老爷	姥姥	累赘	篱笆	里头	力气	厉害	
利落	利索	例子	栗子	痢疾	连累	帘子	凉快	粮食	两口子
料子	林子	翎子	领子	溜达	聋子	笼子	炉子	路子	轮子
萝卜	骡子	骆驼	妈妈	麻烦	麻利	麻子	马虎	码头	买卖
麦子	馒头	忙活	冒失	帽子	眉毛	媒人	妹妹	门道	眯缝
迷糊	面子	苗条	苗头	名堂	名字	明白	蘑菇	模糊	木匠
木头	那么	奶奶	难为	脑袋	脑子	能耐	你们	念叨	念头
娘家	镊子	奴才	女婿	暖和	疟疾	拍子	牌楼	牌子	盘算
盘子	胖子	狍子	盆子	朋友	棚子	脾气	皮子	痞子	屁股
片子	便宜	骗子	票子	漂亮	瓶子	婆家	婆婆	铺盖	欺负
旗子	前头	钳子	茄子	亲戚	勤快	清楚	亲家	曲子	圈子
拳头	裙子	热闹	人家	人们	认识	日子	褥子	塞子	嗓子
嫂子	扫帚	沙子	傻子	扇子	商量	上司	上头	烧饼	勺子
少爷	哨子	舌头	身子	什么	婶子	生意	牲口	绳子	师父
师傅	虱子	狮子	石匠	石榴	石头	时候	实在	拾掇	使唤
世故	似的	事情	柿子	收成	收拾	首饰	叔叔	梳子	舒服
舒坦	疏忽	爽快	思量	算计	岁数	孙子	他们	它们	她们
台子	太太	摊子	坛子	毯子	桃子	特务	梯子	蹄子	挑剔
挑子	条子	跳蚤	铁匠	亭子	头发	头子	兔子	妥当	唾沫
挖苦	娃娃	袜子	晚上	尾巴	委屈	为了	位置	位子	蚊子
稳当	我们	屋子	稀罕	席子	媳妇	喜欢	瞎子	匣子	下巴
吓唬	先生	乡下	箱子	相声	消息	小伙子	小气	小子	笑话
谢谢	心思	星星	猩猩	行李	性子	兄弟	休息	秀才	秀气

袖子　靴子　学生　学问　丫头　鸭子　衙门　哑巴　胭脂　烟筒
眼睛　燕子　秧歌　养活　样子　吆喝　妖精　钥匙　椰子　爷爷
叶子　一辈子　衣服　衣裳　椅子　意思　银子　影子　应酬　柚子
冤枉　院子　月饼　月亮　云彩　运气　在乎　咱们　早上　怎么
扎实　眨巴　栅栏　宅子　寨子　张罗　丈夫　帐篷　丈人　帐子
招呼　招牌　折腾　这个　这么　枕头　镇子　芝麻　知识　侄子
指甲　指头　种子　珠子　竹子　主意　主子　柱子　爪子　转悠
庄稼　庄子　壮实　状元　锥子　桌子　字号　自在　粽子　祖宗
嘴巴　作坊　琢磨

(三)儿化训练。

1.结合儿化的六种情况读好下面六组儿化词语。

(1)哪儿　脚丫儿　山坡儿　大伙儿　方格儿　小车儿　台阶儿　丑角儿　煤球儿
(2)锅盖儿　一块儿　刀背儿　一会儿　竹竿儿　书签儿　茶馆儿　圆圈儿　书本儿
(3)药方儿　瓜秧儿　唱腔儿　天窗儿　蛋黄儿　头绳儿　门缝儿　没空儿　胡同儿
(4)米粒儿　玩意儿　小鸡儿　有趣儿　金鱼儿　蛐蛐儿　眼皮儿
(5)瓜子儿　没词儿　铁丝儿　树枝儿　没事儿　写字儿　鱼刺儿
(6)背心儿　脚印儿　使劲儿　树林儿　花裙儿　合群儿　细菌儿

2.绕口令练习。

(1)进了门儿,倒杯水儿,喝了两口儿运运气儿。顺手拿起小唱本儿,唱了一曲儿又一曲儿,练完了嗓子儿练嘴皮儿。绕口令儿,练字音儿,还有快板儿对口词儿,越说越唱越带劲儿。

(2)我们那儿有个王小三儿,在门口摆个小杂货摊儿,卖的是火柴烟卷儿油盐儿。王小三不识字儿,写账记账净闹稀罕事儿。街坊买了他六十个鸡蛋儿,他就在账本儿上画了六十个圈儿。

(四)"啊"的音变训练。

1.词语练习。

(1)"啊"音变为"ya"。

东西啊　下雨啊　喝茶呀　打岔呀　菠萝啊　节约啊　广播啊　半截啊　回家啊

(2)"啊"音变为"ua"。

跳舞啊　中秋啊　里头啊　大路啊　别哭啊　吃饱啊　真好啊　快走啊　可笑啊

(3)"啊"音变为"na"。

真准啊　围裙啊　小心啊　大干啊　运转啊　弹琴啊　联欢啊　多高啊　来瞧啊

(4)"啊"音变为"nga"。

太脏啊 水清啊 小熊啊 好听啊 不用啊 真痒啊 好冷啊 青松啊 完成啊

(5)"啊"音变为"ra"。

可耻啊 字纸啊 老师啊 节日啊 先吃啊 没事啊 不是啊 女儿啊 牙齿啊

(6)"啊"音变为"[zA]"。

写字啊 蚕丝啊 一次啊 公司啊 有刺啊 自私啊 仔细啊 投资啊 托词啊

2.绕口令练习。

教育要改革啊(ya),学生要减负啊(ua)。培养接班人啊(na),素质要提高啊(ua)。

德智体美劳啊(ua),发展要全面啊(na)。教师是关键啊(na),校长任务重啊(nga)。

家长要配合啊(ya),社会要支持啊(ra)。观念要转变啊(na),思想要更新啊(na)。

办法要多样啊(nga),建立新机制啊(ra)。大家齐努力啊(ya),开创新局面啊(na)。

第二节 普通话表达技巧

学好普通话不仅要掌握声母、韵母、声调和各种音变,还需要掌握一定的表达技巧。普通话表达技巧是普通话表达过程中熟练运用有声语言表情达意的方法和技能。恰当运用普通话表达技巧,能提高有声语言的表现力和感染力,准确地表达文字作品的思想内容和情感色彩。普通话的表达技巧包括:停连与轻重、快慢与节奏、语气与语调等。

一、停连与轻重

(一)停连

停连,即停顿与连接,是指语流中声音的中断和延续。人们在口语表达时,必然出现声音的中断或延续。语流中的停连既是生理的需要,也是表达的需要。从生理机能上看,任何人在口语表达时都必须呼吸换气,这种生理上的换气就是停顿。从表达方面看,人们的语言活动都是为了传达信息、抒发感情,有时需要突出强调的地方就运用停顿;有时为了语意连贯、感情延续就运用连接。只有恰当地处理好停连,语言表达才能语意明晰,层次清楚。

一般地说,停顿分为结构停顿和逻辑停顿。

1.结构停顿

结构停顿,又称语法停顿,是由作品的层次结构、语法结构而决定的停顿。这种停顿显现了作品的思想感情脉络、层级结构和语句间语法关系。表现为段落之间的停顿,标点符号的停顿、句子中间的停顿。

(1)段落和句子相比停顿时间的长短一般为:

段落之间的停顿＞标点符号的停顿

(2)标点符号反映的停顿长短为:

句号、问号、感叹号＞分号、冒号＞逗号＞顿号

(3)句子中主语部分和谓语部分、谓语和宾语之间、修饰语与中心语之间一般需要停顿:

①天空的霞光/渐渐地淡下去了,深红的颜色/变成了绯红,绯红/又变为浅红。(朗读作品12号峻青《海滨仲夏夜》)

②布鲁诺/很不满意/老板的不公正待遇。(朗读作品2号《差别》)

③我顺着林荫路望去,看见了一只嘴边还带着黄色、头上生着柔毛的/小麻雀。(朗读作品27号屠格涅夫《麻雀》)

2. 逻辑停顿

逻辑停顿,又叫强调停顿或感情停顿,是为了突出某个语意或表达某种感情而特别安排的停顿,这种停顿要仔细揣摩作品,在不改变原文语意的基础上,不受上述语法停顿的限制,它根据表达思想感情的需要来决定。

①就是这样/三个人组成了一个家庭。(季羡林《我那温馨的家》)

②眼前,虽然我们家只剩下我一个孤家寡人,你难道能说/这不是一个温馨的家吗?(同上)

文中斜线处并没有标点符号提示的结构停顿,但为了突出和强调家庭成员结构及家庭温馨,朗读时应该安排停顿,以突出强调。

在语言实践中,语法停顿和逻辑停顿是紧密相连的,都是在语流运行中因为表情达意的需要而使用的停歇。

连接,指停顿后的语流延续,有时为了表达需要,特别在有标点符号提示休止的地方不中断,运用连接,更准确生动地表达文字内涵。如:

①它站在许多人的头上、肩上、掌上、胳膊上,与喂养过它的人们,一起融进那蓝色的画面……(朗读作品12号《可爱的小鸟》)

②这平铺着、厚积着的绿,着实可爱。她松松的皱缬着,像少妇拖着的裙幅;她滑滑的明亮着,像涂了"明油"一般,有鸡蛋清那样软,那样嫩;她又不杂些儿尘滓,宛然一块温润的碧玉,只清清的一色——但你却看不透她!(朗读作品25号朱自清《绿》)

(二)轻重

我们知道词有轻重变化的基本格式,同样口语表达时,在语流中,字词随着表达的内

容不同而发生轻重变化,不可能每个词语发音都一样轻重。在语流中恰当处理好语句中的轻重音关系,对准确表达作品内容,充分反映作品的思想感情是非常重要的。轻和重都是相对而言的,在这里我们说说语句重音。

重音,是指一句话中需要突出强调的词或短语。语句重音通常分为语法重音和逻辑重音两种。

1. 语法重音

语法重音是根据句子内部语法结构自然重读的词或短语。语法重音同语句其他部分相比稍有侧重,不必过分强调。语法重音位置是固定而有规律的,其规律一般为:

(1)主谓句子中谓语稍重。

① 今天下雨。

② 雨停了。

③ 太阳出来了。

(2)谓宾相比,宾语稍重。

①我爱春天。

②她的名字叫翁香玉。(苦伶《永远的记忆》)

(3)定状补一般比其中心语稍重。

①那里有金色的菜花,两行整齐的桑树,尽头一口水波粼粼的鱼塘。(莫怀戚《散步》)

②我要悄悄地开放花瓣儿,看着你工作。(泰戈尔《金色花》)

③月亮已经升得很高,隐在一丛竹叶中。(丰子恺《竹影》)

(4)疑问代词、指示代词稍重。

①价格是多少?(朗读作品2号《差别》)

②谁在弹琴?

③春天到了,可我什么也看不见!(朗读作品53号《语言的魅力》)

如果语句较长、成分复杂,重读的部分就不止一处,要根据具体情况而定。一般来说,叙述描写性的作品往往重读形象描绘的文字,议论说理的作品往往重读显示逻辑结构关系的内容。

2. 逻辑重音

逻辑重音是语句中为了强调某种语意或为了表达强烈的感情而特别重读的词或短语。又称强调重音、修辞重音和感情重音。逻辑重音有时可能与语法重音重合,语法重音要服从于逻辑重音,逻辑重音没有固定的位置,它根据表达者思想内容和情感变化而确定。

说话或朗读时,逻辑重音运用最为广泛,最能表现自己对作品的体会感悟。重音的位置改变,所表达的语意也不同。如:

(1)赠你四味长寿药。(强调:给予方式)
　　赠你四味长寿药。(强调:赠送对象)
　　赠你四味长寿药。(强调:赠送数量)
　　赠你四味长寿药。(强调:赠送内容)
(2)我喜欢唱黄梅戏。(强调:谁喜欢)
　　我喜欢唱黄梅戏。(强调:怎么样)
　　我喜欢唱黄梅戏。(强调:不是"听",而是"唱")
　　我喜欢唱黄梅戏。(强调:不是其他剧种,而是黄梅戏)

3. 重音的表达方法

重音一般是通过语音的音长和音强要素来表现,但显示重音的方法是多种多样的,一般有以下几种:

(1)增加音强。

　　理想是石,敲出星星之火。(流沙河《理想》)

(2)延长音长。

　　让暴风雨来得更猛烈些吧!(高尔基《海燕》)

(3)重音轻读。

　　风轻悄悄的,草软绵绵的。(朱自清《春》)

以上方法还可以与停顿并用,增加表达效果。

　　这一整天/谁也没买过她/一根火柴,谁也没给过她/一个钱。(《卖火柴的小女孩》)

二、快慢与节奏

(一)快慢

快慢是指速度,有声语言流动的过程中表现出一定的速度变化即快慢。快慢与作品的内容和情感密切相关,与表达者的体验紧密相连。它通常是用单位时间内发出音节的数量来衡量的,一般分为快速、中速、慢速三种。

快速:300音节左右/分钟,表示欢快、热烈、兴奋、紧张、焦急、慌乱、激动、愤怒等情感,多用于叙述急剧变化的事物,描摹惊险的场景,刻画具有机灵活泼、热情冲动、刚烈暴躁等性格特征的人物。

中速:240音节左右/分钟,是使用范围广、最常用的语速,用于平常的叙事、描写、议论、说明等,表现感情变化起伏不大的日常生活场景和人物。

慢速:180音节左右/分钟。出现频率较低的语速,大多用于表示沉重、悲伤、忧郁、哀悼的情感,描述庄重肃穆的特殊场景。

快慢要根据具体情况确定,不能一概而论,影响语速快慢的因素主要有内容情感、文体体裁、人物性格、语言环境等。

1. 内容情感

内容情感决定语流快慢:内容情感激动、兴奋或愤怒时,语速较快;情绪郁闷、悲伤、痛苦时,语速较慢,语速是体现内容情感的重要手段之一。

2. 文体特点

有声语言表达依附的文字材料文体不同,语言风格不同,表达的语速快慢也有区别。

3. 人物个性

包括作品人物和表达者两方面:不同性格的人口语表达时的快慢不同。性格外向、好动或开朗、泼辣的人习惯较快的语速,性格内向、少言寡语或体弱多病的人大多慢声细语;作品中人物形象同样也是如此。

4. 语言环境

口语表达离不开语境,不同的环境,不同的听众,语速快慢肯定不一样。应该注意,快和慢是相对的,语速快慢应适中,力求做到快而不凌乱,慢而不拖沓。

三　代

林文煌

在交叉路口转弯的时候,我的脚踏车把一位陌生先生的右脚踝压伤了。本来我安全避闪的,当我看到那位先生一手牵着一个刚会走路模样的小男孩,一手牵着一个步履蹒跚的年老中风病患者时,我立刻紧急煞车把车头倾向一边,就在这时,他突然急速地跨前一步,自己撞了上来。

我赶紧跳下车,不安地说:"对不起!对不起!"

他一边弯下腰按摩脚踝,一边和气地抬起头:"我不怪你,是我自己撞上的……也许是我太多虑了,我以为车子如果不会撞上我的小孩,便会撞上我的父亲,于是下意识地上前阻挡。"

在我惊魂未定、讷讷不知所措的时候,那位先生已牵着小孩和老者慢慢离去,我愣愣地目送他们,三个脚步迟缓的背影构成一幅感人的画面。我有搁下车子跟上去帮助那位先生的冲动。可是,我一直没有那样做;我发觉小孩和老者好像那位先生肩上的两头担子,再艰苦他也不肯放下任何一边的。

第一段先是中速,出现意外的文字语速稍快,节奏紧迫,表现当时的紧张;第二段延续前文的速度,道歉的"对不起"取消句子间的停顿,急迫的节奏显示"我"的内疚和紧张;第三段语速慢下来,稍慢的语速、稍松的节奏符合"陌生先生"平和的心态;第四段回复正常语速,舒缓的节奏读出我的感悟和感动。

(二)节奏

节奏是语速变化的表现形式。语言的节奏就体现在语流速度的快慢交替上。语速快,节奏就紧,语速慢,节奏就缓,一篇作品总是快慢强弱交替,不可能全部快速或慢速。

文字作品本身就凝聚着作者思想情感发展的快慢节奏,有声语言再现时也必然表现出不同节奏。只有准确恰当地处理好作品中的快慢强弱,才能生动形象地反映生活,鲜明地展现作品的思想情感。恰当地运用变化的节奏,还可以避免口语表达的单调平板。

根据节奏的基本特点,把常用的节奏类型分为以下五种:

1. 轻快型

语速轻松明快,轻多重少、扬多抑少,语流活泼流畅,用以描写轻快、欢乐的生活场景。如朱自清的《春》、巴金的《鸟的天堂》等。

2. 低沉型

语速较为缓慢,音色偏暗,语调抑多扬少,语气压抑沉闷,可表现悲痛、庄重、肃穆的场景。如李瑛的《一月的哀思》、安徒生的《卖火柴的小女孩》等。

3. 高亢型

语速较快,重音突出,停顿较少,连接较多,声音偏高明亮,语调大多上扬。可用于鼓动性的演说或使人激动的场景,如高尔基的《海燕》、毛泽东的《沁园春·雪》等。

4. 舒缓型

语速从容舒畅,起伏不大,语流连贯,音色清朗柔和,语气舒展自如,多表现日常生活场景,如朱自清的《荷塘月色》、徐志摩的《再别康桥》等。

5. 紧张型

语速急促紧张,句中停顿较短,气促音短,语速快重音多,语调多扬少抑。多用来表现激动的心情或紧张急迫的场景。如闻一多的《最后一次演讲》。

以上五种节奏的基本类型,在运用时根据需要进行不同的组合,普通话表达时不可能只有一种节奏,而往往是以一种节奏类型为主,辅以其他类型,彼此互相渗透融合。但这种融合要根据作品的思想内容、场景情节的变化,既要避免节奏的平板单一,又要避免节奏的杂乱无章。

三、语气与语调

(一)语气

语气是指具体的有声语言形式。语气由以下两方面决定:一是文字作品的思想内容、感情态度,二是表达者的认知态度、感情体验。二者相互交融、相互影响,使有声语言展现出丰富多彩、千变万化的语气,使语言表达更加生动、活泼,富有感染力和表现力。

日常生活中,人们的喜、怒、哀、乐、憎、忧、疑,表现为喜悦的语气、愤怒的语气、埋怨的语气、悲哀的语气、生硬的语气……丰富复杂的感情就是通过各种语气表现出来,语气就是思想感情支配下的语言的具体声音形式。

语气和感情、气息、声音三个方面密切相关,思想感情决定声音气息状态,气息状态决定声音形式:爱的感情——气徐声柔,憎的感情——气足声硬,悲的感情——气沉声缓,喜的感情——气满声高,惧的感情——气提声凝,欲的感情——气多声放,急的感情——气短声促,冷的感情——气少声平,怒的感情——气粗声重,疑的感情——气细声黏。

语气还可以通过语调表现。

示 例

1.花园里来了几个小孩子,他们向水上抛来许多面包片和麦粒。最小的那个孩子喊道:"你们看那只新来的天鹅!"(安徒生《丑小鸭》)

2.石榴树大盆底下也有几粒没有长成的小石榴,我很生气,问妹妹们:"是谁把爸爸的石榴摘下来的?我要告诉爸爸去!"

妹妹们惊奇地睁大了眼,摇摇头说:"是它们自己掉下来的。"(林海音《爸爸的花儿落了》)

3.哪年,哪月,才能够回到我那可爱的故乡?哪年,哪月,才能够收回我那无尽的宝藏?(张寒晖《松花江上》)

4.我看了好久,果然看见头上有一缕一缕的细烟,好像漫画里所描写的动怒的人。"是口里的热气吧?""是头上的汗水在那里蒸发吧?"大家蹲在地上争论了一会,没有解决。(丰子恺《竹影》)

5.周朴园:矿上的工人已经在昨天早上复工,你当代表的反而不知道么?

鲁大海:(怒)怎么矿上警察开枪打死三十个工人就白打了么?(笑起来)哼,这是假的。你们自己假作的电报来离间我们。你们这种卑鄙无赖的行为!(曹禺《雷雨》)

第1句充满喜悦的感情,饱满的气息、响亮的声音、上扬的语调表现孩子们发现新来了一只天鹅的喜悦之情。第2句表达的是"我"看到弟妹们弄坏爸爸心爱的花草时生气的心情,气息是短促而紧张的,上扬的语调显示质问与告状的迫切,妹妹们的回答气息是细弱的,声音是细缓的,表现了受冤枉的委屈和对姐姐如此生气的疑惑。第3句气息粗重,语速缓慢,波浪型的曲折语调方可抒发满腔悲愤。第4句表现孩子的童稚,气息声音都是舒缓而细弱的,上扬的语调体现了儿童天真可爱的一面。第5句如果不是强烈的气息,字字如锤的重读,便不能表达鲁大海的满腔怒火。

(二)语调

语调是语气的声音表现形式,是语流中语音高低、强弱、长短、虚实的综合表现形式。语调是曲折变化、丰富多彩的,基本形式有水平型、曲折型、上波型、下波型和波浪型。

1. 水平型(——)

语流较为平直,一般表示庄重、肃穆、沉着、迟疑、冷漠、麻木或平淡等情感。

如:"在这又冷又黑的晚上,一个光着头赤着脚的小女孩在街上走着。"

2. 曲折型(∧∨)

语调有升降的曲折变化,根据升降不同分为波峰调和波谷调。表达犹豫、伤感、滑稽、双关等语气。

(1)波峰调(∧)。语调状如波浪中的波峰,由低到高再低。

如:"她又冷又饿,哆哆嗦嗦地向前走。"

(2)波谷调(∨)。语调状如波浪中间的低谷,由高到低再高。

如:"她在一座房子的墙角里坐下来,蜷着腿缩成一团。"

3. 上波型(↗)

语调如同上波,渐渐升高。多表现明快、爽朗、喜悦或紧张的情绪。

如:"多么温暖,多么明亮的火焰啊,简直像一支小小的蜡烛。"

4. 下波型(↘)

语调如下波,渐渐降低,可表现肯定、赞扬,也可表现低沉、抑郁等情绪。

如:"火柴灭了,火炉不见了。她坐在那儿,手里只有一根烧过了的火柴梗。"

5. 波浪型(～)

语调中间有两次以上曲折,常用于表现烦躁、讽刺、幽默、惊讶、怀疑、反语等。

如:"她们俩在光明和快乐中飞走了,越飞越高,飞到那没有寒冷,没有饥饿,也没有痛苦的地方去了。"(以上语例均选自安徒生《卖火柴的小女孩》)

灵活多变的语调既可以充分表达思想感情,又能带给听者美妙的享受,使有声语言生动有趣。但这种"变"要依据表情达意的需要,不能为变而变。

 训练设计

一、停连与轻重练习。

1. 仔细揣摩文意,先作停连设计,然后朗读。

①门口一个黑影出现,好像一只立起的青蛙,向我们跳将过来。(丰子恺《竹影》)

②笛子吹起,小鼓敲起,歌声唱起,卡拉玛开始舞蹈了。

她用她的长眉,妙目,手指,腰肢,用她鬟上的花朵,腰间的褶裙,用她细碎的舞步,繁响的铃声,轻云般慢移,旋风般疾转,舞蹈出诗句里的离合悲欢。(冰心《观舞记》)

③为着追求光和热,将身子扑向灯火,终于死在灯下,或者浸在油中,飞蛾是值得赞美的,在最后的一瞬间它得到光,也得到热了。

我怀念上古的夸父,他追赶日影,渴死在汤谷。

为着追求光和热,人宁愿舍弃自己的生命。生命是可爱的。但寒冷的、寂寞的生,却不如轰轰烈烈的死。

没有了光和热,这人间不是会成为黑暗的寒冷世界么?

倘使有一双翅膀,我甘愿做人间的飞蛾。我要飞向火热的日球。让我在眼前一阵光、身内一阵热的当儿,失去知觉,而化作一阵烟,一撮灰。(巴金《日》)

2. 找出下面几段文字的重音位置,并用恰当的方式朗读。

①春天像健壮的青年,有铁一般的胳膊和腰脚,领着我们向前去。(朱自清《春》)

②我不由得停住了脚步。

从未见过开得这样盛的藤萝，只见一片辉煌的淡紫色，像一条瀑布，从空中垂下，不见其发端，也不见其终极。只是深深浅浅的紫，仿佛在流动，在欢笑，在不停地生长。紫色的大条幅上，泛着点点银光，就像迸溅的水花。仔细看时，才知道那是每一朵紫花中最浅淡的部分，在和阳光互相挑逗。

这里春红已谢，没有赏花的人群，也没有蜂围蝶阵。有的就是这一树闪光的、盛开的藤萝。花朵儿一串挨着一串，一朵接着一朵，彼此推着挤着，好不活泼热闹！

3. 阅读下面短文，设计出停连和重音，然后朗读。

夏　感

梁　衡

充满整个夏天的是一个紧张、热烈、急促的旋律。

好像炉子上的一锅水在逐渐泛泡、冒气而终于沸腾一样。山坡上的芊芊细草渐渐长成一片密密的厚发，林带上的淡淡绿烟也凝成了一堵黛色的长墙。轻飞曼舞的蜂蝶不见了，却换来烦人的蝉儿，潜在树叶间一声声的长鸣。火红的太阳烘烤着一片金黄的大地，麦浪翻滚着，扑打着远处的山，天上的云，扑打着公路上的汽车，像海浪涌着一艘艘的船。金色主宰了世界上的一切，热风浮动着，飘过田野，吹送着已熟透了的麦香。那春天的灵秀之气经过半年的积蓄，这时已酿成一种磅礴之势，在田野上滚动，在天地间升腾。夏天到了。

夏天的色彩是金黄的。按绘画的观点，这大约有其中的道理。春之色为冷的绿，如碧波，如嫩竹，贮满希望之情；秋之色为热的赤，如夕阳，如红叶，标志着事物的终极。夏正当春华秋实之间，自然应了这中性的花色——收获之已有而希望还未尽，正是一个承前启后，生命交替的旺季。

你看，麦子刚刚割过，田间那挑着七八片绿叶的棉苗，那朝天举着喇叭筒的高粱、玉米，那在地上匍匐前进的瓜秧，无不迸发出旺盛的活力。这时她们已不是在春风微雨中细滋慢长，而是在暑气的蒸腾下，蓬蓬勃发，向秋的终点做着最后的冲刺。

夏天的旋律是紧张的，人们的每一根神经都被绷紧。你看田间那些挥镰的农民，弯着腰，流着汗，只是想着快割，快割；麦子上场了，又想着快打，快打。他们早起晚睡亦够苦了，半夜醒来还要听听窗纸，可是起了风；看看窗外，天空可是遮上了云。麦子打完了，该松一口气了，又得赶快去给秋苗追肥、浇水。"田家少闲月，五月人倍忙"，他们的肩上挑着夏秋两季。

遗憾的是，历代文人不知写了多少春花秋月，却极少有夏的影子。大概春日融融，秋波澹澹，而夏呢，总是浸在苦涩的汗水里。有闲情逸致的人，自然不喜欢这种紧张的旋律。我却想大声赞美这个春与秋之间的金黄的夏季。

二、快慢与节奏练习。

1.
黄河颂
光未然

（朗诵词）
啊,朋友！
黄河以它英雄的气魄,
出现在亚洲的原野;
它表现出我们民族的精神:
伟大而又坚强！
这里,
我们向着黄河,
唱出我们的赞歌,
（歌词）
我站在高山之巅,
望黄河滚滚,
奔向东南,
惊涛澎湃,
掀起万丈狂澜;
浊流宛转,
结成九曲连环;
从昆仑山下,
奔向黄海之边;
把中原大地
劈成南北两面。

啊,黄河！
你是中华民族的摇篮！
五千年的古国文化,
从你这发源;
多少英雄的故事,
在你的身边扮演！

啊,黄河！
你是伟大坚强,
像一个巨人
出现在亚洲平原之上,

用你那英雄的体魄
筑成我们民族的屏障。

啊,黄河!
你一泻万丈,
浩浩荡荡,
向南北两岸
伸出千万条铁的臂膀。
我们民族的伟大精神,
将要在你的哺育下
发扬滋长!
我们祖国的英雄儿女,
将要学习你的榜样,
像你一样的伟大坚强!
像你一样的伟大坚强!

2. <center>**家是一只船**</center>
周国平

  南方水乡,我在湖上荡舟。迎面驶来一只渔船,船上炊烟袅袅。当船靠近时,我闻到了饭菜的香味,听到了孩子的嬉笑。这时我恍然悟到,船就是渔民的家。

  以船为家,不是太动荡了吗?可是,我亲眼看到渔民们安之若素,举止泰然,而船虽小,食住器具,一应俱全,也确实是个家。

  于是我转念想,对于我们,家又何尝不是一只船?这是一只小小的船,却要载我们穿过多么漫长的岁月。岁月不会倒流,前面永远是陌生的水域,但因为乘在这只熟悉的船上,我们竟不感到陌生。四周时而风平浪静,时而波涛汹涌,但只要这只船是牢固的,一切都化为美丽的风景。人世命运莫测,但有了一个好家,有了命运与共的好伴侣,莫测的命运仿佛也不复可怕。

  我心中闪过一句诗:"家是一只船,在漂流中有了亲爱。"

  望着湖面上缓缓而行的点点帆影,我暗暗祝祷,愿每张风帆下都有一个温馨的家。

三、语气与语调练习。

(一)朗读下面片段,注意语气,做到情气声统一。

  1.一位朋友谈到他亲戚的姑婆,一生从来没有穿过合脚的鞋子,常穿着巨大的鞋子走来走去。儿子晚辈如果问她,她就会说:"大小鞋都是一样的价钱,为什么不买大的?"每次我转述这个故事,总有一些人笑得岔了气。

其实,有生活里我们会看到很多这样的"姑婆"。没有什么思想的作家,偏偏写着厚重苦涩的作品;没有什么内容的画家,偏偏画着超级巨画;经常不在家的商人,却有非常巨大的家园。

许多人不断地追求巨大,其实只是被内在贪欲推动着,就好像买了特大号的鞋子,忘了自己的脚一样。

不管买什么鞋子,合脚最重要,不论追求什么,总要适可而止。

(林清玄《大和小》)

2. 有个少年想成为少林寺最出色的弟子。他问大师:"我要多少年才能那么出色?"大师回答说:"至少十年。"

少年说:"十年时间太长了。如果我付出双倍的努力,需要多长时间呢?"

大师回答说:"20年。"

少年又问:"如果我夜以继日地练习呢?"

大师回答说:"30年。"

少年灰心了,他不解地问大师:"为什么我每次说更加努力,你反而告诉我需要更长的时间呢?"

大师说:"当你一只眼睛只顾盯着目标时,那么就只剩下一只眼睛去寻找道路了。"

(陈孝荣《成功需要多少年》)

(二)朗读下面文字,体会语调的表现形式。

1. 狼来到小溪边,看见小羊在那儿喝水。

狼想吃小羊,就故意找碴儿,说:"你把我喝的水弄脏了!你安的什么心?"

小羊吃了一惊,温和地说:"我怎么会把您喝的水弄脏呢?您站在上游,水是从您那儿流到我这儿来的,不是从我这儿流到您那儿去的。"

狼气冲冲地说:"就算这样吧,你总是个坏家伙!我听说,去年你在背地里说我的坏话!"

可怜的小羊喊道:"啊,亲爱的狼先生,那是不可能的,去年我还没有生下来哪!"

狼不想再争辩了,龇着牙,逼近小羊,大声嚷道:"你这个小坏蛋!说我坏话的不是你就是你爸爸,反正都一样。"说着就往小羊身上扑去。

(《狼和小羊》)

2. 曲曲折折的荷塘上面,弥望的是田田的叶子。叶子出水很高,像亭亭的舞女的裙。层层的叶子中间,零星地点缀着些白花,有袅娜地开着的,有羞涩地打着朵儿的;正如一粒粒的明珠,又如碧天里的星星,又如刚出浴的美人。微风过处,送来缕缕清香,仿佛远处高楼上渺茫的歌声似的。这时候叶子与花也有一些的颤动,像闪电般,霎时传过荷塘的那边去了。叶子本是肩并肩密密地挨着,这便宛然有了一道凝碧的波痕。叶子底下是脉脉的流水,遮住了,不能见一些颜色;而叶子却更见风致了。

　　月光如流水一般,静静地泻在这一片叶子和花上。薄薄的青雾浮起在荷塘里。叶子和花仿佛在牛乳中洗过一样;又像笼着轻纱的梦。虽然是满月,天上却有一层淡淡的云,所以不能朗照;但我以为这恰是到了好处——酣眠固不可少,小睡也别有风味的。月光是隔了树照过来的,高处丛生的灌木,落下参差的斑驳的黑影,却又像是画在荷叶上。塘中的月色并不均匀,但光与影有着和谐的旋律,如梵婀玲上奏着的名曲。

(朱自清《荷塘月色》)

(三)综合运用普通话表达技巧,朗读下面文字。

1. <center>贝　壳</center>
席慕容

　　在海边,我捡起了一枚小小的贝壳。

　　贝壳很小,却非常坚硬和精致。回旋的花纹中间有着色泽或深或浅的小点,如果仔细观察的话,在每一个小点周围又有着自成一圈的复杂图样。怪不得古时候的人要用贝壳来做钱币,在我手心里躺着的实在是一件艺术品,是舍不得拿去和别人交换的宝贝啊!

　　在海边捡起这一枚贝壳的时候,里面曾经居住过的小小柔软的肉体早已死去,在阳光、砂粒和海浪的淘洗之下,贝壳中生命所留下来的痕迹已经完全消失了。但是,为了这样一个短暂和细小的生命,为了这样一个脆弱和卑微的生命,上苍给它制作出来的居所却有多精致、多仔细、多么地一丝不苟啊!

　　比起贝壳里的生命来,我在这世间能停留的时间和空间是不是更长和更多一点呢?是不是也应该用我的能力来把我所能做到的事情做得更精致、更仔细、更加地一丝不苟呢?

　　请让我也能留下一些令人珍惜、令人惊叹的东西来吧。

　　在千年之后,也许也会有人对我留下的痕迹反复观看,反复把玩,并且会忍不住轻轻地叹息:"这是一颗怎样固执又怎样简单的心啊!"

2. <center>失去的岁月</center>
周国平

　　自古以来,不知多少人问过:时间是什么?它在哪里?人们在时间中追问和苦思,得不到回答,又被时间永远地带走了。

　　时间在哪里?被时间带走的人在哪里?

　　为了度量时间,我们的祖先发明了日历,于是人类有历史,个人有年龄。年龄代表一个人从出生到现在所拥有的时间。真的拥有吗?它们在哪里?

　　总是这样:因为失去童年,我们才知道自己长大;因为失去岁月,我们才知道自己活着;因为失去,我们才知道时间。

　　我们把已经失去的称作过去,尚未得到的称作未来,停留在手上的称作现在。但时间何尝停留,现在转瞬成为过去,我们究竟有什么?

多少个深夜,我守在灯下,不甘心一天就此结束。然而,即使我通宵不眠,一天还是结束了。我们没有任何办法能留住时间。

我们永远不能占有时间,时间却掌握着我们的命运。在它宽大无边的手掌里,我们短暂的一生同时呈现,无所谓过去、现在、未来,我们的生和死、幸福和灾祸早已记录在案。

可是,既然过去不复存在,现在稍纵即逝,未来尚不存在,世上真有时间吗?这个操世间一切生灵生杀之权的隐身者究竟是谁?

我想象自己是草地上的一座雕像,目睹一代又一代孩子嬉闹着从远处走来,渐渐长大,在我身旁谈情说爱,寻欢作乐,又慢慢衰老,蹒跚着向远处走去。我在他们中间认出了我自己的身影,他走着和大家一样的路程。我焦急地朝他瞪眼,示意他停下来,但他毫不理会。现在他已经越过我,继续向前走去了。我悲哀地看着他无可挽救地走向衰老和死亡。

第三节 朗读与朗诵

一、普通话的发音技巧

在朗读或朗诵时,人们都希望自己的语音准确、清晰、响亮、圆润,且富有一定的感染力。但在现实生活中,并不是每个人都能做到这一点。因此,在朗读或朗诵过程中,掌握一些发声技巧是非常必要的。发声技巧主要包括用气发声、共鸣控制和吐字归音三个方面。

(一)用气发声

呼吸的方式有三种。通常情况下,人的呼吸是一种不受主观控制的自然神经反射活动,是下意识的,这种呼吸即我们通常所说的胸式呼吸,又称浅呼吸。其次,是腹式呼吸,这种呼吸方式主要靠腹部肌肉的收缩或放松来进行。再就是胸腹联合呼吸,又称深呼吸,它是胸腹两种呼吸方式的结合。而在人们进行有声语言的活动时,前两种呼吸方式都不能满足朗读或朗诵者的需要,因此,学会有控制的胸腹联合呼吸方式,对有声语言的表达者来说,就显得尤为重要。有控制的胸腹联合呼吸方式,就是指在吸气时,两肋展开,横膈下降,使胸腔容量扩大,进气快,部位深,气量大。呼气时,用两肋展开和小腹内收"拉住"呼出的气流,有控制地将气流均匀、平稳地呼出。这种方式可以根据表达者的实际需要调节用气,使快慢、长短、松紧、上提、下松等多种气息状态,随着表达者思想感情的变化而运动,发出各种不同的声音形式,以达到"以情运气、以气托声、声情并茂"的朗读或朗诵效果。在掌握好呼吸方式的同时,在口语表达时,个人的心理状态和身体状态也会对朗读或朗诵效果产生影响。心理状态积极、主动,人的表达就会流畅、自然、生动。发声时,全身肌肉应相对放松,呼吸器官要舒展自如,这样才能保持声音的流畅、清晰和音色的甜润、优美、持久。

示例

1. 站立式：全身放松，做深呼吸。一、二吸气，三、四呼气；五、六吸气，七、八呼气。循环往复体会两肋扩展、横隔下降、小腹内收的感觉。

2. 闻花香：在意念上，想象面前放置一盆香花，深吸一口气，将气吸到肺底，要吸得深入、自然、柔和。

3. 半打哈欠：不张大嘴地打哈欠。体会吸气的感觉。

4. 喊人练习：以发音响亮的音节组成人名，由近渐远或由远渐近地喊，声音要洪亮。做这一练习时，尽量将每一个音节的韵腹拉开拉长。这样可以锻炼呼吸肌肉群体的调节能力，还可以使情、气、声较为自然地结合起来。

5. 用力吸进一口气，反复读一段绕口令，用计时器测出一口气能读几句，比较训练前后的不同。

6. 模仿吹桌面上的灰尘或撮起双唇吹响空瓶。

(二)共鸣控制

人的发声器官是位于喉头中间的声带，它是两片富有弹性的、薄薄的肌肉。声带本身发出的声音是很微弱的，必须借助于共鸣器官，才能扩大音量，美化音色。因此，人们在朗读或朗诵时，必须运用一定的气息，采用以口腔为主，胸腔和鼻腔为辅的三腔共鸣的方式来进行表达。口腔是人体最主要且灵活多变的共鸣腔体。嘴唇的圆展、舌头的伸缩、软腭的升降等都可以改变口腔的形状，对共鸣有很大的影响。胸腔共鸣是指胸腔的天然振动频率，对声带发出的低音起共鸣作用，使发出的声音，带有低沉、浑厚的色彩。但胸腔共鸣过多，会使声音发闷，影响字音的清晰。鼻腔共鸣是指人的头部的硬、软腭以上各共鸣腔体。它能使声带发出的声音变得高亢、明亮。因此，在口语表达中，特别是在发一些非鼻音音素时，可用略提软腭靠近后咽壁的方法，使发出的声音微带鼻腔共鸣。但鼻腔共鸣过多会使声音显得单薄、漂浮、刺耳。因此，表达者在运用三腔共鸣时，一定要注意把握好分寸，使各共鸣体能够协调进行，这样就能使朗读者的声音明亮而坚实、丰满而浑厚、优美而动听。

示例

1. 口腔共鸣训练。

(1)发复韵母：ai、ei、ao、ou。

发音时，掌握打开口腔的要领，适当打开后槽牙，作啃苹果的状态(注意不是张大嘴)，使声波通畅地到达口腔，体会声束沿上腭中线前滑，挂在前腭的感觉。

(2)模拟练习。学会汽笛长鸣声"嘀——"，体会声束冲击硬腭前部的感觉。

2.胸腔共鸣训练。

(1)低读韵母练习。放松胸部,用较低的声音读韵母,产生声音从胸腔透出的感觉,浑厚有力。体会声音在胸部回荡和气息压力的变化。

(2)加强胸部响点的练习。用较低的声音弹发音节 ha,感觉声音像从胸部发出,体会胸部的响点。由低到高一声声地弹发,体会胸部响点的上移。然后由高到低地弹发,体会胸部响点的下移。

3.鼻腔共鸣训练。

鼻腔共鸣最关键的方法是要求发鼻音音素或非鼻音音素时,要掌握软腭下降或上升的运动方式,以获得高亢、明亮的共鸣效果。

(1)发口音 ba、pa、da、ta,再发鼻音 ma、mi、mu、an、en、in,感受发音时鼻腔振动的变化有何不同。

(2)发口音 a 和鼻化音 a,感受鼻音与口音交替发音时,软腭升起和下降的不同状态,以及由此产生的不同的声音色彩。

4.三腔共鸣综合训练。

训练时要打开口腔,放松胸部,使鼻腔通道畅通。表达者要灵活运用三腔共鸣,并学会调节控制,使声音富于变化。

(1)以响亮的音节组成人名,由远及近或由近及远地喊名字。

(2)选择一些短小精悍的古诗词大声朗读或朗诵,以求达到控制三腔共鸣的能力。

(三)吐字归音

吐字归音是我国传统说唱理论中有关咬字方法时所用的一个术语,是对汉语音节在发音过程中提出具体的要求。根据汉语音节结构特点,一个音节的发音过程可分为出字、立字和归音三个阶段,通常我们可以形象地用一个"枣核形"图形来表示这一过程。以求发声时字音清晰、声音饱满、音色好听。

1. 出字

出字是指声母和韵头(介音)的发音过程。也就是人们常说的"咬字"。咬字时要求发音部位准确,蓄气充分,声音轻短,但干净利落,有力度。

2. 立字

立字是指韵腹的发音过程。在汉语音节中,韵腹都是由主要元音充当,发音时开口度大,声音很响亮,对音色的影响较为明显,因此,发声时声音要拉得开、有力度、饱满、圆润。

3. 归音

归音是指音节发音的收尾过程。要求字尾弱收,肌肉由紧到松,口腔由开渐闭。归音应有一个渐收的过程,不能戛然而止。要做到既干净利落,又不拖泥带水。朗读时,语流中感情色彩的变化与延伸,多体现在韵尾上,归音要归出"味儿"来。

示例

(1)声母力度练习。

选择一些声母做发音练习,要求音色明亮、清晰、有力度,有弹动感。

(2)韵母立度练习。

选择一些韵母做发音练习,要随着韵腹的拉开,使韵母在口腔中立起来。

ai、ei、ao、ou、ia、ie、ua、uo、üe、iao、iou、uai、uei

an、en、in、ün、ian、uan、üan、uen

ang、eng、ong、ing、iang、iong、uang、ueng

(3)借助词语进行综合调控练习。

做词语练习时,要注意每个音节的发音动程:即声母(字头)要弹发有力;韵母(字腹)要拉开立起,圆润饱满;韵尾(字尾)要归音到位。

打靶、泼墨、合格、椰树、集体、互助、区域、字词、实质

白菜、肥美、高潮、透漏、加价、贴切、耍滑、硕果、雀跃、巧妙、悠久、摔坏、追随、表率、描绘、归队、流水、幼苗

二、朗读

(一)什么是朗读

朗读是书面语言转变为发音规范、形象生动的有声语言的再创作活动。朗读不同于一般意义的阅读。它不是简单地把文字转变成声音,而是以富于技巧、富于情味的声音形象,传达出文字所承载的信息和情感,并融入朗读者自己的独特感受和理解。

(二)朗读的基本要求

朗读应该使用标准的普通话。朗读时音节的声、韵、调的发音要准确、规范、到位;忠实于原作品,做到不丢字、不添字、不改字、不读错字音,发音清晰,声音响亮,语句流畅自然。

朗读时,要避免机械地把文字变成声音,单纯照字读音,没有感情色彩和声音的抑扬顿挫。要根据作品的内容、风格,以及朗读者的语音条件,采用不同的方式和技巧去朗读,把握好朗读的分寸。力求做到正确、流利、有感情。

(三)朗读的作用

朗读可以推广普通话,促进语言规范化。朗读可以将我们学到的普通话语音知识运用到训练中,能够有效地纠正方音,训练发音技能,使普通话中声、韵、调发音更加规范;朗读也是改变发音习惯的好方法,能够培养良好的语感,提高口语表达能力。

朗读可以锻炼思维能力,促使思维敏捷。文学作品中优美的情景描写,鲜明的人物刻画,复杂的情感变化,都可以通过朗读者声情并茂的朗读,淋漓尽致地表现出来,可以充分发挥朗读者的想象力和创造力。因此,经常练习朗读,对于朗读者逻辑思维能力和形象思维能力都有极大的促进作用。

朗读又是一种开拓心灵境界的艺术,能够培养高尚的审美情趣。朗读是一种自我享受,也能给他人带来美的享受。对提高人们的文化素养,提高朗读者自身的审美品味和审美能力,都有十分重要的作用。

(四)朗读的步骤

朗读是把文字变成有声语言的创造性劳动过程,是朗读者用有声语言准确、鲜明、生动地表达作品内容,抒发作者思想情感的过程。这一过程可分为四个步骤:

1. 熟悉作品

要读好一篇作品,必须在朗读前做好充分的准备工作。朗读者要通读作品,初步熟悉朗读的内容,扫清文字障碍,规范读音。对一些生字词、异读词的读音必须要查字典加以确认;对词语的轻重格式和语流音变要准确把握;对自己在语音方面的问题要注意纠正。

2. 理解作品

理解作品,就是朗读者要准确地认识和把握作品。对作品的选材立意、层次结构、表现手法、语言特色等要认真推敲,准确理解。同时,还应对作品的写作背景、写作目的、表达主题等有所了解。通过反复阅读,把握作品的内涵及情感的表达。分清朗读对象,明确朗读目的,确定朗读基调。

3. 感受作品

感受作品,是指朗读者通过对作品的阅读所产生的内心体会和体验,即透过语言文字的表象,进一步感受浸润在文字背后的内涵,从而激发出一系列心理活动的过程。朗读者在朗读作品时,既要向听众传达作者的思想和情感,同时又要融入朗读者自己阅读作品的体验和感受,用有声语言对作品进行再创作活动。生活中,每个人因人生阅历、文化素养、情感志趣等因素的不同,对作品的理解和感受也有差别,因而朗读的效果也千差万别。这就要求朗读者要深入观察生活、丰富自己的生活积累,让朗读的内容在脑海里活起来,成为一个个具体的形象,一幅幅生动的画面,只有这样朗读者的声音才能打动人、感染人。

4. 表达技巧

朗读者在有了内心感受的基础上,还需要运用表达技巧将作品的思想内容和情感表达出来。表达技巧包括:停连、重音、语调、节奏等。

三、朗诵

(一)什么是朗诵

朗诵也是把文字作品转化为有声语言的创作活动。它是结合各种语言表达技巧和手段,用准确、生动、艺术的声音形式,表达文字作品内涵和情感的一种语言艺术。

朗诵是口语表达的一种重要形式。朗诵不仅可以提高阅读能力,增强艺术鉴赏力,更为重要的是,朗诵可以陶冶性情,开阔胸怀,培养高尚的思想品德和道德情操。

(二)朗诵的要求

1. 语音标准

朗诵作品,必须使用标准的普通话。因为普通话是汉民族共同语,用普通话朗诵,便于不同方言区的人理解、接受。用优美动听的普通话语音朗诵作品,才能更好、更准确地表达作品的思想内容。因此,语音标准是朗诵好一篇作品的重要前提,掌握普通话语音基础知识及表达技巧是每个朗诵者必备的基本功。

2. 熟悉、理解作品

朗诵者在朗诵作品时,首先,要熟悉作品,扫清字词障碍,弄懂文中生字、生词及语句的含义。其次,要把握作品写作的背景、表达的主题思想以及情感抒发的基调,透彻地理解作品的深层含义,准确、生动地把作品内容和思想感情表达出来。

3. 注重表达技巧

朗诵时,在深刻透彻地把握作品的内容的同时,还要合理地运用各种表达技巧和手段,生动而又传神地表达作品的内在含义。常用的基本表达手段有:停顿、重音、语速、语调。

除运用声音外,朗诵还可借助表情、眼神、手势等体态语表达作品思想感情,引起听众共鸣。但朗诵时的姿态或手势不宜过多、过火。

闻官军收河南河北

杜 甫

剑外忽传收蓟北,初闻涕泪满衣裳。
却看妻子愁何在,漫卷诗书喜欲狂。
白首放歌须纵酒,青春作伴好还乡。
即从巴峡穿巫峡,便下襄阳向洛阳。

朗诵提示:"忽传",捷报突至,如雷贯耳,要突起,上扬,表达振奋之情。"涕泪",惊喜之极,泪如雨下,要高起下行,表现满面、满衫之状。妻与子愁云尽扫,"愁"上扬,"何"再扬,"在"下行,表示"愁不在"。诗与书仓促收拾,"喜"低起,表示由衷高兴,"狂"上扬,表示手舞足蹈。等待还乡,鬓发已白,穷困抑郁,已无酒兴。"须"高起,表示开怀畅饮。春色正浓,全家为聚,凤愿将成,还乡逢时。"好"字重而长,"还乡"上行,表示归心似箭。"即从"马上出发,稍快。"穿"平走,稍长即接。"便下"顺流而至,稍快,"向"下行,"洛阳"上扬,风驰电掣之意。"襄阳"之后可稍挫,以衬结尾之气势。

此诗狂喜之心,放纵之态,一气呵成,势不可遏,但要从容处之,不可一味求快。

(选自张颂编著《诗歌朗诵》第 2 版,北京:中国传媒大学出版社,2007)

训练设计

一、试用朗读符号标出散文《祖国,一首唱不完的恋歌》(节选)中各句的停连、重音和语调等,并朗读全文。

祖国，一首唱不完的恋歌（节选）

张　锲

我曾经不止一次地想过，祖国，到底是什么？我想呀，想呀，每一次想起"祖国"这两个字，心里便泛起一阵温柔的波浪，眼里便涌起一片晶莹的泪花，血管里便奔腾着一股股热血……

祖国是什么？它是山，是海，是森林，是草地，是村庄，是城市，是莽莽无垠的沙漠，是绵延起伏的丘陵。

祖国是什么？它是炊烟，是鸽哨，是端午的龙舟，是中秋的火把，是情人在木栅栏后的热烈的轻吻，是婴儿在摇篮里咿咿呀呀的呼唤，是母亲在平底锅上烙出的煎饼，是父亲在远行时的殷殷叮咛。

祖国是什么？他是孔子、老子、庄子的思考，是屈原、李白、陆游的诗，是韩愈、柳宗元、苏轼的散文，是李煜、李清照、辛弃疾的词，是八大山人、郑板桥、齐白石的画，是米芾、黄山谷、林散之的书法，是我们先辈中那些最智慧的人的创造，是我最尊崇的那些大师们的劳绩。

祖国是什么？他是一次次的抗争，一次次的失败，又一次次的奋起。它是战士手中的枪，志士颈上的血，是胜利后的狂欢，是史书上一页页不朽的篇章。

世界上有许多美好的地方。但是，那里有黄山吗？有黄河吗？有长江吗？有长城吗？有母亲生育我时的衣胞吗？有我一步步艰难跋涉过来的足印吗？有我和我的亲友们都已经习惯了的那些难以尽说的民风民俗吗？有我一开口哼唱就觉得荡气回肠的乡音黄梅戏吗？

没有。既然这些都没有，那么，祖国就是一个不可替代的地方。

祖国，它是一首唱不完的恋歌，一篇写不尽的美文。它是我们的祖先和祖先的祖先赖以繁衍生息的地方，也是我们的子孙和子孙的子孙赖以生存发展的地方。

(选自幼儿师范学校语文教科书《听话和说话》第一册，北京：人民教育出版社，2004)

二、根据朗诵训练的要求，分析并朗诵下面两篇作品。

1. **致橡树**

舒　婷

我如果爱你——
绝不像攀援的凌霄花，
借你的高枝炫耀自己；
我如果爱你——
绝不学痴情的鸟儿，
为绿荫重复单调的歌曲；
也不止像泉源，
长年送来清凉的慰藉；
也不止像险峰，

增加你的高度,衬托你的威仪。
甚至阳光,
甚至春雨,
不,这些都还不够!
我必须是你近旁的一株木棉,
作为树的形象和你站在一起。
根,紧握在地下,
叶,相触在云里。
每一阵风过,
我们都互相致意,
但没有人
听懂我们的言语。
你有你的铜枝铁干,
像刀,像剑,
也像戟;
我有我的红硕花朵,
像沉重的叹息,
又像英勇的火炬。
我们分担寒潮、风雷、霹雳;
我们共享雾霭、流岚、虹霓。
仿佛永远分离,
却又终身相依。
这才是伟大的爱情,
坚贞就在这里:爱——
不仅爱你伟岸的身躯,
也爱你坚持的位置,足下的土地。

2. 笑

冰 心

  雨声渐渐住了,窗帘后隐隐的透进清光来。推开窗户一看,呀!凉云散了,树叶上的残滴,映着月儿,好似萤光千点,闪闪烁烁的动着。——真没想到苦雨孤灯之后,会有这么一幅清美的图画!

  凭窗站了一会儿,微微的觉得凉意沁人。转过身来,忽然眼花缭乱,屋子里的别的东西,都隐在光云里;一片幽辉,只浸着墙上画中的安琪儿。——这白衣的安琪儿,抱着花儿,扬着翅儿,向着我微微的笑。"这笑容仿佛在哪儿看见过似的,什么时候,我曾……"

  我不知不觉地便坐在窗口下想,——默默地想。

严闭的心幕,慢慢拉开了,涌出五年前的一个印象。——一条很长的古道。驴脚下的泥,兀自滑滑的。田沟里的水,潺潺的流着。近村的绿树,都笼在湿烟里。弓儿似的新月,挂在树梢。一边走着,似乎道旁有一个孩子,抱着一堆灿白的东西。驴儿过去了,无意中回头一看。——他抱着花儿,赤着脚儿,向着我微微的笑。

"这笑容又仿佛是哪儿看见过似的!"我仍是想——默默地想。

又现出一重心幕来,也慢慢地拉开了,涌出十年前的一个印象。——茅檐下的雨水,一滴一滴的落到衣上来。土阶边的水泡儿,泛来泛去的乱转。门前的麦垄和葡萄架子,都灌得新黄嫩绿的非常鲜丽。——一会儿好容易雨晴了,连忙走下坡儿去。迎头看见月儿从海面上来了,猛然记得有件东西忘下了,站住了,回过头来。这茅屋的老妇人——她倚着门儿,抱着花儿,向着我微微的笑。

这同样微妙的神情,好似游丝一般,飘飘漾漾的合了拢来,绾在一起。

这时心下光明澄静,如登仙界,如归故乡。眼前浮现的三个笑容,一时融化在爱的调和里看不分明了。

第四节 普通话水平测试

一、普通话水平测试等级标准

国家语言文字工作部门发布的《普通话水平测试等级标准》是确定应试人普通话水平等级的依据。测试机构根据应试人的测试成绩确定其普通话水平等级,由省、自治区、直辖市以上语言文字工作部门颁发相应的普通话水平测试等级证书。

普通话水平等级分为三级六等,即一、二、三级,每个级别再分出甲乙两个等次;一级甲等为最高,三级乙等为最低。应试人的普通话水平根据在测试中所获得的分值确定。其中:

97 分及其以上,为一级甲等;

92 分及其以上但不足 97 分,为一级乙等;

87 分及其以上但不足 92 分,为二级甲等;

80 分及其以上但不足 87 分,为二级乙等;

70 分及其以上但不足 80 分,为三级甲等;

60 分及其以上但不足 70 分,为三级乙等。

普通话水平测试等级标准如下:

一级

甲等 朗读和自由交谈时,语音标准,词汇、语法正确无误,语调自然,表达流畅。测试总失分率在 3% 以内。

乙等 朗读和自由交谈时,语音标准,词汇、语法正确无误,语调自然,表达流畅。偶有字音、字调失误。测试总失分率在8%以内。

二级

甲等 朗读和自由交谈时,声韵调发音基本标准,语调自然,表达流畅。少数难点音(平翘舌音、前后鼻尾音、边鼻音等)有时出现失误。词汇、语法极少有误。测试总失分率在13%以内。

乙等 朗读和自由交谈时,个别调值不准,声韵母发音有不到位现象。难点音(平翘舌音、前后鼻尾音、边鼻音、fu—hu、z—zh—j、送气不送气、i—ü 不分、保留浊塞音和浊塞擦音、丢介音、复韵母单音化等)失误较多。方言语调不明显。有使用方言词、方言语法的情况。测试总失分率在20%以内。

三级

甲等 朗读和自由交谈时,声韵调发音失误较多,难点音超出常见范围,声调调值多不准。方言语调较明显。词汇、语法有失误。测试总失分率在30%以内。

乙等 朗读和自由交谈时,声韵调发音失误多,方音特征突出。方言语调明显。词汇、语法失误较多。外地人听其谈话有听不懂的情况。测试总失分率在40%以内。

二、安徽省普通话水平测试内容

(1)读单音节字词(100 个音节,不含轻声、儿化音节),限时 3.5 分钟,共 10 分。

(2)读多音节词语(100 个音节),限时 2.5 分钟,共 20 分。

(3)朗读短文(1 篇,400 个音节),限时 4 分钟,共 30 分。

(4)命题说话,限时 3 分钟,共 40 分。

三、安徽省普通话水平测试的要求和评分

(一)读单音节字词

(100 个音节,不含轻声、儿化音节),限时 3.5 分钟,共 10 分。

1. 目的

测查应试人声母、韵母和声调读音的标准程度。

2. 要求

(1)读单音节字词时,要求每一个音节的声母、韵母和声调都要发到位,注意每个音节的吐字归音。

(2)出现多音字时,在没有语境提示的情况下,任选其中的某个音读都可以。例如"挨"(āi、ái)。

(3)读此项的顺序为从左往右横着读,不允许竖着读。注意不要漏读。

(4)当一个音节读错时,允许读第二遍进行纠正,以第二遍的发音计评。

(5)语速不可过快。语速快容易引起误判,同时语音缺陷也会增多。

3. 评分

(1)语音错误,每个音节,扣 0.1 分。

(2)语音缺陷,每个音节,扣 0.05 分。

(3)超时 1 分钟以内,扣 0.5 分;超时 1 分钟以上(含 1 分钟),扣 1 分。

(二)读多音节词语

(100个音节,其中含双音节词语45—47个,三音节词语2个,4音节词语1—0个),限时2.5分钟,共20分。

1. 目的

测查应试人声母、韵母、声调和变调、轻声、儿化读音的标准程度。

2. 要求

(1)读多音节词语时,要求词语中的音节连读,注意词语连读时的音变现象。

(2)多音字大多被界定,例如"剥削"。出现多音词时,在没有语境提示的情况下,任选其中的某个音读都可以。例如"分子"(fēnzǐ、fènzǐ)。

(3)读此项的顺序为从左往右横着读,不允许竖着读。注意不要漏读。

(4)当一个音节读错时,允许读第二遍进行纠正,以第二遍的发音计评。

(5)语速不可过快。语速快容易引起误判,同时语音缺陷也会增多。

3. 评分

(1)语音错误,每个音节,扣0.2分。

(2)语音缺陷,每个音节,扣0.1分。

(3)超时1分钟以内,扣0.5分;超时1分钟以上(含1分钟),扣1分。

(三)朗读短文

(1篇,400个音节),限时4分钟,共30分。

1. 目的

测查应试人使用普通话朗读书面作品的水平。在测查声母、韵母、声调读音标准程度的同时,重点测查连读音变、停连、语调以及流畅程度。

2. 要求

(1)朗读短文从《普通话水平测试用朗读作品》(60篇)中选取。

(2)评分以朗读作品的前400个音节(不含标点符号和括注的音节)为限(双斜杠处),但应试人应将第400个音节所在的句子读完整。

(3)准确熟练运用普通话,做到字音(含声母、韵母、声调)规范,语流音变正确;领会作品内容,正确把握作品思想感情,读出真情实感;忠实于原作品,不丢字、添字或任意改字;语调自然,停连、断句恰当,重音处理正确,语速快慢得当。

(4)"啊"作为语气助词和它前面的音节的最后一个音素连读产生音变现象,要按音变规律来读。

(5)《现代汉语词典》、《普通话水平测试大纲》在词语条目中注明"—儿"尾并注音为儿化的,一定要读作儿化韵。

3. 评分

(1)每错1个音节,扣0.1分;漏读或增读1个音节,扣0.1分。

(2)声母或韵母系统性语音缺陷,视程度扣0.5分(10次以内)、1分(10次及10次以上)。

(3)语调偏误(指声调或固定腔调),视程度扣 0.5 分(略有)、1 分(比较明显)、2 分(突出)。

(4)停连不当(包括停的不当和连的不当),视程度扣 0.5 分(1 次)、1 分(2 次)、2 分(3 次及 3 次以上)。

(5)朗读不畅(包括回读),视程度扣 0.5(1—2 次)、1 分(3—5 次)、2 分(6 次及 6 次以上)。

(6)超时扣 1 分。

(四)命题说话

限时 3 分钟,共 40 分。

1. 目的

测查应试人在无文字凭借的情况下说普通话的水平,重点测查语音标准程度,词汇、语法规范程度和自然流畅程度。

2. 要求

(1)说话题从《普通话水平测试用话题》(30 个)中选取。由应试人从给定的两个话题中选定一个话题,连续说一段话(限时 3 分钟)。

(2)应试人单向说话。

(3)语音准确,吐字清楚,能正确处理轻声、儿化、变调等音变现象;语调正确,既符合生活口语特点,又根据内容的需要赋予一定的变化;紧扣话题,中心突出,条理清晰,表达方式恰当;词汇、语法合乎规范,选词用语准确恰当,具有一定的口语色彩;语句连贯,停顿得当,快慢适度,表达自然流畅。

3. 评分

(1)语音标准程度(25 分):分六档

一档:语音标准,或很少有失误。扣 0 分、1 分、2 分。

二档:语音错误在 10 次以下,有方音但不明显。扣 3 分(5 次及 5 次以下)、4 分(5 次以上)。

三档:语音错误在 10 次以下,但方音比较明显;或语音错误在 10—15 次,有方音但不明显。扣 5 分、6 分。

四档:语音错误在 10—15 次,方音比较明显。扣 7 分、8 分。

五档:语音错误超过 15 次,方音明显。扣 9 分、10 分、11 分。

六档:语音错误多,方音重。扣 12 分、13 分、14 分。

(2)词汇、语法规范程度(10 分):分三档

一档:词汇、语法规范。扣 0 分。

二档:词汇、语法偶有不规范的情况。扣 1 分、2 分。

三档:词汇、语法屡有不规范的情况。扣 3 分、4 分。

(3)自然流畅度(5 分):分三档

一档:语言自然流畅。扣 0 分。

二档:语言基本自然流畅,口语表达能力较差,有背稿子迹象。扣0.5分、1分。

三档:语言不连贯,语调生硬。扣2分、3分。

(4)说话(有效语料)不足3分钟,酌情扣分:缺时1分钟以内(含1分钟),视时间长短扣1分、2分、3分;缺时1分钟以上,视时间长短扣4分、5分、6分;说话(有效语料)不满30秒(含30秒),计0分。

四、国家普通话水平智能测试系统

国家普通话水平智能测试系统是安徽省语委与安徽中科大讯飞信息科技有限公司合作开发研制的一套普通话语音测试系统,属于国家级重点研究课题。国家普通话水平智能测试(以下简称"机测")系统是计算机技术在普通话水平测试中的一次新的运用,它通过计算机的普通话语音识别系统对应试人的普通话水平进行测试。这项技术在全国居于领先地位,开发成功后,经过测试证明此系统能够有效地反映应试人的真实水平,受到国家语言文字委员会的肯定和赞扬,并同意2007年1月1日在我省率先试用,成熟以后向全国推广。

在我省,普通话水平测试分为四项进行,第一项是读单音节字词、第二项是读多音节词语、第三项是朗读、第四项是说话。机测并不意味着四项都用计算机进行测试,由于计算机技术的制约和口语表达的不稳定性,前三项由计算机测试,第四项由计算机现场录音,然后由测试员听录音资料测试打分,机测分加上测试员测试分得出应试人的最后成绩。机测的优点在于能够最大限度地保证普通话水平测试的公正性、公平性和有效性,这一优势主要体现在前三项的测试中。同时还减轻了测试员的工作负荷,节省资源,更加经济有效。

五、国家普通话水平智能测试系统考生培训

(一)考前准备

(1)普通话水平测试分为四个部分:第一部分读单音节字词限时3.5分钟,第二部分读多音节词语限时2.5分钟,第三部分朗读短文限时4分钟,第四部分说话不得少于3分钟。

(2)参加普通话水平测试的考生应在规定测试时间之前30分钟到候测室报到。

(3)测试时间前15分钟,考务人员通知考生准备测试,考生交验准考证和身份证(或学生证)后,领取测试试卷。

(4)领取试卷后,考生随考务人员进入备测室准备测试,上机即可以进行正式测试,充分提高计算机的使用效率。

(5)得到考务人员上机测试的通知后,进入测试室进行测试。

(6)考生不得在候测室、备测室及测试室内大声喧哗,进出测试室要轻开轻关门。

(7)测试过程中发生死机等异常现象,应报告管理人员进行处理,考生不要擅自处理。

(8)除测试过程中必要的操作外,考生不得随意设置和操作计算机,因考生随意设置和操作造成的录音质量不好、死机、重新启动等后果考生自负。

(9)测试结束后考生应及时离开测试室,以保证测试顺利进行。

(二)考试流程

(1)国家普通话水平智能测试系统是参加普通话测试的考生的考试应用软件,在考试过程中,考生可以按照测试程序的提示,逐步完成考试内容及相关操作。

(2)完整的测试流程为:考生登陆—核对考生信息—试音—考试—提交试卷。

(3)考生入座后,考试机屏幕上会显示文字提示戴好耳麦。

(4)考生需要带上耳麦,并按照考试机中的语音要求将麦克风安放在距嘴边大约2到3厘米并且不会对着它呼吸的位置。调节完成后点击下一步按钮,进入考生登录页面。

(5)在屏幕出现填写提示时,考生准确填入自己的准考证号,点击"进入"按钮。考生在登录页面中填入自己的准考证号码,单击"进入"按钮继续。如果输入错误,系统会给出提示,遇到如上情况,单击错误提示中的"确定"按钮,再重新输入正确的准考证号码。

(6)考生登录成功以后,考试机屏幕上会显示考生个人基本信息。

(7)考生需要认真核对所显示信息是否与自己相符。

(8)核对完成以后,单击"确认"继续。

(9)核对发现有错误信息,可以点击"返回"重新登录。

(10)考生确认个人信息后,页面会弹出提示框,请等待考场指令,准备试音。当进入试音页面后,您会听到系统的提示语。提示语结束后,请以适中的音量和语速朗读文本框中的试音文字。考试程序提供两次试音机会,第一次试音后如果不成功,系统会提示您再次试音。若再次试音失败,页面会弹出提示框,请点击确认按钮,与监考老师联系,进行妥善处理。

(11)当系统进入第一题,考生会听到系统的提示语。听到"嘟"的一声后,就可以朗读试卷内容了。第一题的限制时间是3.5分钟,页面的下方有时间条,请注意控制时间,如果提前读完了,不要等待,立即点击右下角"下一题"按钮进入第二题考试。第二题限时2.5分钟。同样,请注意控制时间,并在读完后立即点击"下一题"。

(12)第三题限时4分钟。读完后,请点击"下一题"按钮。

(13)第四题说话请必须说满3分钟,在说话之前,请读出所选择的说话题目。3分钟后请点击右下角"提交试卷"按钮,页面会弹出提示框,考生就可以离开考场了。

(14)考试结束,考生离开考场。

(三)注意事项

(1)请考生正确戴上耳麦,并根据提示音进行试音;测试结束离开座位时,注意摘下耳麦。

(2)考生登录测试系统时请正确输入准考证号,核对信息无误后,点击确认,等待试音。

(3)考试试音时,要以正常适中音量朗读试音文字,正式测试的时候朗读音量要与试音时保持一致。

(4)进行测试的过程中,手不要触摸麦克风,同时避免麦克风与面部接触。
(5)测试试题为横向排列,考生朗读时注意横读。
(6)测试过程中,考生不要说与测试无关的内容,以免影响测试成绩。
(7)测试的四个部分分为四题,考生读完每一题后,应及时点击"下一题"按钮,进入下一部分测试,以免录入太多的空白杂音影响测试成绩。
(8)第四题说话满3分钟后,即可停止答题,点击提交试卷,结束测试。

六、模拟试卷

【之一】

一、读单音节字词。(100个音节,共10分,限时3.5分钟)

揉 酸 纳 腐 丝 左 渠 抛 嫩 铃
日 昂 懂 辽 嗓 栽 窖 秧 醒 控
寡 焉 棍 谎 坑 染 鳌 审 熊 止
城 亚 返 瘟 媚 声 忌 专 测 赏
俊 栏 错 凝 扯 宋 柳 江 踹 选
篾 薪 段 瘸 绢 柄 帘 擦 淼 夏
舌 潘 蕊 朱 材 剃 除 岛 佟 顺
裙 日 女 爬 跟 钱 黑 袄 郑 贼
磁 译 波 敌 狗 放 推 而 外 梢

二、读多音节词语。(100个音节,共20分,限时2.5分钟)

恰巧 疯狂 片刻 撒手 红娘 翅膀 牛顿
能耐 遵循 国王 配合 安慰 最终 土壤
撒开 蒙古包 聪明 如此 汉子 喘息 张贴
对象 家庭 衰老 伴随 耳膜儿 允许 勤快
长臂猿 优待 小瓮儿 佛教 抓紧 定律 玩耍
利用 壶盖儿 化肥 健全 村庄 掠夺 搜罗
讴歌 公式 发育 绝着儿 穷人 你们 扩展

【之二】

一、读单音节字词。(100个音节,共10分,限时3.5分钟)

瞎 丑 仆 伞 墙 腿 钝 眸 饲 癖
峻 火 穷 掌 膜 癫 割 栽 短 蛇
恩 筏 彼 峰 稀 床 掠 雅 仄 美
流 痴 廷 述 我 就 征 林 弱 胚
虫 棍 狂 二 写 穗 瞠 鸣 考 帅
匾 支 洒 凿 女 逛 拨 盏 净 娶

宫 热 汤 倪 梦 捐 阔 群 鸟 抓
槐 叮 袜 蕊 龚 讨 缔 环 貂 填
粉 傲 夫 潜 棕 烂 黑 沈 接 词
耕 岳 须 伍 蹲 用 憋 盆 羞 羊

二、读多音节词语。(100个音节,共20分,限时2.5分钟)

加快 运动 完备 迅速 思索 这么 频率
刷新 沉着 主人翁 柔软 通常 层面 窘迫
恰好 实践 平日 南半球 行当 给予 灭亡
温差 饭盒儿 农村 操作 锥子 全部 梨核儿
顺手 宁可 纤维 重量 奇怪 出圈儿 佛学
偶尔 赞叹 垦荒 铁匠 熊猫 愿意 大褂
小巧 专门 虐待 年龄 爱国 刀把儿 肥料

【之三】

一、读单音节字词。(100个音节,共10分,限时3.5分钟)

授 藻 财 圣 革 三 爽 渊 耍 炕
悲 痘 骑 歪 砸 摸 聂 窘 娘 醋
新 仍 今 互 玄 洼 减 熔 趴 阔
之 递 秧 录 梢 诚 腻 酸 穴 丁
狠 胎 管 房 坏 边 牛 呆 次 蓬
若 驳 咏 律 蛾 掐 艇 烂 瘾 梅
胆 郡 子 昂 佐 柴 跳 缓 毛 瞩
链 丑 瞥 耳 孙 广 吹 许 润 从
氢 弥 肯 却 龙 睡 搬 桂 酒 瓮
家 准 黏 法 陶 尺 吠 匀 修 表

二、读多音节词语。(100个音节,共20分,限时2.5分钟)

障碍 角色 盗贼 思考 灵敏 然而 妇女
小孩儿 难怪 当事人 哪里 辖区 贫穷 乌黑
群体 日记 工商业 摧毁 开创 电话 未曾
在这儿 警犬 东欧 名字 所有 部分 压迫
篡夺 寻求 传统 干涉 别针儿 保温 漂亮
天空 佛像 书卷 涡流 口罩儿 提防 症状
谋略 搜刮 麻醉 畅快 英雄 一帆风顺

【之四】

一、读单音节字词。（100 个音节，共 10 分，限时 3.5 分钟）

饼	而	桩	另	瞥	喂	波	舜	巢	滤
仿	辛	桶	瓣	驶	峡	构	活	踹	聊
瑟	盯	此	用	谨	昂	柳	袜	肥	悦
腔	循	驾	泥	蒸	跪	歪	胁	抓	仍
擦	袋	披	存	砍	盆	洒	该	怎	材
嘘	愁	允	旁	啃	兽	北	僧	偶	捐
舔	债	孔	亭	主	翁	鸟	穷	党	泽
取	书	算	拖	凤	膜	屋	恨	蕊	刀
犬	缩	码	官	闹	满	隔	自	烘	酿
蕨	日	鸡	水	床	东	遗	谬	炉	雁

二、读多音节词语。（100 个音节，共 20 分，限时 2.5 分钟）

佛寺　照相　亲切　返青　耻辱　幼儿园　爽快
局面　钢铁　传说　人群　逗乐儿　摧毁　爱国
挫折　篱笆　报答　随后　盼望　提成儿　螺旋桨
修养　明白　英雄　军阀　的确　公民　拉练儿
从中　暖瓶　深化　难怪　灯泡儿　温柔　内在
调和　总得　恰好　完善　眉头　夸张　学习
窘迫　毽子　典雅　妇女　标准　不速之客

【之五】

一、读单音节字词。（100 个音节，共 10 分，限时 3.5 分钟）

脑	卧	洒	捐	许	失	板	丛	寡	赦
闸	爽	叼	下	寝	闭	瞥	末	邻	粗
字	讲	熊	驻	苍	环	枪	澳	厅	二
团	踹	舔	谭	逃	追	锁	汤	裴	状
究	娣	掐	某	君	贼	垦	白	眯	映
征	戏	领	孙	硫	肿	拳	悔	您	反
冰	奎	禹	谬	果	言	氯	拐	傍	恩
测	逢	略	死	方	也	氢	仍	艘	饶
攻	镣	阻	蹭	陈	破	淡	衣	巡	花
年	汝	瘸	汪	持	恐	酶	窘	完	对

二、读多音节词语。（100 个音节，共 20 分，限时 2.5 分钟）

儿童　热爱　退守　丢人　赶快　其次　佛经

风筝　照片儿　钢铁　专门　打算　原则　存在
篡夺　恍惚　送信儿　宝贵　电压　围裙　富翁
红娘　少女　虐待　飞机　帘子　偶然性　卑劣
苟且　平日　家伙　学者　外宾　冲刷　刺猬
三轮车　夸张　思潮　小丑儿　选举　衡量　萌发
无穷　调解　矿产　邮戳儿　作用　命运　衰老

【之六】

一、读单音节字词。(100个音节,共10分,限时3.5分钟)

齿　钡　专　梧　掉　恒　钩　萍　香　绢
松　雌　官　艇　贤　怕　铝　囊　快　昂
坐　扔　恰　薛　咱　屑　急　股　农　怎
军　鹅　准　测　奶　霞　串　妻　从　低
融　纠　体　遭　邻　夸　这　疯　悔　资
谬　含　绞　搏　尔　神　碎　墙　辨　买
规　辰　党　坝　渺　琼　牵　布　楼　返
初　允　潮　爽　面　垄　翁　滑　日　胎
墨　迁　蔡　妆　品　愿　闪　阀　涌　扣
贴　拐　略　酸　淌　阴　吻　酿　锁　饶

二、读多音节词语。(100个音节,共20分,限时2.5分钟)

扩张　似的　宾主　人群　黄瓜　外科　压倒
民众　小姐　挨个儿　增高　月球　冲刷　佛典
虐待　率领　苍白　上层　后跟儿　亏损　整理
减轻　分散　窘迫　豆腐　遵守　红包儿　纳税
钾肥　按钮　养活　国王　创办　逃窜　名牌儿
差别　也许　颜色　自治区　儿童　完全　漂亮
让位　志愿军　四周　胸脯　培训　一目了然

【之七】

一、读单音节字词。(100个音节,共10分,限时3.5分钟)

踹　纬　疼　因　梅　瞥　语　助　坤　窘
列　姜　陵　寡　政　玄　此　白　吊　八
床　怎　丝　雷　蔫　螯　感　侵　娘　窜
筒　坪　碍　堂　缩　耳　搭　甩　抓　黄
麦　丑　道　拢　激　塌　内　瞟　咱　曰
赚　纺　辖　绺　菊　怪　沾　热　倪　波

旗 乌 谬 枫 裙 栓 袜 存 破 也
鞋 歪 扰 酸 池 亩 绒 驱 抬 肯
第 孤 遣 蕴 凶 靠 戳 日 租 回
倦 我 后 雪 商 弥 嫁 裹 最 法

二、读多音节词语。(100个音节,共20分,限时2.5分钟)

鲁莽 扩散 恩情 爽快 轰响 灯光 夸张
柔软 麻利 贫穷 叙述 东欧 春天 落款儿
富翁 电压 客厅 稳产 恰巧 自来水 竞赛
分化 从而 医院 军人 在这儿 男女 紧缺
队伍 磁场 随便 全体 决策 跳高儿 能量
诈骗 寻找 佛教 反射 墨汁儿 废旧 怀抱
钢铁 小朋友 别扭 装备 瘦弱 洗澡 适用

【之八】

一、读单音节字词。(100个音节,共10分,限时3.5分钟)

粗 昂 栽 远 摧 彼 鳞 乘 灼 睁
嘴 墙 软 框 沉 辣 寒 法 怪 纱
馆 日 而 酱 缫 库 堆 绢 普 迈
吃 话 停 月 许 铜 讽 燃 桑 条
炯 膘 咒 稳 釉 焚 艘 让 兵 螺
钾 涡 耍 客 乃 掂 楼 字 兜 仗
雅 胸 米 瞪 蕊 趋 扯 休 找 伴
陶 双 醇 跟 特 瓜 群 摔 砍 害
吴 遣 末 您 怯 北 居 型 裂 诀
纳 巡 短 磁 匹 脓 颇 傲 黑 彭

二、读多音节词语。(100个音节,共20分,限时2.5分钟)

暗中 航空 名牌儿 亏损 作战 凉快 全身
未曾 指南针 完美 恰当 佛学 均匀 博士
相似 挫折 台子 喷洒 提高 宣传 小瓮儿
热闹 黄鼠狼 穷尽 解剖 定额 扭转 外面
挎包 规律 拼凑 叫好儿 侵略 遵守 妇女
低洼 大伙儿 丢人 婴儿 撇开 冷水 繁荣
眼睛 广场 综合 费用 天下 出其不意

训练设计

【测试模拟卷一】

一、读单音节字词。(100个音节,共10分,限时3.5分钟)

电　远　日　韦　仄　尖　黄　塌　眉　艘
临　赚　池　憎　饶　促　丝　国　伞　床
觅　丢　裙　匾　庞　恩　俘　拢　醉　劳
肉　萌　倦　准　内　熏　仰　抬　袜　您
黯　虫　篾　朽　糟　并　枪　蠢　羹　不
激　牌　瓜　粤　而　梳　你　块　雄　另
巴　让　条　攥　硫　乌　瘸　磕　统　驱
我　跤　苟　章　景　瞎　海　搭　女　饭
许　黑　抵　摹　炒　跌　蕊　神　哑　签
甩　蹲　坠　恐　破　磁　圣　法　授　炯

二、读多音节词语。(100个音节,共20分,限时2.5分钟)

贵宾　奶粉　刀背儿　一律　状况　爆炸　存款
盎然　选举　柴火　加入　封锁　咏叹调　放松
热闹　佛像　逃走　亏损　军事　影子　权利
玩耍　怀念　铺盖　奇怪　钢铁　小偷儿　将来
主人翁　进化　聪明　运行　无穷　偶尔　扇面儿
政治　传播　培育　恰当　牛皮　咖啡　谬论
唱歌儿　词汇　虐待　综合　战略　轻描淡写

三、朗读短文。(400个音节,共30分,限时4分钟)

　　夕阳落山不久,西方的天空,还燃烧着一片橘红色的晚霞。大海,也被这霞光染成了红色,而且比天空的景色更要壮观。因为它是活动的,每当一排排波浪涌起的时候,那映照在浪峰上的霞光,又红又亮,简直就像一片片霍霍燃烧着的火焰,闪烁着,消失了。而后面的一排,又闪烁着,滚动着,涌了过来。

　　天空的霞光渐渐地淡下去了,深红的颜色变成了绯红,绯红又变为浅红。最后,当这一切红光都消失了的时候,那突然显得高而远了的天空,则呈现出一片肃穆的神色。最早出现的启明星,在这蓝色的天幕上闪烁起来了。它是那么大,那么亮,整个广漠的天幕上只有它在那里放射着令人注目的光辉,活像一盏悬挂在高空的明灯。

　　夜色加浓,苍空中的"明灯"越来越多了。而城市各处的真的灯火也次第亮了起来,尤其是围绕在海港周围山坡上的那一片灯光,从半空倒映在乌蓝的海面上,随着波浪,晃动着,闪烁着,像一串流动着的珍珠,和那一片片密布在苍穹里的星斗相互辉映,煞是好看。

在这幽美的夜色中,我踏着软绵绵的沙滩,沿着海边,慢慢地向前走去。海水,轻轻地抚摸着细软的沙滩,发出温柔的刷刷声……

四、命题说话。(请在下列话题中任选一个,共30分,限时3分钟)

1. 难忘的旅行

2. 我喜爱的书刊

【测试模拟卷二】

一、读单音节字词。(100个音节,共10分,限时3.5分钟)

蕊 旗 脸 蛙 抗 瘾 耕 淮 周 龄
透 磁 饼 揉 猜 拢 哭 晒 东 铁
数 谎 栓 穷 抓 详 退 坏 逛 举
雄 政 官 胁 黑 倦 苇 洽 赔 仓
愤 膜 取 槽 闰 国 吨 民 捉 爸
容 悦 灸 轰 描 秋 冷 田 影 捞
除 窝 怎 般 嗓 梅 波 承 师 谬
篇 峻 反 迪 允 赛 您 攥 扯 站
俄 镍 啃 杜 遵 案 狗 外 保 葬
盯 髓 拿 四 齿 帕 选 爵 耳 瞎

二、读多音节词语。(100个音节,共20分,限时2.5分钟)

创新 混合 镇压 存在 眯缝 难受 窘迫
惨死 平日 总归 你们 线圈 商品 篡夺
亏损 科学家 预防 群众 佛法 玩意儿 需求
告别 骆驼 利用 被窝儿 状况 丢掉 对偶
衰败 懊悔 能源 数量 搜查 瓜瓤儿 强化
功率 耽误 飞快 生产 教训 面条儿 了解
照射 虐待 主人翁 只好 儿童 情不自禁

三、朗读短文。(400个音节,共30分,限时4分钟)

没有一片绿叶,没有一缕炊烟,没有一粒泥土,没有一丝花香,只有水的世界,云的海洋。

一阵台风袭过,一只孤单的小鸟无家可归,落到被卷到洋里的木板上,乘流而下,姗姗而来,近了,近了!……

忽然,小鸟张开翅膀,在人们头顶盘旋了几圈儿,"噗啦"一声落到了船上。许是累了?还是发现了"新大陆"?水手撑它它不走,抓它,它乖乖地落在掌心。

可爱的小鸟和善良的水手结成了朋友。

瞧,它多美丽,娇巧的小嘴,啄理着绿色的羽毛,鸭子样的扁脚,呈现出春草的鹅黄。水手们把它带到舱里,给它"搭铺",让它在船上安家落户,每天,把分到的一塑料筒淡水匀给它喝,把从祖国带来的鲜美的鱼肉分给它吃,天长日久,小鸟和水手的感情日趋笃厚。清晨,当第一束阳光射进舷窗时,它便敞开美丽的歌喉,唱啊唱,嘤嘤有韵,宛如春水淙淙。人类给它以生命,它毫不悭吝地把自己的艺术青春奉献给了哺育它的人。可能都是这样?艺术家们的青春只会献给尊敬他们的人。

小鸟给远航生活蒙上了一层浪漫色调。返航时,人们爱不释手,恋恋不舍地想把它带到异乡。可小鸟憔悴了,给水,不喝!喂肉,不吃!油亮的羽毛失去了光泽。是啊,我//们有自己的祖国,……

四、命题说话。(请在下列话题中任选一个,共30分,限时3分钟)

  1.我的朋友
  2.谈谈美食

第三章　口语表达基础训练

知识目标

通过口语表达方式训练、态势语言训练以及心理素质训练,学习口语表达所需的表述答问技巧,并熟悉态势语言的运用。

能力目标

本章着重培养以下几个方面的能力:清晰的语言表述能力、适宜的语言表达技巧以及自信的心理素质。

在现代社会,随着通讯和多媒体技术的飞速发展,人们交流思想时,口头语言的使用率大大高于书面语言的使用率,说的作用已明显超过了写的作用。正因为这样,许多发达国家都十分重视口语教学。早在二次大战时,原子弹、金钱和演说就被当作三大战略武器。当今,舌头、美元和电脑成为新世纪的三大战略武器,口语表达更是由原来的第三位提升到第一位。

戴尔·卡耐基说:"假如你的口才好……可以使人家喜欢你,可以结交好的朋友,可以开辟前程,使你获得满意。譬如你是一个律师,它便吸引了一切诉讼的当事人;你是一个店主,它帮助你吸引顾客。""有许多人,因为他善于辞令,因此而擢升了职位……有许多人因此而获得荣誉,获得了厚利。你不要以为这是小节,你的一生,有一大半的影响,产生于说话艺术"。

对于大学生来说,在别人面前态度自如地沟通交流、发表意见,是职业能力的重要组成部分。因此,创造条件有目的地进行针对性训练,克服心理紧张、缺乏技巧等弱点,有助于增强职业沟通能力。如果把口语表达能力看成是一株"口才树",那么"口才树"的树干是口语表达方式训练,"树根"是心理素质训练,"树枝"是态势与技巧训练,学习口语交际,必须从表达方式、心理素质以及体态语等方面进行训练。只有掌握了这些基本技能,才能进一步掌握交际口语的技能和艺术。

第一节　口语表达方式训练

口语表达方式训练可通过复述、描述、解说、评述、答问等训练来实现。

一、复述训练

复述(rehearsal)是以言语重复刚识记的材料以巩固记忆的心理操作过程。

复述分为重复性复述和改造性复述两大类。重复性复述又分为详细复述和摘要复述两种,详细复述要尽量完整地保留原作的观点、情节或内容,不改变原作中材料的顺序。摘要复述要根据要求截取主要观点、主要情节或内容。

改造性复述就是转述。转述是要求改变原作结构、顺序、角度或表现方法的复述。它可以分为不同的类型。一种是概括性转述,它要求删去次要的、解释性的和修饰性的内容,并要求对内容进行必要的抽象,再用自己的语言加以组织和概括,但基本忠于原内容;一种是改编性转述,要求用自己的语言对原内容进行缩编或扩充,可以适当脱离原内容。

复述是一种综合性训练,它富有创造性,能把记忆、思考、表达三者有机地结合起来,使之融为一体,是培养口语表达能力的一项基础训练。

(一)重复性复述

1. 详细复述

即对原来的语言材料进行详细的复述,要求按照原来材料的顺序、结构,把它的内容原原本本地重述出来。如果是笔述,原材料的许多语句都可以保留;如果是口述,则要把书面语句式、倒装句式等改为口语句式。

〔原材料〕野兔和家兔,原来统统被分在啮齿目中,同老鼠等为伍。可是后来发现,野兔、家兔以及鼠兔,上门齿有两对,啮齿类只有一对。它们的门齿不像啮齿类那样发达,无齿根,终生能继续生长。而且兔类的血液,与啮齿类的差别也较大,倒是同有蹄类相近。兔类和啮齿类,看起来起源于不同的祖先。因此,分类学家为它们单立了一个目——兔形目,包括两个现生科,即兔科和鼠兔科;兔科分九个属,五十个种。

现生兔类的自然分布,几乎是世界性的。古生物学家认为,可能由于兔类的祖先在地史上出现得较晚,那时已有汪洋大海相隔,未能分布到南极洲、澳洲以及马达加斯加、新西兰等岛屿。世界上有野兔和家兔五十种,外貌和习性各不相同。

〔详细复述〕兔子,原来被看成是老鼠的同类,在生物学中都给分在啮齿目中。可是后来发现,无论是野兔、家兔还是鼠兔,都有两对上门齿,而啮齿类只有一对。兔子的门齿也不像啮齿类那样发达,它没有齿根,终生都能生长。跟啮齿类动物相比,兔类的血液也有较大不同。看起来,兔类和啮齿类是出于不同的祖先。因此,分类学家就把它们分开,单立了一个兔形目。兔形目又包括兔科和鼠兔科两个现生科。再往下分,兔科分九个属,五十个种。五十种野兔和家兔,外貌和习性各不相同。

除南极洲、澳洲以及马达加斯加、新西兰等岛屿外,世界各地都有现生兔类的自然分布。这些岛屿之所以没有兔类分布,据古生物学家的意见,可能是由于兔类的祖先出现得较晚,那时已有汪洋大海相隔,因而未能传布过去。

这个片段对原材料做书面详细复述,要把原材料的内容详尽地重述出来,又不照抄原文,难就难在要把它变成"自己的语言"。这实际上是一个复杂的语言信息处理、转换的过程:首先是对原材料从词语、句式、句间关系以至整体结构要理解,然后是根据自己的语言习惯进行表述。当然,由于每个人的语言习惯不同,复述出来也会面目各异。这是可以容许的。

2. 摘要复述

在总体把握原材料的基础上,抓住主要内容,再用自己的语言表达出来。原材料中的重要语句应该保留,而那些次要的材料、过渡性的段落、插说等可以舍去。记叙性的材料,可选取主要事件的梗概或主要人物的事迹;说明性的材料,可抓住对事物特征的说明或对程序的主要步骤的介绍;议论性的材料,可就其主要观点和论据作简要的重述。摘要复述,就应"摘"其"要",要保留原材料的主干,它是对原材料的"浓缩",所以不能改变原来的体裁,也不能加进自己的认识、体会和评论。它要求按原来的结构和逻辑顺序,用原来的人称和口气,不能随便颠倒变更。简述本身也应当做到结构完整,有头有尾,有条有理。

〔原材料〕晏子使楚(成语故事)

春秋末期,齐国和楚国都是大国。

有一回,齐王派大夫晏子出使到楚国去。楚王仗着自己国势强盛,想乘机侮辱晏子,显显楚国的威风。

楚王知道晏子身材矮小,就叫人在城门旁开了一个五尺来高的洞。晏子来到楚国,楚王叫人把城门关了,让晏子从这个洞钻进去。晏子看了看,对接待的人说:"这是个狗洞,不是城门。只有访问狗国,才从狗洞进去。我在这等一会儿,你们先去问个明白,楚国到底是个什么样的国家?"接待的人立刻把晏子的话传给了楚王。楚王只好吩咐大开城门,把晏子迎接进去。

〔摘要复述〕晏子使楚

春秋末期,晏子出使楚国。楚王想侮辱晏子,让他从城门旁的洞里钻进去。晏子就对接待的人说:"你去问问楚王,楚国是个什么样的国家?如果是狗国,我就从门旁的狗洞钻进去。"接待的人把晏子的话传给了楚王,楚王只好让晏子从城门进去。

(二)改造性复述

改造性复述也叫转述。转述,也是对现成语言材料的重述,在这一点上,它与复述是共通的,但它们又有区别。复述,要求全面地忠于原材料;而转述,则要求在不歪曲原意的前提下对原材料的内容与形式加以改造。这改造大体有以下几种情况:时空与人称的转换、内容侧重点的转换等。

1. 时空与人称的转换

同样一件事，今天说与明天说，在这里说与在那里说，跟这个人说与跟那个人说，时间词、方位词、人称词都必须跟着转换，不然就会造成混乱，甚至闹出笑话。比如，小李对小王说："我明天上午不去语文组找郭老师了，请告诉老师一声。再帮我问问，后天晚上去她家里找她行不行。"如果小王当天下午在校门口碰上了郭老师的女儿珊珊，对她说这件事，他就得说："珊珊，小李他明天上午不到语文组找你妈妈了，请你转告一声；他还问后天晚上去你家找她行不行。"如果小王在第二天一早，跑到语文组把这件事告诉郭老师本人，他却得这样说："郭老师，小李说他今天上午不来找您了，问明天晚上去您家找您行不行。"

屈原：南后在叫我吗？有什么事，你可知道？

子兰：不，我也不十分知道。不过我想，恐怕是为的张仪要走的事情吧。爸爸在今天中午要替他饯行呢。……我妈妈为了张仪要走，很有点着急。昨天下午张仪同上官大夫一道突然来向我爸爸辞行。他说：秦国的国王尊敬爸爸，不满意齐国的不友好的态度，所以愿意奉献商於之地六百里，请求楚国也和齐国绝交。爸爸既然听信三闾大夫的话，不愿和齐国绝交，他没有面目再回到秦国去了。他要回到他的故乡魏国。又说他们魏国的美人很多，一个个就跟神仙一样，他准备找一位很好看的人来献给我爸爸啦。

这是郭沫若的话剧《屈原》中的一段对话。子兰向屈原转述张仪跟楚怀王的谈话，称秦王为"秦国的国王"，称怀王为"爸爸"，说到张仪，则称"他"，人称全都改变了。

2. 内容侧重点的转换

同一事例，用它说明不同的观点，也就有不同的叙述角度。比如，大家都熟悉居里夫人的事迹，你可以说"居里夫人像蜡烛一样，燃烧了自己而照亮了别人"，你也可以说"居里夫人像蜡烛一样，照亮了别人而燃烧了自己"。这两种表述都符合事实，但侧重点却有不同，前者强调的是"生命的价值"，后者突出的是"牺牲精神"。而且，在这种转述中，可以渗入自己的情感和某种评价，复述则不允许这样做。

〔原材料〕（齐）宣王好射，说人之谓己能用强也，其实所用不过三石。以示左右，左右皆引之，中关而止，皆曰："不下九石，非大王孰能用是！"宣王说之。然则宣王用不过三石，而终身自以为九石。三石，实也；九石，名也。宣王说其名而丧其实。

〔变角度转述一〕宣王好虚名。他本来只能拉动三石的弓，左右的人为了迎合他的虚荣心,就都说他的弓不下九石。因此他终身蒙在鼓里,还自以为能拉九石呢。这真是好虚名者得实害。

〔变角度转述二〕齐宣王本来只能拉动三石之弓,而他的左右拉他的弓时拉到一半就装作拉不动了,还都说:"这弓不下九石,除了大王您,谁还能用这么强的弓!"结果使得宣王到死都自以为能用九石的弓,受害终身。阿谀奉承实在害人不浅。

〔变角度转述三〕齐宣王本来只能拉动三石之弓,可他的手下都说他用的弓不下九石,在试拉他的弓的时候,一个个还都只拉到一半就装作拉不动的样子。为什么会这样呢?原来,宣王"说人之谓己能用强也","左右"的装模作样和虚伪赞词,正是为迎合他的需要而产生的。"上有所好,下必趋焉",这就是一个很好的例证。

这个例子对同一材料做了三种不同的转述,角度各有不同:一种突出"好虚名者得实害",一种突出"阿谀奉承害人不浅",一种突出"上有所好,下必趋焉"。要体现"角度"的不同,原材料中的哪些语句可用,哪些不用,先说哪句,后说哪句,如何表述材料中的因果联系,都有一些讲究。

二、描述训练

(一)描述的定义

描述是用生动形象的语言,把人、事、物、景等具体事物的特征及形态,具体细致地描绘给别人听的一种口语表达方式。描述训练是口语表达能力训练的基本功训练,尤其在会展解说、导游及酒店餐饮服务中,描述与解说能力直接关乎职业能力。

(二)描述的要求

要想使自己的描述生动形象,一要真实准确,要符合生活的真实,能让人信服,不可随意夸张渲染。二要鲜明形象,抓准特征,突出事物的特点。用声、色、形进行逼真的描摹,用声音、语气的变化表达人物的感情,渲染气氛。三要优美生动,语调起伏多变,语流畅达舒展,做到语中有画,画中含情,在声音上给人以美感。

(三)描述的形式

1. 观察描述——边看边说或看后再说

(1)人物:外貌特征、语言动作、心理活动、性格特点等。

下面是罗中立的油画《父亲》,曾获第二届"中国青年美展"一等奖。看看描述者怎样抓住作品形象的特征,精准流畅地描述这位曾经震撼了一代人心灵的父亲?

示例

这是一张忠厚善良、朴实慈祥的老年人的脸。在那一道道深深的皱纹中,仿佛隐藏了一生的艰辛。眼睛有些昏花,但却安详,没有悲哀和怨恨,有的却是无限的欣慰和期望。你看,他这双勤劳的大手,青筋罗布,骨节隆起,虽然粗糙得像干枯的树皮,但却很有力量。

他黝黑的脸,深深的皱纹,粗糙的手,显示出他艰辛勤劳的一生;他慈祥的面容,挺直的鼻梁,厚厚的嘴唇,透露出他的善良和质朴;他缠裹的白布头巾、手捧的粗瓷大碗及碗中的稀饭,又说明了他生活的贫困。

古铜色的老脸,艰辛岁月耕耘出的那一条条车辙似的皱纹;犁耙似的手,曾创造了多少大米、白面?那缺了牙的嘴,又扒进多少粗粮糠菜?他身后是经过辛勤劳动换来的一片金色的丰收景象,他的手中端着的却是一个破旧的茶碗。

(2)景物:形状、结构、色彩、姿态、环境气氛等。

沸腾的延安

日本投降的消息传到延安,延安顿时沸腾起来!以延安城为中心的几条辐射形山沟中,满山遍野红旗招展,锣鼓喧天,爆竹齐鸣,笑语阵阵。人们欢呼雀跃,把衣服帽子纷纷抛向天空,卖水果的老乡把筐子里的果子送给近旁不相识的人。人们互相拥抱,拉起手扭起秧歌。当天夜晚,满山遍野是火的海洋、欢乐的洪流!狂欢持续了三天。八年的艰苦奋战,终于胜利了!延安人民怎能不欣喜若狂,激动万分!

2. 回忆描述——边想边说或想好后再说

追忆往事、缅怀故人、述说见闻,回忆场景等。

男子110米栏12秒91
刘翔平世界纪录 破奥运会纪录

雅典时间27日晚间,雅典奥林匹克体育场产生了田径项目最受我们国人关注的一枚金牌,中国人第一次站在了世界大赛的直道上。

比赛开始前的瞬间,仿佛时间都已经停止。运动员第一次准备好起跑后,八道的伊诺森西奥表示踏板位置不舒服。比赛重新开始,美国选手特拉梅尔抢跑。下一次如果再有人抢跑将被罚下。

第三次比赛终于开始,刘翔今天的起跑相当出色,在跨第一个栏之前刘翔就领先了第二名加西亚1个身位。而在本届奥运会110米栏项目上突然冒起的法国新秀也是刘翔的最强劲对手多库里却起跑过慢在第一个栏前只排在第四、五名的位置。

此后,刘翔在栏间的优势发挥了出来,要知道刘翔可以说是目前世界上栏间表现最好的选手。刘翔越跑越快,与其他队员之前的差距也越来越大。而眼见刘翔跑在前面,身后的各国选手节奏发生了变化。加西亚、特拉梅尔、多库里先后出现了踏栏、压栏的现象。

刘翔以领先第二名3、4米的优势第一个冲过了终点线,而时间就是破纪录的12秒91。最终我国选手刘翔以12秒91的成绩获得了本项比赛的冠军,并且追平了名将科林·杰克逊在1993年斯图加特世锦赛上创造的世界纪录,更打破了阿兰·约翰逊在1996年亚特兰大奥运会上创造的12秒95的奥运会纪录。

三、解说训练

解说是对人物、画面、展品或旅游景观进行讲解、说明、介绍的一种口语表达。采用口头或书面解释的形式,或介绍人物的经历、身份、所做出的贡献(成绩)、社会对他(她)的评价等,或就事物的性质、特征、形状、成因、关系、功用等进行说明。其作用有二:一是发挥对视觉的补充作用,让观众在观看实物和形象的同时,从听觉上得到形象的描述和解释,从而受到感染和教育;二是发挥对听觉的补充作用,即通过形象化的描述,使听众感知故事里的环境,犹如身临其境,从而达到情感上的共鸣。现代社会,各种政治、经济、文化活动空前繁荣,解说有了更为广阔的用武之地,像新闻图片、产品展销、书画展览、文物展出、标本说明、影视解说、园林介绍、景点导游等都要运用到这一口语表达形式,因而有很大的实用价值。解说训练也是提高口语表达能力的有效训练方式。

(一)解说,就是说明事物,解释事理

说明事物,就是把自己感知的具体事物及各种现象的名称、属类、性质、形态、变化、功用等,用平实的语言,做完整、准确、客观的介绍,给人留下具体、清晰的印象,使人了解它,认识它。

解说事理,就是把自己对某一些抽象道理的理解,用通俗明白的语言,深入浅出,条分缕析地进行解释,使人明白其中的道理。

(二)解说与介绍的区别

介绍:让人们了解或熟悉事物的特点。解决"这是什么"。

解说:说明事物的成因,解释事物的原理,使人们由表及里地认识事物的本质和规律。解决"为什么"、"怎么样"。

(三)解说的要求

真实准确,条理清晰,语言确切、简洁、通俗。

(四)解说的种类

(1)简约性解说。
(2)阐明性解说。
(3)平实性解说。
(4)形象性解说。

(5)谐趣性解说。

(五)解说的方法

(1)下定义:明确概念内涵的一种方式。

(2)归类:明确地指出要解说的事物属于哪一个类别。

(3)分类:通过明确概念外延来达到解说事物的一种方法。

(4)分析:从不同的角度对同一事物进行解说。

(5)比较:把两种或两种以上的事物加以对比,以揭示事物的异同。

(6)列举:把解说对象所具有的基本特点依次罗列,逐一解说。

(7)比喻:一种形象解说方法。

(8)举例:使人们通过个别了解一般的解说方法。

(9)描述:用来解说事物的静态和动态。

(10)引用:引用数据或资料,翔实说明或描述事物。

教做珍珠圆子

今天我们来学做川菜中的一道著名小吃:珍珠圆子。为什么叫做珍珠圆子呢?原来啊,圆子蒸熟后,外面粘的整粒糯米发光油亮,形似珍珠,所以得名。它形色美观,味甜香糯,受到大家的喜爱。现在就教您珍珠圆子怎么做,如何做珍珠圆子才好吃。

提前准备好糯米,泡透,再将准备好的白糖、芝麻、芝麻酱、面粉、化猪油放在一起,用手搓匀,拌成珍珠圆子馅,分搓成12个大小相同的圆球。

糯米粉用清水发软,揉匀,揉到不粘手为止。完了,再分成12坨,包上馅,滚上已经泡涨的糯米,搓成上边小、下边大的塔形,上笼蒸10分钟左右,等熟了。取出装盘就可以了。

这是一则阐明性解说,采用了归类、描述、列举、比喻等方法,讲解具体形象,语言简练,通俗易懂。适合餐饮服务业内推介或电视节目中对公众讲解。

包拯生平简介

包拯是北宋人,字希仁,北宁真宗咸平二年(999年)生于合肥肥东包村。其父包令仪,字肃之,进士及第,当过福建惠民县知县,任京都的七品虞部外郎,掌管国家的冶炼生产。母亲张氏。包拯自幼受到良好的传统教育及父母美德的影响,加上他聪明睿智,敦厚诚实,严守父教,刻苦攻读。乡试中,他名列前茅。但包拯不骄不懈,谦虚谨慎,尊重师长和学友,受到乡邻们的赞扬和好评。

宋仁宗天圣五年,也就是公元1027年,朝廷开科,已29岁的包拯,进京赴试,高中进士,初授大理评事,任建昌知县,建昌就是今天的江西永修县。由于父母年事已高,为侍奉父母,他辞官归里。数年后,双亲相继过世,包拯为他们送葬并结庐守孝三年。

景祐二年,也就是公元1037年,已39岁的包拯,方在乡邻的劝说下重登仕途,出任扬州天长(今安徽天长)知县、池州、江宁等地的知县、知府;任过监察御史、贺契丹正旦史、河北都转运史、天章阁待制、龙图阁直学士、右谏议大夫、御史中丞、三司使等职,最后官至枢密副使,成为宋仁宗时期朝廷最高行政领导核心之一。包拯在主持京师开封府政事之时,下令废除陈规陋制,允许百姓直接到公堂上诉申冤。这个措施深受开封老百姓的拥护,百姓称他为"包青天"。包拯于嘉祐七年(1062年)病逝于开封,享年63岁。第二年八月,葬于合肥城东郊公城里东村(今合肥市大兴集)。包拯被追赠礼部尚书,谥号"孝肃",人称包公。

有关包公铁面无私,不畏权贵的故事、戏曲、小说,在民间流传很广,诸如《秦香莲》、《包公赔情》、《三勘蝴蝶梦》、《包公误》等等,里边所写的事情都不是历史上的真事,然而,历史上的包拯是一位清官,也是一个忠臣,他反对赃官,但忠于皇帝;他在维护封建制度的前提下,为老百姓做了不少好事,所以历代的老百姓都非常喜爱他。客观地说,这些传说与舞台上的包公形象,虽有不少溢美夸大之辞,有些纯属虚构,但它无不倾注着百姓的理想和愿望,其中诸如《判牛舌案》、《陈州粜米》、《出使契丹》、《打赃官大开府门》、《怒斥国丈》等故事,还是有史可据的。

(选自合肥市旅游局编《合肥市旅游景点导游词》)

包公祠(解说词)

各位游客,包公文化旅游区已经到了,现在请大家跟随着我,游览包公文化旅游区的第一个景点:包公祠。

包公祠是祭祀北宋名臣包拯的专祠,它的全称为"包孝肃公祠"。"孝肃"二字,是宋仁宗在包公死后赐给他的谥号。包公是个孝子,29岁考中进士后,因父母年老体弱,一度放弃了做官的机会,在家奉养父母,直到39岁才出任天长县知县。包公一生,严于律己,为官清正廉洁,所以,宋仁宗用"孝肃"二字评价包公的一生,赐给他这个谥号。

包公祠背靠环城南路,三面临水,莲荷盈盈,绿树掩映,由于包拯是人们传颂的清官典型,包公祠也因此闻名遐迩,与逍遥津、明教寺,合称为"合肥三大名胜古迹"。

包公祠位于香花墩,据《庐文州府志》记载:"香花墩,在城东南门外濠中,包孝肃读书处,本为公祠,蒲苇数重,鱼凫上下,长桥径渡,竹树阴翳。"另据碑文记载:包河小洲上原为一座小庙,明朝弘治元年(1488年),庐州知府宋鉴(字克明)

见其风景幽雅,遂将小庙拆除,改建为"包公书院",并改洲名为香花墩。1539年,御史杨瞻把"包公书院"易名为"包公祠"。今天看到的祠堂建筑是清代光绪年间由李鸿章筹白银重建的。

现在,请大家转身向后看,正对包公祠大门前的那座白底黑框墙,叫做照壁。照壁前后正中绘有一叶青荷,青荷侧旁一枝荷花亭亭玉立,出污泥而不染,散发着一股清香。照壁与包公祠大门的门楼两边立着一对"抱石鼓"。它与正殿两旁的两只石狮子,都是象征着威严和权力的建筑,在古代,不是每个人都能拥有这些建筑的,只有帝王将相、文武百官的王宫、官衙、府第门前才可以建有。
……

(选自合肥市旅游局编《合肥市旅游景点导游词》)

这两个例子都是导游业务中的解说词。前一则属平实性解说,偏重介绍;后一则属形象性解说,偏重解说。两例都大量引用了历史材料,讲解内容翔实生动。

四、评述训练

(一)评述的含义

评述就是表述自己的见解和感受,是对某种事物的评价、判断。评述一般要指明对象的优劣,比较事物的异同,或者还要从具体的事物中总结出一定的经验、教训,概括出一般的法则、规律。就直白地表述理性认识这一点说,评述与阐述是一样的;就常用举事例、做推断等方法,最终要为实践服务来说,评述与阐述也是一样的。但二者毕竟有所不同。首先,面对的对象不同,阐述的对象是理性认识的成果,评述的对象却是客观存在的事物;其次,阐述,是通过对概念、判断、理论的阐发而指导实践,评述却是通过对具体事物的分析评判来指导实践。评述的对象是很广泛的,从国家的大政方针到平民百姓的言论行动,从一场战争到一场足球赛,从一首短诗到一部几十集的电视连续剧,凡属客观存在,都可进行评述。

(二)评述的形式

全面评述,指对某一事物或现象从不同侧面、不同角度进行详细的评论。

重点评述,抓住某一方面或某一点进行品评、作出客观的评价。

(三)评述的构成方式

1. 先述后评

先用复述或描述的方式,把要评论的内容介绍出来,而后集中进行全面或重点的评述。特点是"述"多"评"少。

2. 边述边评

一边复述或描述客观事物,一边进行评论。特点是"述"、"评"交融。

3. 先评后述

先阐明自己的见解和感受,然后再述说事实或理由,证明自己的观点是正确的。特点是"述"多"评"少。

(四)评述的特点和要求

评述的内容广泛,以听、看、读所产生的见解和感受为表达对象。是"评"与"述"相结合。要求:

(1)实事求是,持论公允,不主观片面。

(2)观点鲜明,有针对性;理据充分,不含糊其辞。俗话说:"与君一席话,胜读十年书。"这就说明了评述的效果。要达到这种效果,观点必须鲜明,必须有见地,而且能对症下药。

(3)语言准确、简练、通俗、明白,表达严谨,有条理。

(五)评述的方法

1. 掌握题意

拿到一篇案例,我们首先要认真品读每一个环节,即:事件的中心思想、时间、地点、人物、事件的关键词等。如果给你的是一句话,你就立刻产生联想,比如:"你最难忘的一件事",你的脑海里可能立刻就有了一件事的回顾,但不要急于说出,而是要结合当时的现场情景,设置如何导入,就是如何把这个难忘的事通过合适的手法陈述出来。切忌单刀直入,这样显得缺乏经验。

2. 提炼中心

阅读掌握事件的基本情况后,大家要善于提炼事件的中心思想。提炼的方法可选择事件的不同侧面,由不同特点进而提炼中心。有了中心思想这块基石,就可以添砖加瓦建大厦了。

3. 学会延伸

就是依据事件本身,从特点出发,引申开去,一是把事件的意义尽量向深度、广度延伸。要尽量说透、说深、说厚实,带有真理式的力度。二是把事件的延伸过渡到现实生活中。结合社会现象、自然现象,或某一发展规律,将话题带入生活,将话题活化。如果想取得意想不到的效果,必须摆脱现象的迷惑,而用专家的语气,从事件的根源出发,透过现象看本质。

4. 发表己见

通过话题延伸,陈述自己的观点或专家的观点,引发听众思考,从中得到借鉴,达到评论话题的目的。发表己见时要认真严肃,尽量用真理式的话语或名人名言来牵引,用不可动摇之论据,使评述更具权威性,比如:用"俗话说、一位名人说过、通过采访得知、专家学者说,等等"引出结尾。总之,发表己见时要真理与感染力并重,没有感染力的评述是不成功的评述。

5. 语言特色

语言表达要流畅,语句要尽量凝练、准确。注意口语特点。说理的语言要能上口,修饰不能过多,少作繁琐的抽象论证。宜庄宜谐,庄谐适度,富有感情。

示例

（即兴评述）　　　　　勤能补拙

各位老师好,今天来谈谈"勤能补拙"。

在日常生活中,我们常常听到有人叹息自己天生笨拙,成不了大器。其实,我认为这种叹息是没有必要的。常言道,勤能补拙,这就是说,天资差,是可以用后天的努力来补偿的。

事实不正是如此吗?

梅兰芳年轻的时候去拜师学艺,师傅说他生就一双死鱼眼睛,灰暗、呆滞,根本不是学戏的材料,拒不收留。然而,天资的欠缺没有使梅兰芳灰心,反而促使他更加勤奋。他喂鸽子,每天仰望天空,双眼紧跟着飞翔的鸽子,穷追不舍;他养金鱼,每天俯视水底,双眼紧随着遨游的金鱼,寻觅踪影。后来,梅兰芳那双眼睛变得如一汪清澈的秋水,闪闪生辉,脉脉含情,终于成了著名的京剧大师。

由此可见,一个天资笨拙的人,只要能勤勤恳恳,做到"人一能之,己百之,人百能之,己千之",就能变得聪明起来,成为对社会有用的人才。

但反过来说,一个人即使天资再好,若不勤奋求学,也是不能成才的。在宋代,有个神童名叫仲永,五岁便会做诗,被乡里称为奇才,可谓聪明过人,但他出名后,不再勤奋上进,而是整天由他父亲带着到处吃喝玩乐,结果诗才枯竭,终于"泯然众人矣"。类似这样的例子,在现实生活中也是屡见不鲜的。我的一个同学,由于勤奋好学,升中学的成绩名列全班之首,亲朋好友都夸他是个聪明的孩子。可是一年之后,他的成绩排在全班倒数第六,他的母亲生气地说:"真是笨蛋!"其实他哪是什么笨蛋,只不过是在一片夸赞声中变得骄傲了,不像过去那样勤奋罢了。

华罗庚教授有句名言:"勤能补拙是良训,一分辛劳一分才。"希望那些自认为没有天赋的朋友们不要太悲观,要相信天才在于勤奋,只要自己肯在"勤"字上下工夫,朝着美好的目标坚持走下去,是可以成大器的!

示例就"勤能补拙"这一中心,先发表己见,接着引入生活实例,将话题延伸到梅兰芳学戏的正例和仲永泯然的反例,再引用华罗庚的名言作结。论据充分,说理透彻,"评"与"述"交融。注重口语化表达,语言感染力强。

 示例

80岁电影导演申请当志愿者

近日,国际奥委会官方电影制作人格林斯潘来到中国人民大学,为师生献上了一堂主题为"奥运·电影·梦想"的奥运培训讲座。在即将度过80岁生日之际,格林斯潘先生提出了担任北京2008奥运会志愿者的申请。

他说:"奥运会的壮丽不仅在于运动员的比赛,更重要的是志愿者和观众组成了整个奥运会最壮丽的风景。"格林斯潘高度评价了志愿者在奥运会中的作用,"我曾经在巴塞罗那奥运会和雅典奥运会都看到热情洋溢的志愿者,是他们给奥运会带来了又一道风景线"。

(即兴评论)

看完这则报道,我深深地被巴德·格林斯潘先生青春的生命打动了:这样一位80岁老人竟然还有如此年轻的心态,还有如此旺盛的生命力!

本例是则简短的即兴评述,选取的评述中心是"80岁""年轻的心",先述后评,简短有力。

五、答问训练

大多数的口语交际都是在问与答的过程中进行的,答问技巧的运用是否得当,有时决定着交流的成败。

口语交际中的答问准则有哪些?

阅读下面材料中护士与病人的对话,说说交谈失败、造成悲剧的原因是什么?

在某医科大学附属医院神经科,一位新入院的病人问护士:"小姐,神经科治的都是什么病?"护士随口答道:"多啦,都是难治的病!"病人又问:"像我这样的脑病大约多长时间能治好?"护士不耐烦了,回答:"唉,你只管好好养病得了,问这么多干啥。没听说嘛,神经科神经科,活的少死的多,剩下一个傻呵呵。"这几句话对病人无疑是晴天霹雳,使他感到求生无望,当夜就跳楼自杀了。

护士对病人本应关心、体贴,而这位护士却对病人漠不关心。病人提出问题,她不耐心地作解答,还说些带刺激的话。她说话不看对象,不想后果,致使悲剧发生。

口语交际中问答的解答准则之一:言之有"礼"。即根据特定的情境采用文明得体的用语,说话要讲究文明和修养,尊重对方,注意对象和场合。

读下面一则小幽默,简要回答问题:

一个顾客在酒店喝啤酒,他喝完第二杯之后,转身问酒店老板:"你们这儿一周能卖掉多少桶啤酒?"老板得意洋洋地回答说:"35桶。"顾客说:"我倒想出一个能使你每周卖掉70桶的办法。"老板很惊讶,急忙问道:"什么办法?"顾客说:"这很简单,你只要将每个杯子里的啤酒装满就行。"

顾客话中的意思是什么？说话人的话中有话，关键要听出言外之意：讽刺老板缺斤短两，坑害顾客。

口语交际中问答的解答准则之二：听话要了解对方的"弦外之音"。只有领会对方意图，抓住中心和要点，才能对症下药或者避实击虚。

1974年2月13日深夜，随着一声惊天动地的巨响，位于莫尔莱市附近的法国广播协会218米高的电视塔，突然倒塌。自2月14日起，布列塔尼半岛上30万电视机顿时成了废物。这座电视塔再次修复矗立起来，足足花了一年的时间。这一年中，在布列塔尼居民生活中，出现了许多奇妙的变化。

其一，患感冒的小学生大减。布列塔尼雾多、雨多，气候条件相当恶劣。以往孩子们一放学便扑到电视机前，闭门不出。现在没有电视看，他们在家里也呆不久，经常外出玩耍。户外活动，使孩子们体质明显增强。

其二，宴会时间延长。布列塔尼人喜欢社交，不论过年过节，还是红白喜事，人们都爱聚在一起，久久不散；但自从电视节目吸引观众之后，人们不愿再参加一般聚会。即使赴宴，中途也频频看表，生怕误了电视节目。现在，电视消失了，人们的活动恢复正常，宴会时间也延长了。

简析：这段话从儿童教育、社会活动、文化生活等方面说明电视塔倒塌后所发生的奇妙变化，并以"其一"、"其二"作为思维路标，条理清晰，中心突出，加深了人们对电视消极影响的认识。

口语交际中问答的解答准则之三：说话要言之有"序"。语句连贯，条理清晰，才能正确表达自己的想法和心情，使对方理解。

彼斯塔洛齐是瑞士著名大教育家。一天，有人不怀好意刁难他："彼斯塔洛齐先生，你能否从孩子一出生，就看出他长大后会成为什么样的人？"彼斯塔洛齐眉头一皱，计上心来，很干脆地回答："这个简单嘛。如果在襁褓中是一个小姑娘，长大后一定是个妇女；如果是一个小男孩，长大后就是个男子汉。"那人悻悻地走了。

针对"能否从出世那刻，为孩子长大成人定性"的"刁钻"问题，彼斯塔洛齐先生没有就事论事，或引经据典，大发议论；或层层剖析，盖棺定论。而是避其锋芒，敏锐捕捉关键字眼"什么样的人"，巧妙地运用语言的多义性虚拟出两种情况——孩子的出生性别，有意曲解概念，化繁为简，轻易过关。既化解了窘迫，显示了自己的智慧，同时又暗含了对挑衅者的讥讽。真可谓"一石双鸟"。

一个周末,一个女主人对她的保姆说:"今晚有客人来家里吃饭,看你能做些什么特别的菜?"保姆听后微微一笑:"好,太太。不过我不知道您是要客人吃了还想再来呢,还是永不想再来?"保姆的话提醒了女主人,她拍拍自己的脑袋说:"你看我这话说的!好吧,我给你列个菜谱。"保姆接过女主人列好的菜谱,高高兴兴领命而去。

这里,女主人没有向保姆说清楚怎么个特别法,有些令保姆无从下手。但这位保姆反应够机灵的,她善借"特别"二字做文章,以其两个极端——特别好吃(以致客人们吃了还想再来)和特别糟糕(以致客人们吃了永不想再来),诙谐幽默地提醒了女主人,使女主人改口换言,具体安排,也使自己有"章"可循,有"法"可依。

上述两例中,彼斯塔洛齐及保姆均成功地运用了"歧义曲答"法。交流中,有时对方出言不逊,刁钻古怪的诘问使你猝不及防,这时权宜之计是突破思维定势,善于抓住对方用语的多义性,有意分离曲解或偷换概念,出其不意攻其软肋,从而改被动为主动,巧妙化解窘境,使交际得以顺利进行。

口语交际中问答的解答准则之四:善于"歧义曲答"。逻辑规律要求,在思维过程中概念必须保持一致,不得随意偷换或混淆。但在交际会话时,我们完全可以结合具体语言情境,巧借词语的多义现象,歪解概念,化难为易,避重就轻,摆脱被动,收到兵来将挡、水来土掩的表达效果。

交谈中有时会遇到别人有意或无意的伤害或刁难,是以牙还牙、有仇必报呢,还是用豁达与宽容智慧地化解危机呢?

下面来看一下美国历史上最伟大的总统之一是如何应对政敌的恶意伤害的。

林肯在竞选总统前夕,有一次在参议院演说时,遭到一个参议员的羞辱。该参议员说:"林肯先生,在你开始演讲之前,我希望你记住自己是个鞋匠的儿子。"

"我非常感谢你使我记起了我的父亲,他已经过世了。我一定记住你的忠告,我知道,我做总统无法像我父亲做鞋匠那样做得好。"顿时,参议院陷入了一片沉默。

接着他转过头来,对那个傲慢的议员说:"据我所知,我的父亲以前也为你的家人做过鞋子,如果你的鞋子不合脚,我可以帮你改正它。虽然我不是伟大的鞋匠,但我从小就跟父亲学会了做鞋子的技术。"然后,他又对所有的参议员说:"对参议院的任何人都一样,如果你们穿的鞋是我父亲做的,需要修理或改善,我一定尽可能地帮忙。但有一点可以肯定,他的手艺是无人能比的。"

林肯话音刚落,参议院就响起了热烈而真诚的掌声。

有人对林肯说:"你为什么总试图让你的政敌变成朋友呢?你应该设法打击他们,消灭他们才对呀!"

林肯回答说:"我们难道不是在消灭政敌吗?当我们成为朋友时,政敌就不存在了。"

口语交际中问答的解答准则之五:宽容他人的过失。因为宽容不仅可以避免潜在的纷争,而且可能会"化敌为友",为你获得良好的人际关系,从而为你的成功加码。澳大利亚作家、演说家安德鲁·马修斯在《宽恕之心》中写道:"一只脚踩扁了紫罗兰,它却把香味留在那脚跟上,这就是宽容。"

在我们的现实生活与工作中,选择巧妙的方式,避实击虚,顺水推舟,也留下了许多精彩的答问经典。

李肇星妙语问答

十一届全国人大二次会议(2009年3月4日上午)举行新闻发布会,新任全国人大新闻发言人李肇星妙语连珠回答了中外媒体记者的提问。

俄罗斯记者提问要求介绍一下2009年中国国防费的一些细节,李肇星说,"我向你和你的同行散布一些并不确切的消息。"这个回答引起在场记者默契的笑声。紧接着笑声再次响起,李肇星说,"今年军费有所增加,具体情况我可以慢慢向你道来。如果你对这个问题感兴趣,我建议你拿出笔来记一记。"

凤凰台的记者一连问了3个问题,李肇星说,"人大工作的特点是严格按照法律和法律程序办事,刚才主持人已经宣布,每位记者只提一个问题,可是你一共提了三个。在下不为例的前提下,我愿意回答你所有的问题。"回答再次引起在场记者的笑声。

当有记者问,有境外媒体报道认为,中国只搞经济体制改革,但是在政治体制改革方面基本没有什么进展。"我不知道你说的发表这种观点的外国记者是谁,也不知道他是否在场,如果由他自己提这个意见会更好。"李肇星如是说,再次引来大家的笑声。

李肇星在十一届全国人大二次会议的新闻发布会上,首次以大会新闻发言人的身份答记者问。外交家出身的他纵横开阖,妙语连珠,避实击虚,几度化险为夷,为我们留下了经典的答问样板。

刘翔回答记者问　妙语说自我

刘翔参加一个商业活动,这位刚过了24岁生日的年轻人的私人生活让很多记者感兴趣,他也有问必答。

有人问:"你比赛速度很快,在生活中哪些时候比较慢?"

他答:"慢啊?吃饭比较慢,其实在我生活中,洗澡、吃饭都比较慢,我比较喜欢慢节奏的生活。虽然在赛场上争分夺秒,但我在生活中还是比较喜欢慢节奏,比较休闲。"

刘翔与姚明,均是从上海出来的两位著名运动员。

他碰到了这样的问题:"在上海你和姚明比,谁更受欢迎?"

刘翔答道:"我们其实没有互相比较过,我们都是在各自领域发挥了一些能量,为国家作了一些贡献,事实就是这样。"

刘翔听懂了对方的"弦外之音",完全领会对方的并无恶意。记者是想从飞人口中挖出更有爆炸力的新闻。因为了解对方的"醉翁之意",刘翔当然不会陷入陷阱,回答记者的话中规中矩,滴水不漏。

训练设计

一、将下面的一段对话,改成详细叙述。

身着布衣的亚历山大大帝向一位军人问路:

"朋友,你能告诉我去客栈的路吗?"

"朝右走!"

"谢谢。请问到客栈有多远?"

"一英里多。"

"请原谅,我可以再问一个问题吗?"

"什么事?"

"如果你允许我问的话,请问你的军衔是什么?"

"猜嘛。"

"中尉?"

……

"上尉?"

"还要高些。"

"那么,你是少校。"

"是的!"

大帝做出敬佩的样子,向他行了礼。少校问:

"假如你不介意,请问你是什么官?"

"你猜。"

"中尉?"

"不是。"

"上尉?"

"也不是。"

"那么,你是少校?"

"继续猜。"

"那么,您是部长或将军?"

"快猜着了。"

"殿……殿下是陆军元帅吗?"

"我的少校,再猜一次吧!"

"皇帝陛下!——陛下!饶恕我,陛下,饶恕我!"

"我饶恕你什么?朋友。你没伤害我,我向你问路,你告诉了我,我还应该感谢你呢!"

要求:不改变故事情节,但要分别模拟大帝和军人不同的对话语气。要根据情节,对双方说话的神态、说话的环境作恰当的叙述和描述。

二、模仿练习。

在孝敬父母的演讲赛中,一位选手讲述了这样一段:

有这样一个故事:一个和母亲相依为命的儿子,长大后,爱上了一位漂亮的姑娘,可这个姑娘贪得无厌,竟然向他索要他母亲的那颗心。他为了讨得姑娘的欢心,真的用剑挑开了母亲的胸膛,掏出了母亲那颗滚烫的心。他飞也似的跑向姑娘,不料途中摔了一跤,这时,母亲的那颗心说话了:"孩子,你摔疼了吗?"朋友们,还有谁能如此为我们作出牺牲吗?还有谁能如此疼我们吗?除了我们的父母,再也没有了!千千万万的父母,千千万万的牺牲哪!千千万万的儿女又该怎样对待自己的父母呢?禽兽尚且有跪乳之恩,反哺之情,作为至灵至性的人,我们有什么理由不去回报我们的父母呢?面对苍天,面对高山,我们谁都应该记住:孝敬父母,天经地义!

这是一段由事生理、由实而虚的说理。请模仿这种说理方式,说说下列话题:

1. 祖国母亲

2. 奉献爱心

3. 青年与时间

三、评述话题练习。

1. 谁不说俺家乡美

2. 童年趣事

3. 永不磨灭的一幕

四、评述综合练习。

假设你是电视台的记者,现在来到你所在的学校,要对学校近年来的教育改革情况作现场报道,你所面临的现场就是你所在班级的老师和同学。现在要求你,既要对全校的教改情况作综合报道,又要对系里的教改作出具体报道,还要对班上的情况作现场报道。在报道的过程中,不仅要报道事实,还要作出评述。

练习之前,提早一个星期,要求学生对全校和系里的教改情况作出调查。

依次上台,每人报道3分钟。

要求对全校的情况作概括叙述,对系里的情况作详细叙述,对班上的情况作现场描述,而且要边述边评。

五、根据下面资料,给大家做一个简要的"唐三彩"介绍。

"唐三彩"始创于唐代,是一种施以多种彩釉的陶器制品,常以黄、褐、绿、蓝、黑、紫、白等色组合使用,而以黄、绿、白为主,故名"唐三彩"。

六、模仿下面的场面解说,根据文中示例"男子110米栏12秒91,刘翔平世界纪录破奥运会纪录"的材料,尝试做一次精彩赛事的现场解说。

电子显示器亮出了"二米三八"的高度,全运会田径总裁判夏翔走到跳高架前,仔细检查高度的准确性。顿时,全场鸦雀无声,连空气也仿佛凝固了。中外记者们目不转睛地盯住朱建华,手中的笔捏得紧紧的;照相机、录像机的镜头,从各个角落瞄准着他,单等那珍贵的一刹那……第一次试跳失败了,全场观众发出一片惋惜声。人们的心,紧张极了,朱建华呢?他不慌不忙地喝口水,坐下来放松放松腿部肌肉,然后,走到跳高架前,仔细地量了下步点。五点十五分,他向裁判挥手示意,准备起跳。只见他,对那从未被人征服过的高度凝视片刻,似旋风般地冲向横杆,起跳—凌空—摆腿—收腹,身轻如燕,翩然过杆。成功了!

全场立即沸腾起来,三万多观众同时站起来鼓掌欢呼!朱建华兴奋地从海绵垫上跃起,高高地举起双手向观众致意。他接过一束鲜花,绕场一周,同热情的观众共享胜利的欢乐。"朱建华!朱建华"!忘情的观众呼喊着他的名字,他回到跳高架旁,和教练胡鸿飞紧紧地拥抱着,并把鲜花塞到教练手里。

第二节 态势语训练

语言除了有声语言表达外,还有辅助语言,这就是态势语言。态势语言,虽不是由口部发出的语言,却起到极大的辅助作用。所以除了要注重有声语言的表达,更要注重无声语言的表达,就像我们常说"我看见你就知道你要说甚么",这是别人在用无声语言(态势语言)传播信息。正是通过人体器官的动作,或者身体某一个部分形态的变化来进行思想和情感交流的一种方式。凡是通过手势、姿态、眼色和面部表情来进行信息传递、思想沟通、感情交流的活动方式,统统称为表达或体态表达。

一、体态语言的内涵

(1)一种最古老、最原始的交际方式,也是历史最悠久的交际方式,是源远流长的,必不可少的。

(2)是对口头表达必要的补充和辅助(除哑语外)。

(3)传递的所有信息受表达环境的制约。

二、体态语言的功能

(一)从个人来说

(1)反映人的性格和心理。

(2)反映人的真实感受和内心需求。

(3)可以弥补有声语言的不足。

(二)从日常交际来说

(1)更形象地传递信息,表达思想。

(2)更有利地传达情感,反映情绪,如:拍案叫绝、暴跳如雷、扪心自问、趾高气扬等。

(3)更有效地昭示心灵,加深理解。

(4)更恰当地联络各种关系,使交际更得体。

三、体态语言的表现形式

(一)眼睛语言

眼睛是心灵的窗户,嘴巴可以说话,眼睛不能说话,眼睛的奥妙,在于它是真实的。可以编出一千句、一万句谎言,却不能遮挡眼睛的真实性。眼睛注视用得多的有三种:

1. 凝视

集中目光看对方,如果是公事,目光限制于前额与双眼间,使人感觉你很诚恳认真;如果是社交,就看双眼到嘴的三角区;如果是关系非常亲密的朋友,就看双眼到胸的区域。

2. 环视

眼睛向前然后有目的地扫一下,好处是使所有听你讲话的人都注意到你,不觉得你在和他人交流,能较全面地了解听众的心理反应。而且可根据你的环视随时调整说话的节奏、内容、语调,把握说话的主动权。

3. 虚视

就是似视非视,演讲就需要这种虚与实的目光交替,"实"看某一部分人,"非"看大家,演讲要做到"目中无人,心中有人"。

(二)表情语言

每个人都有面部表情,脸上的每个细胞、每个皱纹、每个神经都表达某种意愿、某种感情、某种倾向。面部表情是最准确的、最微妙的"晴雨表"。人的面部表情贵在四个字:自然、真挚。面部是思想的"荧光屏",演讲者一般要带微笑。

体态语是口语交际的辅助手段,是通过体态、手势、表情、眼神等非语言因素传递信息的一种言语辅助形式。体态语又叫态势语。

一次成功的口语交际活动,不仅得力于好的有声语言,也伴随着自然得体的体态语。心理学家阿尔伯特·梅拉比安研究创立了这样的公式:信息总效果=7%的文字+38%的语言表述+55%的动作表情。说话时的颔首、眼神常使人悟出更深的道理。特定环境下的挥手、顿足甚至能代替语言。体态语虽不能等同于表述语言,并且也不像语言表述那样内涵清晰,但如果运用恰当,可以补充强化口语信息,可以沟通、交流情感,可以调控交际过程。

四、体态语运用的原则

体态语是一种非言语形式的口语辅助手段,自然、得体、适度、和谐是其应遵循的最重要的原则。

(一)自然

体态语不应矫揉造作,故作姿态,而应是情之所至,自然大方。例如,一位教师在讲到李白的诗句"黄河之水天上来"时,情不自禁地伸开手臂,做了一个大幅度的由上到下的波浪型动作,使学生们深刻地理解了黄河之水奔腾而下、一泻千里的磅礴气势,收到很好的课堂效果。

(二)得体

听、说双方在特定语境中的体态语运用要恰如其分,与口语交际场合以及双方年龄身份相符。有这样一个幽默小故事:A先生不善交际,特意买了本《交际指南》来看。他记住了书中的一句话:"听人说话或对人说话时,要看着对方的眼睛。"于是决定来实践一下。恰巧一位年轻貌美的女客来访,A先生只顾调遣自己的眼睛了,倒茶时弄湿了客人的短裙,客人不辞而别。又一位面生痤疮的男客来访,A先生盯得人家自惭形秽,坐立不安,遂借口有事匆匆离开了。这位先生交际的失败就在于他不顾交际对象,机械盲目地模仿体态语,结果弄巧成拙。

(三)适度

体态语运用的幅度、力度、频率等都要受到有声语言的制约。动作幅度不宜过大,力度要适中,频率不宜过高,形式不宜复杂,要有助于口语表达,不能喧宾夺主。体态语不同于表演,片面追求体态语,动辄搬用戏剧动作,会使体态语成为话语外多余的饰物。

(四)和谐

和谐包括与有声语言内容、语调、节奏的协调,与说话者的心态、情感的吻合,与特定情境的适应,与交际目的的统一,这是体态语运用的美学要求。体态语使人的理想、情操、意志、力量等都变成形象,既给人心理上的美感,又给人视觉上的美感。

五、体态语言的训练方法

(一)手势

手势是态势语的重要组成部分。

1. 手指语言

"大拇指"动作一般表夸奖、很好,但有时也表示高傲的情绪;"十指交叉"一般表自信、对情绪、感兴趣;"抓指式"一般表控制全场之势;"背手"可给自己壮胆,镇静,也表自信,但对有的人也是种狂妄的表现;"手啄式"表示不礼貌的动作,本身就有一种挑衅、针对和强制性。以上的表意也要看具体环境和当时的面部表情。

2. 手掌语言

"向上"表示诚恳、谦虚;"向下"表示提醒、命令;"紧握伸食指"带有一种压镇性;"搓掌"表期待,快搓表增加可信度,慢搓表有疑虑;"手掌向前"表拒绝、回避;"手掌由内向外推"表安慰、把所有的问题概括起来;"劈掌"表果断、决心。

3. 手臂语言

"手臂交叉"表防御;"交叉握拳"表敌对;"交叉放掌"表有点紧张并在努力控制情绪;"一只手握另一只手上臂,另外一只手下垂"表缺乏自信。

有人说,手是第二张脸。例如,抗日战争时期,毛泽东同志去重庆谈判前与延安军民告别时的手势,就是典型例证。方纪的散文《挥手之间》,真实地记录了当时毛泽东同志向群众挥手的动人场景。文章写道:"机场上人群静静地立着,千百双眼睛随着主席高大的身影移动。"人们不知道该怎样表达自己的心情,只是拼命地挥手。这时,"主席也举起手来,举起他那顶深灰色盔式帽,举得很慢很慢,像是在举一件十分沉重的东西,一点一点的,一点一点的,等到举过头顶,忽然用力一挥,便在空中,一动不动了……举得很慢很慢",体现了毛泽东同志在革命重要关头对重大决策严肃认真的思考过程,同时也反映了毛泽东同志和人民群众的亲密关系和依依惜别之情,"忽然用力一挥"表现了无产阶级革命家一往无前的英雄气概,也是对后方广大群众的安慰、鼓舞和激励。这一挥手动作,充分表达了毛泽东同志对人民群众热爱、安慰、激励等极为丰富的思想感情,同时也表现了一位革命领袖的广阔胸怀和宏伟气概。看到毛泽东同志的挥手动作,群众对革命领袖更加敬爱,对革命力量更加信赖,对革命胜利充满信心。在这样激动人心的场面中,毛泽东同志心里有多少话要讲,但是他一句话也没有讲,只一个手势动作就胜过了千言万语,真是"此时无声胜有声"!

手势表达的含义相当丰富,大致可分为如下四种:

第一,情意手势。用于表达说话人的情感,使情感形象化、具体化。如说到"我们再也不能忍耐了!"两手前伸、下切,表达决心。

第二,指示手势。用于指示具体对象。这种手势可以指听众视觉范围内的事物或虽一时看不到、但平时见惯了、很熟悉它的方位的事物。如说到"讲桌今天擦得很干净",可以指着讲桌;再如讲到"天上每日不知有多少颗卫星从我们头上飞过",可指自己头顶的上方。

第三,形象手势。用于摹形状物,使人产生一种形象、具体的感觉。这种手势在交谈中,尤其在对儿童的交谈中可以使用多些,其他则需要适当控制。如说下面这段话时,形象手势太多,反而杂乱:"敌人冲上来了,我用机关枪扫,用手榴弹投,滚石头砸,最后拼刺刀,终于打退了他们。"

第四,象征手势。用于表达抽象的意念,能引起人们联想。如说到"小草被压在巨石底下,自然要弯弯曲曲地出来"。一手画着曲线缓缓举起,停住,能启发人体会到话中深意。

运用手势必须注意以下几点：

第一，手势动作必须和口语节奏协调一致，紧密配合，出示不可过早或过晚。不然，会弄得滑稽可笑，破坏态势语言的美感。

第二，手势动作要从肩部作起，肩部用力，臂部灵活。这样做的手势，会显得自然大方。如果肩部、臂部不动而只用手腕，会显得局促和小气。

第三，注意掌握手势动作的大小幅度。过大，会使听众感到"张牙舞爪"，太狂；过小，会使听众感到"小手小脚"，太弱。手势动作的大小幅度应根据表情达意的强弱而定，根据会场的大小而定，根据听众的多少而定，根据演讲的内容和需要而定。只要掌握了这些，一般就不会越出常规，发生大的偏差。

（二）身姿

身姿是身体的姿态，即身体的无声动作。一个人的姿态往往反映着他对人或事所持的态度，也体现一个人的风度。比如，是直挺挺地站立，还是靠门而立；是端端正正地坐着，还是跷着二郎腿。不同的姿态传达出不同的意义。

身姿语言形形色色，通常分为坐姿、站姿、行姿、蹲姿、俯姿、卧姿等多种，其中使用最多的是前三种。

坐姿。坐姿有严肃性坐姿与随意性坐姿两种。我国传统上坐姿要求"坐如钟"，标准的姿势是：腰背挺直，肩部放松，女士双膝并拢，表现仪态的端庄、姿态的优雅，同时给人一种正统严肃感；男士可以适当分开一些，表明自信，也能接受对方，但也不能超过肩宽。在交际活动中，选用什么样的坐姿受具体语言环境的制约，严肃、认真的场合适宜采用严肃性坐姿，随和、休闲性场合可采用随意性坐姿，比如，将两腿加以叠加，是人们一种常见的休闲动作，表示心情的放松，同时也表示保护自己的势力范围。

站姿。站姿是交际活动中一种常见的姿态，我国传统上站姿要求"站如松"，标准的站姿是：全身笔直，挺胸收腹，精神饱满，两肩平齐，腿要绷直，脚要并拢。但一个人如果从头到尾都取这种姿态，身体容易疲劳，所以，可以在基本姿态的基础上加以变化，使站立的姿态既不失礼貌，又不至于疲劳。

行姿。行姿就是人行走的姿态，它是通过步履姿态传递信息的语言。我国传统上行姿要求"行如风"，现在行走频率的要求不一定那么快，但也要做到自然、轻盈、敏捷、矫健。每个人都有自己习惯的行走姿态，但在不同的交际环境下行姿要配合语言表达就要有所不同，即要根据不同语境的表达需要选用不同的行姿。

（三）表情

面部表情是情感的晴雨表，是内心世界的一面镜子。这面镜子，是由脸面的颜色、光泽、形状、肌肉的收缩与舒展，以及脸部纹路的不同组合而构成，它以最灵敏的特点，表达人们的喜怒哀乐等各种复杂的内心世界。人的基本情感都是通过脸部表示的：悲伤和恐怖主要通过眼部表示；高兴和敬仰由整个脸部来表示；讨厌的情绪由脸的下半部表示；生气通过脸的下半部与眼睛、眉毛、额头的配合来表示。

人的面部器官几乎都能表达情绪、情感,比如眼睛、嘴巴、鼻子与耳朵等。

1. 眼睛

"眼睛是心灵的窗户",正如心理学家所观察的,人的各种感觉器官所获得的信息总量中有80%以上来自于眼睛,一个人内心隐秘的情感变化也会在不知不觉中通过眼神自然流露出来,有时人们可以通过一些方法和手段来掩饰自己的面容、声音,但眼神却往往改变不了,眼睛犹如一面聚焦镜,凝聚着一个人的神韵气质。

眼睛透露人的内心,它不会撒谎,再高明的骗子,也会在不经意间由眼神泄露秘密。口语表达者的眼神变化要与表达内容的发展和自己情绪的变化相协调,要注意眼神运用的多样性,准确地表情达意,给人以胸怀坦荡之感。

在交际过程中,灵活地使用眼睛、发挥眼神的最大效用,要注意以下几点:

(1)眼睛交流的时间。一般情况下,长时间的凝视可理解为是对私人空间的侵略,几乎不看对方,则又表明满不在乎,对人缺乏足够的尊重,或者是有什么不可告人之处,试图加以掩饰。因此,眼睛交流的时间一定要把握适当,关系越亲密,眼睛交流的时间则越长。

(2)眼睛接触的区域。与人际交往中,除了要注意目光接触的时间长短,还要对目光接触的区域也有一定的要求。目光接触的部位由说话者与交际对象的人际关系来决定,如果是亲人,比如父母、兄弟、夫妻、恋人等可以采取亲密注视。

一般社交场合中,交际的对象是领导、朋友、谈判对象等,这时交际中的目光接触应采用社交注视,尤其对异性交际对象更不能随意扩大视线接触的区域。

(3)眼神表达的方式。两眼正视表示庄重,斜视表示轻蔑,仰视表示思索,俯视表示羞涩,逼视表示命令,瞪视表示敌意;两眼大睁表示吃惊,两眼眨个不停表示有疑问,眼睛眯成一条线表示高兴;向人不住地打量表示挑衅,低下头却偷看表示心怀忐忑,行注目礼表示尊敬,白人一眼表示反感。

2. 嘴巴

嘴巴传达表情主要表现在口形的变化上:伤心时嘴角下撇,欢快时嘴角向上提升,委屈时撅起嘴巴,惊讶时张口结舌,仇恨时咬牙切齿,忍耐时咬住下唇;另外还有:紧紧地把嘴巴抿成"一"字形,表示此人的意志坚强;咬嘴唇用于遭到失败时的自我解嘲和内省心情;注意倾听对方谈话时,嘴角会稍稍向后拉或向上拉;一边说话,一边用手掩嘴的人表示对对方存有戒心;说话时,频频"清嗓"且声音变调之人,具有过分忧虑的倾向。

3. 鼻子与耳朵

鼻子与耳朵没有明显的动作,主要是随着整个头部的动作而动作。它们可以表现潜在的心理活动。例如,下颚上抬,把鼻子挺出,是傲慢、自大、倔强的表现;伸出下颚,把鼻孔对人,是瞧不起对方的意思;用手指摸鼻梁表示对对方的怀疑;用手摸耳朵是暗示要打断对方的话语,也可以是表示自我陶醉;从摸耳朵变为摸脸是表示感到为难、拿不定主意。

运用面部表情要适时、适事、适情、适度,自然真实、准确鲜明地反映自己内在的思想感情。切忌呆滞麻木、情不由衷、晦涩不明与矫揉造作的表情,同时为了有效地传递信息,交流感情,要尽量避免傲慢的表情、讥讽的表情、油滑的表情和沮丧的表情。

(四)仪表服饰

仪表服饰是人们在口语交际中给人留下视觉形象的一个重要组成部分。它可以反映一个人的精神气质,还可以反映一个人的文化素养和审美观念。

仪表是指人的身材、容貌、服饰、姿态等外在因素,以及由这些因素综合体现出来的气质。它也是一种无声的语言,在一定程度上反映了人的内心世界。口语交际者注意仪表服饰的修饰,以美的姿态出现在交际对象面前,首先给人以良好的"第一印象",很自然地就缩短了交际双方的心理距离,可以赢得对方的关注和尊重,形成融洽和谐的氛围。如果口语交际者蓬头垢面,衣着不整,举止粗鲁,以一副不修边幅的形象出现在交际对象的面前,势必造成双方的隔膜,使人产生反感。

俗话说:"三分天成,七分打扮",在整个仪表中,服装对人体有最明显的"扬美"与"遮丑"功能,它可以反映人的精神气质、文化素质和审美能力。还可以通过服装大致判断出着装者的爱好、性格、职业范围和经济状况。人际交往中,可以不要求衣饰的华贵、稀奇,但一定要做到整洁合身,庄重大方,色彩和谐,轻便协调。具体而言,"整洁合身"是要求做到外表整齐、干净、美观,与自己的身材相协调。"庄重大方"是要求做到风格高雅、稳健,与自己的性别、年龄、职业等相协调,充分体现出自己的特点与神韵。"色彩和谐"是要求做到服饰与特定的环境和口语表达内容相协调。"轻便协调"是要求做到装束合时,感觉良好,行动方便,与季节相符,与交际对象的装束协调。不可过于华丽时髦,那样会分散交际对象的注意力,引起非议,破坏交际的气氛。

一般来说,口语交际者的服饰选择可以遵循 TPO 这一千古不易的原则。那就是服饰必须符合时间(Time)、地点(Place)和穿戴目的(Object)三个要素,从而使口语交际者的服饰合体、合度、合时,格调高雅,给人以美感。

训练设计

一、按照吐字归音要求,熟读下列诗文。要求读得准确、清晰、响亮、流畅,表情动作自然。

(1)春宵一刻值千金,花有清香月有阴。歌管楼台声细细,秋千院落夜沉沉。(苏轼《春夜》)

(2)洛阳城里见秋风,欲作家书意万重。复恐匆匆说不尽,行人临发又开封。(张籍《秋思》)

(3)理想是石,敲出星星之火;理想是火,点燃熄灭的灯;理想是灯,照亮夜行的路;理想是路,引你到黎明。饥寒的年代,理想是温饱;温饱的年代,理想是文明。离乱的年代,理想是安定;安定的年代,理想是繁荣。

二、仪态表情演习。

(1)静态练习。对镜模仿不同表情,细心体会各种心态。

(2)身姿练习。有意识地做几次"坐如钟"(正襟危坐)和"立如松"(挺身直立)训练,逐步养成与人谈话时的良好身姿习惯,纠正失礼、失当的不良身姿。

三、情境训练。

(1)从座位上沉稳站起来。迈步走上讲台时,要精神饱满,神态自若,步子沉稳,面带微笑,不左顾右盼。

(2)上台时站直站稳,站姿要符合要求。轻轻吸一口气,环视听众。

(3)问候听众,面对听众讲话,或朗诵一首诗,唱一首歌。

(4)讲完话后对听众致谢。下台动作沉稳,态势端庄,走姿与上台相同。

四、比较下列问答的眼神设计,看哪一种比较合适?为什么?

问:一个青年成熟的标志是什么?(眼神设计:(1)斜视,视线游移;(2)仰视,视线向上;(3)凝视,视线柔和而专注。)

答:温柔而不软弱,成熟而不世故,谨慎而不拘泥,忍让而不怯懦,刚强而不粗暴,敏锐而不轻率。(眼神设计:(1)凝视,视线集中一点;(2)仰视,视线向上;(3)由正视转为环视全场。)

五、观察一位教师在讲课时的手势动作,并说明它的特点及在讲课中所起的作用。在看电影、电视时,注意观察影视片中人物的表情。

第三节　心理素质训练

说话是复杂的生理与心理过程。口语交际是因人际关系的复杂性、群体和个体社会心理的多样性和差异性而展开的。口语交际中,交际双方都是积极的主体,双方心理都处于互动互变状态。因此,要求人们在进行口语交际之前应有心理准备,考虑如何运用口语施加影响;在口语交际过程中有出色的心理表现,具备健全的心理素质,完成特定的交际目的。

一、心理误区

(一)紧张

紧张是人情绪变化的一种形态,是因对所面临事物的恐惧而出现的心理反应。许多人在自己熟悉的小圈子里能口若悬河、妙语连珠,而一到陌生的或公开的场合就变得口讷舌拙、语无伦次、神态窘迫、表情呆滞。从心理角度分析,造成紧张、胆怯的原因如下:

第一,生理变化引起的心理变化。出现上述情况的多数是青年人。青春期后,青少年由于生理特别是性机能的发育成熟,他们不愿再像婴孩那样对世界袒露一切,尤其对异性表现出过分的羞涩。这种隐私感又逐渐发展成一种自我认识,一种与成人间的离心倾向。他们怕成人的轻视,要求与成人平等。他们不愿在公开场合说话完全是一种自我保护,如果用强制的方式逼迫他们,则可能触发他们的逆反心理。

第二,临场精神紧张造成的不适感。由于临场时大脑骤然间高度紧张,向体内发出了紧急动员令,说话人身上涌出的能量远远超出说话的需要。造成有机体呼吸循环等一系列变化:呼吸急促、心跳加速、血压增高、大量出汗、唾液减少、肌肉颤抖等。这时说话人会感到口肌发紧、声带失音、天旋地转,脑子里一片空白。

(二)自卑

自卑心理是过于注重自我形象而派生出来的。一些年轻人虽有强烈的交际渴望却不敢大大方方地与人平等交往,担心受到别人的冷落与嘲笑。他们缺乏自信,消极地等待别人评价,认为自己处处不如人,总感到被人瞧不起,特别害怕受到伤害。于是事事回避,处处退缩,更不敢抛头露面,当众讲话。久而久之形成了强烈的怯懦感与自卑心理。

产生自卑心理的原因是多方面的:有思想上的,如过高的期望心理、不切实际的攀比心理等;有生理上的,如体残、貌丑、体胖等原因而产生己不如人的感觉;自卑是一种消极的心理状态,会导致孤立、苦闷、沮丧、畏难等不良心理倾向的产生。"巨人之所以高大,是因为其他人都跪着"。因此,青年人应树立自信心。自信是口语交际中必备的心理素质,它有利于人的潜在能力的发挥。

(三)自傲

自傲是一种以自我为中心的心理倾向,在口语交际中表现出只将注意力集中在自我身上,过高地估计了自己的能力。他们往往有一定的口语表达基础,在交际中滔滔不绝,自以为技压群雄,不顾他人的情绪。自傲是建立在以自我为中心的一种超现实的自我评价与自我态度。它使青年人孤傲离群,使人际关系难以协调,对口语交际极为有害。

二、心理素质的要求

口语表达者心理素质的优劣,将直接影响口语交际的效果。那么,在口语交际实践中,应具备什么样的心理素质呢?

(一)自尊自信

自尊,就是尊重自己的人格和荣誉;自信,就是对自己的能力和潜能在能量上有充分估计。自尊自信是做人的基本标准。在社会交往中,人人都应自尊自信。尽管每个人的家庭出身、社会地位、文化程度等各不相同,但这都不应成为口语交往的心理障碍。居里夫人有句名言:我们应该有恒心,尤其要有自信心。一个人如果很自卑,看不到自己的力量,形成一种心理定势,将会给口语交际带来消极影响,而拥有自尊自信,就能在口语交际中取得成功。

示例

在第一次世界大战期间,美国一黑人少校军官与一白人士兵相遇。士兵见对方是黑人,便只看了一眼就擦肩而过。这位军官转身叫住士兵说:"请等一下!你刚才拒绝向我行礼,我并不介意。但你必须明白,我是美国总统任命的陆军少校,这顶军帽上的国徽代表着美国的光荣与伟大。你可以看低我,但你必须尊敬它(手指军帽)。现在我请你向国徽敬礼。"这时,白人士兵不得不向威严的黑人军官行军礼。这位军官后来成了美国的第一位黑人将军——本杰明·戴维斯。

只有自尊自信的人,说话才有说服力,才能影响别人的心理和行为;只有自尊自信的人,才能成就大业,承担重任,本杰明·戴维斯的事迹,就是一典型例证。

自尊自信是一个人口才的基础,也是一个人事业成功的源头。

(二)真诚热情

真诚是高尚的品德,热情是友善的标志。在口语交际中,必须尊重别人,待人要热情诚恳。1858年,林肯在总统竞选时说:"你能在所有的时候欺骗某些人,也能在某些时候欺骗所有的人,但不能在所有的时候欺骗所有的人。"曾打败过拿破仑的库图佐夫将军,在给卡捷琳娜公主的信中说:"您问我靠什么魅力凝聚着社交界如云的朋友,我回答你的是:真实、真情和真诚。"

请看丘吉尔出任首相后的首次演说片断:

我们正处于历史上一次最伟大战争的初期阶段,我们正在挪威和荷兰的许多地方发起战斗,我们必须在地中海地区做好准备。空战仍在继续,众多的战备工作必须在国内完成。在这危急存亡之际,如果我今天没有向下院做长篇演说,我希望能够得到你们的宽恕。我还希望,因为这次政府改组而受到影响的所有朋友和同事,对礼节上的不同之处予以充分谅解,这种礼节上的欠缺,到目前为止是在所难免的。正如我曾对参加现届政府的成员所说的那样,我要向下院说:我没有什么可奉献的,有的只是热血、辛劳、眼泪和汗水。

就是丘吉尔组阁后要求对新政府举行信任投票时对下院所做的演说。他真诚、热情的演说打动了与会的所有成员,演说结束后,整个会议大厅经过短暂的沉默,突然爆发一阵罕见而激动人心的欢呼,丘吉尔本人也禁不住热泪盈眶。

(三)宽容果敢

宽容是做人的美德,果敢是强者的表现。在社会交往中,面对一些矛盾尖锐、复杂难解的问题,应该具有一种既宽容又果敢的心态。宽容可以化解矛盾,赢得信任;果敢可以争取时间,创造机遇。

社会问题和人际关系错综复杂,要处理好各种问题发展人际关系,就要有良好的容纳意识,无私无畏。这样,才能化解矛盾,化干戈为玉帛。

清代宰相张英,安徽桐城人。有一年,同族人因建房与乡邻发生争执,写信给他,想借他的官威压对方让步。张英回信写道:"千里来书只为墙,让他三尺有何妨?万里长城今犹在,不见当年秦始皇。"于是,同族人将房屋地基后退三尺。这样,便给后人留下一条"三尺巷"和有关"三尺巷"的故事。

张英及同族人处理矛盾争议的宽容态度,为"宰相风度"作了最好的注释。

三、心理素质训练

(一)克服心理障碍的方法

1. 加强自我锻炼

充实的知识和明晰的思维不能直接转化为精彩的谈吐,只有强化实际锻炼才是提高表达能力的有效途径。在西方流传着这样一句格言:"诗人是天生的,演说家是后天的。"勤讲勤练是提高口语表达能力的唯一途径。勤练可以单独练——对着镜子练,也可以请人指导练。有意识地抓住各种机会在众人面前讲话:在与相识的人聊天时争取多发表意见;讨论会上也争取一展风采;可以在正式场合讲,也可以在非正式场合讲;可以对"大朋友"讲也可以对"小朋友"讲。通过锻炼可以增长讲话的胆量,丰富讲话的经验。长此以往,必将使自己的讲话条理分明,口齿清楚。

2. 学会自我控制

(1)呼吸调节法。一旦出现紧张状况,可立即深呼吸几下,使心情尽量保持平静,并集中精力,默读数字。这样可以使血液循环减慢,心神安定。如心理已平静,身体仍处于紧张状态的话,还可在说话时辅以有力的动作。

(2)自我激励法。勇敢地面对现实,自己鼓励自己,大胆地在公众场合讲话。要树立"我并不比别人差";"说就说,没什么了不起";"有人竟会害怕?真奇怪,有什么可怕的";"我说的一定比他们好"等坚定的信心。一次不行两次,失败了总结教训,既看到并发扬自己的长处,又正视并克服自己的短处。这样,紧张就会退缩,胆怯就会消除。

(3)目光游离法。眼睛是心灵的窗户,没有当众说话的经验,又要进行目光交流,可以把听众当成一个整体来对待,眼光在人们头顶的虚线上扫动,避免直视某一听众的目光。

(4)目空一切法。就是不为听众所左右,不顾及听众的身份。师范学校的老师曾这样点拨实习的学生:暂且把听课的人看成是桌子和椅子的组合,胆子就会放大。当然目空一切并不是说可以心中无人,讲话不理听众瞎说一气。

(5)语速控制法。由于紧张,说话时语速便会加快,产生一种赶快结束谈话的消极情绪。这时要注意保持镇定,控制语速。除特殊情况外,一般应坚持适中的语速,使谈话的各要点分隔开来,做一些必要的停顿,这样说出的话就会显得条理清楚。

(6)加大音量法。说话时语气果断,声音洪亮,不仅可以震动听众,也可以使自己不知不觉地放开胆量,从容镇定下来。

(7)事前演练法。当众讲话以前,先写好讲稿,记准内容,把握要点,在没人的地方出声念两遍,或不出声地默念几遍,临场则不会慌乱。

(8)气氛转换法。在与人交谈或在公共场合发言时,当你从别人的眼神或表情中发现不自然的情绪时,千万不能以失败者的心理对待自己。可以在别人毫不在意的情况下迅速转换话题,使气氛得到缓和。

总之,自尊自信,是一个人自立于社会的条件。有意识地训练自己的心理素质,增强自信,热情真诚、果敢宽容,也是高尚人格的体现。只要具备这样的心理调控能力,就一定能在口语交际中取得成功。

 训练设计

一、自我分析训练:每个学生选择自己的某一个性格特点为侧重点,如不爱说话、不爱与异性交往等作寻源式的心理分析,先写成文稿,再转换成口语表达相互交流。心理分析要求,一实事求是,抓住主要问题;二由现象到本质,再由本质返回现象;三要有主有次、有详有略,力求能在某一点或某一方面作深入分析。

二、心理沟通训练:试着和你有过节的同学或邻居作一次心理沟通。尽量缓解矛盾,建立友谊。

三、在校园食堂门口推销学生学习生活用品,锻炼你的胆量,提高你的自信和面对挫折的抗压力,同时证明自己不再是原来那个怕羞、爱脸红的小孩子了。

第四章 演讲训练

知识目标

了解演讲的基础知识;重点掌握命题演讲、即兴演讲和论辩演讲的概念、种类、准备和技巧。

能力目标

掌握演讲的基本要求,进行演讲能力的初步训练;重点掌握命题演讲、即兴演讲和论辩演讲的准备和技巧,进一步加强演讲能力的训练。

第一节 演讲概述

一、演讲的类别

所谓演讲,又称演说或讲演,就是在特定的场合中,讲话者凭借自己的口才,运用有声语言和态势语言,面对广大听众发表意见,从而达到感召听众并促使其行为的一种现实的信息交流活动。演讲的要求比与一般的口语表达更高,人们通常把演讲看做是一门较高级的口语表达方式,看做一门艺术。

依据不同的标准(如可以依据内容、形式、功能、场所、风格等),我们可以对演讲进行不同的分类。下面就介绍几种最常见的分类方式。

(一)从内容上划分

从内容上可以把演讲分为政治演讲、生活演讲、学术演讲、法庭演讲、宗教演讲等类型。

1. 政治演讲

指为了一定的政治目的,出于某种政治动机,就某个政治问题以及与政治有关的问题而发表的演讲。如外交演讲、就职演讲、政府工作报告、政治宣传演说等。政治演讲要求演讲观点旗帜鲜明,论证严密深刻,演说具备较强的可靠性和鼓动性。

2. 生活演讲

指演讲者就社会生活中存在的各种问题、风俗、现象而作的演讲,它表达了演讲者对这些问题的看法和观点。生活演讲涵盖的内容比较广泛,如吊贺、迎送、答谢等均属此类。这类演讲具有较强的时代性,演讲者必须具有较强的观察力和分析力,才能把握时代精神,从生活中发现有价值的演讲主题和新颖典型的材料。

3. 学术演讲

学术演讲是就某一学科领域中的课题进行研究、探讨,向听众表述新的科学研究成果,传播科学知识的演讲。学术会议上的发言、学术论文答辩、高校中的学术讲座、各种治学或创作的经验报告等,都属于学术演讲。这类演讲的特点是:主题的学术性、内容的创造性和语言的严谨性。

4. 法庭演讲

指公诉人、辩护人、诉讼代理人在法庭上所作的演讲,主要用于法庭控告、法庭申述、法庭辩护。法庭演讲有三点突出特征:第一,公正性。在法庭上,无论是公诉还是辩护都要遵循公正的原则,要求以客观事实为依据,以法律为准绳。第二,针对性。无论是公诉人还是辩护人,都是针对具体的犯罪事实的。第三,技巧性。在掌握客观事实的基础上,演讲者还要注意用雄辩的口才去折服法官,要注意对听众心理的影响。

5. 宗教演讲

指的是一切与宗教仪式、宗教宣传有关的演讲,主要包括布道演讲和一些宗教会议演讲。我国宪法规定,人民有信教自由,在我国社会主义制度下,宗教演讲也将长期存在。宗教演讲的特点是:语言通俗、事例丰富、感染力强。

(二)从形式上划分

以形式为标准,演讲可以分为命题演讲、即兴演讲、论辩演讲三种类型。

1. 命题演讲

指由他人拟定题目或划定演讲范围,并经演讲者事先准备后所作的演讲,主要包括全命题演讲和半命题演讲两种形式。有关这一部分内容,本书将在"命题演讲"一节详细介绍。

2. 即兴演讲

又称"即席演讲",指事前无准备的演讲。即兴演讲可分为主动即兴演讲和被动即兴演讲两类。即兴演讲具有明显的"临时性",一般情况下是没有讲稿、甚至没有提纲的。但这并不是说演讲者在演讲之前,完全没有考虑讲什么和怎么讲。事实上,演讲者在临场决定演讲时,已经用极短的时间做了准备,在心中大概拟定了讲话"提纲",打好了"腹稿",然后再进行临场发挥。这一部分内容我们将在"即兴演讲"一节详细论述。

3. 论辩演讲

这种演讲是指由两方或两方以上的人们,就某一问题上相互矛盾和冲突的观点而展开的面对面的言语交锋。论辩演讲可以分为日常辩论、专题辩论和赛场辩论三类。这一部分的有关内容将在"论辩演讲"中作详细介绍。

(三)按其他标准划分

除了从内容和形式两方面划分演讲类型外,还有其他一些划分方式。如:

按演讲的功能作用来划分,有"使人知"的演讲、"使人信"的演讲、"使人激"的演讲、"使人动"的演讲和"使人乐"的演讲等。

按演讲的场所划分,有会场演讲、课堂演讲、法庭演讲、巡回演讲、广播演讲、电视演讲等。

按语言风格来划分,有激昂型演讲、深沉型演讲、严谨型演讲、幽默型演讲和谈话型演讲等。

二、演讲的作用

自古以来,演讲就是一种较为普遍的社会现象。在当今社会,演讲更是被公认为现代人才的必备素质。演讲之所以受到这样的重视,就是因为演讲有着广泛的社会作用和不可估量的社会价值。这种作用包括对演讲者本身的作用和对社会的作用两个方面。

(一)对演讲者的作用

对于演讲者个人来说,演讲具有以下三方面的作用:

第一,促进个人成才。成功的演讲家,都是经过后天艰苦的努力磨炼而成的。由于演讲在内容方面和形式方面的特殊要求,演讲者若想在讲台上作出精彩的演讲,就必须具备精深的思想、渊博的学识和丰富的阅历,这些都需要努力的学习与钻研;同时,他还必须具备较强的观察力、判断力、应变力和记忆力,这些更需要后天刻苦的磨炼。只有经过多方面刻苦的学习与磨炼,才可能造就一个演讲家。而当他在努力学习与刻苦磨炼的同时,他在思想、学识、智能等方面也得到了很大的提高。所以,演讲可以促进个人快速成才。

第二,有利于多做贡献。一个品德高尚、学识渊博的人,如果不善言谈、词不达意就无法充分发挥自己的才华。著名作家茅盾、数学家陈景润在各自的领域都取得了较大的成就,但他们口语表达能力较弱,在一定程度上影响了他们的贡献。而鲁迅、闻一多先生不仅能写且口才出众,可以充分利用演讲这个迅速直接的传播工具来宣传真理、揭露邪恶,也就能为社会做出更多的贡献。

第三,培养良好的人际关系。经过长期训练和实践之后,演讲者不仅在台上可以有精彩的表现,在日常交际生活中也是获益颇多。他们在演讲中收获了丰富的学识、敏捷的应对和得体大方的举止,这些素养使他们比一般人更容易冲破人际关系的障碍,从而迅速、有效地与人交往和沟通。

(二)对社会的作用

第一,传播真理,形成正确的舆论导向。人类社会的文明史,就是在真、善、美与假、恶、丑的斗争中不断发展的。演讲,就是这种斗争的最有力武器之一。古今中外一切正义的演讲家,都是以演讲为工具去启迪人心、传播文化、宣传真理,把人类社会推向理想的境地。

示例

公元前44年,罗马统帅裘利斯·恺撒被以布鲁图斯为首的罗马元老贵族刺杀。布鲁图斯为了掩盖自己的罪行,在演讲中恶毒地诋毁恺撒是暴君、独裁者,大谈杀死恺撒的必要性。不明真相的听众信以为真,一起大叫"杀得好"!而恺撒生前的执政官安东尼在演讲中饱含真诚深挚的情感,历陈恺撒的功绩,证明他是宽厚的君主。最终影响了听众,使听众转变了原来的成见,愤怒地烧了布鲁图斯的家。

由此可见,正确的演讲可以宣传真理,唤醒民众,形成正确的舆论导向。

第二,培养高尚情感,促进人类文明发展。演讲家在演讲时,总是用正确的道德情感、理智情感和艺术情感来感染和影响听众,培养听众的爱国主义、集体主义、革命英雄主义等高尚情感。

公元前4世纪中叶,马其顿国王腓力二世企图侵略希腊。为了唤醒同胞,拯救祖国,德摩斯梯尼发表了8篇著名的《反腓力演说》,这些演说言辞锋利,慷慨激昂,极大地激发了人们抵抗入侵、保卫祖国的爱国主义激情。甚至就连腓力自己读到演说词时,也说:"如果我自己听德摩斯梯尼的演说,也会投票赞成选举他当我的反对者的领袖。"

第三,唤起听众的行动和实践。演讲除了可以用来传播真理,培养情感外,最根本的目的是唤起听众的行动和实践。听众的行动是演讲一切理想、感性作用最集中、最实际的体现。可以说,一切成功的演讲必须导发出听众正确的行动。每位演讲家都应当注意追求这种导发作用。

公元前209年,陈胜在大泽乡起义时对他的"徒属"发表演说:"且壮士不死即已,死即举大名耳,王侯将相宁有种乎!"陈胜的这番话虽不多,却大胆地颠覆了传统观念,表达对王侯将相的蔑视和对自己力量的信任,鼓动性极强。徒属们听了后当即表示"敬受命",于是揭竿而起,达到了陈胜当众演讲动员的目的。

三、演讲的基本要求

演讲不是随意的、无目的的讲话。演讲者无论做哪种形式的演讲,都要注意抓住演讲的基本要求,只有这样才能达到演讲的目的,发挥演讲的功能。

1. 演讲要内容正确、观点鲜明、见解新颖、亲切感人

演讲是一种以宣传真理为目的的社会语言活动。所以演讲的内容必须是正确的、实事求是的,要具有科学性和真实性,不能出现知识性错误,更不容许存在迷信、错误或反动的信息。演讲所阐发的思想内容,必须观点鲜明,赞成什么、反对什么、提倡什么、否定什么,必须旗帜鲜明,便于听众做出明确的选择。同时,演讲所阐发的观点、见解,不能人云亦云、拘泥前说、老生常谈,要在人们已有的认识水平上有所突破创新,给人以启发教益。此外,演讲还要做到平易近人,切忌居高临下、生硬说教。

2. 演讲要材料充实、论据典型、论证严密、逻辑性强

演讲如果没有具体的材料,只靠抽象空洞的说教,是不能吸引和感染听众的。演讲所使用的材料,一要充分,可以引用名人名言、格言警语,也可以讲述动人的故事传说,还可以列举图表、数字、图画或实物说明问题;二要典型,也就是要选取精要的、典型的、最能表现中心的材料这样的材料最有说服力和表现力;三要确凿,各种用以说明问题的材料要确实、肯定,不能总是"大概"、"估计",含糊不清。有了这些典型确凿的材料后,还要注意论证严密、说理透彻,让整个材料与观点的组合产生一种不可辩驳的逻辑力量。

3. 演讲语言要准确精练、通俗明白、生动流畅,声音要清晰明亮

演讲的语言首先必须准确精练,要用准确的、简洁的词句恰如其分地表情达意,避免一切形式的似是而非、容易产生歧义的话。演讲的语言还要做到通俗明白。除了一些礼仪性、惯例式的演讲,要使用一些固定的词汇和表达方式外,一般演讲的语言都要力求通俗易懂、生动形象、上口入耳。在句式的选择上要多用短小精悍、生动活泼、结构简明、节奏紧凑的短句;在词语的选择上尽量少用专门术语,多用口语化的语言,深入浅出。此外,演讲者演讲时必须吐字清晰、音量适当,以适应听众和会场的需要。

4. 演讲要感情真挚朴实,态势自然得体

演讲必须"动之以情",才能"晓之以理"。在演讲时,演讲者的感情表达应真挚自然、恰如其分、适度适量,要随着演讲内容的需要自然而然地流露。有些演讲,通篇慷慨激昂、感情炽烈,只会让人觉得虚张声势,最后弄巧成拙。演讲中的态势语,也要服从内容表达的需要,过多地、不合时宜地使用态势语,也会给听众留下眼花缭乱、喧宾夺主、矫揉造作的印象,降低演讲的效果。

 训练设计

一、为什么说"演讲是一种具有现实性和艺术性的社会实践活动"?谈谈你的理解。

二、就演讲的内容、功能或场合而言,演讲可以划分为哪些种类?

三、演讲者要做到"声音要清晰明亮,感情要真挚朴实,态势要自然得体"。请你总结一下自己在这方面的经验和教训。

四、接词练习。

将全班学生分为几个组,在规定时间内接不上来者淘汰,接上人数最多的小组获胜。

1. 首字拈,即第一个人所说成语的首字必须是后面接话人所说成语的首起字。如第一个人说出"一帆风顺",后面接续的人必须说出首字相同的成语,诸如"一往无前"、"一心一意"、"一刀两断"等。

2. 末字拈,即第一个人所说成语末尾一字必须是后面接话人所说成语的首起字。如第一个人说出"异想天开",后面的依次接,如"开天辟地—地久天长—长治久安……"

五、下面是余秋雨先生在离职欢送会上的答谢演讲。请结合这篇演讲谈谈生活演讲的特色。

在离职欢送会上的答谢演讲

余秋雨

感谢文化部和上海市委批准我的辞职请求。但是,刚才几位领导对我的评价实在太高,就像是把追悼会提前开了。

这些年我确实做了不少事,而且天地良心,确实做得不错。但是,这不应该归功于我,而应该归功于"势",也就是从社会到学院的大势所趋。我,只是顺势下滑罢了。

想起了一件事,前些年云南边境的战争中,一位排长以身体滚爆山坡上的一个地雷阵,上级决定授予他特等英雄的称号。但是,他对前来采访的记者说:"那次不是有意滚雷,而是不小心摔下去的。"记者说:"特等英雄的称号立即就要批下来了,提拔任命的一切准备工作也做完了,你还是顺着'主动滚雷'的说法说吧,这样彼此省力。"但是,这位排长始终坚持,他是不小心摔下去的。

结果,那次获颁英雄称号的是另外两名军人,现在他们都已经成了省军区副司令。但那位排长很快就复员了,现在仍然是农民,在农村种地。有人问他是否后悔,他说:"我本是种地的,如果摔一跤就摔成了大官,那才后悔呢!"

我做院长的顺势下滑,与那位排长的摔跤下滑,差不多,因此,他是我的人生导师。

我的另一位导师陶渊明说:"归去来兮,田园将芜胡不归?"

所不同的是,我没有田园,连荒芜了的都没有。因此,我不如陶渊明,也不如那位排长,无法回去,只有寻找,去寻找我的田园。

找到或者找不到,我都会用文字方式通报大家。

谢谢!

(《演讲与口才》2007年第2期)

第二节 命题演讲

一、概念与种类

命题即出题目。命题演讲是指由他人拟定题目或划定演讲范围,并经演讲者事先准备后所作的演讲,具有内容稳定、思想精湛、结构完美、针对性强等特点。

命题演讲包括全命题演讲和半命题演讲两种形式。

(一)全命题演讲

全命题演讲是指按他人指定的题目经准备而发表的演讲。全命题演讲的题目一般由演讲活动的组织单位来确定。

某班级在植树节前组织了以"树"为主题的演讲活动,为了让演讲的同学各有侧重,分别拟了《还我一片绿荫》、《谈谈"前人栽树,后人乘凉"》、《天生我"材"必有用》三个题目,给了三名同学,要求其按指定题目,准备演讲。

(二)半命题演讲

半命题演讲是指演讲者根据演讲活动组织单位限定的拟题范围,自己拟定题目进行的演讲。目前的演讲比赛大多采用半命题演讲的形式。

  1999年5月演讲与口才杂志社和中国记协联合举办了一次以"做人和作文"为主题的演讲比赛,比赛采用的就是半命题演讲的形式。来自全国各大新闻单位的演讲者围绕"做人和作文"这一中心主题,根据自己对这一主题的认识和体会,自拟题目(如《做一个大写的人》、《我的腰里别着一双草鞋》等),分别从不同的侧面、不同的角度,抒发了自己对记者事业的热爱,讴歌了新闻战线上的英雄模范人物。

二、命题演讲的准备

在命题演讲中,演讲者事先已经知道了演讲的题目或范围,因此可以做较为充分的准备。具体可以按以下几个步骤进行:

(一)拟定讲稿

命题演讲是有备而来的,而这个准备的重要内容就是撰写讲稿,演讲者一定要重视演讲稿的写作。

1. 确立主旨,精心拟题

命题演讲一般都明确了演讲的范围,演讲者首先要吃透命题,自己确立好演讲的主旨。除了要在限定的范围内思考外,确立主旨还应注重三个方面:一是选择角度要新颖;二要利于发挥自身的优势,即选择与自己所从事的工作、专业接近的话题,因为自己熟悉的东西容易讲深讲透,演讲容易收到好的效果;三要适合听众对象和环境场合的需求,也就是要"到什么山上唱什么歌",这点对于演讲尤为重要。

如果是半命题演讲,确立好演讲的主旨后,演讲者就可以拟题了。标题是演讲内容和主旨的概括,是一篇演讲稿的"眉目"。一个好的题目,不仅能在演讲前给人急欲一听的强烈愿望,而且在演讲结束之后,也会与其内容一样,给人留下深刻的印象。

具体的拟题方法有:直接揭示主旨,如孙中山先生的《中国绝不会灭亡》、曲啸的《心底无私天地宽》;提出问题发人深省,如巴金的《核时代的文学——我们为什么写作?》、罗素的《我为什么不是基督徒》;交代场合和背景,如恩格斯的《在马克思墓前的讲话》、周恩来的《在万隆会议上的演说》;概括演讲的内容,如鲁迅先生的《对左翼作家联盟的意见》等。

拟题时,还应遵循四个方面的原则:

第一,要概括恰当。也就是指标题要恰当地概括出演讲的基本内容或主题,使人一见到或听到标题,就对整个演讲有一个大概的认识,例如毛泽东的《反对党八股》、陈独秀的《妇女问题与社会问题》。过于宽泛的标题往往会使听众无法把握演讲的内容,例如《理想》、《自信》等。这类标题应该缩小范围,将内容具体化,如《理想》可以改作《理想在军营闪光》,《自信》则可以改为《成功源于自信》等。

第二,要简短明快。即用于标题的字数不要太多,句子不要太长,意思要简单明白。如马寅初的《北大之精神》、奥斯特洛夫斯基的《生活万岁》等。而如标题《我对爱情的管窥》,就显得生涩难懂,标题《祖国儿女在为中华腾飞而拼搏》就太长了。

第三,要新颖有趣。新颖有趣的标题会一下子把听众紧紧抓住,吸引听众来听演讲。鲁迅的一些演讲标题如《老调子已经唱完》、《老而不死论》、《象牙塔与蜗牛庐》等,都是十分吸引人的。

第四,要切合实际。也就是要适应演讲所面临的环境场合和听众对象的需求。例如要给社区居民介绍《水浒传》中的宋江,就应该选择通俗易懂的标题,如《宋江是个什么样的人》,如果选用标题《论宋江的典型性》,听众可能就不感兴趣。

2. 巧设开头,吸引听众

演讲的开头即开场白,是演讲者在演讲一开始所说的一段话,它犹如戏剧开头的"镇场",在整个演讲过程中占有举足轻重的地位。好的开头可以达到三个目的:一拉近距离,建立信任;二形象生动,抓住听众;三定好基调,引出下文,为下面的演讲做好准备。

下面介绍几种较常用的开头方法:

(1)开门见山,提示主题。这种开头是一开讲就进入正题,直接揭示演讲的中心,使听众一听就明白演讲的主旨,进而全面理解其思想内容。这种开头具有干脆利落、中心突出、观点鲜明的特点,符合听众的心理要求,是演讲常用的开头方式。

刘翔在奥运成果报告会上的演讲——《中国有我,亚洲有我》的开头:我从来都不认为自己今天的成功仅仅是个人的荣耀,北京时间2004年8月28日凌晨那12秒91,毫无疑问将成为我生命中为之自豪的瞬间,但我更愿意把那一刻的辉煌献给我亲爱的祖国,献给全亚洲。

(百度文库:http://wenku.baidu.com/view/2992ba42336c1eb91a375de4.html)

这个开头用简洁凝练、充满激情的语言,直截了当地将听众的思绪集结到演讲的中心议题上,激起了听众对演讲内容的兴趣。

(2)说明情况,介绍背景。这种开头对事情发生的时间、地点、人物作了必要的说明,为演讲主要内容的展开做好了铺垫。

恩格斯《在马克思墓前的讲话》的开头:"三月十四日下午两点三刻,当代最伟大的思想家停止思想了。让他一个人留在房里还不到两分钟,当我们进去的时候,便发现他在安乐椅上安静地睡着了——但已经永远地睡着了……"

(百度文库:http://wenku.baidu.com/view/cf04ecec102de2bd96058837.html)

运用这种方式开头,要注意从演讲主题出发,所介绍的情况、背景必须是听众理解演讲必不可少的材料。演讲者要注意防止信口开河,离题万里,更不能讲套话、空话。

(3)提出问题,制造悬念。这种方法是根据演讲的内容和现场情况,提出一些问题,以激起听众听讲的兴趣。

一位演讲者在演讲开头就向听众提问:"人从哪里老起?"听众的回答各不相同,有人说从脚老起,有人说从头老起,气氛十分活跃。演讲者听后说道:"我看有的人从屁股老起……某些干部不深入实际,整天泡在'会海'里,坐而论道,那屁股可遭殃了,又要负担上身的重压,又要与板凳摩擦,够劳累了。如此一来,岂不是屁股先老吗?"

这位演讲者的演讲主题是抨击官僚主义,他在开头首先利用一个提问制造第一个悬念,促使听众积极思考;然后又用一个出人意料的自答设置了第二个悬念,使听众不由自主地紧跟演讲者的思路,以期获得答案,从而吸引了听众的注意力。

(4)抒情开头,激发情感。这种开头是用富有情感的语言渲染气氛,使听众迅速受到感染,注意聆听演讲内容。

冬花在《走进历史这条古巷》中的开场白:"走进历史系,你就走进了博大与恢弘,也走进了沉重与孤独。你定是拥着浪漫的梦幻踏着青春的舞步而来的,而千万年的风霜烟尘,千万里的沧海桑田,都积淀在你年轻的肩头。"

(周久云、张静:《实用口才训练》,94页,东华大学出版社,2008)

除了以上四种方法,开头的方法还有释题式、警策式、幽默式、双关式等。

3. 主体层层展开,推向高潮

主体,是演讲稿的正文和核心部分。在主体部分的行文上,一方面要注意承接开场白提出的问题,紧接着加以阐述;一方面要根据表现主题的需要,精心组织材料,安排好层次和高潮。主体部分结构层次的安排有以下几种方式:

(1)陈述式。就是按照时间的自然顺序和客观事物、事件发生发展的先后顺序来安排结构。这种方式交代人物事件脉络清晰,便于听众接受。一般介绍个人奋斗历史、亲身经历的演讲大都采用这种方式。例如黄寒梅的演讲稿《当我重新站起来时》就使用了"陈述式"安排主体结构,通过介绍自己两次摔断腿并重新站立起来的经历,反映了党对自己的关怀,抒发了自己对党的热爱和感激之情。

(2)并列式。并列式就是将论题分解为若干层次进行论证或说明,各个层次之间没有明显的主次、轻重之分。例如赵岩的演讲稿《谈诚信》的主体部分就从"诚信是祖先留下的文明火种"、"诚信是做人之本,立业之基"、"诚信是现代社会的精神梁柱"三个方面阐发论证了"请守卫精神火种,重树社会诚信"的主题,给听众留下深刻的印象。

(3)递进式。即层层深入法,演讲者围绕主题,从浅层、表层入手,采用逐层推进的方法论述和证明,最终揭示主题。这种方法的好处在于可以使主题得到由表及里的阐述和深入的证明,具有较强的逻辑性。例如沈萍的演讲《为了我们的父亲》,其主体部分就分为三个层次:第一层从罗中立的油画《父亲》谈起,第二层描述了一位大学生的父亲,第三层深入到我们中华民族的父亲——"人民"这一层面,指出"人民"是我们民族的脊梁,是我们共和国大厦的基石。随着主体内容的充实,三个层次逐层深入,演讲主题得到不断深化。

此外,常用的方式还有对比式、总分式、因果式等。这几种方式有时还可以综合使用,即或以一种方式为主,其他为辅,或总体上使用一种方式、局部使用另外几种。

在主体内容逐步展开的同时,演讲者要不断地强调观点、升华感情,如可以运用排比、设问等修辞方法增加气势,也可借助名言警句揭示深刻思想,精心锤炼语言,从而构筑起整篇演讲的高潮,使听众与演讲者的思想感情产生共鸣,并发自内心地欢迎、赞同演讲者的观点和主张。

4. 结尾简洁有力,余音绕梁

结尾是演讲内容的自然收束。美国作家约翰·沃尔夫说:"演讲最好在听众兴趣达到高潮时果断收束,未尽时戛然而止。"其意就是说,最好在演讲达到高潮时果断"刹车",以此来强化给听众的最佳印象。结尾的一般原则就是要给听众留下深刻的印象,常用的方式有:

(1)总结式。在演讲的最后,简明扼要地总结演讲的内容和思想观点,起到强化主题、提醒听众的作用。

  毛泽东《纪念白求恩》的结尾:"一个人的能力有大小,但只要有这点精神,就是一个高尚的人,一个纯粹的人,一个有益于人民的人。"

(苏教版八年级《语文》下册第六课)

这个结尾朴实真挚、言简意赅,且点化主题,给听众留下了深刻的印象。

(2)感召式。演讲者以慷慨激昂的语言,对听众的理智和情感进行呼唤,激起听众的情感,从而起到动人情、促人行的作用。

  古希腊德摩斯梯尼的《反腓力演说》是这样结尾的:"敌人正在对我们铺罗设网,四面合围,而我们却还呆坐着不求应付。同胞们,我们究竟要到什么时候才能采取行动?当雅典的航船尚未覆灭之时,船上的人无论大小都应该动手救亡。一旦巨浪翻上船舷,那一切就都会同归于尽!即使所有民族同意忍受奴役,就在那个时候我们也要为自己而战斗。演讲的灵魂就是行动!行动!再行动!"

(网易读书:http://data.book.163.com/book/section/0000PeFd/0000PeFd86.html)

这种结尾有利于号召听众奋然而起,具有强烈的鼓动色彩。

(3)抒情式。这种结尾是演讲者在叙述事例后,自然而然地抒发激情,给听众以鼓励。

郭沫若《科学的春天》的结尾:"春分刚刚过去,清明即将到来。'日出江花红胜火,春来江水绿如蓝'。这是革命的春天,这是人民的春天,这是科学的春天!让我们张开双臂,热烈地拥抱这春天吧!"

(山东宣讲网:http://sdxjw.dzwww.com/xjfw/jgcy/201008/t20100809_6511490.htm)

这个结尾热情奔放,以热情洋溢的诗人般的语言,激励人们积极从事科学研究,争当时代的先锋和弄潮儿,具有很强的鼓动性。

(4)以问作结式。在演讲稿的结尾既可以提出问题、让人深思,也可以反问听众、启发思考。

演讲词《孝敬父母》的结尾:"青年朋友们,虽然我们还年轻,但每一个人都应该有这样的思考:父母养育了我们,我们将如何回报父母呢?"

(周久云、张静:《实用口才训练》,97页,东华大学出版社,2008)

(5)名言警句式结尾。就是借用名言、警句、诗词等结尾,增加演讲内容的深度,使内容显得更加充实丰满。

(二)熟读记忆

事先经过精心设计的演讲稿,只有做到脱稿才能真正发挥演讲的魅力。脱稿演讲的好处在于:可以使演讲者语言口语化,显得亲切自然;可以使演讲者的注意力从演讲稿上转移到整个会场上,获取演讲信息的反馈,以及时调整演讲的内容和方法;同时也有利于演讲者与听众之间情感的交流。所以演讲者要作一次成功的命题演讲,在演讲稿写成之后,最重要的就是必须要记忆演讲稿,把演讲稿烂熟于心。

熟读记忆演讲稿,不能一味死记硬背,需要掌握一定的方法。下面就介绍三种常见的记稿方法。

1. 朗读记忆法

这是一种常用的记稿方法。这种方法还可以具体分为大声读、小声读、自己读、他人读等多种形式。其中"大声朗读"这种方法最为常用。朱熹认为,凡读书,需要读得字字响亮,不可误一字,不可牵强暗记,这样才能达到"逐句玩味"、"反复精读"之效果。美国总统林肯曾经说过:"当我高声朗读时,有两种官能在工作,第一,我看见了我所读的是什么,第二,我的耳朵也听到了我所读的。因此我容易记住。"通过这种高声朗读,演讲者对演讲稿有了深入的理解和感受,更容易记忆,同时也能体会演讲的临场情境和听众反应。

2. 提纲记忆法

对于较长的演讲稿,我们提倡用提纲记忆法。列提纲首先要抓住"主题",然后列出论据(包括事例、数据等),抓住要点按照顺序写出来。在编列提纲的过程中,演讲者应反复思考和熟悉了解自己的演讲内容,保证所列提纲的条理性和逻辑性。根据需要,所列提纲可详可略。在演讲时提纲仅仅是作为提示记忆的依据,所以,使用这种方法有助于演讲者摆脱对于讲稿的依赖,可在演讲时进行创造性的发挥。

以下是根据李燕杰的演讲《国家、民主与正气》的第一部分"爱国之心"列出的提纲:

爱国之心

一、爱国主义就是对于祖国的热爱,就是"千百年来巩固起来的对自己祖国的一种最深厚的感情"。

二、列举事例

1. 外国

(1)波兰音乐家肖邦

(2)德国音乐家贝多芬

2. 中国

(3)爱国诗人屈原

(4)民族英雄文天祥

(5)学生小金、小陈

(6)归国女华侨

3. 形象记忆法

形象记忆法也称"图画法",也就是用画图的方式启发、帮助记忆。驰名世界的美国作家马克·吐温,其演讲才能也很出众。为记住演讲稿内容,他使用过提纲记忆法、首字母记忆法(记住演讲稿内容的每一段的第一个字母)等许多方法,其中用得最多的就是形象记忆法。例如一次演讲前他画了三幅帮助记忆的图画:第一幅图是一个干草堆,下面有条曲线(代表响尾蛇),这幅图提醒他演讲的内容是关于美国西部的牧场生活;第二幅图是几条斜线和一个像雨伞的图案(雨伞代表卡森城),伞旁边有个罗马数字Ⅱ;这张画的意思是一场大风在下午两点袭击卡森城;第三幅图是几条像闪电一样的线条,含义是最后谈谈圣弗兰西斯科城(一个常有闪电和雷雨的城市)的恶劣天气。图画具体形象,如果是自己画的画,更加便于记忆。这种方法符合记忆特点,生动形象,容易掌握,是一种非常有效的记稿方法。

(三)配形设计

背熟了演讲稿,还应该根据表情达意的需要作配形设计。演讲中,语音、语调、语速等如何运用,何处用什么手势、动作、表情、眼神,都应该事先进行揣摩和设计。

1. 口语练习

包括语音准确、语气恰当等内容。演讲者应该在熟记演讲内容和掌握正确发音的前提下,进行语气轻重快慢、抑扬顿挫的练习。为了提醒自己注意,可以在演讲稿的相应位置上标示各种有关声情的符号。所采用的基本符号主要有以下几种:

感情激动	～～～～	感情平稳	"———"
音量强	F	音量弱	P
速度渐慢	＞	速度渐快	＜
停顿	∣	重音	△
轻音	○	降抑调	↘
上升调	↗	弯曲调	∽

2. 态势设计

演讲不仅需要言词声音,同时还要辅以动作表情。这种通过面部表情、姿态、手势、动作等进行思想情感交流和信息传播的手段,便称为"态势语言",亦称"体态语"、"无声语言"。

优美得体的态势语在演讲中也发挥着重要的作用:它不仅可有效地提高口语表达的准确性,加强语言表达的效果,增强语言信息的可信度,还能够起到塑造演讲者自身形象以及吸引听众注意力的作用。

(1)演讲动作的设计,主要是指对自然动作的精选和加工。寓情于形,各种情感均可借助一些动作形态加以表达。

毛泽东当年在延安演讲抗战必胜之路,当讲到"前途是光明的,道路是曲折的"时,他沉静地向前望着,举起右手掌慢慢地向前方推出,造成极为强烈的表现力和感染力,成为人们记忆中一个极其难忘和经典的手势。

(2)演讲者的表情主要在面部,它受对听众的态度和所讲的内容两种因素的制约。对听众而言,表情的基调应是微笑,它是招人喜欢的秘诀;就内容而言,表情应丰富多彩,喜怒哀乐都可展现。

周念丽演讲《人生的航线》的过程中,当描述自己从出生至"文革"结束之前的痛苦遭遇时,声调颤抖,表情哀怨,蹙额锁眉,演讲者声泪俱下,听众无不动容;而当她讲到十一届三中全会之后的生活得到改观时,语调高昂,精神饱满,眉目间充满了喜悦和感激,听众也为之开颜,演讲获得了成功。

进行态势设计,演讲者还可以借助于镜子。如果有摄像机帮忙当然更好,欧美的一些演讲者练习时就常借助于此。

(四)反复试讲

试讲是正式登台演讲之前的最后一个准备环节,它是一个掌握材料、调整时间和完善讲稿的理想机会。试讲的形式主要有单独试讲和公开试讲两种。

1. 单独试讲

单独试讲就是只有演讲者一个人参与的演讲。演讲者可以对着镜子或虚拟听众(如桌椅、树林等),练习用正常的语调大声、清楚地讲话。练习过程可以用摄像机或录音机摄录下来,演讲者在试讲结束后可以再以听众的身份,回看或回听演讲过程,研究分析,发现问题并立刻纠正。

2. 公开试讲

公开试讲,可以帮助演讲者强化记忆,锻炼胆量,克服怯场心理。同时还能够观察听众的反应,听取听众的意见,便于发现并改正缺点。所以,公开试讲对初学者来说是十分必要的。

公开试讲可以分三个步骤进行:

第一,大胆试讲。演讲者可以邀请一些亲朋好友,人数几人至几十人皆可,让他们既当听众,又当评判员。如果能有辅导教师或专家在台下亲自指导,演讲者的水平会提高得更快。

第二,听众评议。试讲结束后,演讲者要请"听众"对试讲提出直接而又详细的评议。对于"听众"的评议,演讲者应认真听取,详细记录,并与"听众"共同探讨解决问题的方法。

第三,改正提高。演讲者要针对演讲中存在的问题,按科学的方法进行练习,直到克服缺点、解决问题为止。

当然,如果时间、条件允许的话,试讲还可以进行多轮次的反复练习。对于初学者来说,应尽量多做几轮公开试讲,这样最后登台演讲的效果会更好。

三、命题演讲的技巧

当一切准备工作做好,演讲者就要登台演讲了。为了应对各种错综复杂的场合,保证演讲的顺利进行,演讲者还要掌握一些必备的技巧。

(一)克服怯场的技巧

所谓"怯场心理",就是演讲者在演讲中出现的胆怯害怕心理。有过公众演讲经历的人都知道,很少有人能心平气和、信心十足地登上演讲台。大多数演讲者都经历过这种状况:一个人孤零零地处在大庭广众之中,所有的动作、情态、声息,都在众目睽睽之下,这时就会感到心跳加速、手脚发抖、掌心出汗、坐立不安、脸红冒汗,甚至于手脚发抖、思维中断。这些都是怯场的具体体现。怯场心理的存在会极大地影响演讲的效果。因此，对于怯场心理，我们应该正视并努力去克服。除了事先做好充分准备外，我们还可以使用一些克服怯场心理的方法：

1. 积极暗示法

积极暗示法，即演讲者给自己壮胆、鼓劲，以战胜怯场心理的方法。演讲者可以用产生积极心态的语言暗示自己："我准备这么充分，我一定行"，"今天听众很熟悉，没有紧张的必要"等。有时也可以做相反的暗示"下面的听众一个也不认识，有什么可紧张呢"。在演讲前想象自己演讲成功、深受欢迎的画面。此外也可以用手势暗示自己。

2. 释放情绪法

在作演讲之前，释放一下紧张的情绪，也可以帮助战胜怯场心理。比如在演讲前慢慢深吸几口气，可以使紧张的神经平静下来；等待上场的时候，静静地拉紧你的手或腿部肌肉，然后让它松弛，直到紧张不复存在为止；用一些可能展示力量的肢体动作来提升自己的自信；向上跳几下，把手高举起来，在门厅里小跑一下，听一些音乐等等。

3. "藐视"听众法

有些演讲者怯场的原因缘于对听众的恐惧，就是害怕听众不喜欢、笑话，甚至瞧不起自己的演讲。要克服这种怯场心理，就要学会"目中无人"、"居高临下"地"藐视"听众，也就是演讲者不要把听众的水平估计得过高，要在心理上把自己放在主导者的位置上去"俯视"听众，甚至可以把听众看成是"小学生"等。这样克服了自卑感后，怯场的心理自然就消失了。

4. 淡化效果法

人们都有追求完美的心理。在演讲(尤其是演讲比赛)中就表现为过分注重演讲效果，这样就会有太大的心理压力，往往导致结果和期望值相反。如能尽量忘记名利得失、成败荣辱，只踏实做好准备工作，临场适当表达，这样就不会有太多的心理压力，演讲效果可能会更好。

（二）控场的技巧

所谓"控场技巧"，指的是演讲者对演讲场面进行有效控制的技能和办法。在演讲现场，由于种种原因，听众的情绪、注意力及场上气氛、秩序等时常发生变化。演讲者要想有效地调动听众情绪，集中听众的注意力，把握和控制整个会场氛围，就要使用一定的控场技巧。

1. 上场自信从容

控场应该从上场那一刻就开始。演讲者充满自信的亮相，其实就是一种无言的自白、无声的宣示，这在制造演讲气氛、稳定演讲者与听众双方的情绪、蕴蓄演说的爆发力等方面都具有很大的作用。自信的演讲者应面含微笑，抬头挺胸，稳步走到讲桌和麦克风前，礼貌地向听众鞠躬致意，等到场内安静下来，再从容开讲。

2. 开场亲切动人

演讲开场时，演讲者应以亲切友善的目光扫视全场，等听众的注意力集中到讲台上，再用清晰响亮且亲切诚恳的声音,以"女士们、先生们"或"同志们、朋友们"等称呼听众,使听众产生一种融洽心理,接下来再用事先设计好的开场白开始演讲。

3. 把握节奏调控情绪

事先准备好了演讲稿,演讲者还要根据现场听众的心理特点、情绪反应来确定演讲节奏,要注意语调的抑扬顿挫和语速的疾缓快慢,既要明快,又要适度,在张弛有度的语言环境中,潜移默化地引导听众,感染听众。根据听众的心理特征,演讲者还可以在重点之处不断重复,或说到关键处有意识地说些题外话,适当地插入幽默、逸事等内容,调控听众的情绪,使听众的注意力既保持高度集中又不因为高度集中而产生兴奋性抑制。

4. 动静结合吸引听众

目光、动作不仅可以帮助演讲者表达感情,还可以用来吸引听众的注意。演讲者的眼睛可平视、或扫视、或点视,和听众进行目光交流,获取现场反馈信息。演讲者的手势动作要大方简洁、干净利落。在运用目光和动作时,要做到动静相间、相兼、相合。目光、动作过于单一或过于多变,都会让听众感到不适。

5. 现场互动激发热情

根据演讲内容和现场情况,演讲者应该在合适的时候与听众互动交流。例如可以问一句"是不是、对不对、好不好",也可让听众回答一些简单的问题,还可以让听众重复一些短小而重要的句子。这样不仅可以活跃现场气氛,激发听众的热情,还能够促使听众产生积极的思考,促进听众的参与。

(三)临场应变的技巧

临场应变的技巧,指演讲者面对意外的阻碍和干扰进行调节、控制所采取的措施。在命题演讲中,尽管演讲者事先做好充分的准备,也能够积极地对现场进行调控,但演讲过程中仍可能会有一些意料之外的情况发生。面对这些情况,演讲者就需要掌握一定的临场应变技巧。

1. 演讲时间不够

演讲要在预定的时间里完成,演讲的时间应该严格控制。当遇到特殊情况必须要缩短演讲时间时,演讲者要当机立断地缩减内容,可以概述原来的演讲内容,也可以删掉某些段落和事例,但要注意保持演讲的结构完整。

2. 演讲内容重复

在演讲现场,突然发现准备好的内容被前面的演讲者先讲了,坚持再讲,就是重复了别人。这个时候就要进行紧急处理,可以舍弃原稿,重新选题;也可以抽出原稿中的一部分,引出新意;还可以对原有主题换一个角度阐述。

3. 听众反应冷漠

由于某种原因,听众对你的演讲不感兴趣,演讲台下出现看书报、打瞌睡、交头接耳,甚至开小会、溜号的尴尬局面。对此,演讲者不能听之任之、不予理睬,也不能怒气冲冲、着急烦躁,而要理智地寻找原因并采取应对措施。演讲者可以提高声音,加快语言速度,突然停讲,适时地敲击桌子,或者删减听众不感兴趣的内容,只拣要害、关键之处讲,或者插入一些有趣的事例、幽默笑话,从而改善听众的情绪,活跃现场气氛。

  1924年孙中山先生到广东大学讲三民主义,由于礼堂小,听众多,空气差,有些听众开始昏昏欲睡。孙中山先生见此情景,便随机插入一个故事:"我小时候在香港读书,见过一个搬运工人买了一张马票,因无地方可藏,便藏在时刻不离手的竹竿里,牢记马票的号码。后来马票开奖了,中头奖的正是他,便欣喜若狂地把竹竿抛到大海里,满以为今后不再靠这根竹竿生活了。直到想起领奖手续,才知道要凭票到指定银行取款,猛然想起马票放在竹竿里,便拼命跑到海边去,可是连竹竿影子也没有了……"

  讲完这个故事,听众哈哈大笑,注意力也集中起来。孙中山先生接着说:"民族主义就是这根竹竿。"一句话又转回到演讲主题上来。插入这种既能引起听众兴趣和注意,又能紧扣主题的小故事,体现了演讲者高超的应变技巧。

4. 演讲者自身失误

  即便事先的准备工作做得再充分,演讲者在演讲时还是会出现忘词、漏词或口误等自身失误的现象。这时候演讲者切忌惊慌失措,而要尽量调节自己的心境和情绪,采取措施,灵活应对。

  (1)临时忘词。演讲中如果忘了演讲词,演讲者应强迫自己集中思想,尽快回忆演讲的词语;如果实在想不起来,也千万别让听众等得太久,可根据原来的意思另换词语,或者干脆将下一段内容提上来讲。

  (2)口误、漏词。演讲时如果出现念错词、讲错话或遗漏的失误,要保持冷静,最好的做法是不露痕迹悄悄改过来。比如发现自己漏词了,可以在合适的时机随后补上;出现口误可以按照正确的讲法重讲一遍以纠正错误;有时还可以将错就错,随机应变,自圆其说。

  一位演讲者事先准备的演讲词的开场白是一段诗词:"浓浓的酒,醇醇的……"但他一上台却说成了"酒——""浓浓的"漏掉了,于是他灵机一动,干脆加重语气改为"酒——浓浓的、醇醇的……"

  演讲者不露痕迹的修改,最大程度地保证了演讲的完整和效果。

5. 听众现场提问

  在演讲过程中,有时听众会用采用口头提问或递条子的方式,向演讲者提问题。对于听众的提问,演讲者不必感到恐慌,因为解决提问本身就是演讲的一部分,或者是演讲本身的延续,回答提问可以帮助听众解决疑问,会使演讲获得更好的效果。对于听众的问题,演讲者可以根据演讲现场情况、问题和演讲主题相关的程度以及自身的能力等因素酌情处理。处理现场提问一般有以下四个步骤：

一是认真倾听。在对方提问时，必须保持真诚的态度认真倾听，要听完问题之后再开始考虑回答，不要轻易打断别人的提问。

二是谦虚接受。对待听众的问题，要诚恳接受，在听完后表示感谢。

三是确认问题。在回答之前向所有听众重复这个问题，表明你已听到并正确地理解了这个问题。对于那些含糊不清的提问，要求提问者解释清楚再回答。

四是归类应答。听众的提问往往是多种多样的，演讲者必须具体情况具体对待。回答普通问题，一般要做到简明扼要，点到为止，不要进行毫无节制的发挥；不知道答案的问题，告诉提问人将寻找答案并给予答复；怪诞、离奇或无聊的问题，可委婉拒绝，不作回答。

以上我们列举的是几种最常见的意外情况及应变措施，演讲遇到的实际情况可能要比这些情况复杂得多。因此，演讲者要想成功地发表演讲，纯熟地掌握应变技巧，还要在学习生活中不断实践，并在实践中总结经验教训。这样，面对一切出乎意料的情况，都能灵活自如地进行处理了。

 训练设计

一、登台练习。

将班里学生分成几组，要求每个人从教室门口进来，从上场、站定、扫视到开讲（如向老师和同学说一件事），再走下讲台。演讲结束后，组内互相评议。

二、为下面几个演讲题设计精彩的开场白。

(1) 我的大学生活

(2) 我的职业观

(3) 永恒不变的是变

(4) 也谈内心和谐

(5) 口才与人才

三、选择下列题目，拟写演讲稿提纲。

(1) 心有多大，舞台就有多大

(2) 创新的基础与环境

(3) 谈谈"超级女生"对社会和文明的影响

(4) 作为毕业生代表在毕业典礼上的发言

四、下面是一篇演讲词，阅读欣赏后请进行分析。

(1) 开头是如何设计的，有何好处？

(2) 演讲的结构层次和高潮是如何组织安排的？都起到了什么样的作用？

(3) 结尾是如何设计的，有何作用？

(4) 请总结并口述分析结果。

让我们拥有天真

曲延安

朋友们：

一提天真，有人会不屑一顾："那不是小孩子气嘛！"然而，在现实生活中，正是这种天真太少了，才使我们的某些生活程式变得像谜一样难解、费解，甚至无解。

莫把天真视作幼稚，天真是欢乐的使者。笑则舒畅地笑，不是"鲜花中隐匿着毒蛇"；说则坦诚地说，不是"顾左右而言它"；哭则尽情地哭，不是硬挤出的"鳄鱼的眼泪"；喊则痛快地喊，不是"犹抱琵琶半遮面"；做则勇敢地做，不是"足将进而趑趄"。不用顾忌那难以猜测的目光而封闭心灵，不需考虑被人抓小辫子而噤若寒蝉，不必担心飞短流长而装模做样。要相信，只要人人都存有一些天真，友谊终会酿成醇酒，鲜花定将组成桂冠，冰雪必然孕育春风。

莫把天真与成熟对立，天真是心灵的阳光。人生征途上致命的紧要之处毕竟鲜见，更多的是日常生活中你来我往、此去彼至的交际和接触。"诸葛一生惟谨慎"未免太累太累；"吕端大事不糊涂"才不失为做人的准则。大事坚持原则，小事不妨豁达，人生就应该这样顺其自然。那么，何必把自己捆绑、包裹、禁锢、囚锁、束缚得如"木乃伊"？我想，你一定不愿意这样。但是"我已是大人了"使你欲言又止、欲进又退；"遇事只说三分话，未可全抛一片心"则使你前瞻后顾、进退维谷。朋友，拆掉心理上防御的篱笆，让心与心坦率地对话吧！痛快宣泄、明净爽朗、无所保留、不存芥蒂、冰清玉洁、肝胆相照。甚至不妨忘乎所以一番，不妨"难得糊涂"一次，不妨被人说"小孩子气"——只要你拥有天真！

莫把天真轻易放弃，天真是幸福的泉水。我们已经活得够累的了！难道年龄与阅历的增加就是意味谨慎、顾虑、功利、孤独、提防、戒备、冷酷……？干嘛非得只有到了浴室里才能彼此赤裸裸地平等相视？不要把适当的谨慎变成过分的防范，不要把思想的成熟变成心理的圆滑。每个人都曾有过童心无忌的无邪之乐，让我们不要轻易、随意丢失那一片可爱的童心，一任天真率直之所指，活得轻松些、透明些、自然些，追求纯真的心理结构，做一个真正的、大写的、超功利的人吧！

拥抱天真吧，追回天真吧，去共同创造一个纯洁晶莹的世界。那么，即使是只有一片羽毛、一声柳哨、一个会心的微笑、一丝温馨的祝福、一束期待的目光，也就够了！

（摘自 QQ 空间日志：http://www.qqlxy.com/rizhi/997198845-1253612647.html）

五、欣赏下面演讲词，运用所学方法尝试记忆，并为演讲的第二段做口语及态势的设计。

我心中理想的大学

刘菁菁

我心中理想的大学是瓶老酒，愈陈愈香，百年文脉代代相传。学校的大

113

门——不需那么宏伟,但要别具一格;这里的建筑,不必那么现代,也许某一角落静静地坐落着中国古代大屋顶式的文庙,也许还有一排中西合璧的"红楼"供人流连。这里的校园应该是草如茵,松如盖,风为裳,水为佩——一草一木都蕴藏着人文内涵和历史底蕴,一砖一瓦都显现出无形的感染力和传承力,令我们沉思之际能发"思古之幽情",昂首阔步之时又可"追今之潮流",把时代精神和历史积淀融为一体。

我心中理想的大学有许多大师。有三千弟子追随其后的孔子,时刻能聆听"子曰:'学而时习之'";有能日夜行走在科学大道的居里夫人,猛然间又有一个新的科学发现;更有蓬乱着一头长发,竖起一双失聪的耳朵的贝多芬面对他的音乐世界,大吼一声:"要扼住命运的喉咙!"那一瞬间,为我们年轻的学子塑造了一个与坎坷搏斗的不朽的终生样板……学术泰斗,业界翘楚,或学着他们沉吟湖畔,或随着他们高声吟哦,我们执笔在前,大师指点在后;我们跌倒在地,大师扶持在即,谆谆的教诲不绝于耳,切切的嘱托心领神会。师恩如海,我们一辈子也受用不了。

我心中理想的大学要有"大爱",以人为本。打造"以人为本"的教学理念,以学生全面发展为教学的中心任务,充分发挥我们的个性,尽可能提升我们的才华。为使我们有创意,更能有创造,这里可为我们提供一个既宽松而又不失严谨的环境;为使我们会生存,有发展,更能走向风雨世界,这里是我们学习、了解、熟悉不同文化,和最新科技的博物馆。这里有一种海纳百川的姿态,还要有一副汪洋恣意的雍容,这里的校训是质朴加团结;这里的校风是修德且博学。古为今用,洋为中用,造就"中西合璧"的一代代科学的栋梁;与时俱进,开拓创新,培育出一批批治国安邦的良才。

"大"学、大师、大爱,三者合一,三位一体,就是我心中理想的大学。

(摘自中国高校报网:http://www.cunews.edu.cn/html2006/qcxy/083846102.htm)

六、以"人生处处是考场"为主题写一篇演讲稿,然后以班级为单位举行一次演讲比赛。(参赛者演讲时间为5分钟)

步骤:写作—讲练—课堂展示。

第三节 即兴演讲

一、概念与种类

即兴演讲又称"即席演讲"、"即时演讲",是指演讲者在无准备的情况下,依据现场的感受临时发表的演讲。即兴演讲的特点是临时性、短暂性和触发性。在演讲的类型中,即兴演讲是使用率最高、应用范围最广的一种。随着现代社会人际交往的日益频繁,即兴演讲出现在人们生活的各个方面,如主持会议、上任发言、应聘面试、婚庆祝词、宴会祝酒、迎送宾客等,都需要人们作即兴演讲。即兴演讲已经成为人际交往不可缺少的方式,是现代人社交的必要条件。

即兴演讲就其方式来说,有主动式即兴演讲和被动式即兴演讲两类。

(一)主动式即兴演讲

主动式即兴演讲,指演讲者被临场的情境所激动而主动发表的演讲。主动式即兴演讲通常是有感而发。当其他人的演讲或是会场上的气氛触动了演讲者的感情,演讲者就会感到如鲠于喉,不吐不快。

1861年2月11日,刚刚当选为美国第十六任总统的林肯,在大西铁路车站启程,准备离开斯普林菲尔德。面对一千多名前来送行的群众,林肯触景生情,发表了满怀激情的演讲——朋友们:任何一个人,不处在我的位置,就不能理解我在这次告别会上的忧伤心情。我的一切都归功于这个地方,归功于这里的人民的好意。我在这里已经生活了四分之一个世纪,从青年进入到老年。我的孩子们出生在这里,有一个孩子埋葬在这里。我现在要走了,不知道哪一天能回来,或者是不是还能回来,我面临的任务比华盛顿当年担负的还要艰巨。没有始终伴护着华盛顿的上帝的帮助,我就不能获得成功。有了上帝的帮助,我决不会失败。相信上帝会和我同行,也会和你们同在,而且会永远到处都在。让我们满怀信心地希望,一切都会圆满。愿上帝保佑你们,就像我希望你们在祈祷中会求上帝保佑我一样。我向你们亲切告别。

(摘自百度文库:http://wenku.baidu.com/view/5bc8e7104431b90d6c85c7d1.html)

(二)被动式即兴演讲

所谓"被动式即兴演讲",指演讲者原本不准备演讲,但被会议主持人或其他人临时邀请、或现场需要所发表的演讲。赛场即兴演讲就是被动式演讲的一种。

在美国度圣诞节的即兴演讲

丘吉尔

各位为自由而战斗的劳动者和将士:

我的朋友,伟大而卓越的罗斯福总统刚才已经发表过圣诞前夕的演说,已经向全美国的家庭致友爱的献词。我现在能追随骥尾讲几句话,内心感觉无限的荣幸。

我今天虽然远离家庭和祖国,在这里过节,但我一点也没有异乡的感觉。这是由于本人的母系血统和你们相同,抑或是由于本人多年来在此地所得的友谊;抑或是由于这两个文字相同、信仰相同、理想相同的国家,在共同奋斗中所产生出来的同志感觉;抑或是由于上述三种关系的综合。总之,我在美国的政治中心地——华盛顿过节,完全不感到自己是一个异乡之客。我和各位之间,本来就是手足之情,再加上各位欢迎的盛意,我觉得很应该和各位共坐炉边,同享这圣诞之乐。

但今年的圣诞前夕,却是一个奇异的圣诞前夕。因为整个世界都卷入一场生死的搏斗中,正在使用科学所能设计的恐怖武器来互相屠杀。假若我们不是深信自己对于别国领土和财富没有贪图的恶念,没有攫取物资的野心,没有卑鄙的念头,那么我们在今天的圣诞节中,一定很难过。

战争的狂潮虽然在各地奔腾,使我们心惊胆跳,但在今天,每一个家庭都在宁静的肃穆的空气里过节。今天晚上,我们可以暂时把恐惧和忧虑的心情抛开、忘记,而为那些可爱的孩子们布置一个快乐的晚会。全世界说英语的家庭,今晚都应该变成光明的和平小天地,使孩子们尽量享受这个良宵,使他们因为得到父母的恩物而高兴,同时使我们自己也能享受这种无牵无挂的乐趣,然后我们担负起明年艰苦的任务,以各种的代价,使我们孩子所应继承的产业,不致被人剥夺;使他们在文明世界中所应有的自由生活,不致被人破坏。因此,在上帝的庇佑之下,我谨祝各位圣诞快乐。

(新浪博客:http://blog.sina.com.cn/s/blog_4d0f34bf0100ihh1.html)

这是丘吉尔于1944年12月在美国欢度圣诞节时即兴发表的演讲。演讲感情浓烈、语言优美,将节日的祝愿与战争的动员自然地结合在一起,使演讲内容与演讲环境达到高度的和谐统一。

二、即兴演讲的准备

即兴演讲一般没有充足的准备时间,但这并不意味着即兴演讲是不用准备或不能准备的。正如著名演讲大师卡耐基所言:无任何准备的演讲只是信口开河,根本不是真正的演讲。即兴演讲者除了要注意平时积累知识、锻炼能力,具备演讲的基本素质外,准备工作还可以从以下两个方面做起。

(一)模糊性准备

预测模糊准备,是在演讲之前有预见地做一些推测性准备,具体包括两方面的内容:

1. 心理准备

在参加一个活动之前,可以预先分析一下,自己是否有需要讲话的可能性,如果要讲准备怎么讲。做好这种心理准备,演讲者在被要求讲话时就不会再感到猝不及防的慌乱和恐惧,能够迅速地进入演讲状态。同时演讲者还要使自己精神放松,保证平稳的情绪和充足的信心,这样才能保证思维清晰,言之有物。

2. 内容准备

如果事先预测到可能需要讲话,且已经大体知道会议或活动的主题,就可以查阅一下资料,储备一些相关材料,并在此基础上进行思考研究,拟定几条大概的思路。这样,临场一旦被突然要求发言时,结合现场实际情况,事先准备好的材料和思路就会迅速变得清晰起来,你也就能够胸有成竹地从容开讲,引经据典,娓娓而谈,从而赢得听众的称赞。

(二)临场性准备

当然,演讲者也可能在毫无准备的情况下被突然要求发言,这时不仅要迅速调整好自己的心态,还要大概设想一下应该讲什么以及怎么讲。因为临场性准备的时间十分短暂,演讲者可以尽量争取临场准备时间。

演讲者可以利用某些动作(如放下手中的东西、喝口茶水、拉开椅子、慢慢站起来、向听众点头微笑或招手致意,等等)来拖延时间,也可以先说些无需深入思考、易于表达的题外话。在进行这些动作、说话的同时,让大脑快速紧张地思考,迅速确定好讲话的主旨,搜索一些材料,初步组织一下语言,然后再开始演讲。这些方法拖延的时间虽然很短,却为演讲者提供了宝贵的思考时间,同时平复了紧张的心理,对于演讲的顺利进行是十分重要的。

三、即兴演讲的技巧

即兴演讲的准备时间较短,是一种难度较高的演讲类型。要想成功地作出即兴演讲,除了需要做好以上的准备工作之外,演讲者还需要掌握并运用一定的技巧。即兴演讲需要的技巧有:

(一)选准话题,确定观点

临时性决定了即兴演讲者必须反应快速、思维敏捷,具有较强的应变能力,要求演讲者在极短的时间内确定好演讲的话题和表达的观点。因此,演讲者在被突然要求演讲时,要快速回顾会议或活动的主题,分析演讲现场的所见所闻(包括时间、地点、场景、听众、其他演讲者的演讲等),以选择确立自己的话题。如果是赛场即兴演讲中的抽题演讲则应注意认真审题。总的来说,选定的话题应该是容易驾驭的、观众喜爱的、有一定社会价值的话题,观点也应该是鲜明正确、新颖深刻的观点。

示例

某校召开迎新集会,会上需要主持人作为教师代表进行发言。主持人结合场景,准确选择了"新"这个话题,作了下面的演讲:

"亲爱的新生们,大家好!

你们带着父母新的希望,带着朋友新的祝愿,也带着自己新的理想,来到一个新的地方,来到一个新的集体。在这个新的学期里,我衷心希望大家以新的语言、新的行动、新的风貌、新的一切去适应新的环境,挑战新的困难,开始新的学习,展示新的生活,取得新的成绩。相信大家奋斗拼搏三年以后将会以更新的姿态、更新的风采站在父母、朋友、社会的面前。到那时,你可以骄傲地说:'新的生活又开始了!'谢谢!"

由于话题选择得准确恰当,整个演讲自然流畅,一气呵成,志存高远,受到了听众的喜爱。

(二)抓住"由头",巧妙开篇

"由头"就是开头的方法。具体地说,"由头"就是从哪儿入手、从哪儿说起。即兴演讲一般都把眼前的人、事、物、景、情或者与主题有关的、听众熟悉的事物作为"由头",引申开去,自然而然地开始自己的演讲。

第一,演讲者可以从当时天气、会场布置、自己的心情或台下的听众讲起。

1863年,美国葛底斯堡烈士公墓竣工。落成典礼那天,国务卿埃弗雷特站在主席台上,只见人群、麦田、牧场、果园、连绵的丘陵和高远的山峰历历在目,他心潮起伏,感慨万千,立即改变了原先想好的开头,从此情此景谈起:

"站在明净的长天之下,从这片经过人们终年耕耘而今已安静憩息的辽阔田野放眼望去,那雄伟的阿勒格尼山隐隐约约地耸立在我们的前方,兄弟们的坟墓就在我们脚下,我真不敢用我这微不足道的声音打破上帝和大自然所安排的这意味无穷的平静。但我必须完成你们交给我的责任,我祈求你们,祈求你们的宽容和同情……"

(摘自网易博客:http://blog.163.com/chen-yuexia99999/blog/static/5380863620104284754235/)

这段开场白语言优美,节奏舒缓,感情深沉,人、景、物、情是那么完美而又自然地融合在一起,从而迅速地打动了听众。据记载,当埃弗雷特刚刚讲完这段话时,不少听众已热泪盈眶。

第二,演讲者还必须注意的是,开篇渲染的内容要与主题密切相关。如果不围绕主题,漫无边际地和听众东拉西扯、兜圈子,不但会冲淡主题,也会让听众感到无聊和厌烦。

2003年10月8日施瓦辛格发表了当选州长后的首次演说,他这样开头:"今天早上,我的女儿来找我,她在我身边说,州长先生,咖啡已经好了!"

话音未落,就赢得了听众的一片掌声。原来,施瓦辛格接任的美国加州政府,早已债台高筑,濒临"破产"。目前面临的最大困难,就是如何解决新政府的财政问题。虽然大选获胜,他今后的工作却可能倍加艰辛,仿佛开始品尝咖啡之苦涩。这简单的一句话,幽默且意味深长,后来被多家媒体用在新闻的标题中。

(三)快速组合,理脉成文

即兴演讲的准备时间较短,演讲者在确定好话题和观点之后,最先出现在大脑中的材料,多是独立而零乱的。演讲者首先要快速地对这些材料进行筛选,选择出有用的部分,然后围绕主题,合理布局,把材料组织成一个有机的整体。具体的方法有以下几种:

1. 连点法

连点法是将头脑中出现出的人、事、物的散点按照一定的顺序和结构连缀成篇的方法。具体方式有陈述式、并列式、递进式、对比式、综合式等。详细内容参见本章第二节。

2. 模式构思法

所谓"模式构思法",就是以一个基本模式框架为快速构思的依据,使即兴演讲既符合人们的思维习惯,又能把信息传达清楚,话题集中。

(1)三步法。也就是平时所说的"提出问题、分析问题、解决问题"。这种方法简单易学,是即兴演讲中常用的一种方法。

关于"注意消防安全"的即兴演讲可以分为三个部分:

"演讲的话题是什么":今天,我要讲的问题是消防安全问题。我们要保障消防安全,减少事故发生。

"为什么要注意消防安全?":消防安全是一个十分重要的问题,它关系到人民生命财产的安全……造成消防事故的原因有以下几点:从各个方面举几个典型事例……

"怎样避免消防事故的发生":我们要做到以下几点……

湖南师范大学党委副书记戴海同志在一次大学生晚会上即兴演讲了《矮子的风采》。

……这话题之二嘛,是"矮子问题"。(哄笑)由我当众提出这个问题,岂不惹火烧身?(鼓掌)这也要点勇气呢!老实说,在我年轻的时候我并不觉得"矮"有什么问题,直到 80 年代,在舆论压力之下,才感觉成了问题。(哄笑)其实,白鹤腿长,鸭子腿短,都是生来如此,何必自寻烦恼!现在要问,矮子能有风采吗?答曰:"高个儿不见得都有风采,矮个儿不见得都不风采。"(鼓掌)那么,矮个儿怎样才能也具有风采呢?我有几点心得可供参考:

第一,要有自信。论个子,我比他低一头,而论觉悟、学识、才能,可能比他更胜一筹!这也叫"以长补短"吧?(鼓掌)

第二,不要犯忌讳,大凡麻子怕说麻子,秃子甚至怕说电灯泡,其实越犯忌讳越尴尬,不如自己说白了反而没事。我常有机会跟北方汉子们在一起开会或聊天,我跟他们开玩笑:我不如你高,你可别怪我,怨只怨我们那山上的猴子就个子小些!(鼓掌、哄笑)

第三,把胸脯挺起来,但也用不着踮脚尖,衣着讲究适当,比方不穿横条、方格的衣服,但也用不着老穿高跟鞋,我主张矮要矮得有骨气,还是脚踏实地好!

第四,最重要的还是本人的德学才识,有修养,有风度,对社会有贡献,自然受人爱戴。

趁着晚会的高兴劲儿,解开这个"矮子问题",不知台下的某些同学心里是否踏实些?(长时间热烈鼓掌)

(美华论坛:http://www.mhjy.net/dz55/viewthread.php?tid=16236)

(2)四步法。这是美国公共演讲专家理查德常用的方法。理查德认为即兴演讲可以分为四个步骤:

第一步,开头用生动典型的事例画龙点睛,导出主题,引起听众兴趣。

第二步,进一步指出演讲内容与听众的利害关系,使听众产生听讲的迫切感。

第三步,以具体事实为例进行说明,激发听众的感情。

第四步,对听众提出具体要求和希望。

根据理查德"四步法"的说法,消防安全问题的演讲可以这样进行:

第一部分:上一周,某市某网吧大火吞噬了25条年轻的生命……

第二部分:不注意消防安全,也许下一次厄运正在等待着我,等待着你,等待着我们的家人……

第三部分:举一些有关防火、灭火和逃生方面的事例。

第四部分:告诉观众具体的做法,尽量讲得详细些。

(四)充满激情,短小精悍

对于演讲来说,听众的情绪也在很大程度上受到演讲者的左右。即兴演讲的准备时间短,演讲者需要快速调动自己的情绪,让自己的激情和热诚去感染台下的听众。具体的方法有:一选择自己热衷的话题;二表达自己对题目的兴趣;三表现热烈。

示例

某学校以即兴演讲的方式竞选文艺部长。前面发表竞选演讲的几位同学,都是说明"我具备了哪些当选的条件"或者"我当选后要做的哪几项工作"。台下听众开始对这些大同小异的演讲感到厌烦,全场秩序也混乱起来。这时,一位男生大踏步走上讲台说:

"我——竞选文艺部长!如果我能够当选,我将是各位的忠实代表!(掌声)你们的愿望就是我的愿望!(掌声)你们的要求就是我的要求!(掌声)请大家记住——选我,就是选你们自己!"(掌声)

这位同学根据现场情况,及时调整演讲内容,用富有号召力的语句和激昂的语调,并辅以充满活力的态势语完成了自己简短有力的演讲。他的热烈表现吸引了听众的注意,激发了听众的热情,演讲收到了很好的效果。

此外,即兴演讲还要注意短小精悍。主要原因在于,即兴演讲多是在一种激动的场合下进行的,是演讲者临时起兴的讲话,演讲者只是表达一下自己的心情和看法,不需要很长的篇幅;同时,即兴演讲是演讲者毫无准备、临时构思的讲话,也不容易长篇大论。所以即兴演讲要注意结构精要、主干突出、不枝不蔓,切忌拖泥带水、重复拉杂。

  示例

某大学中文系的毕业典礼上,首先是系主任的讲话,主要是向毕业生表示祝贺;接着是岳教授发言,他希望同学们坚持学习、不断进步;第三个讲话的方教授朗诵了自己写的诗歌,勉励毕业生要在工作生活中积极进取、奋斗拼搏;第四个讲话的是系党委书记,希望同学们永远记住母校和老师们。紧接着,毕业生欢迎曹教授讲话。曹教授事先并没做准备,在盛情难却的情况下,站起来作即兴演讲如下:

"我最喜欢说别人说过的话。第一,我要祝同学们胜利毕业! 第二,我希望同学们'学习,学习,再学习!'第三,我希望同学们在工作生活中都能勇敢地搏击风浪! 第四,我希望同学们不要忘记母校,不要忘记辛勤培育你们的老师们!"

曹教授巧妙地概括了前面演讲者的讲话内容,完成了自己简洁明快、机智幽默且具有独具特色的即兴演讲。

  训练设计

一、积累训练。

1.请分别以"珍惜时间"、"保护环境"、"珍爱生命"、"和谐社会"为主题,收集名言警句、诗词歌曲、古今中外的人物及典型事例,并加以记忆。

2.请收集有关亲情、爱情、友情的古今诗词各5首并背诵。

二、话题训练。

1.请模拟具体的场景,进行实践练习。

(1)请自己设置几个不同的场合分别作自我介绍。

(2)在青年志愿者活动中的即兴发言。

(3)假如你参加你的某位好友的婚礼,请为他即兴祝福。

(4)父母、长辈或其他亲人朋友过生日时,请你说段开场白。

2.就下列话题进行即兴演讲,请家长或同学当听众,时间3分钟。演讲前想想如何确立主题,组织材料,完成后请听众提意见。

(1)做人要诚,做事要实。

(2)向批评者致谢。

(3)电脑时代,练字的意义何在。

(4)你会给真人选秀节目短信投票吗?

(5)经济发达是否能决定文化发展。

三、范例欣赏。

央视著名主持人白岩松曾应邀到哈尔滨工业大学作了一场即兴演讲。在台上他即兴发挥,妙语连珠,赢得了大学生们的阵阵掌声。

<h3 style="text-align:center">在哈工大的即兴演讲(节选)</h3>
白岩松

有这么一对夫妻,吃完饭就坐那里看电视,看完了,就洗漱一下睡觉,日复一日、年复一年,就这么过着。也许有的同学会说,太枯燥了吧,该离了吧?但真正的生活就是这样,就是这样平常,生活如此,创业如此,大学生们走入社会之后注定要花大部分时间做平平常常的事。那对夫妻在老年的那一天会彼此含着热泪感谢对方与自己携手相伴一生、彼此温暖一生,而同学们也会在平平常常的生活中等来生命中只占百分之五的激情与辉煌时刻!(掌声)因此,同学们要做好准备,毕业后准备好迎接平淡。

同学们在大学里一定要做梦,甚至可以梦游,(笑声)比如现在一谈爱情,我脑子里只会闪现我爱人的照片,而你们则可以设想一千位俊男靓女的样子……这就叫做虚位以待。我年少时看了三毛的书,也想周游列国,没准还能碰上个女荷西。(笑声)但是所有这些梦想都属于你们这个年龄段,我现在没有资格做这样的梦了,我现在所处的是人生的舍弃阶段。而你们所处的是人生的选择阶段,不要放弃做梦!(长时间的掌声)更别忘了替这个社会、替这个国家做梦,能全身心地做这种梦,一个人一生中没有几次这样的机会,等你人到中年、上有老下有小时,想做梦你也力不从心了,因此趁现在抓紧做梦!

有人说现在大学生找不到工作,怎么会呢?我有时候就想不通:真的如此,那我国岂不是比美国更发达……因为我们的大学生都在待业呀!(如雷的掌声)其实,大学生不是找不到工作,而是找不到一步到位的最满意的工作!实际上你就是一个骑手,毕业后你就应该先骑上一匹马,只要你优秀,你就能找到更棒的马!(长时间的掌声)

季羡林老先生的一席话我印象很深。他说:"我已经如此老了,但我的道路前方仍有百合花的影子,人生的前方要永远有希望、有温暖才行。"举个例子:狗赛跑怎么比?怎么让狗跑起来、跑得快?每个狗嘴前边都吊着个骨头。我们每个人也要给自己放块骨头,(笑声)精神的骨头!(热烈的掌声)

简评:作为央视名嘴的白岩松,在哈尔滨工业大学这个大学校园里,面对着莘莘学子一双双充满渴望的眼睛,并没有大谈特谈自己奋斗与成功的过程,而是从大学生们要树立正确的人生观与理想观这个角度入手,分别从"要学会过平淡的生活"、"要多做梦"、"要有正确的就业态度"、"人要有精神"这四个小题分而论之。这些小观点的提出,与学生们的实际生活息息相关,因此,引起了大学生们的关注与共鸣。

(郑蔚萍:《锦心绣口妙语连珠——白岩松在哈工大的即兴演讲赏析》,《演讲与口才》2004年第6期)

第四节　论辩演讲

一、概念与种类

论辩演讲,指辩论双方或多方就同一个论题,分别从不同的立场或角度面对面地展开辩驳诘问,试图说服或驳倒对方的演讲。

马克思曾指出:"真理是由争论确立的。"[①]论辩演讲的目的就是坚持真理、批驳谬误、明辨是非,具有针锋相对、短兵相接的特点。与命题演讲、即兴演讲相比,论辩演讲的难度更大,要求演讲者必须具备正确的思想、高尚的品质、严密的逻辑性和较强的应变性。

论辩演讲一般分为三大类:日常论辩、专题论辩和赛场论辩。

(一)日常论辩

日常论辩是指日常生活中人们因立场主张、认识水平、思维方式等方面的差异,在某些问题上产生了矛盾和冲突,为了解决这些矛盾和冲突,运用争辩的方法,努力证明自己正确、对方错误的活动。例如,同学间对某一问题的看法不同而导致的辩论,家庭中父子间因生活习惯的差异而产生的辩论等。进行日常论辩时,要注意以下要点:

1. 论辩要有意义

日常论辩中,除原则性问题之外,一般问题如生活琐事之类不必大动干戈,一决高下。

2. 争辩要大度得体

论辩是为了坚持自己的观点展开的论战,但论辩中的双方都应注意尊重真理,以理服人,不能只顾个人意气、感情用事;论辩双方要注意保持礼貌,彼此尊重,避免使用过激言词。

3. 辩驳要委婉巧妙

为避免论辩中矛盾的激化,论辩双方最好不要直接反对或否定他人意见,可以用"假如"、"或许"等语言,委婉地表达自己的观点。

(二)专题论辩

专题论辩是指在专门场合下对某一领域或某一部门的特定议题进行的辩论。专题辩论一般是由主持者按预定的程序组织的活动,辩论前事先有准备,目的性较强,辩论的双方或多方最后一般要统一认识。具体形式主要包括法庭论辩、外交论辩、竞选论辩、学术论辩和答辩等。由于各种专题论辩的论辩场合、参辩者身份、论辩目的等有区别,因此各有其特点。如法庭辩论的特点是庄重、公平;贸易辩论的特点是合作、有理、有利、有节。不论进行哪种专题论辩,参辩者都必须事先明确这种论辩的目的和特点,熟悉这种专题论辩常规的程序和规则,做好充分的准备。

(三)赛场论辩

赛场论辩是指有组织地将辩论按照一定的规则,作为竞赛项目来进行的演讲活动。

[①] 《马克思恩格斯通信集》第1集,567页。

一般是在论辩比赛主持者的组织下,围绕一个先拟定的论题,参辩双方抽签决定正方、反方,各寻论据,各施技法,以决胜负。这种论辩能锻炼参赛者的思维能力、应变能力和表达能力,赛场上论辩双方唇枪舌剑的竞争场面对听众也有着很强的吸引力,所以赛场论辩近年来越来越受到人们的欢迎。

赛场论辩的基本特征有:

1. 社会性

赛场论辩的论题一般都是社会上引起人们普遍关注的话题。如"当今青年学生是否缺乏社会责任感"、"博彩业的兴旺是(不是)社会进步繁荣的象征"等,都是与人们的社会生活紧密相关的。

2. 规则性

赛场论辩作为一种比赛,要按严格的比赛章程来进行。一般来说,赛场论辩的章程主要包括:参赛队伍的组成(出场人数、资格审定)、比赛程序、比赛规则、评判人员的组成、评判标准、奖励标准等。比赛规则可以由主办单位制定,也可以使用人们普遍使用、约定俗成的规则。国际比赛曾经采用的有"牛津标准式"、"奥瑞冈式"和"新加坡式"。

3. 整体性

指赛场论辩的各方应通过团队的协调合作使己方的论辩形成一个有中心、有条理、完整严密的系统。比赛中,同一辩方的队员发言应围绕中心,主次配合,团结协作,要注意避免队员间的相互脱节或前后矛盾。

4. 演练性

赛场论辩有着很强的表演性,可以看作是对日常论辩和专题论辩的模拟演练。比赛中,论辩双方是对立关系,一方只要对自己的观点据理自争、自圆其说,并从论辩技巧、现场表现等方面压倒对方即可取胜。这种论辩仅仅是一种训练活动,注重的是能力的展示,而不是真理的捍卫,比赛的输赢并不代表着观点的正误。

二、论辩演讲的准备

论辩是对立双方的正面交锋,论辩过程是一个发展的、难以预测的过程,因此辩者除了要具有较高的知识水平和丰富的辩论经验,还要在辩论前做好充分深入的准备。

一般来说,日常论辩有很大的突发性和随意性,辩论更多依赖于平时储备的知识和技能。而在正式的专题论辩和赛场论辩之前,辩者事前可以对论题做深入细致的研究,在掌握丰富、充实的材料后,确定问题的关键以及己方的立足点,为达到预期目的做好充分的准备。赛场论辩前的准备工作,一般从以下几个方面开展:

1. 分析辩题,确立论点

辩题是论辩双方论辩的对象,分析辩题有助于认识辩题对双方的利弊,把握双方论辩的焦点,以便于确立对自己有利的论点。

(1)分析辩题。分析辩题的主旨就是辨清题意,找出分歧,要理清辩题的概念内涵、内容范围、中心要点,然后分析辩题的共认点和争论点,最后才能准确地找到分歧,形成自己的论点。这项工作是辩论前准备工作的第一步,能否破好题,对决定辩论的胜负有十分重要的意义。

例如,"大学生兼职利大于弊"这一论题,通过分析可以发现,它要辩论的既不是大学生兼职是否有利的问题,也不是大学生兼职是否有弊的问题,而是大学生兼职是利大还是弊大的问题。找到了双方分歧的根本点,双方辩论的中心也就明确了。

(2)趋利避害,找到最佳立论角度。在具体辩论中,一般辩题都要考虑到辩论双方的原始均衡和双方基本上的平等。也就是辩论赛中的辩题不会对一方特别有利,而对另一方特别不利。在这种相对均衡的情况下,要想获得比赛的胜利,就要运用一些方法,为己方创造优势。一般来说,可以针对双方争论的焦点,趋利避害,必要时还可对辩题进行合理的限定或拓展,找到有利于自己的最佳立论角度。

1993年国际大专辩论赛,作为反方的复旦大学队对辩题——"温饱是谈道德的必要条件"中的四个概念("温饱"、"谈"、"道德"、"必要条件")进行分析,发现正方在逻辑上最难跨越的关键词是"必要条件"这个概念。因为这一概念蕴含"无之必不然"的意思,也就是正方必须论证没有温饱就绝不能谈道德。基于这一认识,复旦大学把自己的论点确定为:温饱不是谈道德的必要条件,有理性的人类存在才是谈道德的必要条件。由于抓住了对方在"必要条件"上的逻辑困境,复旦队在辩论中始终处在主动的位置上。

2. 搜集材料,合理设辩

材料是证明论点、构成辩词的依据,大量占有材料是论辩成功的重要因素。当论点确立之后,就进入了搜集材料的阶段。论辩材料包括两类:一是理论材料,如与辩题有关的专业知识,有关的政策、法律、法规,名人名言,民谚歌谣等;二是事实材料,就是与辩题有关的古今中外曾发生过的各种实事及数据,包括确凿的事例、史实、统计数字、概括的事实、亲身经历和感受等。搜集来的材料,还要根据材料的性质和用途加以归类整理,从辩题和论点入手,分析材料和论点之间的关系,这样才能把材料改造成有直接使用价值的论据。

搜集材料不应只着眼于可以用作己方论据的材料,还要站在对方的立场上,设想对方的论点和作为论据的材料,并在此基础上做有针对性的资料和方法上的准备。这种在分析辩题和材料的基础上所做的假设工作,演讲学上称为"设辩"。设辩是赛前准备中的重要一环,是一项难度大、又不可缺少的工作。如果事先能对对方论点或重要论据做出准确预测,那么在辩论时就会十分主动,发动临场反攻也比较容易;如果假设的情况与临场情况出入很大的话,则容易陷入被动。在分析对方的论点和论据的基础上,有时还可以了解一下对方队员的心理素质、知识素养、兴趣爱好、生活经历、优缺点等情况,这些准备都有助于全面估计对方的形势,制定出实用有效的战略战术来。

例如,1993年首届国际大专辩论会上,复旦大学队和剑桥大学队辩论"温饱是谈道德的必要条件"。复旦大学在运用辩略时,就全面分析了剑桥大学队的队员情况,既考虑到他们的知识层面(剑桥大学队的四个辩手都是研究生,其中三个还是博士研究生,在知识结构层次上明显高于复旦队),又考虑到他们的年龄结构(剑桥大学队队员的年龄总和比复旦队大22岁,且擅长说理)。针对这些情况,复旦队在自由辩论时,连连提问,剑桥队则疲于应付说理,结果耗费了宝贵的自由辩论时间,最后复旦队反驳时,剑桥队等于缺席受审。复旦队根据对方特点,正确运用战略,在论辩中获得了理想的效果。

3. 编制要略,协作分工

编制论辩要略,可以帮助辩者在赛前理清论辩的次序和思路,构筑论辩体系的骨架,选准进攻角度。要略内容可以分为论点、理由、证据三点。论点即本方立论总论点及几个要点,理由是论点成立的依托,证据是证明理由的资料。同一团队的辩者既要做到各司其职又要注意协调合作,每位辩者要作为整体中的一员来参赛,要彼此观点一致、团结协作,整个辩论过程应首尾相连、浑然一体。下面是1993年国际大专辩论赛,复旦大学队在"人性本恶"立场上编制的要略。

示例

1993年第一届国际大专辩论赛决赛复旦队的要略内容和程式:(省略论据)

一辩:我方的立场是"人性本恶"
 A. 人性是由自然属性与社会属性组成;"人性本恶"是指人性本来的、先天的就是恶。
 B. 恶指的是本能和欲望的无节制的扩张,而善则是对本能的合理节制。
 C. 虽然人性本恶,但我们这个世界并没有在欲海横波中毁灭掉,是因为人有理性,人性是可以通过后天教化加以改造的。

二辩:我方认为"人性本恶"基于如下理由:
 A. "人性本恶"是古今中外人类理性认识的结晶;
 B. "人性本恶"是日常生活一再向我们显示的道理;
 C. 人有判断是非的理性,能扬善弃恶。

三辩:从历史教育现实的层面进一步阐述观点:
 A. 人类诞生之初,本恶的人性就充分显示出来;
 B. "人性本恶",所以教化才显得重要也相当艰巨;
 C. 人类社会的演进过程是虚假和虚荣被剥去的过程。

四辩:"抑恶扬善"是我方立场的根本出发点:
 A. 只有认识"人性本恶"才能正视历史和现实;
 B. 只有认识"人性本恶"才能重视道德法律的教化作用;
 C. 只有认识"人性本恶"才能调动一切社会教化力量,扬善抑恶。

4. 模拟演练

和其他比赛一样,辩论队要想在正式比赛中获胜,也需要在正式比赛前搞一次模拟演练,实地模拟即将展开的辩论。通过演练,不仅可以检验预先设计的论辩方案是否切实可行,还可以帮助参辩者进入辩论角色,提高心理素质,积累临场经验。

演练一般在正式比赛前一两天举行。为了尽可能地创造一种逼真的论辩气氛,需要有一支与正式队员实力相当且经过准备的队员作为假设对方出战。演练的程序应严格按照正式比赛的程序进行,若安排赛后听众提问则可以发现更多问题。试辩结束后,参赛队员应与假设对方共同进行分析总结,根据实际情况对原先准备的辩词和论辩技巧作相应的调整、修正和完善,最终确定一个理想的论辩方案。

三、论辩演讲的技巧

事先准备好的论辩方案,只能作为一个大概的计划,至于在辩论中如何有效地实施这个计划,还要根据辩论现场的实际情况灵活处理。对于辩论者来说,要想临场论辩取得成功,还需要学习并掌握一些辩论技巧。

(一)进攻技巧

无论是哪种类别的论辩演讲,其本质都要求进攻,因为只有进攻才能对论敌实施有效的打击,进而取得论辩的胜利。

进攻时可能会碰到多种不同的情况,有时对方防守严密,似乎固不可摧;有时对方的论证极不严密,随处都有可乘之机。对于这些不同的情况,进攻的方法只有一个,就是攻其要害。所谓"要害",也就是双方争论的焦点,关系到对方立论的基础,一般是进攻的最佳突破口。抓住要害并实施有力打击,就会动摇对方的立论基础,收到事半功倍的效果。即便在对方漏洞较多的情况下,也一样要抓住关键问题进行进攻,切忌只抓细枝末节,忽略了问题的根本。

常用的进攻方法有以下几种。

1. 指斥法

即直截了当地指出对方的错误所在,例如对方论点和事实相违背,或是对方论证中自相矛盾等问题。这是一种简便且有效的进攻方法。

复旦大学队在与剑桥大学队辩论"温饱是谈道德的必要条件",剑桥大学队是正方,复旦大学队是反方。辩论中,剑桥大学队的孙学军说:"请问,对方刚才说了英国民众在二次大战中发扬道德精神,但是要知道,英国当时在资本主义国家中所处的经济地位是世界上领先的,且最近的资料表明,二战中英国人民的温饱程度是有史以来没有过的,营养价值在当时食物平均分配制度下是最好的。因此你不能通过这个问题来否认它是在温饱程度上讲道德的。"复旦大学队的严嘉立即反驳:"《丘吉尔传》告诉我们,那时候好多穷人是怎么去填饱肚子的呢?是去排队买鸟食,还买不到啊!"

在这里严嘉直接揭露了对方论点和事实相违背以及论点的不真实,用的就是指斥法。

2. 归谬法

就是为了驳倒对方的某一论点,首先假定对方的论点是正确的,接着按照对方的逻辑引出一个明显荒谬的结论,再用荒谬的结论证明对方论点的错误。归谬法抓住对方立论逻辑的错误,给对方的打击是十分有力的。

1589年,西班牙国王菲利普二世派一位年轻的陆军统帅去罗马,祝贺教皇希格斯特五世即位。看到使者十分年轻,教皇大不高兴:"难道贵国人才不济?为什么派一个无须之辈充当使臣?"使者回答:"倘若教皇以为德才如何在于胡子长短,那就可以派一只山羊来恭听高论了。"

3. 双刀法

双刀法也就是进攻者预先布置好结论,对方必须在给定的两种结论中选定或陷入其中一项,而任何一项都于他不利。这种方法既可用于进攻,也可用于防守,是一种技术性较强的战术。

某公司经理伙同业务、财会等部门少数人营私舞弊,被人检举揭发而撤职。公司副经理对经理舞弊活动是不知情的。因此,经理被撤职后,主管部门考虑到副经理在公司工作时间较长,对业务熟悉,因而拟提拔他任经理。公司中一些人反对提拔他,其主要论旨是:一个公司的副经理,在公司内的地位仅次于经理,且在职时间又长,对这一集体舞弊的案件,如果事前知道而不揭发,是对事业不忠诚,对集体不负责;如毫不知情,此事早有传闻,而其仍熟视无睹,听若无闻,则其人必定昏聩无能。最后据此而下结论:"副经理或知情或不知情,故或为不忠诚,或为无能,二者必居其一,用这样的人当经理,又怎能将公司的工作搞好呢?"

(红杉阅读:http://www.hsread.com/index.php/chapter/index/book_id/BJSL00007101002610001/sort/8)

(二)防守技巧

在论辩中既要有强有力的进攻,也需要坚固的防守。下面介绍几种常见的防守技巧:

1. 加固"堡垒"法

最基本的防守技巧就是加强己方观点的坚固性,在论辩中应不断巩固自己的胜利成果,可以重复已被公认的于己有利的证词用以强调,或增加新的材料、加固观点的支柱,使对方在己方坚固的"堡垒"面前望而生畏,攻而不下。

2. 以退为进

论辩过程中,当对方攻击自己时,有时直接抵挡的效果并不好,这时就可以使用以退为进的方法。

作家马克·吐温在小说《镀金时代》出版后接受记者采访,谈话中他说了这样一句话:"美国国会中有些议员是狗娘子养的。"谈话见报后,华盛顿的议员们恼羞成怒,要求马克·吐温在相应的报纸上解释、道歉,否则将其绳之以法。迫于压力,马克·吐温在《纽约时报》声明:"美国国会中有些议员不是狗娘子养的。"

这里马克·吐温表面上在退让,其实却是在重复自己的观点。因为在口语表达中,"有些是"意味着"有些不是","有些不是"也就意味着"有些是"。马克·吐温说的前后不同的两句话,表达的观点实际是没有区别的。

3. 以攻为守

进攻就是最好的防守。当己方的论点受到对方攻击时,有时可能难以辩护,这时不妨主动出击,攻击对方的漏洞,迫使对方转攻为守,从而成功守住己方阵地。这种以进攻为防御手段的方法就是以攻为守法。

复旦大学队与台湾大学队在1993年国际大专辩论会决赛的自由辩论中,有这样一个回合的较量:

台大队:我倒想请问对方同学,如果人性本恶,是谁第一个教导人要行善的呢?这第一个到底为什么会自我觉醒?

复旦队:我方三辩早就解释过了,我想第四次请问对方辩友,善花是如何结出恶果的?

在此之前,台大队和复旦队各提了两次相同的问题,对方都没能作明确的回答。面对台大队的又一轮进攻,复旦队也再一次提出台大队难以解决的问题来攻击对方,通过进攻有效地守住了自己的阵地。

(三)机变技巧

在论辩中,由于种种主客观原因,有时会出现一些意外情况。此时辩论者应如何应对呢,下面介绍一些常用的机变技巧:

1. 缓兵法

在论辩中,有时对方提出一些难以回答的问题,这时为了争取思考时间,可以采用缓兵之计。例如在对方提问后,可以故意提一些问题,可以问对方:"这个问题我刚才没有解释清楚吗?""您希望我从哪几个方面来回答这个问题呢?"在提这些问题的同时,可以快速地思考问题的答案。此外,还可以采用假装没听清楚对方的提问,请对方再重复一遍等方法。

2. 补救法

在论辩中,有时可能会出现说错话等失误,为避免让对方抓住把柄,这时就要及时补救。补救的方法主要有以下两种:

一是转移。也就是把错误转移到别人头上。比如说:"刚才所说的并不是我的观点,而是别人的看法,下面我就和大家一起探讨这个问题。"这样转移错误,使对方无话可说。

二是补说。即通过补充说明来弥补自己表达中的失误。比方说:"对不起,刚才的话还没有说完,下面我还要做出补充……"这样巧妙地修正了自己的话,也拦住了对方的进攻。

在一次有奖知识问答赛上,主持人问:"'三纲五常'中的'三纲'指的是什么?"一名女同学答道:"臣为君纲,子为父纲,妻为夫纲。"由于紧张,这位女生把君臣、父子、夫妇的关系弄颠倒了,现场听众哈哈大笑。这位女生意识到自己的失误后,立刻补充道:"笑什么?我说的是'新三纲'。"主持人问:"是哪'新三纲'?"女生说:"现在我国人民当家做主,是主人,而领导不论官位多高,都是人民的公仆,岂不是'臣为君纲'?我国实行计划生育,一对夫妇只生一个孩子,这孩子成了家里的小皇帝,岂不是'子为父纲'?现在许多家庭中,妻子的权力远远超过丈夫,'妻管严'、'模范丈夫'比比皆是,岂不是'妻为夫纲'?"

这位女生巧妙地运用补说法,赢得了听众的一片掌声。

(四)驳斥诡辩的技巧

所谓"诡辩",就是有意地把真理说成是错误,把错误说成是真理的狡辩。如果把雄辩比喻成语言交锋中的明枪,那么诡辩就是让人猝不及防的暗箭。辩论者要想在辩论中立于不败之地,就需要掌握一定驳斥诡辩的技巧。

1. 以牙还牙法

就是用对方所讲的道理或所用方法去回击对方,以达到驳斥诡辩的目的。例如:

有个小男孩在一家面包店买了一块两便士的面包。他觉得这块面包比平时买的要小很多,便对老板说:"你不认为这块面包比往常的要小些吗?""哦,没关系。小一些,你拿起来不就轻便些了吗?""我懂了。"小男孩说着,就把一个便士放在柜台上。然后转身就朝店外走,老板叫住他:"喂,你还没有付足面包钱呢!"小孩有礼貌地说:"哦,没关系。少一些,你数起来就会比较容易。"

(未来作家报网站:http://www.wlzjb.com/articles/article.asp? data=whcl&id=70)

2. 类比法

即根据两个或两类事物某些相同或相似的属性,推出它们在另一些属性上也相同或相似的结论来,通过对二者的比较,推导出对方论点的荒谬。

在某次国际会议期间,一位西方外交人员对我方代表进行挑衅:"如果你们不向美国保证:不用武力解决台湾问题,那么,显然就是没有和平解决的诚意。"我方代表说:"台湾问题是中国内政,采取什么方式解决,是中国人民自己的事,无须向别的国家作什么保证。请问,难道你们竞选总统也需要向我们中国作出什么保证吗?"

(红杉阅读:http://www.hsread.com/index.php/chapter/index/book_id/BJSL00007101000110001/sort/3)

3. 揭露矛盾法

就是通过揭露对方论辩中自相矛盾的地方,击破对方的诡辩。

在某单位开展的"树立远大理想,做好本职工作"的讨论会上,员工甲说:"理想是假的,利益才是真的。"当别人批评他时,他辩解说:"现在还有人相信理想信念吗,反正我是不信了。"这时员工乙问:"你真的不信?"员工甲答:"绝对不相信。"员工乙又问:"你就这样确信?"员工甲又答:"对。"员工乙说道:"那么,你怎能说没有理想信念呢?你自己就有一个信念嘛!"

员工甲论点中的自相矛盾之处在于:他一方面表示根本不相信有信念这种东西,另一方面又确信他的这个观点("不相信有信念这种东西")是正确的;而确信一种观点是正确的,正是一种信念。这就等同于他同时承认了"没有信念"和"有信念"这两个互相矛盾的判断都是真的。员工乙分析并揭露了员工甲辩论中的矛盾,驳倒了员工甲的诡辩。

一、观看经典辩论赛,进行讨论、学习。

二、请从正(反)方研究以下论题,对核心概念进行必要的限制或拓展,以维护己方的观点。

(1)失败乃成功之母

(2)有志者事竟成

(3)知足常乐

(4)船到江心补漏迟

(5)吃亏是福

三、由学生自主选择感兴趣的论题及立场,组织学生就如何立论、如何选择论据等分组讨论,查找搜集资料,进行全班交流。

(1)上大学是(不是)成才的必由之路

(2)合作(竞争)比竞争(合作)更能促进社会发展

(3)手机拉近(疏远)了人与人的距离

(4)当代社会,求"博(专)"更有利于个人发展

(5)顺境(逆境)比逆境(顺境)更有利于人成长

四、选择感兴趣的论题,拟定论辩方案并经过模拟演练后,在班内或班级之间展开辩论。

(1)正方:先做人后做事

　　反方:先做事后做人

(2)正方:应以成败论英雄

　　反方:勿以成败论英雄

(3)正方:不想当将军的士兵不是好士兵

　　反方:总想当将军的士兵不是好士兵

(4)正方:获得成功,奋斗比机遇更重要

　　反方:获得成功,机遇比奋斗更重要

(5)正方:毕业后择业的首要标准在于发挥个人专长

　　反方:毕业后择业的首要标准不在于发挥个人专长

第五章　社交口才

知识目标

掌握社交口才的基本常识和基本技巧;了解与社交口才相关的诸如礼仪、心理学方面的知识;为社交口语能力的提高奠定理论基础,以便具备社交口才应有的素质。

能力目标

切实把握社交口才的技巧方法,能够灵活运用社交口才解决实际问题,适应社交口语表达的需要。

第一节　介绍与交谈

一、概述

介绍是一种在日常生活中实用性很强的口头表达方式。介绍的内容可以是人,也可以是物。在社会交往中,人们的介绍,一般分为自我介绍和居间介绍两种形式。介绍是人与人之间相识交往的一座桥梁,得体的介绍是人们相互认识、建立联系的第一步。

交谈,是由两个或两个以上的人参加的一种对话形式,是人们最常用的以传递信息、交流思想、增进了解、沟通感情等为目的而进行的口语社交活动。

二、介绍的技巧与典型范例

(一)介绍要把握合适的时机

介绍要把握好时机,在不合适的时间、地点、场合进行介绍,会引起对方的反感,反而有碍于双方的进一步交流。为他人作介绍之前,还要了解双方有没有相识的愿望,特别是社会地位极其悬殊的双方,不要强人所难,否则会适得其反。

  示例

某宾馆服务员小罗第一天上班,被分配在酒店A楼5层做台班。由于刚经过3个月的岗前培训,她对工作充满信心,自我感觉良好,一上午的接待工作也还算顺手。

午后,电梯门打开,走出两位香港客人。小罗立刻迎上前去,微笑着说:"您好,先生。"看过客人的住宿证后小罗边接过他们的行李,边说:"欢迎入住本酒店,请跟我来。"小罗领他们走进房间后,随手为他们倒了两杯茶,说:"先生请用茶。"

接着她开始一一介绍客房设备,这时一位客人说:"知道了。"但小罗没有什么反应,仍然继续介绍着。还没有说完,另一位客人在自己的钱包里拿出一张百元人民币,不耐烦地递给小罗。

"不好意思,我们不收小费的。"小罗嘴上说,心里却想,自己一片好意,怎么会被误解了。这使小罗十分委屈,她说了一声,"对不起,如果您有事就叫我,我先告退。"

在这个案例中,我们可以看到小罗一片热情反而被误解的原因,就在于她没有把握好合适的介绍机会。案例中的客人下车伊始,鞍马劳顿,需要休息。小罗没有分析对方的心理,没有留意客人的表情、语气,才造成误解,导致好心办坏事。

(二)介绍顺序要合乎惯例

在社会交往中介绍还要合乎所谓"位低者先行"的惯例,也就是地位低者先作介绍。一般说来,是将职位低的介绍给职位高的,将年轻的介绍给年长的,将男士介绍给女士,将后来的介绍给先来的。把某一个人介绍给很多人时,应该先向众人介绍此人,然后再依照众人座次或站的次序一一向这个人作介绍。

(三)介绍的内容、语言形式要恰当

介绍内容繁简要恰当,突出个性,以期给人留下深刻的印象。介绍时,要根据介绍的目的,选择适当的内容和语言形式,除了介绍姓名、身份之外,重点介绍双方感兴趣的内容,使得双方增进了解,促进合作。

我叫×××,我的经历非常简单。1985年,18岁的我高中毕业没有考上大学,招工进入某厂当上了一名车工。从此,我操刀切削十多年。其间三次参加全市车工岗位技术大比武,荣获两次第3名,一次第2名。去年企业破产,我下岗失业。下岗后参加过3个月的电脑培训,3个月的英语培训,取得两个上岗证书,为我掌握现代化的数控车床打下了基础。听说贵公司招聘技工,我觉得我是比较合适的人选。

这是一位求职者参加面试时的自我介绍。从中我们可以看出,这位求职者根据应聘技工这一岗位的职业要求,有选择地详细介绍了自己经历中与职业技能和专业素质相关的部分,重点突出自己的优势,加深自己在对方心目中训练有素的职业形象,给主考官留下了良好的印象,最终被录用了。

第五章　社交口才

我叫聂品,三只耳朵三张口,既善于听,又善于说,是一个性格外向又爱交往的人。

我叫向红梅,要像红梅一样不畏严寒,坚强刚毅,在各种环境中都努力、上进。

这一组例子中,自我介绍者都就自己名字的寓意进行了解释,语句简短,突出了自己的性格特点,给人留下了深刻的印象。

(四)举止谈吐要得体

在社交场合中,每个人都曾处于介绍或被介绍的地位。当一个人进行自我介绍或者被他人介绍时,往往会成为众人注目的焦点,这时候,良好的举止谈吐会成为自己的另一张名片。

一般进行自我介绍时应镇定自若,落落大方。要面带微笑,语气谦和,应当给人留下大方、友好、自信的印象。切忌语调得意洋洋,目光咄咄逼人,那只会让人觉得你自以为是、狭隘浅薄。

当有人将你介绍给别人时,作为被介绍人,应当主动起立,与对方相对,同时面带微笑,注视对方,表现出应有的礼貌以及愿与对方相识的友善和热诚。需要指出的是,此刻即使你无法起立,也要尽力做起立状,以示礼貌。

等介绍者介绍完毕,你应当微笑上前,与对方友好握手致意,并说"认识您很高兴"、"幸会幸会"、"久仰久仰"等客套话,给人留下礼貌、友好的印象。

三、交谈的技巧

(一)真诚友善、尊重对方

谈话的一方自以为是、盛气凌人、虚情假意、炫耀自己,以自我为中心、无视对方感受,都会引起谈话另一方的反感,会在心理上造成隔阂,交谈就难以真正展开。

华克公司在费城承包建筑一座办公大厦,而且指定在某一天必须竣工。这项工程的每一件事进行得都非常顺利,眼看这座建筑物就快要完成了。突然,承包外面铜工装饰的商人,说他不能如期交货。什么! 整个建筑工程都要停顿下来! 不能如期完工,就要交付巨额的罚款! 惨重的损失——仅仅是为了那个承包铜工装饰的商人。

长途电话,激烈的争辩,都没有半点用处,于是卡伍被派往纽约,找那个人当面交涉。

卡伍走进这位经理的办公室,第一句话就这样说:"你该知道,你的姓名在勃洛克林市中,是绝无仅有的?"这位经理听到这话,感到惊讶、意外,他摇摇头说:"不,我不知道。"

卡伍说:"今晨我下了火车,查电话簿找你的地址,发现勃洛克林市里,只有你一个人叫这个名字。"

那经理说:"我从来没有注意过。"于是他很感兴趣地把电话簿拿来查看,果然一点也不错,真有这回事。那经理很自傲地说:"是的,这是个不常见到的姓名,我的祖先原籍是荷兰,搬来纽约已有两百年了。"接着就谈论起他的祖先和家世的情形。

卡伍见他把这件事谈完了,又找了个话题,赞美他拥有这样一家规模庞大的工厂。卡伍说:"这是我所见过的铜器工厂中最整洁、完善的一家。"

那经理说:"是的,我花去一生的精力经营这家工厂,我很引以为荣,你愿意参观我的工厂吗?"

参观的时候,卡伍连连称赞这工厂的组织系统,且指出哪一方面要比别家工厂优良,同时也赞许几种特殊的机器。这位经理告诉卡伍,那几项机器是他自己发明的。他花了很长的时间,说明这类机器的使用方法,和它的特殊功能。他坚持请卡伍一起午餐!这一点你必须记住,直到现在,卡伍对于他这次的来意还只字未提。

午餐后,那位经理说:"现在,言归正传。当然,我知道你来这里的目的。可是想不到,我们见面后,会谈得这样的愉快。"他脸上带着笑容,接着说:"你可以先回费城,我保证你的订货,会准时运送到你们那里,即使牺牲了别家生意,我也愿意。"

卡伍并没有与那个承包铜工装饰的商人进行激烈的争辩,而是用称赞和真诚的欣赏为他们谈话的开始,也正是他的这种态度才使得谈话顺利展开,达到了不战而屈人之兵的效果。

(二)正确选择交谈的时机

谈话要想顺利进行,选择谈话的时机很重要。选择良机,表达恰当,能够取得事半功倍的效果。我们熟悉的《触龙说赵太后》这个故事,就是因为触龙会把握交谈的时机,从而成功地说服了赵太后。

示例

赵太后刚刚执政,秦国就急忙进攻赵国。赵太后向齐国求救。齐国说:"一定要用长安君来做人质,援兵才能派出。"赵太后不肯答应,大臣们极力劝谏。太后公开对左右近臣说:"有谁敢再说让长安君去做人质,我一定往他脸上吐唾沫!"

左师触龙愿意去见太后。太后气冲冲地等着他。触龙做出想要快步走的姿势,却慢慢地挪动着脚步,到了太后面前谢罪说:"老臣脚有毛病,不能快跑,很久没来看您了。我私下原谅自己呢。又总担心太后的贵体有什么不舒适,所以想来看望您。"太后说:"我全靠坐车子行动。"触龙问:"您每天的饮食该不会减少吧?"太后说:"吃点稀粥罢了。"触龙说:"我近来很不想吃东西,自己只勉强走走,每天走上三四里,就慢慢地稍微增加点食欲,身上也比较舒适了。"太后说:"我做不到。"太后的怒色稍微消解了些。

左师说:"我的儿子舒祺,年龄最小,不成才;而我又老了,私下疼爱他,希望能让他递补上卫士的数目,来保卫王宫。我冒着死罪禀告太后。"太后说:"可以。年龄多大了?"触龙说:"十五岁了。虽然还小,但希望趁我还没入土就托付给您。"太后说:"你们男人也疼爱小儿子吗?"触龙说:"比妇女还厉害。"太后笑着说:"妇女特别厉害。"触龙回答说:"我私下认为,您疼爱燕后就超过了疼爱长安君。"太后说:"您错了!不像疼爱长安君那样厉害。"左师公说:"父母疼爱子女,就得为他们考虑长远些。您送燕后出嫁的时候,握住她的脚后跟为她哭泣,为她远嫁而伤心,也够可怜的了。她出嫁以后,您也并不是不想念她,可您祭祀时,一定为她祝告说:'千万不要回来啊。'难道这不是为她作长远打算,希望她生育子孙,一代一代地做国君吗?"太后说:"是这样。"

左师公说:"从这一辈往上推到三代以前,一直到赵国建立的时候,赵王被封侯的子孙的后继人还有在的吗?"赵太后说:"没有。"触龙说:"不光是赵国,其他诸侯国君的被封侯的子孙,他们的后人还有在的吗?"赵太后说:"我没听说过。"左师公说:"他们当中祸患来得早的就降临到自己头上,祸患来得晚的就降临到子孙头上。难道国君的子孙就一定不好吗?这是因为他们地位高而没有功勋,俸禄丰厚而没有劳绩,占有的珍宝却太多了啊!现在您把长安君的地位提得很高,又封给他肥沃的土地,给他很多象征国家权力的器具,而不趁现在这个时机让他为国立功,一旦您死了,长安君凭什么在赵国站住脚呢?我认为您为长安君打算得太短了,因此我认为您疼爱他不如疼爱燕后。"太后说:"好吧,任凭您指派他吧。"

这样就替长安君准备了一百辆车子,送他到齐国去做人质。齐国的救兵于是就出动了。

示例

宋先生在一家比较知名的企业任总经理助理。他的顶头上司贺总是搞技术出身的,由于长期在研究开发领域工作,贺总对于企业管理知之甚少,把管理的层级体系搞得乱七八糟,属下表面上不说什么,但私下里无不怨声载道。

某周末,贺总要宋先生跟他到郊外钓鱼,放松放松身心。宋先生觉得这个时候向贺总提建议应该不错,于是边钓鱼边对贺总说:"贺总,我有点个人观点想请您指教,我觉得真正意义上的领导权威应包含着技术权威和管理权威两个层面。您的技术权威公认已经树立起来了,但是管理权威则有些薄弱,还需要加强。"贺总听后,若有所思。

之后不久,宋先生发现贺总越来越多地把时间用在人事、营销、财务的管理上,企业不稳定因素得到了有效控制,公司运营呈现出高效发展的态势。

宋先生的谈话达到预期目的的原因在于他正确选择了交谈的时机。贺总平日公务繁忙,在他又忙又累的时候进言,他肯定会反感,结果只会适得其反。宋先生选择了"钓鱼"这一休闲的时机,大家身心放松、心情愉悦,这个时候贺总就很容易听得进逆耳忠言。

(三)正确选择交谈的场合

要想进行有效的交谈一定要根据场合的不同慎重选择交谈的话题和态度。

《三国演义》中,有这样一则发人深省的故事:官渡之战前,许攸投奔曹操,献了一系列妙计,为曹操击败袁绍、夺得河北之地立下赫赫功劳。但是,在曹军占领冀州城后,一次聚会,许攸却当着曹操众多部下的面,直呼曹操小名,说道:"阿瞒,不是我献计,你能得到这座城池吗?"曹操部将许褚大怒,拔刀杀了许攸,曹操事后,也只是责备了几句。

许攸之所以因为一句话而丢掉性命,就是由于他说话不看场合。当着曹操众多部下的面,不给曹操留面子、直呼曹操小名、居功自傲、举止随意,这都是在严肃的场合不应当有的行为。

(四)正确选择谈话的内容

交谈不是自己情感的发泄,而是一个互动的交流过程。我们在生活中要与各种年龄、各种职业、各种地位的人交际,因此,针对不同谈话对象的知识水平、兴趣、爱好等,所选内容也应有所不同,即要选择与之身份、职业相近的话题,选择对方关心、感兴趣的话题。这样彼此就会消除隔阂,产生亲近感,让对方感到大家都是"自己人"。假设,你在宴会上遇到了一位未婚姑娘,如果和她大谈育婴问题,肯定"对牛弹琴",但是如果与之探讨流行时装,就能找到谈话的共鸣点和兴奋点,定会相谈甚欢。

古时候有一个书呆子,说话不看对象,总爱咬文嚼字。有一次睡觉被蝎子蜇了,便摇头晃脑地喊道:"贤妻,速燃银烛,你夫为虫所袭!"一连说了几遍,他的妻子怎么也听不明白。

他更着急,说道:"身如琵琶,尾似钢锥,叫声贤妻,打个亮儿,看是什么东西。"

他的妻子还是不知道怎么回事。结果他疼得熬不住了,一气之下道:"老婆,快点灯,蝎子蜇了我啦!痛死我了。"

书呆子讲话不看对象,咬文嚼字,结果妻子听不懂,耽误事情。

有位年轻记者满怀信心地去采访一位有成就的女科学家。他这样提问道:"请问您毕业于哪所大学?"答:"对不起,我没有上过大学。我搞科研靠自学。我认为自学也能成才。"她的回答不免使他有几分尴尬。为了缓和气氛,他忙转移话题,想先谈谈生活,于是说道:"您的孩子在哪儿上学?"不料科学家十分不悦,答道:"我早已决定把毕生精力贡献给自己的事业,因此,我一直独身。请原谅,这个问题我不愿意多谈,如果你没有其他问题的话,就谈到这儿吧。我还要工作。"

显然,记者没有正确选择问话的内容,他没有顾及对方保留隐私的心理需要,一再触及"雷区",一味地刨根究底,引起了对方的反感。他如果就"自学"这个话题与对方谈下去,此次采访可能会取得成功。

(五)善于倾听

在交谈中,听与说是同样重要的。是否善于倾听,是交谈能否顺利进行的重要环节之一。倾听,既是尊重对方的表现,也是获得交谈信息的主要渠道。越有修养、有水平的人,在倾听别人讲话时越认真。

马羚在一家商场买了一件衬衣。这件衬衣虽然穿上效果很好,但是,有一个致命的弱点:衣服褪色。褪色的衣服把他的白外套领子、袖子染色了。不得已他又来到商场,想要调换。马羚刚一开口,却被售货员粗暴地打断了。售货员一再声称:他们已经卖出这种衣服从没有人反映有问题,一定是马羚自己不小心造成的。

马羚非常生气,因为售货员不仅不听他的诉说而且还怀疑他的诚实。马羚与他们争吵起来,心想:一定要求索赔,以后再也不到这家商场买东西了。这时,商场的经理闻讯赶来。他认真地倾听了马羚的诉说,并且完全同意马羚的意见,也认为白外套是被褪色衬衣染的。他诚恳地代表商场向马羚道歉,并且请马羚提出事情解决的方案。商场经理的态度使得马羚不再生气,他没有要求索赔,而是在经理的建议下,调换了另一个品牌的衬衣,满意地走出了商场。

可见,售货员最大的错误就在于他没有注意倾听,使得马羚感到受到轻视和侮辱。商场经理不但认真倾听马羚的诉说,满足了马羚诉说的愿望,而且能够站在马羚的立场考虑问题,请马羚提出事情解决的方案,使马羚感到受到了充分的尊重,问题解决就容易多了。

(六)正确使用肢体语言

(1)身体稍稍向前倾向于谈话对象。

(2)适时与对方进行眼神接触,表示自己在注意倾听。适当地点头、微笑,表示你对谈话很有兴趣,以激发对方的谈话兴致。

(七)适时提问

提问是交谈的引线,既可以表示自己确实对谈话内容感兴趣,又可以通过提问了解自己不熟悉的情况,可以引入你感兴趣的话题,还是启发对方、引导话题转换的一个好方法。

但要注意,在别人谈话的时候,不要随便打断别人的讲话,随意插话或问一些无关紧要的问题是不礼貌的行为。同时,注意不要问超出对方知识水平的问题,也不应询问人们难以启齿的隐私,以及大家都忌讳的问题等。

中国第一位现代舞拓荒者裕容龄,年轻时随外交家父母迁居巴黎。由于受旧礼教困围,一直不敢进言学舞的愿望。一次,日本公使夫人来做客,顺便问其父母:"你家小姐怎不学舞呢?我们日本女孩都要学的。"裕母不便拒绝,顺水推舟道:"往后让她学吧!"裕容龄趁机进言了:"好母亲,我今天就学日本舞跳给你看,好吗?"说罢,换上舞装跳起《鹤龟舞》,公使夫人夸赞不已,母亲只好认可。

裕容龄就是适时提问,达成了自己的愿望。

(八)讲话之前,充分思考

说话之前,应对自己所要说的话稍作思考。即对自身情况和对方的个性、爱好兴趣、知识水平等进行综合考虑,选择适合谈话的内容、问题、语言、声调等。这样,才能顺利展开交谈,收到预期效果。

在一个宴会上,主人邀请了本市市长王件的儿子王笑,宴会上,王笑夸夸其谈,谈起父亲的权势以及结识的权贵,不但使听者厌烦,无言以对,而且引起了参加宴会的人对王市长的反感,使王市长的名誉也受到影响,这实在是得不偿失。

王笑在讲话之前,没有经过大脑充分思考,夸夸其谈,没有选择好适合谈话的内容,既显出自己的浅薄,又对父亲的声誉造成影响。

训练设计

一、角色模拟练习介绍。

要求：

1. 由几个同学分别扮演不同的角色，完成介绍的过程。

2. 评议角色模拟的逼真性。重点在于介绍人的语言运用是否恰当？是否合乎礼仪？

（1）方零是一个刚刚毕业的秘书专业本科生，去应聘某外贸公司的总经理秘书一职，已经通过了笔试，今天去参加面试，需要作一个自我介绍，你认为他应当怎样做？

（2）李宏利大学毕业后和女朋友一起参加中学同学聚会，恰逢中学班主任曹老师，曹老师在李宏利中学阶段给过他极大的帮助，想一想李宏利该怎么介绍呢？

二、话题训练。

（1）小李是一个保健品公司的员工，公司让他做一个市场调查，需要在超市调查消费者的年龄，那么针对小孩子、年轻人、老年人，他应当怎样开口询问？

（2）李先生是一家天然食品公司的推销员，一天他到一户人家去推销仙人掌产品，进门之后，他发现这家人养了很多的绿色盆栽，显然他们很喜欢天然植物。如果你是李先生，针对这家人的爱好，应当怎么成功推销呢？

（3）李小丫是一所大学一年级的女生，她不善言谈，每晚寝室都会开"卧谈会"。看着别人的话常能"一石激起千层浪"，可是李小丫的话题总是引不起大家的兴趣，大家常常只是礼貌地敷衍几句，她非常苦恼。假如你是李小丫，怎样使自己的话题热起来？

（4）如果你的一位老同学想见一位著名的作家，而你恰恰认识这个作家，你如何把自己的老同学介绍给这位作家呢？

（5）如果你是一位求职者，你到一家运动用品企业应聘销售经理，面对企业领导，你如何介绍自己呢？

（6）家中来了一位东北客人，你该如何提问，从而使谈话自然融洽呢？

三、看材料回答后面的问题。

（1）郭璎是武汉一家通讯设备公司人事部的经理，今年27岁。她面容姣好，工作稳定，收入可观，可就是谈朋友屡屡受挫，了解她的人都说，这是因为她说话"太岔"（武汉方言：喜欢说话，且口无遮拦）的缘故。郭璎也暗暗着急，最终到婚介所登了记，希望找到如意郎君。不久，婚介所安排她与介绍对象见面。行前，父母多次叮嘱她，问话不要直通通地。郭璎虽点头称是，但见面后却把父母的叮嘱抛在脑后。她见到男方，简单地说了声"你好"后，便像平时招聘员工一样连连发问："你叫什么名字？多大了？是做什么工作的？家中有无兄弟姐妹？父母身体怎么样？"男方非常不悦，皱了皱眉头，丢下一句"你到婚介所看资料吧"，头也不回地走了。

请问：郭璎的谈话为啥会使对方"头也不回地走了"？

（2）朱元璋作了皇帝。有一天，他从前的一位苦朋友从乡下赶来找他，对他说：

"我主万岁！当年微臣随驾扫荡庐州府，打破罐州城，汤元帅在逃。拿住豆将军，红孩儿当官，多亏菜将军。"

朱元璋听他说得很动听，心理很高兴。回想起来，也隐约觉得他的话里像是包含了一些从前的事情，就立刻封他做了大官。

这个消息让另外一个昔日的苦朋友听见了。他心想："同是那时候一块儿玩的人，他去了既然有官做，我去当然也不会倒霉的吧？"他也就去了。

和朱元璋一见面，他就直通通地说：

"我主万岁！还记得吗？从前，你我都替人看牛，有一天，我们在芦花荡里，把偷来的豆子放在瓦罐里煮着。还没等煮熟，大家就抢着吃，把罐子都打破了，撒下一地的豆子，汤都泼在泥地里。你只顾从地下满把地抓吃，却不小心连红草叶子也送进嘴里。叶子哽在喉咙口，苦得你哭笑不得。还是我出的主意，叫你用青菜叶子放在手上一拍吞下去，才把红草叶子带下肚子去了……"

朱元璋看到他如此不顾体面，不等他说完就命人将其推出去斩了。

请分析：朱元璋发迹之前的两位旧友为什么受到不同的待遇？

（3）某食堂，一位女生正在吃猪排，一位男生走上前去搭讪。

"同学，新生吧？以前没见过呀？"

女生没抬头，继续吃饭。

男生又问："吃什么呢？那么香。"

女生还是没抬头。

男生又接着说："是猪排呀。吃那么多，小心长胖！"

女生站起来，扬长而去。

请问：这位男生的话存在什么问题？

第二节　赞美与批评

一、概述

生活中，每个人都需要真诚的赞美和善意的批评。

赞美是发自内心的对于美好事物表示认同以及喜爱的一种表达方式。用诚恳的态度、恰如其分的话语赞美对方，使对方感到被欣赏、被尊重、被肯定、被鼓励，不仅能体现赞美者的涵养、友善，而且能使被赞美者希望获得尊重的心理需求得到满足。赞美很能取悦人,使对方对你产生好感,促使人们深入交往、建立良好的人际关系,是一个人获得好人缘的有效手段,是融洽人际关系的润滑剂。

俗话说:"金无足赤,人无完人。"批评是为帮助人、警醒人而指出别人缺点错误以及提出改正意见的表达方式。俗话讲,忠言逆耳。因为批评会对人的自尊心产生不同程度的伤害,所以批评很容易被看成是对交往对象自我价值的否定,人们本能地会有一种不快、抵触情绪。因此,批评得好,宛如春风化雨,滋润心田,既教育了对方,又增进了双方的感情。批评得不好,则事与愿违,产生负面效应,使问题更严重、矛盾更突出。因此,要用好批评这个有力武器,就要掌握批评的技巧。

二、语言技巧

在技巧上,赞美和批评有一些共同之处:

(一)态度真诚,实事求是

赞美的语言要真诚,要发自肺腑、出自内心。这就要求将赞美建立在客观事实的基础上,发现一个人真正值得真诚赞美的地方。不能凭空捏造、虚情假意,失实或不恰当的赞美则会使人觉得虚伪,有油嘴滑舌、溜须拍马之嫌;过于夸张的赞美会让对方感到尴尬,有可能把你的赞美理解成讽刺、讥笑,或是别有用心,甚至会引起反感和不满。

批评别人的时候我们也必须态度诚恳,语气和善。批评,重在评,客观公正,对事不对人,不要有涉及贬低对方人格的语言、不要有羞辱性的语言、讽刺讥笑的语气和表情,也不要居高临下、盛气凌人。

课间,初二(11)班的苏恒锋一边拍球一边向旁边的谢鑫发牢骚:"真不知道她们女生是怎么想的,你不夸赞她吧,她就说你小气,连句'便宜话'都舍不得说;你赞美她吧,她又不领情,反而还对你翻白眼!"

谢鑫笑着问道:"怎么啦,今天遇上'冤大头'了?"

"可不是嘛,就是咱班新来的那个陈菲菲,老师不是安排她跟我同桌嘛,刚才我为了表示友好,缩短彼此间的距离,就真心地称赞了她几句,谁知她却对我冷言冷语的,还白了我一眼,真是好心没好报!"苏恒锋愤愤不平地回答说。

"我看那女生的神情举止似乎属于腼腆温柔型的,怎么会这样呢,你是怎么赞美她的?"谢鑫追问道。

"'见男孩夸帅气,见女孩夸漂亮',这不是夸人的基本准则吗? 于是,我就说,'靓妹,你好漂亮哦! 你是我见过的最漂亮的女生了,说真的,第一眼看到你我还以为是当红明星刘亦菲来了,我真的觉得你和刘亦菲是双胞胎呢! 以你沉鱼落雁、闭月羞花的容貌,别说是'校花'非你莫属,就算西施再世,见了你也会因自卑而投江自杀;就算昭君重生,见了你也会因羞愧而远走边疆……'"苏恒锋越想越生气,一边狠狠地拍球,一边对谢鑫诉说道,"我以为她听了我这番赞美,会客气地说声'谢谢',谁知她一点都不领情,我还未说完,她便冷冷地说'你真会夸人',说完还白了我一眼,然后就不再答理我了,弄得我好不尴尬,你说我郁闷不?"

谢鑫笑得弯了腰,说:"苏恒锋呀,苏恒锋,哪有你这样夸人的,人家肯定是以为你在讽刺她呢!"苏恒锋把球拍得更快了。

苏恒锋的赞美不成功,就在于他没有实事求是,过分夸张,让同学以为他是在讽刺自己,所以引起对方的不满。

"小王,你到我办公室来一趟!"销售部经理"啪"的一声挂了电话,让刚刚和同事还有说有笑的小王一下子心惊胆战,硬着头皮走进了经理办公室。

"你这个月的销售成绩怎么这么差啊?你看看人家小邓,刚来两个月的工夫业绩就飙到本月第一名。你以为我能让你拿这么多的薪水,我就不能让别人拿得比你更高?再这样下去,你这个销售冠军还能坐多久?"还没等小王开口,坐在老板椅上的经理就一顿连珠炮般的轰炸,顺便把一叠厚厚的报表扔在小王面前。

"经理,我……我有我的解释。"小王本想趁这个机会就此事与经理正面沟通。

"你别说了,回去好好反省吧。我再给你一个月的机会,要是下个月你的业绩还不能提升,那我就要扣你年终奖金了。好了,你先出去吧。"经理不耐烦地摆手示意欲言又止的小王出去。

满脸委屈的小王无奈地走出经理办公室,越回想经理那咄咄逼人的架势,心里就越窝火。自己从公司创业到现在,一直任劳任怨地开发新客户、巩固老客户,拓展了公司近30%的现有市场。客户的投诉率一直保持在全公司最低,年年被评为优秀员工。这个月小王被经理分派到刚开发的新市场,客户数量不多,但与前期相比正以10%的速度扩充。再加上本月由于公司总部发货不及时,有很多客户临时取消订货单,销售额与成熟市场当然不能媲美,而小邓是新员工,一开始被安排到原有的老市场,客户源稳定充分,客户关系网坚固牢靠,形势大好,自然丰收在即。小王心里觉得经理只看数字,不问事实,心里委屈也是理所当然的。

经理在批评下属时,没有做到态度诚恳、语气和善,而是居高临下、盛气凌人,极大地伤害了下属的工作积极性。

(三)内容具体,有针对性

赞美时,要指出对方身上最值得赞美之处。捕捉他们身上的每一个闪光点,内容越具体翔实,越说明你对他的了解和重视,以及你态度的真诚、可信。如果你不真诚,你就无法具体到细节。你注意到细节,对方得到肯定的感觉就会扩大到整体。

批评也是如此,就事论事,不以偏概全,即指出错误并告诉他如何改正,但不要纠缠老账。

卡耐基讲过这样一个故事:

有一次,我到邮局去寄一封挂号信,人很多,我排着队。我发现那位管挂号的职员对自己的工作很不耐烦——称信件、卖邮票、找零钱、写发票,我想:可能是他今天碰到什么不愉快的事情了,也许是年复一年地干着单调重复的工作,早就烦了。因此,我对自己说:"我要使这位仁兄喜欢我,我必须说一些令他高兴的话。"所以,我就问自己,"他有什么真的值得我欣赏的吗?"稍加用心,我立即就在他身上看到了我非常欣赏的一点。

于是,当他在称我的信件的时候,我很热诚地说:"我真的很希望有您这种头发。"

他抬起头,有点惊讶,面带微笑。

"嘿,不像以前那么好看了。"他谦虚地回答。

"虽然您的头发失去了一点原有的光泽,但仍然很好看。"

听了我的话,他高兴极了,对待工作也一下子显得积极起来。

我们愉快地谈了一小会儿,我寄完信临走时,他竟兴奋地对我说:"很多人都称赞过我的头发。"

我敢打赌,这位仁兄当天在接下来的工作时间里一定工作得很愉快;我敢打赌,他一定会跟他太太提起这件事;我敢打赌,他一定会对着镜子说:"这的确是一头漂亮的头发。"

想到这些,我非常高兴。

卡耐基夸赞对方的头发,具体细致,让人感到可信,使对方感到受到了尊重和重视,从而身心愉快。

费舞是化学系的秘书,年少轻狂,常常摆不正自己的位置,以为自己可以行使系主任的权力,经常与教师发生口角。一日,系里开会,老教师李华生病吊水,没来参加会议。费舞见李老师没来,不做调查,就立刻批评道:"总是这么自由散漫,连假都不请!"系主任说:"李老师生病吊水了,上午就和我请过假了。"参加会议的老师无不对费舞嗤之以鼻。

费舞犯了以偏概全的错误,且不了解情况就乱开口,为人所厌。

（四）注意时机和场合

同一句称赞或批评的话在不同时机和场合说出，效果截然不同。公开赞扬效果固然最好，但是需要注意，赞扬的内容必须是被大家认同及公正评价的事情，否则，会适得其反。

尽量不要在大庭广众之下和对方心情极坏的情形下进行批评，也不要在被批评者重视的人面前批评。切记批评时要顾全对方的面子。

在广州一著名的大酒家，一位外宾吃完最后一道茶点，顺手把精美的景泰蓝食筷悄悄"插入"自己的西装内衣口袋里，服务小姐不露声色地迎上前去，双手擎着一只装有一双景泰蓝食筷的绸面小匣子说："我发现先生在用餐时，对我国景泰蓝食筷颇有爱不释手之意。非常感谢您对这种精细工艺品的赏识。为了表达我们的感激之情，经餐厅主管批准，我代表本店，将这双图案精美并且经严格消毒处理的景泰蓝食筷送给您，并按照大酒家的'优惠价格'记在您的账簿上，您看好吗？"

那位外宾当然会明白这些话的弦外之音，在表示了谢意之后，说自己多喝了两杯"白兰地"，头脑有点发晕，误将食筷插入内衣口袋里，并且聪明地借此"台阶"，说："既然这种食筷不消毒就不好使用，我就'以旧换新'吧！哈哈哈……"说着取出内衣口袋里的食筷恭敬地放回餐桌上，接过服务小姐给他的小匣，不失风度地向付账处走去。

服务小姐巧妙地以赠的方式，对客人的错误进行委婉的暗示，虽然是点到为止，但完美地解决了问题。

（五）对象不同，方法不同

根据对象知识水平、个人修养、年龄层次的不同，选择合适的赞美和批评方式，会收到很好的效果。

小王在新年餐会上与一位退休的老工人坐在一起。小王与这位老工人攀谈起来，当小王得知老人曾在20世纪80年代获得"全国劳动模范"的称号时，小王热情地请老人谈谈当年的工作情况，并赞扬老人的敬业精神和开拓精神，老人很高兴。

小王抓住老年人希望别人不要忘记自己当年雄风的心理，夸赞其引以为豪的过去，使得二人相谈甚欢。

示例

小伟是一个爱好体育的男孩,尤其喜欢打篮球。有一天,他居然逃学出校打篮球去了。等他回来,陈老师已经在寝室里等候多时了。

"回来了,打赢了吗?"陈老师看着小伟抱着篮球推门而入,微笑地看着他。

小伟自知理亏,忐忑不安地回答说:"输了。"

陈老师说:"其实我也喜欢篮球这项运动,你喜欢飞人乔丹还是篮板王罗德曼啊?"

小伟没想到老师会和他聊篮球,心情轻松了许多:"当然是乔丹了!罗德曼只是一介莽夫,打球不知动脑子,乔丹才是把身体与智慧结合起来的篮球之王呢!"

"你明白这一点就太好了。你如果只打篮球不学知识,不就变成罗德曼那样的莽夫了吗?面对未来,没有足够的知识怎么行呢?相对于篮球,功课更加重要,你说是不是啊?"

小伟点点头,说道:"老师,我不应该为了打球而逃学,我违反了学校的纪律,向您检讨。以后我不但要将篮球打好,更要将功课学好!争取做一个像乔丹那样智勇双全的人!"

陈老师针对小伟的爱好,先找到双方兴趣的共同点,消除小伟的抵触心理,然后从篮球聊起,循循善诱,使小伟认识到自己应当怎么做。

(六)借他人之口赞扬或批评对方

由于一般人认为"第三者"是比较公正的。所以,借他人之口赞扬或批评对方,可以收到更好的效果。

示例

胡燕和张丽是大学同学,又是同寝室的室友,毕业后,她们各奔东西,十年不见。今天在一个全国性会议上意外相遇。两人一见面,亲热的话说不完。张丽拉着胡燕的手说:"你还是那么年轻漂亮,难怪刘星星(刘星星也是她俩的室友,现在与胡燕一个单位)和我通电话时总是夸你!"

张丽很会说话,她借第三者刘星星之口对老同学夸奖。使得她的夸奖显得真实可靠,满足了女士希望青春永驻的心理。

示例

小明是一个学习有点马虎的小学生,作业一直很潦草。最近,他写字进步了,老师及时鼓励,孩子的干劲更足了。老师进一步表扬他:"别的班的老师们也说你的字写得好,找我要你的作业拿到自己班上去展示,让大家学习呢。"小明高兴极了。

可以看出,老师很会赞美人,他借别的班的老师之口,赞扬小明,比直接赞美更令人陶醉。

赞扬的技巧还有:

1. 背后赞扬

背后赞扬别人,会让人认为是真心真意、无所企图,会取得比当面赞美更好的效果。

前一段时间,培训部外请了公司的一位兼职讲师。我旁听了他的课程,想学习一点东西。课程快结束的时候,我回到了办公室,对其他的同事说:"没有想到他的课程这么好,想不到,真是想不到。有些人是天生适合做讲师。"过了一会,课程结束了,他走进了办公室,和大家聊天。突然问了我一句:"你觉得这个课程怎么样?提点建议,我也好有个提高。"我一下子没有反应过来,想要怎样说才能既不恭维又恰当。旁边的同事搭腔说:"他刚才说,没有想到你的课程讲得这么好。我们都要向你学习呀。"我们双目对视了一下,他脸上洋溢着幸福的笑容,从此我感觉他对我的态度更好了。

2. 正话反说

潘红是一个聪明的女人,她的丈夫工作努力但是没有得到领导足够的重视。于是,潘红到丈夫的单位里和丈夫吵架,并找到丈夫单位的领导:"领导,我和他不能再在一起生活了。他天天在单位里加班,常常深夜才回来,家里一点都顾不上。一家老老小小就靠我一个人照顾。一讲他,他就说:工作重要! 连孩子生病住院他都没有陪过一天。我婆婆病重他没请过一天的假,说是单位走不开。就算他在家里,还是想着工作上的事,他这种人还结什么婚啊?"领导听了深受感动,从此,对潘红的丈夫委以重用。

潘红很好地运用了正话反说的方法,她以吵架这种激烈的表达形式,赞美了丈夫对于单位默默的奉献,说明丈夫背负了多重的家庭负担,使领导了解了情况,引起了领导情感的共鸣,从而使丈夫得到了领导足够的重视,事业得以发展。

批评的技巧还有:

1. 批评前先赞美对方

批评前先由衷地赞美对方,可以先化解批评者的抵触情绪,然后在愉快的气氛中进行批评,这种"胡萝卜加大棒"的批评方法可以取得良好的效果。

有一个"孩子王",他个子高,力气大,在同学中间"威望"很高,学生都听他的话,"服从"他的指挥,看到人家吃东西了、有钱了,他手一伸,人家都"乖乖"地送给他。班主任老师在对他进行批评教育时,先表扬他说话算数,有团结同学的能力,接着用提示的口气说:"你如果能团结帮助更多的同学,并注意以良好的形象在全班同学中树立威信就更好了。"谈话后,这位同学开始注意自己的言行,后来他被选为班干部。

2. 委婉批评

是指用行动或借用委婉的语言形式,旁敲侧击地去暗示对方,巧妙地表达批评之意,让被批评者悟出自己的不当之处,这样的批评容易被人接受。

班主任老师在一次卫生巡视时,发现有些同学偷偷将大量废纸藏在桌肚里,班主任没有直接对这一现象提出批评,而是亲自动手去逐一清理,同学们看到了,都不好意思地上去帮忙,很快,桌肚就清理干净了,以后再没发生过类似的事情。

这位老师用自己的行动暗示对方行为的不当,促使学生自觉改正错误。

3. 运用赞扬、鼓励

用赞扬去肯定事情积极的一面,从正面来加以鼓励,其实就是对负面的含蓄批评,这种做法可以激发被批评者的积极性,推动他向好的方向趋近,并且促使他在不知不觉中改正自己的错误和缺点。

珊珊上小学一年级了,第一次做应用题。做完后,爸爸林宏一检查,发现十道题错了五道,爸爸真想发火。转念一想,他对女儿说:"你真不简单,一半都做对了,爸爸像你这么大的时候可不如你了。"珊珊一听骄傲极了,急忙改正做错的题目。在爸爸的鼓励下,珊珊的学习不断取得进步。

4. 语言幽默

用幽默的语言进行批评可谓"春风化雨,润物无声",在轻松的气氛中达到教育的目的。幽默的语言能大大缓解批评时那种紧张、压抑的情绪,让人获得情感上的启迪,心情舒畅地接受教育,自觉地加以改正。

有一个企业组织退休老员工乘车外出旅游,上车时老员工你谦我让,耽误了不少时间。开车后,一位老员工朗声打趣道:"我给大家讲个故事助兴:从前有一位妇女,怀孕10年才生下一对双胞胎。问这对双胞胎为何迟迟不肯面世。他们说,根据礼节,年长位尊者应该先行,但他们两个不知谁是兄长,就这样互相谦让了10年,把妈妈生孩子的事给耽搁了。"

这番话令车上的人面面相觑,继而哄堂大笑。

老员工的话生动幽默,以幽默的方式点到批评对象的要害之处,既对大家由于过分谦让耽误时间作出批评,又含而不露,令人回味无穷,实在高明。

5. 自我批评,换位思考

就是站在别人的角度去思考问题,对待别人的错误要宽容,多一份理解,多一份宽容,这样既显示了自己的诚意,又消除了被批评者的抵触情绪。

数年前,我的侄女约瑟芬,离开她堪萨斯城的家,到纽约来做我的秘书。约瑟芬19岁,三年前从一家中学毕业,仅有一点点办事的经验;现在她已经是一位很能干的秘书了。

刚开始的时候,我看她实在有待改进。有一天,我想要批评她时,先对自己这样说:"慢着,且等一等,戴尔·卡耐基……你的年纪比约瑟芬大一倍,你处事的经验,也高过她一万倍。你怎么能希望她具有你的观点、你的判断力、你的见解呢?戴尔,在你19岁的时候,你做了些什么?记得你那笨拙、愚蠢的错误吗?"

真诚、公平地想过这些后,我发现约瑟芬比我当年要强多了。所以从此以后,当我提醒约瑟芬犯了错时,我总是这样说:"约瑟芬,你犯了一点错,可是老天爷知道,你并不比我所犯的错误更糟。你不是生下来就会判断一件事的,那是需要从经验中得来的。而且,你比我在你现在年纪的时候,要强多了、乖多了。我自己犯过很多可笑的错误,我决不想批评你,或是其他任何人……可是,如果你照这样去做,你想不是更聪明一点吗?"

 训练设计

一、分角色模拟批评。

要求:

1. 由几个同学分别扮演不同的角色,完成批评的全过程。

2. 评议角色模拟的逼真性。重点在于评议批评人的语言运用是否恰当?是否巧妙?

(1)某妇女经常在走廊门口生炉子,烟雾蒙蒙,弄得整个楼道里的人都有意见。小张前去批评,想让其认识到错误。

(2)大学生王媛媛正在恋爱,每晚回来很晚,又不注意保持安静,常常把同寝室已经熟睡的同学吵醒,大家很不满意。怎样有效批评而又不伤和气呢?

二、评析下面案例,你认为有哪些成功的经验值得吸取?

(1)据说有甲乙两个猎人,各猎得两只野兔回来。甲的妻子看到丈夫回来,冷冰冰地说:"只打到两只吗?"甲猎人心中不悦,"你以为很容易打到吗?"他心里如此埋怨着。第二天故意空手回来,好让妻子知道打猎不是想象得那么容易。

乙猎人的情况恰恰相反,他的女人看见他带回来了两只野兔,就欢天喜地地说:"您真了不起,竟然猎回来两只野兔!"乙猎人听了心中暗喜。"两只算得了什么?"他高兴而又带点自豪地回答他的女人。第二天他竟然打回来四只野兔!

(2)玛姬·杰各请到一群懒惰的建筑工人,最初几天,当杰各太太下班回家之后,发现满院子都是锯木屑子。她不想去跟工人们抗议,因为他们的工程做得很好。所以等工人走了之后,她跟孩子们把这些锯木屑捡起来,并整整齐齐地堆在屋角。次日早晨,她把领班叫到旁边说:"我很高兴昨天晚上草地上这么干净,又没有冒犯到邻居。"从那天起,工人每天都把木屑捡起来堆好放在一边,领班每天都来,看看草地的状况。

(3)某企业一个屡教不改的员工,曾三次因赌博被抓被罚,仍执迷不悟。第四次正与别人赌博时又被抓了,保卫科长和他进行了一次严肃的谈话,告诉他一件令人心酸的事情:"你这次被抓,派出所了解到你曾赢了别人一台黑白电视机,决定没收。当我们到你家时,你的妻子和孩子正在看电视,你那五岁的孩子眼泪汪汪地央求我们说:'警察叔叔,别把电视拿走……'我心里很不忍,只好摸着孩子的头说:'叔叔给你搬去维修一下,就更好看了。'临出门时,你的孩子又追了出来说:'警察叔叔,星期六能修好吗?我想看动画片。'"科长当时听了心里很难过,正好自己家买了彩电,就把家里闲着的那台黑白电视机搬过去给那孩子看。保卫科长对这名员工说:"人心都是肉长的,你身为人父,应该有爱子之心,不能让赌博恶习麻木了自己的良知,要多为自己的孩子想想,千万不能再做让孩子都心碎的事情呀。"该员工听完这番话,伏下身子失声痛哭起来。后来,他痛下决心,改造自己,成了企业的模范员工、革新能手。

三、话题训练。

(1)林江是某个商场的经理,有一天他看到化妆品柜台旁边有一个顾客站在那里,没有人理会。几个营业员正在柜台的另一头说笑。这时林江怎么做最好?

(2)高二学生李彤经常叫同学彭鹏去踢足球,但最近彭鹏的成绩下降了,他妈妈不想让彭鹏和李彤一道去踢足球,希望他多花点时间学习。于是当李彤来叫彭鹏的时候,彭鹏妈应当怎么婉转地提出批评?

(3)某煤矿一部分工人除夕之夜坚持工作,仅一个大年夜就采煤200吨,作为煤矿负责人,你该怎么表扬他们?

(4)高三同学穆时与林林在谈恋爱,学习成绩有所下滑。假如你是班主任老师,你该如何批评教育他们?

四、看材料回答后面的问题。

(1)有一对年轻的夫妇,两年前还做着零散的短工,后来发现鲜花行业很有发展,就开了一间花店,生意非常兴隆。面对别人的称赞,这位妻子总是说:"以前不知道我那口子有这么多才能,他实在是没有找到发挥才能的天地,现在他不但是一个好经理,还是一个优秀的策划。真不知道他从哪儿学来的知识,能告诉任何一位顾客该给送花对象送什么花。"妻子的夸奖,使那位男人更加努力地学习和勤奋地工作,也促使花店的生意越来越红火,夫妻关系更是越来越和谐。

请问:这位妻子用了什么样的技巧使日子越过越好?

(2)有一个领导在一次职工大会上谈到现状时仿拟了一首诗:"春眠不觉晓,上班想睡觉;夜来麻将声,将出知多少!"讲到这种工作局面再持续下去,将会造成什么样的后果时,他又说:"白日依窗尽,工作泡汤流;饭碗端不住,老婆也发愁。"全场职工屏息静听,听完之后发出一阵阵不自然的笑声,笑完后又陷入沉思:这样下去确实不行。

请问:这位领导的批评成功之处在哪儿?

第三节 接待与送别

一、概述

在日常交往中的接待与送别,可以体现出人们的素质和修养,也可以反映出一个企业或部门的形象。确切地说,送别应当是接待的一个组成部分。只有掌握相应的接待与送别技巧,才能在社交中游刃有余。

二、语言技巧

(一)准备充分

如果客人是有约而来,作为主人应当事先做好充分的准备。

1. 了解客人

了解客人来访的时间、人数、身份、性别、主要目的等,以便做好相应的安排。

2. 制定方案

在了解客人情况的基础上,要制定好接待方案,主要包括餐饮、住宿、车辆等准备。

3. 其他准备

在客人到来之前,要做好环境的美化工作,给客人一个整洁的印象。接待人服饰要整洁,以示对客人的尊重。同时,可以准备适量的待客的茶水、零食。

(二)热情迎接

(1)对于远道而来的客人,可以到机场、火车站迎接。

(2)客人登门造访要起身上前迎候。客人进来时,应马上放下手中的工作,站起来,面带微笑,注视对方,有礼貌地向来访者问候。

刘丽在一家外企做文员。一天,一个中年男人走进来,问:"你们经理在不在?"刘丽正在起草一份很急的文稿,又看那人穿得很土,不像是什么"人物",以为又是个推销员,就冷冷地说:"你找哪个经理呀?这儿有好多经理呢。"那人连忙说:"找负责销售的。"刘丽不耐烦地一指:"那边。"过了一会儿,客人生气地回来,边走边说:"这是什么破公司!"刘丽看他嘟嘟囔囔的,小声嘀咕了一句:"关我什么事!"不料又被客人听到了,客人气愤地摔门而去。

第二天,公司总经理生气地来到公司,下令开除刘丽。因为昨天来的"土老帽"竟然是一家贸易公司的老板,刘丽的公司千方百计地想要拿到他们产品的销售代理权,没想到就这样泡汤了。

刘丽之所以被开除,因为她以貌取人,没有热情接待客人,得罪了客户。

(三)看对象说话

1. 适度寒暄

寒暄,是交谈的前奏,它为正式的交谈营造一个好的氛围,为进入正式的话题做好准备。寒暄的内容很广,多由问候语组成。可以视当时情景而定,如天气变化、对方长辈的健康状况、孩子的学习情况等,一般借以突出主人的关心,寻找双方的共同点。

"您来了,快进来吧,外面很冷吧。"

"您是北京大学的博士,多年前我在北京大学读的本科,算起来,我们还是校友呢。"

"您来自安徽啊,我去过黄山,安徽真是一个好地方!"

"家里人都好吗?您父亲的身体还是那么硬朗吧。"

"您的作品我都读过的,写得太好了,真没想到今天能见到您,真是太荣幸了。"

2. 礼貌接待

(1)客人要找的人不在时,要明确告诉对方所找的人到哪里去了,以及什么时候回来。可以请来访者留下个人信息以及联系方式,以便转告。

(2)客人来访的对象如果不能立刻接待,要向客人说明等待理由与等待时间,请客人坐等并热情向客人提供饮料和报刊。

(3)接待者在引领来访者时,通常要配合走在客人左侧前一步处引导。为了便于交谈,接待者上身稍向右转体,侧身向着来客。行进中,避免冷场,可以向来宾介绍相关情况。转弯或上楼梯时,要伸右手向来宾指示走向,让对方明白所往何处。

进出电梯,应先告诉客人楼层,然后主动按住电梯按钮,请客人先行。

到达会客室或领导办公室前,要说明所到之处,主动开门,"外开门客先入,内开门己先入"。

引导客人在上座就座。客人落座后,接待者要主动奉上茶水瓜果,并请客人享用。

3. 交谈的遣词用句因人而异

每个来访者的年龄、性别、文化水平、社会地位、来访目的、心理状况都不相同,接待者应当根据不同的对象选择合适的说话方式,使对方听得懂,以便能产生心理上的认同感。

优秀服务员李淑贞的接待语言就是说话看对象的一个范例:

知识分子进店,李淑贞这样说:"同志,您用餐,请这边坐。来个拌鸡丝或溜里脊,清淡利口,好不好?"

工人同志进店,李淑贞这样讲:"师傅,今个过班,想吃过油肉,还是氽丸子?"

乡下大娘进店,李淑贞这样欢迎:"大娘,您进城来了,趁身子骨硬朗,隔一段就来转转,改善改善生活,您想尝点啥?"

李淑贞深谙顾客心理,对知识分子,用词文雅;对工人师傅,语言通俗;对乡下大娘,亲切、和善。针对顾客的文化水平、理解程度,采用不同的遣词用句。

4. 不要做与接待无关的事

经理办公室里,宋秘书正在办公桌前打印一份文件,一位客人走了进来。宋秘书没有停下手中的工作,她向客人点点头,并伸手示意请客人先坐下。她一边打印文件,一边询问客人的来访目的和身份。然后,接了一个私人电话,与小姐妹聊了一会。大约10分钟后,她起身给客人倒了一杯茶,然后用电话联系好客人要找的部门。客人告辞时,她在办公桌前起身向客人道别,并目送其走出办公室。为此事,宋秘书受到了办公室主任的批评。

办公室主任之所以批评宋秘书,是因为宋秘书在此次接待工作中没能做到亲切迎客、热忱待客、礼貌送客。

5. 接待者想要结束接待,可以用委婉的方式表达

老画家王建在今晚接待了一位朋友介绍的绘画爱好者,小伙子见到自己倾慕的画家滔滔不绝,王建也对他做了悉心指点。不知不觉已经是晚上 10 点钟了,小伙子依然谈兴正浓。王建由于高血压不能熬夜,他在小伙子谈话的间隙,看了看表,关切地问:"天晚了,路好不好走?"小伙子立即醒悟,礼貌告辞了。

王建以其肢体语言给对方暗示,同时委婉地提醒对方天不早了,同时又饱含关怀之意,充分顾全对方的面子,使小伙子心领神会,主动告辞。

(四)礼貌送客

送别客人是接待工作最后的也是非常重要的一个环节。

1. 当客人告辞时,应起身与客人握手道别,并说些告别语

如:

"招待不周,请多包涵。"

"欢迎经常来玩。"

"你能来,我太高兴了。欢迎再来。"

"天黑,请慢走。"

2. 送别客人不要急于回转

一般的客人送到楼梯口或电梯口即可,重要的客人则应送到楼下或大门口。如果是乘车离去的客人,一般接待人员应陪同走至车前,帮客人拉开车门,待其上车后轻轻关门,挥手道别,目送客人走远,再回转。

对于外地来的客人,主人应专程前往下榻处告别或到机场、车站、码头送行。将客人送上飞机、车、船后,送行人员应面带微笑,挥手告别,要等到飞机、车、船离开后,直到看不见对方时,方可返回。

1962 年,周恩来同志到西郊机场为西哈努克亲王和夫人送行。亲王的飞机刚起飞,我国参加欢送的人群便自行散开,各自找车准备返回,而周恩来这时却依然笔直地站在原地未动,并要求工作人员立即把那些找车的同志请回来。这次周总理严厉起来,发了脾气,狠狠地批评:"你们怎么搞的,没有一点礼貌!各国的外交使节还在那里,飞机还没有飞远,客人还没有走,你们倒先走了。大国这样对待小国客人不是在搞大国主义吗?"当天下午,周总理就把外交部礼宾司和国务院机关事务管理局的负责同志找去,要他们立即在《礼宾工作条例》上加上一条,即今后到机场为贵宾送行,需等到飞机起飞,绕场一周、双翼摆动3次表示谢意后,送行者方可离开。

周恩来同志作为国务院总理,讲究送行的礼仪,体现了国家应有的外交礼节。

 训练设计

一、分角色模拟接待、送别。

要求:

1.由几个同学分别扮演不同的角色,完成接待、送别的全过程。

2.评议角色模拟的逼真性。重点在于评议接待、送别人员的语言运用是否恰当?

(1)秘书小王正在上班,来了一位不速之客,他是总经理的大学同学,与总经理好多年没有见面,今天正巧来本市出差,顺便看看老同学,但他没有预约。

(2)常江家来了一位农村亲戚,带来了很多土特产。这位亲戚,在常江家住了几天之后,现在要回农村去了。

二、评析下面案例,你认为有哪些成功的经验值得吸取?

(1)客人:您好,我们是旭日医疗用品公司的,想找你们汪院长谈医疗用品的相关事宜。

接待人员:您好!请坐。(给客人倒水)您预约了吗?

客人:我们今天上午通过电话,约好下午3点半见面。

接待人员:请稍等。(给汪院长打电话确认)好,请跟我来,汪院长在他办公室等您呢。

接待人员送客人进入汪院长办公室。

(2)雅姿服饰有限公司是春山市一家合资企业,企业发展迅速。随着业务的拓展,王秘书的工作也更加繁忙了。这不,刚上班,一位纺织厂的厂长就来造访。

纺织厂厂长:你好!我是新华纺织厂厂长钟山,请问武经理在吗?

王秘书:钟厂长,您好!请坐。(给客人倒水)我记得您昨天电话预约了。

纺织厂厂长:是的。

王秘书:我查一查。(翻看来访预约单)钟厂长,您预约的时间是9点,您早来了半个小时。武经理现在正和董事长开会,您能等一等吗?

纺织厂厂长:可以,可以。我正好在附近办事,所以提前了。

王秘书:(拿来报刊递给纺织厂厂长)请您先坐一会,武经理一散会,我马上通报。

三、话题训练。

(1)郑科长家来了一位客人,久坐不走,已近深夜,郑科长该怎么礼貌地暗示他呢?

(2)老同学留学海外,几年不见,前几天电话告知,他要来拜访,如果你开门看到是他,该如何寒暄?

(3)小王从大学一年级就开始谈恋爱,到毕业时女友却提出分手。小王非常悲伤,从此一蹶不振。请你以老师或好朋友的身份劝说他振作起来。

(4)小李的父亲住院了,单位工会主席前往探望,送别时,小李该说些什么呢?

(5)小王是李经理的秘书,一天,一个客人前来拜访李经理,但是他出差了。如果你是小王,该怎么接待他?

四、看材料回答后面的问题。

(1)一天,省卫生厅办公室来了一位下级单位的工作人员。刚听到叩门声,秘书小董就赶忙放下手中的工作,说声"请进",同时起身相迎。来客进屋后,小董并未主动与对方握手,而是热情地招呼对方:"请坐,你有什么事需要我帮忙吗?"小董的热情接待给对方留下了深刻的印象。

请问:为什么秘书小董给对方留下了深刻的印象?

(2)某日用品有限公司经理办公室秘书小童接到客人后,在从机场返回的路上,他热情地介绍着本地的风土人情和逸闻趣事,也谈到了自己的家庭和个人的经济收入。当小童询问对方的家庭情况和个人经济收入时,客人笑而不答。

请问:客人为什么笑而不答?

第四节　询问与答复

一、概述

向他人提出问题和回答对方所提的问题是社交过程中的重要内容,人们往往通过询问与答复来交流信息、增进感情。

询问时要注意话题的选择,并运用最得体的提问方式。人人都有一方不愿被别人窥视的小天地,如果你想方设法去打探,便会引起人家的反感。不同文化背景的人常有不同的生活方式,所以同一个话题在不同语言或方言中或表现出礼貌,或表现不出礼貌,甚至表现出不礼貌。

回答是对提问的反馈,是以深刻理解对方的问题为基础的。在注意倾听、积极思考、搞清楚问话人的真正动机和态度后,答话才会得体有效。如果不解其问话的用意,那就会导致答非所问。但有时我们又可以打破常规,通过曲解形成似是而非又意味深长的巧妙表达,让人们在出乎意料之中体味到说话者的诙谐风趣,营造出轻松愉快的交际氛围。

答问的总原则是:要有针对性,要礼貌周到。问是一门艺术,答也需要高超的技巧。社交中不妨换一下角度来思考,换一种方式去表达,使我们少一些尴尬,多一份幽默;少一些拘谨,多一份洒脱;保持轻松乐观的心态,展示妙语如珠的风采。

二、语言技巧与典型范例

(一)询问技巧

1. 定向提问

定向提问要求对方作出非此即彼的明确回答,具有控制对方思路的功能,体现出提问者在交际中的主导作用。

> 爷爷食欲不振,看上去气色也不太好。爸爸几次要带他去医院检查身体,可爷爷总是执拗着不愿去,说是怕再查出个什么大病来。
>
> 一天吃过早饭,我冷不丁地劈头问爷爷:"今天爸爸和我都休息,要带您去查身体。您说是去第一医院好还是第二医院好呢?"紧接着我又故意补充说道:"都说第一医院设备好,大夫对病人态度和气,您说,咱们去哪家医院呢?"
>
> "这么说,咱们就去第一医院吧。"讳疾忌医的爷爷,竟在不知不觉中顺从了我,做出了去求医就诊的决定。

爷爷同意就诊显然离不开定向提问的运用,因为这一提问避开了"去不去"的选择而肯定了"一定去医院"的前提,爷爷也就不由自主地听从了安排。

2. 套路提问

我们经常见到这样的情形:政治家在演说中、预审员在审案中、律师在辩护中、教师在讲课中……有目的、有步骤地抛出一连串问题。这些问题环环相扣,或为了自然引出话题,或为了有力地阐明观点,或为了出奇制胜驳倒谬论。这种遵循一定思路的一连串提问,称为"套路提问"。

> 陈相见孟子,道许行之言曰:"滕君,则诚贤君也;虽然,未闻道也。贤者与民并耕而食,饔飧而治。今也,滕有仓廪府库,则是厉民而自养也,恶得贤!"孟子曰:"许子必种粟而后食乎?"曰:"然。""许子必织布而后衣乎?"曰:"否。许子衣褐。""许子冠乎?"曰:"冠。"曰:"奚冠?"曰:"冠素。"曰:"自织之与?"曰:"否。以粟易之。"曰:"许子奚为不自织?"曰:"害于耕。"
>
> 曰:"许子以釜甑爨,以铁耕乎?"曰:"然。""自为之与?"曰:"否。以粟易之。""以粟易械器者,不为厉陶冶;陶冶亦以其械器易粟者,岂为厉农夫哉?且许子何

不为陶冶。舍皆取诸其宫中而用之？何为纷纷然与百工交易？何许子之不惮烦？"曰："百工之事，固不可耕且为也。""然则治天下独可耕且为与？……"

陈相宣扬许行的观点：滕君在当时虽可称贤君，但达不到古圣贤标准，因为没能"与民并耕而食，饔飧而治"。孟子对此先不置可否，来了个以退为进，然后从生活资料来源的角度，用对方已承认的事实作论据，有力地证明了社会分工的必要。那么从事脑力劳动的人不一定要从事体力劳动，作君主的自然不必要"与民并耕而食，饔飧而治"。

著名评论家王昆仑先生在分析林黛玉爱情悲剧时说："黛玉为什么死？因为恋爱失败。恋爱为什么失败？因为贾家当权者不容。为什么不容？贾家当权者不喜欢黛玉而选中宝钗。为什么选宝钗而舍黛玉？因为黛玉的自由恋爱与封建社会给予妇女的规范相抵触，因为黛玉不会做人，不懂人情世故，不会像宝钗迎合上上下下……社会环境扼杀了她的个性。"

王昆仑先生以自问自答的形式进行层层剥笋式的深入分析，逻辑性强，符合听众的认知规律，能始终抓住听众的注意力。

3. 二难藏问

二难藏问是指所提问题之中巧藏二难推理，逼使对方进退维谷、左右为难，从而达到控制对方、得已所需的目的。

有一则民间故事：从前有个皇帝，有一天突然心血来潮，向全国宣布说："假如有人能说出一件十分荒唐的事，使我说出'这是谎话'，那就把我的江山分给他一半。"官员和地主们纷纷前来但谁都没有成功。最后来了一位农民，他说："万岁，你曾欠我一斗金子，现在该还给我了吧？"皇帝吃惊地说："一斗金子？我什么时候欠你的？撒谎！"农民不慌不忙地说："既然是谎话，那就给我一半江山吧！"皇帝急忙改口道："不，不，这不是谎话。"农民笑笑说："那就还我一斗金子吧！"皇帝只好给了农民一斗金子。

农民使用的就是二难藏问的提问策略：如果认为我的话是谎话，就要给我一半江山；如果认为我的话不是谎话，则要给我一斗金子。皇帝进退两难，只好避重就轻，损失了一斗金子。

4. 设谬巧问

这是指利用人们遵守排中律的心理定势，出其不意地向对方提出一个包含有错误预设的问题，使对方落入圈套，承认其错误的预设，从而达到控制对方的目的。

请看美国第一任总统华盛顿年轻时的一则轶事：

　　有一次，邻人偷了华盛顿家里的一匹马。华盛顿同一位警官到邻人的农场里去讨索，但那人拒绝归还，并声称那是他自己的马。

　　华盛顿用双手蒙住马的两眼，对邻人说："如果这马是你的，那么，请你告诉我们，马的哪只眼睛是瞎的？"

　　"右眼。"

　　华盛顿放开蒙右眼的手，马的右眼并不瞎。

　　"我说错了，马的左眼才是瞎的。"邻人急着争辩说。

　　华盛顿放开蒙左眼的手，马的左眼也不瞎。

　　"我又说错了……"邻人还想狡辩。

　　"是的，你错了。"警官说，"证明这马不是你的，立即把马交还给华盛顿先生吧！"

　　华盛顿的提问包含一个错误的预设，即马的眼睛有一只是瞎的。既然邻人声称马是自己的，就没理由说"我不知道"，这样，在不得不回答而又只能瞎猜的心理支配下，落入了华盛顿的陷阱，从而真相大白。

　　一天，解放军某部来了一个四十岁开外的不速之客，自称是北京军区后勤部的大校，来联系该部队的营房承建事宜。来人出示了介绍信和军官证。值班人员带他见部队郭政委。此事让郭政委生疑，于是，他心生一计，问道："您大老远从北京来呀？我有个同学叫张勇也是北京军区后勤部的军官，您认识吗？""认识，认识，我们常在一起工作，关系不错。"来人信口答道。"那您回去后一定代我向他问好。""一定。"郭政委翻看他的介绍信和军官证，又问道："听说北京军区军官证换了绿色的封皮，您这军官证怎么还是红色的封皮？"来人略一怔，又很自然地答道："我出差有一段时间了，前不久听说已换了绿色封皮的军官证，我回去后马上就要去换证。""够了，你是一个十足的骗子。我并没有一个叫张勇的同学，北京军区也没有换绿色封皮的军官证。你满口谎话，你要老实交代你的真实身份。"郭政委突然厉声喝道。经审问原来此人姓吴，是一个无业游民，伪造证件，到处诈骗，没想到这次栽在明察秋毫的郭政委手中。

　　现代社会的人们只要不轻信、不盲从，善于察言观色，勤于动脑分析，并具有一定的科学知识和生活常识，再认真研究和掌握反诈骗的谋略和语言技巧，就一定能使骗子露出马脚。

5. 有意错问

这是指提问者有意识、有目的地进行错问,用于改变交谈对象原来的心理态势,促使对方变"要我谈"为"我要谈",变"没得说"为"有东西说",变"婉言谢绝"为"滔滔不绝"。

示例

1936年,斯诺在去西安的火车上,与一老一小两位陌生的旅客攀谈起来。谈话中,斯诺了解到这两位新朋友是四川人,还了解到四川土匪活动很猖獗。

斯诺立刻虚晃了一枪:"你是说红军吗?"

"哦,不,不是红军。虽然四川也有红军。我说的是土匪。"

斯诺又故意追问:"红军不就是土匪吗?报纸上总是把他们称为'赤匪'或者'共匪'的。"

那位年轻的旅客告诉斯诺,那只是报纸上说的。

斯诺并没就此罢休:"但是,在四川,大家害怕红军不是像害怕土匪一样吗?"

"这个么,就要看情况了。有钱人是害怕他们的。地主、做官的和收税的,都是害怕他们的。可是老百姓并不怕他们,有时候还欢迎呢。"但是,青年旅客同时又认为,有时候老百姓太容易轻信红军的话了。

斯诺立即抓住时机,问道:"那么,他们说的话不是当真的吗?"年轻人承认红军为穷人办了不少好事,但就是"杀人太多了"。

这时,坐在一旁倾听他们谈话的老年人突然说出一句惊心动魄的话来:"杀得不够!"

斯诺用一连串的"错问"轰击对方,终于敲开了两个陌生人的心之门,从他们嘴里掏出了别人无法了解到的普通老百姓对红军的看法,收到了意想不到的效果。要知道,在当时的社会氛围里,说共产党半个好字,是要杀头的,何况是对一个不知道底细、不了解背景的"老外"呢?

但是,"有意错问"一般是在万不得已的情况下才使用的一种特殊提问方式,不可随便乱用。否则对方有可能认为你缺乏常识,不屑于和你继续交流。

6. 以问制人

这是指运用可以有不同理解的问题来为难对方,巧妙地得之所需,控制住交际过程。

示例

有一天,大阿訇又来理发了。阿凡提先给他剃光了头,在给他刮脸的时候,问道:"阿訇,您要眉毛吗?""当然要,这还用问?""好,您要就给您!"

阿凡提说着,嗖嗖几刀,就把阿訇的两道眉毛刮下来,递到他手里。大阿訇气得说不出话——谁叫他自己说过要呢。"阿訇,要胡子吗?""不要,不要!"大阿訇连忙说。"好,您不要就不要。"阿凡提说着,嗖嗖几刀,就把大阿訇的胡子刮下来,甩在地上。

这里的"要"有"希望得到"和"希望保留"两个意义。阿凡提为了惩罚总是来理发而又不给钱的大阿訇,故意利用这两个义项,使他上当。如果阿訇说"要",则以"希望得到"之意来对付他;如果说"不要",则以"希望保留"之意来对付他。这样,不管阿訇说出什么,阿凡提都能达到把他的"眉毛"、"胡子"刮下来以惩罚大阿訇的目的。不过,运用这种方法总得有特定原因,显然不能随意使用这种方法。

(二)应对技巧

1. 直言相告

根据对方的提问,直接作出正面回答。这种回答方式不容许有模糊的回旋余地。例如:"客户座谈会准备得怎样了?""基本安排好了,请帖按陈总拟的名单都发了,会场也租好了,其他准备工作也基本到位。现在等客户的反馈信息,再决定具体的食宿安排"。

很明显,提问者是一位负责人或上司,需要清楚地了解事态的发展情况。如果含糊其辞,则会出现令人不愉快的场面。

2. 婉言曲答

真正巧妙的回答,并不是对方怎样问,你就怎样答。人们在交际中经常会用曲折的方式来回答问题。

一位营销人员在市场上推销灭蚊剂,他滔滔不绝的演讲吸引了一大堆顾客。突然有人向他提出一个问题:"你敢保证这种灭蚊剂能把所有的蚊子都杀死吗?"这位营销人员机智地回答:"不敢,在你没打药的地方,蚊子照样活得很好。"这句玩笑话使人们愉快地接受了他的推销宣传,几大箱子灭蚊剂很快就销售一空。

这样的回答其实传达了与"这种灭蚊剂能把所有的蚊子都杀死"同样的信息,但营销人员如果直说则难免有"自卖自夸"的嫌疑,而这种以退为进的方式更体现了对产品的自信。

汉武帝晚年很希望自己长生不老。一天,他对侍臣说:"相书上说,一个人鼻子下面的人中越长,寿命就越长;人中长一寸,能活一百岁。不知是真是假?"东方朔听了这话,知道皇上又在做长生不老之梦,于是脸上显出一丝讥讽的笑意。皇上见东方朔似有讥讽之意,于是面有不悦之色,问道:"你怎么敢笑话我?"东方朔恭敬地答道:"我怎么敢笑话皇上呢?我是在笑彭祖的脸太难看了。"汉武帝问:"你为什么笑彭祖呢?"东方朔说:"据说彭祖活了八百岁,如果真像皇上说的一寸人中活一百岁,彭祖的人中就该有八寸长。那么,他的脸岂不是太难看了吗?"汉武帝听了,也哈哈大笑起来。

东方朔运用归谬法,以幽默的语言来表明自己的态度,整个批驳过程机智含蓄、幽默诙谐,令正欲发怒的皇帝也怒不起来了。

俄国著名钢琴家鲁宾斯坦,有一次在巴黎举行演奏会,获得巨大成功。有一个惯会卖弄风骚的贵妇人对他说:"伟大的钢琴家,我真羡慕你的天才。可是票房的票已经卖光了。"鲁宾斯坦很了解她的这一套,当然不想给她票。但是他没有直接拒绝,因为直接拒绝的攻击性太强,锋芒毕露,于是幽默地回答道:"遗憾得很,我手上一张票也没有。不过,在大厅里我有一个座位。如果您高兴……"贵妇人大为兴奋地问,"那么,这个位子在哪里呢?"鲁宾斯坦答道:"不难找——就在钢琴后面。"

这样的座位自然是属于钢琴家自己的,对于贵妇人来说毫无价值。利用悬念使对方产生一种心理期待,而结果却突然扑空,从而形成一种反差,其效果类似相声中的抖包袱,展示了钢琴家的机智与诙谐,幽默感油然而生。

3. 转移话题

有些人打探别人的隐私,并没有什么不正当动机,而完全是出于一种好奇。但有时我们不想公开自己的"行动计划",便可以顾左右而言他。

日本影星中野良子35岁时来上海,有人问她:"您准备什么时候结婚?"中野良子笑道:"如果我结婚,就到中国来度蜜月。"

婚恋是个隐私问题,这一回答巧妙地偷换了对方问题的实质,把"何时结婚"换成"结婚的时候",让提问者在没有满足愿望的同时又能感受到一份热情和友善。

4. 模糊应答

在人际交往中,面对他人提出的某些问题,我们有时既难以拒绝回答,又难以明确表态。这时不妨有意"答非所问",以向对方提供无效信息作为一种有效的答话方式,体现应对者的机智和幽默。

在一次周末舞会上,有个男青年趁休息时向一位相貌出众的妙龄少女搭讪:"我好像在哪里见过你,你贵姓?""我姓我父亲的姓。""你父亲姓什么?""当然姓我祖父的姓了。""你做什么工作的?""为人民服务的。""你家住在哪里?""地球之上。""你家有几口人?""和我家自行车一样多?""你家有几辆自行车?""每人一辆。"

这位少女避开问题的实质所在,扩充问题的范围,以"虚晃一枪"的形式,不给对方提供明确实在的答案。通过答话表明了自己对问话者的态度,达到绵里藏针、巧设防线的目的。就其实质而言,是拒绝回答。

有一天,国王指着一条河问:"喂,阿凡提,这河里的水有多少桶?"阿凡提答道:"如果桶有河这么大,那只有一桶水;如果桶有河的一半大,那就有两桶水……"

对方提问的内容有时很荒诞,甚至很愚蠢,以至于我们很难回答。这时,我们可以设定条件,使其结果不言而喻,而且可以幽默地讽刺一下问话者的愚昧。

5. 曲解岔答

故意曲解是为了摆脱被动的局面。利用对方表述上的多义性,明知对方想问的意思,却故意以另一个意思作答,从而既不让自己有失风度,又令对方无可奈何。

在一次记者招待会上,外国记者别有用心地问王蒙:"请问,50年代的你与80年代的你有何相同与不同?"王蒙不慌不忙地抬起头,从容不迫地回答道:"50年代的我叫王蒙,80年代的我也叫王蒙,这是相同之处;不同的是,那时我二十来岁,而现在我则有五十多岁了。"

王蒙之所以能用极其简洁明了的语言,避实就虚地回答了这样一个不便回答的问题,关键是他十分巧妙地借用了语言中"言"与"意"可以背离这一特点,故意错误地理解对方提出的问题。对方分明是要王蒙比较自己在两个不同历史时期个人的政治遭遇、命运的异同,他却故意转移为对姓名、年龄等异同的比较,这样不仅显得机敏、得体,而且使自己摆脱了被动局面。这种方法经常用于回答带有挑衅性的问题。

有人问苏联诗人马雅可夫斯基:"您为什么手上戴戒指?这对您很不合适。"他答道:"照你说,我不应该戴在手上,而应该戴在鼻子上喽!"

交际者还会有意利用某种特殊语境曲解对方话语意义,达到委婉幽默的表达效果。

威尔逊任新泽西州州长时,有次某议员刚刚去世就有一位政治家打来电话要求说:"我希望代替那位议员的位置。""好吧,"威尔逊对那人迫不及待的态度感到恶心,他慢吞吞地回答,"如果殡仪馆同意的话,我本人是完全同意的"。

很显然,对方意在继承议员的席位,而威尔逊故意临时置换为已去世的议员在殡仪馆所躺的位置,从而通过幽默表达出对那人的反感和讽刺。

6. 反守为攻

有时对方故意使用反面的或刺激性很强的语言,让你听着刺耳、想着难受。听话人不仅要善于听出对方的恶意,必要时还可以反将一军,"以其人之道,还治其人之身",让对方自知理亏。

苏联首任外交部长莫洛托夫是一位贵族出身的外交家。在一次联大会议上,英国工党一位外交官向他发难,说:"你是贵族出身,我家祖辈是矿工,我们两个究竟谁能代表工人阶级呢?"莫洛托夫面对挑衅,不慌不忙地说:"是的。不过,我们俩都背叛了自己的阶级。"

莫洛托夫的高明之处在于他并不与对方在现象上纠缠,而是抓住实质问题,指出要害,画龙点睛,一语中的,使对方搬起石头砸了自己的脚。

7. 以问代答

这是指不正面回答对方的提问,而用同样的问题反问对方的答问方法。我们有时对提问难以回答,以问代答则使对方同样感受到该问题难以回答,因而会使对方更多一份体谅。

示例

有人问一位公关小姐:"你长得这么漂亮,又在老板身边工作。如果老板看上你了,而他又有妻室儿女,你是否愿意做第三者?"公关小姐想了想,说道:"如果你是我,遇到此类事,该如何办呢?"

这样的回答,让对方自讨没趣,而又保持沟通的顺畅。以问代答的方式实际上是在对方的问话令自己陷入困境之时,让对方换位思考,使对方处于同样的境遇当中,从而使自己走出困境,并继续交流与沟通。

美国总统罗斯福在任总统前曾在海军任职。一次,他的朋友向他问及美国关于建立潜艇基地的一项具体计划。罗斯福在回答时首先小声地反问:"你能保密吗?"朋友脱口而出:"能。"罗斯福接过话头,说:"你能我也能。"

罗斯福先利用提问者的急迫心理,巧妙地诱导对方表态,然后利用对方的话封住对方的嘴,使对方无计可施,从而保守了机密。让对方在轻松欢快的气氛中打消继续追问的念头,无疑是一个很好的谢绝方法。

 训练设计

一、分角色模拟询问与答复。

要求:

1. 由学生分别扮演不同的角色,完成交际全过程,之后可进行角色互换。
2. 评议双方的询问与答复语言是否恰当、巧妙。

(1)新学期伊始,班里举行班干部竞选活动。活动中有项规定:竞选选手演讲完后要接受同学们的提问:"如果……你将怎么办?"要求提问内容与班干部竞选有关,答复得到提问者的认可才算过关。

(2)训练参与者先依约定将自己的某些个人信息(如最爱读的书、最喜欢的运动等)写在纸上,然后两两一组进行交谈,在限定时间结束后说出所了解到的对方信息,并与他最初写下的内容进行比较,一致性程度高者获胜。要求:双方都不直接说出自己的个人信息但不能拒绝回答问题。

二、评价下面案例,你认为有哪些成功的经验值得吸取?

(1)项羽称王后,接受谋士范增的计策,意欲除掉刘邦。有次上朝时,他问刘邦:"将你封往南郑去,你愿不愿意?"不管刘邦说愿意还是不愿意,都能被认定野心不死,有谋反之罪。没想到,刘邦却回答:"大王啊,臣食君禄,命悬于君,臣如陛下坐骑,鞭之则行,收辔则止。臣唯命是听。"

(2)据说晋明帝十来岁时,他老子晋元帝还没拿定主意选谁继承皇位,有一天问儿子:"太阳与长安城哪一个离我们近啊?"答曰:"太阳近。"元帝不解:"怎么太阳还要近些呢?"儿子说:"仰头见得着太阳,远望看不见长安,岂不是太阳近吗?"元帝觉得这回答有点聪明,第二天又当着众大臣的面再次问他,想让这小子在群臣面前出出风头,没料到这小子居然翻案,说是"日远长安近"。元帝大吃一惊,问他:"你这回答怎么与昨日不同?"儿子说:"我们只听说过人从长安来,谁听说过人从日边来呢?"元帝愈发惊讶,遂立他为太子。

(3)王安石的小儿子王元泽从小聪明过人。有一天王安石的朋友想考一下这位远近闻名的神童,就把外形极为相像的獐和鹿关在同一笼子里,指着笼子问道:"这两头兽中哪是獐,哪是鹿?"小元泽眼珠机灵地一转,马上回答:"獐旁边的那头是鹿,鹿旁边的那头是獐。"

(4)实验物理大师法拉第有一次当众作电磁学实验表演。实验刚结束,忽然有人高声责问:"这有什么用呢?"法拉第平静地反问说:"请问,新生的婴儿有什么用呢?"

(5)1972年,正在苏联访问的美国总统尼克松将去苏联其他城市访问。苏共总书记勃列日涅夫到莫斯科机场送行。正在这时,飞机出现故障,一个引擎怎么也发动不起来,机场地勤人员马上进行紧急检修,尼克松一行只得推迟登机。勃列日涅夫远远看着,眉头越皱越紧。为了掩饰自己的窘境,他故作轻松地说:"总统先生,真对不起,耽误了您的时间!"一面说着,一面指着飞机场上忙碌的人群问:"您看,我应该怎样处分他们?""不,"尼克松说,"应该提升!要不是他们在起飞前发现故障,飞机一旦升空,那该多么可怕啊!"

(6)有一次,周恩来总理接见美国记者,有个不怀好意的记者挑衅地问:"总理阁下,你们中国人为什么把人走的路叫马路呢?"周恩来总理听了,很自豪地回答说:"我们中国走的是马克思主义之路,简称为'马路'。"

三、话题训练。

(1)有人请你立即回答以下问题:"怎样把一只五斤重的鸡从一个只能放一斤水的瓶子里拿出来?"你将如何说出让对方不得不认可的答复?

(2)某商店明文规定,店内禁止吸烟。有一位顾客不以为意,在店内边抽边逛,商店管理人员前去劝阻说:"先生!本商店禁止吸烟,请您把烟掐了!"顾客似乎早料到会有这一幕,马上振振有词地将了管理人员一军:"那你们商店干吗要卖烟?你们能卖,我就能抽。"如果你是管理人员,将如何应对,使顾客听后能把烟掐灭。

四、看材料回答后面的问题。

(1)据说文成公主选驸马时提出了一个条件:求婚者谁能提出一个问题难倒她,她就嫁给谁。许多人高兴而来,败兴而去。松赞干布得知后,坦然恳切地对文成公主说:"请问公主,为了使您成为我的夫人,我应提什么问题才能难倒您?"文成公主听了,什么也没说就应下了婚事。

为什么文成公主被松赞干布的问题难倒了?

(2)"救火!救火!"电话里传来了紧急而恐慌的呼救声。"在哪里?"消防队的接线员问。"在我家!""我是说失火的地点在哪里?""在厨房!""我知道,可是我们该怎样去你家呢?""你们不是有救火车吗?"

消防员的问话用意何在?你从回答者的语言失误中能得到什么启示?

第六章 说服口才

知识目标

了解说服口才的特殊性,说服与心理学的辩证关系;树立自信,强化说服意识,具备说服应有的素质,牢牢掌握说服的技巧。

能力目标

能够运用说服的语言解决多种实际问题,使说服口才真正成为人们走向人生和事业成功的得力的、实用的工具。

第一节 说服与劝解

一、概述

在现实生活中,人与人之间难免会因性情不同、意见相左等产生各种矛盾,要解决这些矛盾就离不开说服、劝解。工作上出现分歧,需要说服;两个人闹矛盾,需要劝解;老人病了,不肯到医院去动手术,要靠说服;一个人要轻生,更是离不开说服……从一定意义上说,我们的思想政治工作者,做的就是说服、劝解的工作。

再者,我们谁都想获得成功,而成功又离不开别人的支持和帮助,这些都需要你通过说服去争取。可以这么说,没有说服别人的能力,就不具备成功者的素质。说服别人,也就是成功的开始。

假如你没说服对方,不能只埋怨对方,还要从自己这方面找原因。天下没有说服不了的人,只有没做到位的说服。方法往往直接影响着结果,有时候,狂风暴雨摧不毁的堤岸,和风细雨却能让它坍塌。温暖的关怀与真诚的爱,会让比金刚石还坚硬的人向你折服,正所谓"精诚所至,金石为开"。

由此看来,说服、劝解确实是一门学问和艺术,大有技巧可言。

二、语言技巧

(一)消除防范心理,拉近距离

人们常有这样的经验,情绪抵触时,对方的话一点儿也听不进去;感情好了,叫干啥就干啥。这话虽然不尽科学,但说明了一个道理,说服人、劝解人时,首先必须奠定感情基础。感情融洽了,正确的思想就易于被对方接受。

说服、劝解的最终目的是使对方心悦诚服地改变观念,因此,说服的关键则是攻克对方的"心理防线"。消除对方对你的戒备或积怨,化解对方的不满,拉近心理距离,否则,你就会被阻隔在说服的大门之外。为此要注意:

一是要冷静观察、思考,摸清对方的心理,他最关心什么,什么对他无关紧要等。

二是寻找最佳角度,打开缺口。如先让对方发泄不满,适当表示一些理解、同情,再加以说服;或从赞美对方入手,逐步转向说服对方等。

有一个真实的故事:一个"的姐"把一男青年送到地点时,对方突然掏出尖刀逼她把钱交出来,她装作很害怕的样子交给歹徒300元钱,说:"今天就挣这么点,要嫌少就把零钱也给你吧。"说完又拿出20元找零用的钱。见"的姐"如此爽快,歹徒有些发愣。"的姐"趁机说:"你家在哪儿住啊?我送你回家吧。这么晚了,家人该着急了。"见"的姐"是个女子又不反抗,歹徒便把刀收了起来,让"的姐"把他送到火车站去。见气氛缓和,"的姐"不失良机地启发歹徒:"我家里原来也非常困难,咱又没啥技术,后来就跟人家学开车,干起这一行来。虽然挣钱不算多,可日子过得也不错。何况自食其力,穷点儿谁还能笑话我呢?"见歹徒沉默不语,"的姐"继续说:"唉,男子汉四肢健全,干点儿啥都差不了,走上这条路一辈子就毁了。"火车站到了,见歹徒要下车,"的姐"又说:"我的钱就算帮助你的,用它干点正事,以后别再干这种见不得人的事了。"一直不说话的歹徒听罢突然哭了,把300多元钱往"的姐"手里一塞说:"大姐,我以后饿死也不干这事了。"说完,低着头走了。

在这个事例中,"的姐"成功地运用了消除对方防范心理、情感化处理的技巧。一般来说,在你和说服的对象较量时,彼此都会产生一种防范心理,如何消除防范心理呢?"的姐"的方法是反复给予暗示,表示自己是朋友而不是敌人。这种暗示还可采用其他方法进行:嘘寒问暖、给予关心、表示愿意帮助等。

商场在处理圆领衫。一位顾客买了一件,碰上一位熟人。熟人说他穿这种圆领衫大小不合适,于是他执意要退。服务员再三解释说他穿上不会小,并说处理品不退货。可他就是不听。双方吵起来,吵到值班经理处。

经理先认真听他发了一通火,一边听一边点头表示理解。听完后,经理首先批评服务员不该顶撞顾客,对这位顾客为商场提出意见、帮助商场改进工作表示感谢,然后告诉他穿这种圆领衫不小,还让他试穿一件样品。当他试穿,确信合适时,经理说:"我觉得服务员没有欺骗顾客、强行推销积压货物的意思,她对你还是负责的。如果你执意要退,我们可以破个例,因为你为商场提出了宝贵的意见。"结果这位顾客不但不要求退货了,还表示以后会经常来这里买

普通话与口才训练

东西。

经理先让对方发泄，使对方情绪稳定下来，边听边点头表示理解，并感谢对方提的宝贵意见，消除对方的敌意，化解了不满情绪，拉近了双方的距离。

（二）晓之以理

即通过讲道理来说服对方。需要注意的是：讲道理，口气要委婉，切忌盛气凌人，以势压人。劝说者不要简单下一个结论交给对方，最好以征询意见的口气引导对方同你一起来推理，使对方自愿接受。道理有深有浅，有大有小，被劝说者一般不喜欢别人讲大道理。说服者应选择合适的角度和层次，将道理化整为零，化大为小，化抽象为具体。

西安事变发生后，部分军官强烈要求杀掉蒋介石。周恩来前往做说服工作。周恩来面对群情激奋的军官说："杀他还不容易，一句话就行了！可是，杀了以后怎么办？局势会怎么样呢？南京会怎么样呢？日本人会怎么样？国家民族的前途会怎么样？各位想过吗？这次抓了蒋介石，不同于十月革命逮住了克伦斯基，不同于滑铁卢擒获了拿破仑。前者是革命胜利的结果，后者是拿破仑军事失败的悲剧。现在呢，虽然捉了蒋介石，可并没有消灭他的实力。在全国人民抗日高潮的推动下，加上英美也主张和平解决西安事变，所以，逼蒋抗日是可能的。我们要爱国，就要从国家和民族的利益考虑，不计较个人的私仇。"

周恩来同志对激愤但却很爱国的军官们步步引导，讲清道理。一连串的问题，一步步启发大家从局势、战况、国家前途考虑，晓之以利害，终于说服了对方，促进了西安事变的和平解决。

（三）动之以情

人都是有感情的。写作领域有句话叫"情动而词发"，劝说也是如此，情动理才达，因为情感的力量可以增强逻辑的力量。

（四）因人施法

说服劝解别人的时候，将会遇见各种各样的情况。只是简单套用某一种方法，是不会取得劝说效果的。必须做到因人而异，灵活采取不同的说服方法。有这么两种人需要特别注意：

第一，难以接近的人。这种人并不一定真的难以接近，他们呈现在人们面前的很有可能是一种表象，说服这种人最有效的办法就是诚恳主动，用真心去打动他们。他们一旦被打动，会比其他人更好相处。

第二，不很受欢迎的人及令人讨厌的人。对这样的人，首先，应表示出对他的友好。你的善意说服也可能换来强烈的敌意，这时你千万不要灰心。记住：只要你坚持以真诚友好的态度对他，他最终会被说服的。善意带给别人快乐的同时，最大的快乐是属于自己的。其次，我们应该主动发现其优点及比较可爱的地方，抓住这些，增强其信心，并使其乐于接受你。

  有一次,在菜市一条大马路边上,围了一大群人,原来是一对年轻夫妻在吵架。男的戴副眼镜,像个知识分子,女的面容憔悴哭得十分伤心,吵着要撞汽车寻死。那男的大声责骂妻子:"没知识!跑到大马路上来当众出丑!"男的越骂越凶,女的则越哭越响。旁人劝几句也不顶用。

  这时有位老人上前,侧耳细听了一会,镇定自若地上前拍拍那男的肩膀说:"你戴副眼镜,像个知识分子。你有知识,就不要闷在肚子里,要拿出来用。"

  那男的一听,倒不骂了,认真听老人说话。老人接着说:"你要用你的知识来说服你的妻子嘛!如果你只会跺脚,只会骂,不也变得没知识了吗?还是找个地方,冷静下来,好好劝劝她吧!"

  那男的不那么凶了。老人又劝那女的:"有话好好说么!心里有什么委屈都讲出来,不要闷头哭!汽车不能撞,大卡车可是个大力士,你瘦瘦的一个人怎么能撞得过它呢?"(众人大笑)那女的被大家笑得不好意思,倒也不哭了。

  这番劝解的话很有效。那对夫妻不吵了,慢慢地走了。

首先,要了解情况。那老人劝解前先侧耳细听,弄清情况再讲话。其次,分清主次。对男女双方不能平均使用力量,对措辞激烈、吵得过分的一方要重点做工作。再次,态度要客观公正,不能无原则地"和稀泥"。最后,要婉转、风趣幽默。吵架时,双方脸红脖子粗,气氛紧张。这时,风趣幽默的话,就像清凉油、润滑剂,可以"降温"。那老人把大卡车比作大力士,几句风趣的话,缓和了紧张气氛。人在火气大时,不易听进劝告。要多用委婉话,注意不触及当事人的忌讳。一般情况下尽量不用激烈尖锐的语句。

(五)诱导赞同

研究表明:当人们对某问题作肯定回答时,心情比较平和,易接受不同意见,而在作否定回答时,心理上处于戒备和警觉状态,这时就不易被说服。劝说他人时,提一些对方肯定说"是"的问题,避免对方说"不",这也就是所谓的"苏格拉底说服法"。以无关紧要的问题使对方答"是",可以打消他回答"不"的心理念头。尽量让他轻松,并提出不勉强的问题,使对方反射性地答出"是"的答案。

  一对好朋友为一点小事闹翻了。赵某劝说二人和解,先找到其中一位说:"他这人过去是不是你的好朋友?""是。""他是不是为人还不错?""是的。""他平时是不是挺讲义气?""是的。""他以前是不是也曾帮助过你?""是的。""既然如此,你就不要计较那点小事了,大度点,去和好吧。这样对你们两个都有好处。"于是一方就被说服了。

消除心理障碍,使对方僵硬的态度缓和下来,就可将对方的心理朝"是"的方向诱导,这时候就可利用这个机会导入正题,对方一定会很乐意地说出"是"的答案来。

(六)以退为进,赞美对方

如果你想说服他人,首先要做的工作就是从称赞与真诚的欣赏开始。人们都有一种完美趋向心理,赞美正可以满足人们的这种心理。说服与劝解别人前就要满足对方心理上的需要。难怪有人说,说服高手肯定是赞美的高手,先赞美对方一番,可以减轻对方的对抗性,淡化其自我保护的意识。赞美的技巧在第五章第二节已经具体介绍过了。

一位母亲因让她伤透脑筋的女儿而求教于心理学教授:"先生,我弄不明白她是怎么回事,她对自己的一切都马马虎虎、毫不经心,衣衫不整,吊儿郎当,学业荒废,对周围的事漠不关心,整天神不守舍。她都十七啦,这么不懂事,一点也不听劝,这可叫我怎么办呢?"

教授答应可以和她女儿谈谈。母亲走后,教授端详姑娘,发现她很美,只是这美被邋遢的外表掩盖了。教授讲着,她似听非听,心不在焉。教授沉默了一会儿,突然问她:"孩子,你难道不知道你是个非常漂亮、非常好的姑娘吗?"

姑娘听了,眼睛里放射出一缕亮光。她惊喜地问:"你说什么?"

教授说:"我说你很漂亮、很好,可你却不知道自己是个漂亮的好孩子。"

平时姑娘所听的除了同学的奚落、嘲弄,就是母亲的数落、谩骂,因此,她也就破罐子破摔了。听了教授的话,她感到新鲜、激动、热乎。

教授拉着她的手说:"孩子,今晚我和我的夫人要去剧院看芭蕾舞剧《天鹅湖》,特请你陪我们一块去。现在还有两个小时的时间,如果你愿意,请你回家换换衣服,我们在这儿等你。"

姑娘高兴极了,活蹦乱跳地跑出去。当姑娘再度敲开教授家门时,教授惊呆了:一位清水出芙蓉般的少女出现在他的面前。他简直不敢相信,这就是刚才那位蓬头垢面的姑娘?

从此,姑娘变了,变得自爱而奋发,不但学习好,后来还成了著名的舞蹈家。

教授的话可谓有的放矢,从正面激励唤醒了对方长期压抑的自爱、自强意识,起到点化作用,使之振奋起来。记住:对这样的说服对象,直接空讲道理是不行的。

小陈和小杨都是某学校的年轻教师,小陈心细,考虑事情较为周到。小杨鲁莽,但业务能力强。一次,二人发生了矛盾。小陈觉得委屈,找校长诉苦。校长拍拍小陈肩膀说:"小陈啊,你脾气好,办事周到,这个大家都清楚,也都很欣赏。小杨是个急性子,牛脾气一上来什么都忘了,等脾气过去了就没事了。你是个细心人,懂得从团结同事、搞好工作的角度看待问题,怎么能跟暴性子人一般见识呢?"小陈听了以后不由得脸红起来。

赞扬对方的优点。当一个人听到别人赞扬自己优点时心情就好多了,对这个人的好感也会增加些。这种称赞可以激励他并让其发现自己潜在的价值。校长在劝说中对小陈优点的赞扬使其调整了心态,明白了道理。

(七)变换角度,委婉劝说

有时候,劝说者不便直接劝说对方,可以采取迂回战术,不正面入手,含蓄委婉地说服对方。

有一位女士平素不注意修饰打扮,先生经常劝说,反遭太太抱怨。然而,有一天先生在太太偶然打扮时夸奖道:"太太,你稍微打扮一下很好看。"这句话却产生了非常好的效果,太太从此非常注意仪表仪态。

正面直接的劝说对人往往有一种压抑作用,从而使人产生抵触心理,不妨在说服时换个角度,就会取得意想不到的效果。

(八)善意的适度威胁

适度威胁的方法可以增强说服力。在现实生活中,运用善意的威胁达到说服效果的例子很多,比如,小孩子不愿意打针,家长会吓唬孩子说:不打针病就好不了。这么一吓唬,很多孩子都会乖乖地接受注射。有人曾做过这方面的试验,让一些不愿意打破伤风预防针的小学生分成两组接受试验,结果是受过善意恐吓的学生有 25% 去打了预防针,而未受恐吓的学生只有 12% 去打了预防针。由此可见善意威胁的说服作用。

用威胁来劝说人的方法,也是不用教,人人都会的,但并不是所有的人都能用此法取得良好的效果。效果不佳的原因,就是态度不够友善,后果讲不清。

威胁的目的是要让对方明白利害关系,产生恐惧感,以增强劝说效力。威胁只是手段,而不是目的。威胁应该主要放在对于可怕后果的说明上,这样才能起到说服作用。低程度的威胁很难说服人,因为对方不害怕,往往会一笑置之。但如果过分,也会弄巧成拙。

(九)自报弱点

对于疑心重的对方,先讲出一点自己的弱点让对方听,可以增加后面信息的可信度。人们对于太过甜蜜的话,一时都不敢相信,可是若先主动说出弱点,听者可能就会相信了。比如商场大拍卖时,也是以"稍有瑕疵的货物"的说辞吸引顾客购买。

一天,一位中年人走在路上,突然有辆小货车停在他身边。他以为司机要问路,结果那司机问他要不要买西装,只需市价的二三成就可以。中年人不相信会有这么廉价的西装,不予理会继续走,那位卖西装的人又趋前小声说:"老实说,我本来是载这些西装到商场交货的,但是对方认为这几件西装有小瑕疵,给退了,我又不好意思再拉回公司,所以请你帮忙,只要付一点本钱就卖给你了。"这位中年人相信了他的这番话,于是掏出几百元买下一套西装。

一般人对于过于夸大其词的话都不敢相信,可是当其中含有百分之一的真实性时,这话就容易让人相信了。司机就是先主动讲弱点,导致中年人相信了他。

(十)断定法

很多人都有过这种经验,也就是对于需要确定的事,当拿不定主意而陷入无法下结论的境地时,都很希望别人给予肯定性的建议,这种心理特性也可以应用在说服之中。

在家具店里,卖家具的人看到顾客犹豫不决,不知是该选购方桌好还是圆桌好,如果向顾客分析圆桌和方桌各自的优点,顾客很可能不会买任何种类的桌子。如果对顾客说:"按照贵府的状况来看,我认为还是圆桌比较适合。相信这张桌子摆在府上,效果将会更好。"顾客听到这种话,将从"方桌好还是圆桌好"的迷惑中走出来,购买的决心也就定下来了。

断定法本身是相当单纯的技巧,但如果能够巧妙地加以运用,将能对对方的思维产生影响。

(十一)用事实说话

事实胜于雄辩。人们相信实际存在的事实,因为事实是最有说服力的。

(十二)引导对方换位思考

俗话说:要想公道,打个颠倒。你从我的角度想想,我站在你的立场看看,这样就容易把道理想通,做到相互理解,相互体谅。

一对一块打工的姐妹小王和小李的对话:

小李:"我的家比任何一个家都冷,我从小都没有体验过父爱、母爱。四岁时,父母就把我扔在奶奶家里,自己在外面赚钱。对于他们我一点感觉都没有。我哥也是这样,连爸妈都不想叫。后来他们在城里买了房子,把我们接过去,可我们没有感情。"

小王很难受,说:"你父母真可怜!想尽法子为你们好,到头来却让你们恨,真不值!是吧?"

小李:"赚那么多钱有什么用? ……我们从小就没得到父母多少关爱。"

小王很生气,但仍很平静地说:"是啊,你爸妈确实不对!赚那么多钱干嘛呢?又不能带到地下去。儿女才最重要,为什么不守着他们呢?你以后有了小孩,千万不要去赚钱,再穷也要跟孩子在一起,活不下去也没关系,总比让你的孩子恨你一辈子强啊!"

小李愣了一下,这才省悟过来,说道:"大姐,真要谢谢你。今晚我就打个电话回家去。"

正面说服不见效,就改变策略,正话反说,承认对方的观点,顺其话推理,使其认识到自己的错误,实际上就是归谬法。"你以后有了孩子"也就是引导对方换位思考。

以上是长期以来人们总结的一些劝说技巧,实际中应根据不同对象、不同场合、不同情境加以灵活运用。

 训练设计

一、分角色模拟说服劝解。

要求:

1. 由几个同学分别扮演不同角色,完成劝解的全过程。

2. 评议角色模拟的逼真性。重点在于评议劝解人的语言运用是否恰当?是否巧妙?

(1)居民楼三楼有一住户,女主人是四十岁左右的叶某,此人心胸狭窄,蛮横不讲道理,她常常把一些杂物放到楼道,楼上住户上下很不方便。终于有一天,四楼的张某忍不住,要她把杂物搬走,但叶某不听,双方争吵起来。请你来劝解,要求结果是叶某搬走了杂物,两家和好。

(2)刘某将自家的临街房子改作饭馆做生意,结果排出的油烟和怪味直冲楼上住户李某家窗户。李某和相邻几家深受其苦。李某等多次要求对方采取措施却均遭拒绝。双方几乎要对簿公堂,街道干部来劝解。要求劝解成功。

二、评析下面案例,你认为有哪些成功的经验值得吸取?

(1)卡耐基是美国著名演说家、教育家。他常租用某家大旅馆的礼堂,定期举办社交培训班。

一次,卡耐基突然接到这家旅馆增加租金的通知。更改日期和地点已经不可能了,他决定亲自出面与旅馆经理交涉。下面是二人对话的内容:

卡耐基:"我接到你们的通知时有点震惊。不过,这不怪你。假如我处在你的位置,或许也会做出同样的决定。作为这家旅馆的经理,你的责任是让你的旅馆尽可能多地盈利。你不这么做的话,你的经理职位就难以保住,也不应该能保住,对吗?"

经理:"是的。"

卡耐基:"假如你坚持要增加租金,那么让我们来合计合计,看这样对你有利还是不利。先讲有利的一面。大礼堂不租给我们讲课,而出租给别人办舞会、晚会,那么你获利就可以更多,因为举行这类活动时间不会太长。他们能一次付出很高的租金,比我们出的租金当然要高很多,租给我们你显然感到吃亏了。现在我们再分析一下不利的一面,首先,你增加我的租金,从长远看,你却是降低了收入,因为你实际上是把我撵跑了,我付不起你要的租金,势必再找别的地方办训练班。还有一件对你不利的事,这个训练班将吸引成千受教育的中上层管理人员到你的旅馆来听课,对你来说,这难道不是起到不花钱的活广告作用吗?事实上,你花5000元钱在报纸上做广告,也不可能邀请来这么多人到你旅馆来参观,可我的训练课却给你邀请来了,这难道不划算吗?"

经理:"的确如此,不过……"

卡耐基:"请仔细考虑后再答复我好吗?"

结果经理最终同意不加租金。

(2) 无锡某厂有个外号叫"螳螂"的青年工人,很多人对他几乎失去了信心。刘吉任厂党委书记时主动找他谈了一次话,使这位青年从此改变了。

刘吉一见他,就说:"你好啊!"青年冷冷地回答:"不敢说好,众所周知我不好。""为什么抽水烟?""有劲,过瘾,没钞票。"刘吉又问:"你每月收入多少?"青年答:"每月386角,奖金年年无。""为什么?"刘吉又问。"因为我是全厂有名的坏蛋!""你一不偷,二不抢,三不搞腐化,怎么会是坏蛋?""有人说我是不可救药嘛!"刘吉坚定地说:"这种说法是错误的,你不是坏人。说你不可救药,不仅是否定了你,同时也否定了教育者自己。"听到这里,这位青年也笑了:"哈哈,我与你见解略同。"刘吉问:"我听说你曾救过人。""那是过去,好汉不提当年勇。"刘吉接过话茬说:"对,有志气!过去你曾经是一个好汉。可如今呢?你骂人、打架、恐吓人、逞英雄,干的是蠢事。我今天来这里是第一次拜访你,想和你交个朋友。我还要拜访你的父母、你的妻子、你的师傅、你的朋友,共同探讨一下青年人如何生活的问题。孔夫子说'三十而立',你今年整整三十岁了,好花迟开也该开了。"这位青年当场激动地站起来照刘吉肩膀捅了一下说:"刘吉,你够朋友!"后来,这位青年果然发生了很大的转变。

(3) 据说著名作家李准有"三句话叫人落泪"的本领。电影艺术家谢添有点不大相信。在著名豫剧表演艺术家常香玉的"舞台生活50周年庆祝会"上,谢添与李准不期而遇,谢添抓住机会想证实一下。

"李准,我想当众试试你:你说几句话,能叫常香玉哭一场,我才服你!要不,你签字认输也行!"李准皱皱眉,摊摊手,对常香玉说:"你看看老谢,今天是你的大喜日子,他偏要让你哭。这不是为难人吗?"常香玉痛快地说:"你今天能让我掉泪,算你真有本事!"把李准的退路给堵死了。面对宴会上喜庆的气氛,李准款款道来:"香玉,咱们能有今天真不容易啊!你还是我的救命恩人呢!我十岁那年,跟着逃荒的难民到了西安,眼看人们都要饿死了,忽听有人喊:'大唱家常香玉放饭了!河南人都去吃吧!'哗——人们一下子都涌出去了!我捧着粥,泪往心里流。心想:日后见了这个救命恩人,我得给她叩个头!哪里想到,'文化大革命'中,你被押在大卡车上游街……我站在一边,心里又在落泪——我真想喊一声:让我替她吧,她是俺的救命恩人哪!""老李,你……别说了!"常香玉捂住脸转过身,满眼泪水滚了下来。整个大厅没一点声息,人们都沉浸在一种伤感的情绪中,就连谢添也轻轻地吸了吸鼻子,他的表情使人感到他已经忘记了这是和李准打赌——分明是信服了。

三、话题训练。

(1)有个人向他人借了笔钱做生意,先去贩鱼,谁知连连高温天气,鱼变了质,亏了本;后来做布匹生意,被人骗了,真是连连不顺。他懊恼地把自己关在家里。如果你是其朋友,你怎样劝他?

(2)你同学这一段时间沉溺于网聊,无心学习,对老师的批评也很抵触。请你跟他谈谈,说服他改过。

(3)小王从大学一年级就开始谈恋爱,到毕业时女友却提出分手。小王非常悲伤,从此一蹶不振。请你以老师或好朋友的身份劝说他振作起来。

(4)同学小明与小林为一件小事发生争吵,两人各不相让,甚至拔拳相向。假如你是班主任老师,你如何劝解两人?

(5)小王和小李是一对好朋友。有一天,小王来到小李的单位,请求小李帮他一件事,为他的未婚妻出气。原来小王的未婚妻被车间主任当众批评了,小王发誓要为未婚妻出气,并买了一把锋利的弹簧刀,要放倒那小子,但考虑到车间主任人高马大,自己对付不了他,于是请小李帮忙。小李听后,心中很明白,尽管车间主任批评得不得法,应该纠正,但如果感情用事放倒了他,那是会触犯法律的。因此,小李决定说服小王。假如你是小李,你如何说?

(6)望子成龙的母亲为了改变儿子吊儿郎当的态度,与他进行对话:"儿子呀,高考迫在眉睫啦,你得加紧用功才行呀,你看看你整天只知道弹吉他,这样下去不行呀。唉,真不知道你心里是咋想的!""哼,怎么想?我觉得读不读大学都无所谓。那些书呆子拼了命考上了一流大学,进了大企业。结果又怎样?像爸爸,在公司做那么久了,还不是一遇到裁员就失业了。"请接着话题,替这位母亲说服儿子,要求成功。

(7)一位内地干部到广州出差,在一货摊上买了件衣服,付款时发现刚刚还在的100多元外汇券不见了。这里只有他和摊主,明知与摊主有关,但没有证据。他一提此事,摊主反说他诬陷人。假如你是这位干部,请接着说,要求结果是摊主交出外汇券。

四、看材料回答后面的问题。

(1)第二次世界大战期间,美国一位科学家去请求总统罗斯福拨款研制原子弹。这位科学家百般陈述利害,罗斯福仍然不为所动。临走时,那位科学家发现罗斯福的办公室墙壁上挂着一幅画,上面画着一艘潜水艇,顿时计上心来:"19世纪,曾有人向拿破仑提出制造潜水艇的建议,拿破仑觉得很可笑,没采纳。如果拿破仑采纳了这个建议,今天欧洲的历史就要重写了。"罗斯福听罢,立刻改变了态度,同意研制原子弹。

请问:这位科学家使用了什么样的技巧使罗斯福改变了态度?

(2)基辛格退休后,不轻易接受采访,而且即使接受也是收费的。一次,中央电视台节目主持人水均益去采访基辛格,一见面,水均益说:"我们的节目有10分钟长,是中央电视黄金时段节目之一,收看我们节目的观众有4亿。基辛格博士是中国人民的老朋友,很多中国观众都非常希望了解博士您的近况。"结果基辛格愉快地接受了采访,而且免费。

水均益说服基辛格接受采访,成功之处在哪儿?

第二节 宣传与鼓动

一、概述

宣传鼓动就是用语言激发人们的情绪,使人们产生高涨的激情和冲动的力量朝着既定的目标前进。在工作中,善于宣传鼓动,采取恰当的语言可以使广大员工心灵得到触动,感应得到刺激,潜力得到挖掘。它强调的是激励、鼓舞,促使人们在认同的基础上用自己的热情和力量去从事某种活动。在一个群体中,为了某项活动或集体事业的成功,常常需要做好宣传鼓动工作。如何利用自己的口才鼓动人们齐心协力从事某项工作,这也需要一些技巧。

二、语言技巧

宣传鼓动最终的目的也是要说服人,但又不同于一般的说服。除了灵活运用本章第一节所讲的一些技巧外,宣传鼓动时还要掌握以下一些技巧:

(一)情感鼓动

没有情感就没有鼓动性。只有充满情感的宣传鼓动,才能把对方的激情引发出来。激情是产生鼓动效应的"催化剂"。强烈的情感和色彩鲜明的话语结合,就形成气吞山河的气势和拨动万众心扉的巨大力量。比如战前动员总是先激发将士对敌人的仇恨,即"作战必先怒士而后战",其原因就在这里。

为此,在语言运用方面,鼓动宣传多用呼告、设问、反问、双重否定、排比、层递等修辞手法。

(二)展示美好前景法

也叫"目标鼓动法"。宣传鼓动要围绕具体目标、任务进行。心理学研究发现,有目的性是人的活动特点之一,而目标对人的行为有引发、导向、凝聚、激励等作用,越是近期目标,或即将实现的目标,这种激励作用也就越强。所以,进行宣传鼓动时,预先描述美好前景给他们"看",为人们树立一个目标,这个目标和人们的切身利益要紧密相关,这样就可激起人们情绪的变化,使其振奋精神。

示例

有一位数学老师对高中生说:"当初,俄罗斯的彼得大帝建造彼得堡,聘请了一大批欧洲的大科学家,其中,有瑞士大数学家欧拉,还有德国一位中学教师,名叫哥德巴赫,也是数学家。1742年,哥德巴赫发现,每一个大偶数都可以写成两个素数的和。他对许多偶数进行了检验,都说明这是确实的。但是,这需要证明,因为尚未经过证明,只能称为'猜想'。他自己却不能证明它,就请教那位有名的大数学家欧拉,但一直到死,欧拉也不能证明它。两百多年来,多少数学家企图给这个猜想做出证明,但都没有成功。"

老师把故事讲到这里,稍微停顿后接着继续讲自然科学的皇后是数学,哥德巴赫猜想则是皇冠上的明珠。短短几句话,同学们都惊讶地瞪大了眼睛。

老师讲这个故事是为了鼓动学生,激发学生勇于向科学进军的精神。宣传鼓动,并不一定都要运用口号式的语言。有时,恰当地运用形象化的语言,会更打动人心,从而增强鼓动的力量,使听众向着这个目标前进。

(三)赞誉激励

要激起人的向前精神,荣誉的魔力是不可低估的,它足以使人为之牺牲一切。人们都希望得到别人的欣赏、赞美,尤其希望得到上司的称赞、表扬。因为这不仅仅是对他的成绩的肯定,更有对他的价值的肯定。以荣誉相砥砺,激发对方,这是振奋斗志、鼓足干劲的一剂"良药",是使人自觉行动起来,光大荣誉、发扬成绩而拼搏的动力。

示例

拿破仑(开进米兰)的演说词:

"你们像山洪一样从亚平宁高原上迅速猛冲下来。你们战胜并消灭了一切阻挡你们前进的敌人。你们取得了这样的胜利使祖国充满了喜悦。你们的父亲、母亲、妻子、妹妹及你们所有心爱的人都为你们的胜利而欢欣鼓舞,他们都以是你们的亲人而感到自豪。让我们前进吧!目前我们还需要急行军,我们必须战胜残敌,我们会给自己戴上桂冠,必须报复敌人给我们的侮辱!"

拿破仑乘大胜之机,高度评价、赞赏了将士们所建立的功勋,使人"激动万分",感到自己是伟大的、真正的英雄,并将荣誉与亲情结合起来,呼唤将士们用荣誉回报亲情。他们怎会不继续努力、奋勇杀敌?

（四）权衡利弊

讲与宣传对象切身利益相关的话。通过对"那样做"的利与"不那样做"的弊的分析，促使人们做出你所期望的选择。

示例

  陈胜、吴广起义前这样鼓动说："去渔阳，迟了，是死；逃跑，被捉了，也是死；与其白白送死，倒不如孤注一掷，发动起义。只要大家齐心协力，就有活的希望。"

谁没有生的欲望呢？劳苦大众自然选择起义了。

示例

  某社会医疗保险机构的李女士受命到一家单位"征保"，但绝大多数职工反对。为此，她在全体职员会上说：

  "诸位，我很高兴跟你们谈谈人如何才能活得长久的问题。你们知道按照人寿保险的表格（向人们出示），你的一生能活多少岁吗？据寿险统计学家说：你的寿命还有你现在的年龄与80岁之差的2/3。比方你现在的年龄是20岁，那么你现在的年龄与80岁之差是60岁，你的寿命就是还有60岁的2/3。换句话说，就是还能活40年……年轻人，就60来岁！对你们来说，活这个年龄够吗？不！不！我们谁都想多活几年。然而，这里的表格是根据几百万人的精确记录制成的，绝对不会有错。那么我们不能翻过这个门槛了吗？不，只要小心谨慎，保养得当，一定不难超过这个数。第一步应该做的事，就是常有一个详细的体格检查，而只要入了健康保险，就能保证经常性的免费检查。诸位，与其病害降临花大钱治疗，倒不如先花小钱来投保，翻过60岁那道门槛……"

这位李女士的宣传鼓动的确很绝。她把入保与否的利与害清晰地摆在职工们面前，既然入保与自己利益密切相关，自然就不会反对了。在小钱与大钱、免费与巨资、有病与无患之间，谁都知道该怎么选择。

（五）视宣传鼓动对象的不同，采用相应的恰当语言

不同的职业、不同的文化层次、不同的思想水平等，在鼓动宣传时都是不可忽略的因素。鼓动用语不可不看对象。

（六）针对不同心理进行宣传鼓动

示例

  1943年6月，一批刚从美国来的部队归并巴顿指挥。巴顿认为有必要给初次参战的士兵讲一席激动人心的话，打打气。针对新兵的心理，他说："战争并

不像从未打过仗的人想象得那么可怕……所有的人都害怕战争,然而,懦夫只是那些让自己的恐惧战胜了责任感的人。责任感是大丈夫气概的精华……要记住,敌人也和你们一样害怕,可能比你们更害怕!""你们要同久经沙场的老兵去竞赛,但你们不要发愁,他们也都打过第一仗,他们的第一仗打胜了,你们也会打胜第一仗的。"

这段鼓动宣传很有针对性,很符合新兵的心理,这些话对新兵来说,无疑既能使他们镇定,减少恐惧感,又使他们兴奋,增强战胜的信心。

（七）利用群体集会的方式加以鼓动

要强好胜、众中逞雄,是大多数人的心理。利用众人云集的场合进行激将和鼓动,并在会上采取表决心、提倡议等形式,渲染出令人振奋、昂扬向上的气氛,使人们的积极性、创造性像决堤的潮水奔腾不息,往往容易收到事半功倍的效果。

（八）身先士卒法

领导行为是无声的语言,也是最好的语言。它比权力性语言有更显著的激励效果。领导者自身具有良好的行为表现而受到群众的敬佩,更能起到激励的作用。

示例

两千多年前,马其顿国王亚历山大率领军队,出征印度,途中断水,全军将士干渴难忍。于是,国王命卫兵去四处找水。但卫兵找回来的却只有一杯水,便把它献给了国王。

这时,国王下令,立即把部队集合起来,端着这仅有的一杯水,充满信心地对全军将士说:"水源已经找到了,我们只要前进,就一定能够找到水的!"

话音刚落,大家只见国王把手中的那杯水泼在地上。将士们顿时精神振奋,怀着巨大的希望,不顾难忍的干渴,跟着国王继续前进。

这位国王的鼓动与"望梅止渴"可谓异曲同工。鼓动效果这么好,以下三点值得借鉴:

第一,一提起鼓动宣传,人们常常容易同长篇大论、滔滔不绝联系在一起,但是,这位国王却是非常"吝啬"自己的语言,所用的语言简明扼要,一语中的。

第二,国王使大家在绝望中看到了希望,所指的目标是大家最关心的、最希望达到的目标,而非吃的、住的、穿的。

第三,国王能与将士同甘共苦。

（九）借榜样宣传激励

用榜样说服人、鼓动人。由于榜样具有生动性和鲜明性,容易让人们在心理上产生认同感,并且产生以榜样为赶超目标的上进心理,这种上进心理会直接转化成员工自觉努力工作的动机。

训练设计

一、话题训练。

（1）学校即将召开运动会或举行篮球比赛，请你以班长的身份在班上作鼓动宣传。

（2）某公司最近接到很多订单，为了按时交货，需要员工们加班加点突击，可很多人不愿加班。假如你是负责人，把员工们召集起来开会，你如何进行宣传员？

二、看材料回答后面的问题。

第二次世界大战中，美国名将乔治·巴顿在鼓舞士气方面堪称行家里手。他经常给士兵灌输诸如："战争就是杀人的买卖，你不放他的血，他就会宰了你；""我们不仅要枪崩那些婊子养的，还要掏出他们的五脏六腑，用来润滑我们的坦克履带"之类的语言。

你对巴顿在鼓舞士气时所用的语言有何看法？从中你受到哪些启发？

第三节　求职与应聘

一、概述

求职者要寻找工作，施展抱负，就必须善于推销自己，这绝不是去阿谀奉承，溜须拍马，而是要善于学习，勤于思考，讲究技巧。大学生在整个求职过程中若发挥出色，完全可以在一定程度上弥补缺少工作经验或是其他条件的不足。个体成功率提高了，自然能缓解整个社会严峻的就业形势。

应聘者首先必须清楚用人单位的用人要求，明白自己存在的不足，扬长避短、趋利避害，设计一个适合自己的求职方案。面对"有工作经验"之类的要求，多数应届大学毕业生都望而却步。其实，大学生只要有真才实学，又敢于面对挑战，再具备一定的实习经历，有眼力的招聘者不会将真正优秀的可造之才拒之门外的。如果在学习期间能比较前瞻地准备自己，精心打造一两把"杀手锏"，更会大大增加自己成功就业的概率。

同时，个人愿望要结合社会需求，尽量做到避"热"就"冷"，职位目标不妨多定几个，避免自己把自己框住。这是因为，并非各项条件符合就一定能被录取，成功与否还取决于另一个因素：这一职位的供求比例。

在求职者自身条件可能相同或相近的情况下，招聘单位会更重视对其人品、个性的考察，而应聘时的细小行为最能说明一个人的真实情况。一位招聘人员说，她收到过几份"皱巴巴"的简历，"那天下雨我也理解，但其他同学的简历都很平整，就那么几份被雨淋皱了，给我们的印象就不是很好"。一位人事主管说："我最不能容忍的事情，就是看到求职简历中居然有错别字。如果我招聘了一名连简历都有错字的会计专业毕业生，今后他处理账目时很可能会由于'不小心'而弄错一个至关重要的小数点。"所以应聘者一定要注重细节,力争在求职过程中有完美的表现。求职时要考虑的具体问题主要有:

简历设计要科学,每个项目都应有正确合理的摆放顺序:首先是个人基本信息,其次是实践经历,再次是专业技巧即取得的各种能力证书,最后是所获奖励。不同应聘职位往往对应聘者有不同的要求,但不少学生会将完全相同的简历投给许多单位,简历写得太通用化,不具体。正确的做法是应该针对所应聘的职位需要,突出自己的优势。

着装举止要得体,合乎自身形象的着装会给人以干净利落、有专业精神的印象。仪表修饰一般不要太标榜个性,庄重、朴素、得体就好。

面试前带上必备用品,文件包要整理整齐,因为从中可以看出求职者的条理性,一个自己包内物品都弄得杂乱无章的人,很难在工作中有条有理。

要留出充裕的时间去搭乘或转换车辆,以免面试迟到。不管你的主考人会多么谅解你在路上碰到的意外情况,要克服负面的第一印象几乎是不可能的。

注重态势语。坐椅子时最好只坐2/3,不要靠着椅背,这样显得人精神些,同时两腿并拢,没事别抖动脚,注意站直坐正。不要在谈话结束之前表现出急躁不安、急欲离去或另赴约会的样子。

把你碰到的每一个人都看成是面试中的重要人物,一定要对每一个你接触的人都彬彬有礼,不管他们是谁以及他们的职务是什么,每个人对你的看法对面试来说都可能是至关重要的。

二、语言技巧与典型范例

(一)知己知彼

"请你自我介绍一下",这道题90%以上的用人单位都会出,面试者事先最好以文字的形式写好背熟,表述方式上尽量口语化,注意内容简洁、切中要害,条理要清晰,层次要分明。要想自我介绍成功,最重要的是深入了解自身实际,而不少大学生在求职前并没有明确的职业目标和规划,最明显的表现就是,主考官问大学生想做哪些工作,适合什么岗位,一些人回答"干什么都行"。这句话透露出求职者的自负(做什么都不在话下)或者不自信(只要给个岗位就成),这都不能给考官留下好印象。应该是根据自己的能力、专业、喜好,提出最接近自己理想的职业、岗位;突出地表现你的性格和专业能力;充分展示你勤奋工作、追求团体目标的能力。总之,将你所有的优势都推销出去,但切忌不够诚实和"不懂装懂"。

同时,熟悉对方可以帮助求职者变被动为主动。参加面试前,要充分搜集应聘单位的相关信息。知道的信息越多越细,就越能在面试中把握主动。你如果半天也谈不出和应聘单位及职位相关的内容,考官一定会心存疑问:这个人到底是来干什么的?

示例

朗讯公司的一位主管说:"我曾经历过这样一件事,那时在AT&T(朗讯的前身)公司,曾面试过这样一位应聘者。当我问他对AT&T公司有什么了解时,他竟能把AT&T在全球及中国的概况,销售什么产品,说得很清楚。我问他是怎么了解到的,他说他一直就想来我们公司,听到获得面试机会非常高兴,于是在图书馆泡了几天。他当时给我印象很深,不是他的答案,而是他的诚意。"

通常情况下,参加求职应试的人总想说些恭维话,以引起对方的好感而求到职位。但一味说好话也未必能打动人,最好能谈出自己对该单位发展的独特见解。指出不足之处,并令对方心服口服,也能达到求职目的。当然,前提是你必须潜心地研究对方。

上海交大数学系的一位女毕业生,在参加宝洁公司主考官主持的最后一轮面试时,大胆指出该公司的不足,并用国外事例佐证,使对方不得不折服,结果她被首选聘用。

面陈其"过",之所以能胜于别的应聘者,不仅是因为技巧新,由"贴金"变"责难",而且表明你关心该单位未来的发展,你想到该单位工作的态度是十分认真的,不是抱着"进了再说,不行拉倒"的心态随便试试看的。另外,你说得令人信服,还表明你研究之深,水平之高。但你态度必须诚恳,且实事求是,说到点子上。

一著名外资企业,欲招聘高层管理人员,丰厚的薪水、优越的待遇吸引了众多人士前来应聘,其中不乏博士、硕士,也有原本就是外企的员工。但令大家意想不到的是,最后胜出的却是一位只有大专学历、也从来没有外企工作经历的"无名小卒"。在谈到何以制胜时,这位先生道出了他的"法宝":"这家公司招聘广告一登出来的时候,我就着手对该公司所有的产品做细致的市场调查,从市场份额、产品到竞争对手等各方面的情况都了解得清清楚楚,因而提出的建议和制定的规划也是最切实可行的。他没请我,我就已为它工作了,他不请我又请谁呢?"

这位先生的求职思路,是值得借鉴的。作为用人单位,它最希望的就是招聘到的人能实实在在地解决问题,能出色地胜任本职工作,它不需要更多的高深理论,也不需要夸夸其谈。学历也罢,工作经验也罢,都只不过从侧面证明你有这个能力,但都不如直接拿出实实在在的方案来。在应聘前下工夫做调查,对公司的情况有所了解,然后对症下药提出切实可行的解决方案,这样没来单位就已开始"工作"了,自然获得应聘单位的好感。

(二)展现自信

很多人的求职用语其实表现出自信的缺乏,最明显的就是问"你们要几个?"对用人单位来讲,招一个是招,招十个也是招,问题不在于招几个,而是你有没有这十分之一、百分之一或独一无二的实力和竞争力。"你们要不要女的?"这样询问的女性,首先给自己打了"折扣",用人单位刚好"顺水推舟",予以回绝。而面试中急于套近乎,不顾场合地说"我认识你们单位的某某"、"我和某某是同学,关系很不错"等,这种话主考官听了也会反感。如果你说的那个人是他的顶头上司,主考官会觉得你在以势压人;如果主考官与你所说的那个人关系不怎么好,甚至有矛盾,那么你这样做的结果很可能就是自我遭殃。

言过其实、自卑、自负、哀求的言语都不利于求职成功;相反,谦虚、诚恳、亲和、自信的谈话态度会让你在任何场合都受到欢迎。求职者要和招聘方做平等交流,不要给人感觉自己很"被动",也不必满脑子地想"表现一定要好",总之要态度坦诚,心态自然。一个人的自信心并非与生俱有,而是在不断战胜困难中逐步培养起来的。一定要挑战自我、充满信心,你要是自己躲起来,没人会发现你。人越多你越要踊跃发言,展示口才,充分体现你的竞争力和领导力,要时刻鼓励自己、相信自己,要在实际行动中逐步磨炼自己。

(三)善于倾听

倾听的重点在于把握话外之音,学会分析主考官话语背后的含义非常重要。比如空军政治部的一次面试,问到:"你喜欢看什么样的书?"有人说是金庸,有人说是宗教,有人说是路遥。最后主考官说:"看来你们几个感性意识很强,理性方面较弱。请你们就最近的国际国内大事发表一下自己的看法,请注重理性方面的分析。"原来像部队这样的单位不需要感性太强的人。

考官问前来应聘的年轻女性:"你喜欢出差吗?"有一位回答:"我现在年轻,在家里坐不住,特喜欢出差,一方面为公司办事,另一方面又可以领略到美妙的自然风光。"而另一位是这样回答的:"只要公司需要出差,我会义无反顾。这几年因忙于求学,几乎没出过远门,尽管家人不反对,男友也想陪我出去转转,但终未成行。出差很可能会成为我今后工作的一部分,这一点在我来应聘前,家人早就告诉我了。"

考官提出这个问题,并不是真的在意你喜不喜欢出差。工作需要时,你不喜欢出差也得出,考官的目的可能是想通过此问了解你的家人或者恋人对你的工作持何种态度。第一种回答在表达效果上要差一些,出差顺便逛逛风景名胜本在情理之中,可这样一表白,难免会让人产生你将出差与游览主次颠倒的感觉;第二种回答妙在那位女士深知考官提问的目的,回答切中要害。

面试具有一定的时间限制,主试人认为该结束面试时,往往会说出以下这些暗示的话语:"我很感激你对我们公司这项工作的关注。""你的情况我们已经了解了。你知道,在做出最后决定之前我们还要面试几位申请人。""我们一旦做出决定就会立即通知你。"应试人听了诸如此类的暗示语之后,应该心领神会,主动站起身来,露出微笑,和主试人握手告辞,并且致谢,然后有礼貌地退出面试室。

(四)巧说缺点

"能说说你的缺点吗?"看似不经意的一句话,却暗藏杀机。人人强调优点,无人说缺点,因此你自己说出口的缺点就是公司要你与否的关键,怎么回答这个问题呢?说自己没缺点肯定是不行的。

当考官问到你的缺点时,面试者可以说出一些对于所应聘工作"无关紧要"的缺点,例如:"我做事效率比较高,但有时会显得耐性不足。"甚至表面上看是缺点,换个角度看却是优点的缺点。例如:"我想我最大的缺点是没有太多的工作实践经验。学生时代的经历几乎是从一所学校毕业就又到一所新的学校读书。我想利用在学校的时间踏踏实实地多学点今后有用的知识。希望我的这些不足能够在贵单位的实际工作中得到改进!"上述"缺点"实际上算不上什么缺点,因为学生时代,谁的经历都是简单如白纸;而且,上述回答已经含蓄地表明了自己的优点——踏实;同时,它还表明了自己到面试单位工作的决心——"希望我的这些不足能够在贵单位的实际工作中得到改进!"

郑小姐是某财经学院管理系的高才生,但相貌欠佳。在几次面试失败后她直接找到一家化妆品公司的老总,主动推销自己。她从"永芳"、"紫罗兰"等外国化妆品公司的成功之道说到国内"雅芳"、"霞飞"的推销妙技,老总听后对她的才干暗自赞赏,但还是亲切地说:"小姐,恕我直言,化妆品广告很大程度上是美人的广告,外观很重要。"郑小姐毫不自惭,她迎着老总的目光大胆进言:"美人可以说这张脸是用了你们的面霜的结果,丑女则可以说这张脸是没有用你们的面霜所至,殊途同归,你不认为后者更高明吗?"老总写了张纸条递给她:"你去人事科报个到,先搞推销,试用你3个月。"郑小姐十分珍惜这来之不易的工作,业绩显著,现在已是该公司的副总经理。

总之,只要你有比较优秀的综合素质,就无需掩饰自己的缺点。不要害怕承认自己的不足,但要坚持主动地强调你的长处,以及如何将自己的不足变成优势。

(五)机智应答

面试提出的问题,一般是常规性问题,比较常见的有:"你对本单位的了解有多少?对工作的期望与目标何在?对你来说工作中最重要的是什么?为什么愿意来本单位工作?你认为我们为什么要聘用你?你对什么职位感兴趣?你的长处和缺点是什么?"……大部分的问题事前都可以预料到。但是,用人单位总会提些让你尴尬的问题用以观察你在压力下的表现。有些考官会先提一个不甚友好的问题,或者劈头浇你一盆冷水,让你在委屈和激愤中露出本色。在他看来,击溃你的心理防线,才能筛选出有心理承受能力的智者,找到能面对压力的新鲜血液。要想在压力面试中胜出,只能学会绕开陷阱,奋战到底。

第六章 说服口才

稽敏小姐在应聘公司文书时,考官问她:"假如这次是招聘勤杂工,你会来吗?"她回答:"我所看好的是贵公司人尽其才的用人理念,让我当勤杂工,我会毫无怨言,既然来应聘了,我早就做好各方面的思想准备。作为一名员工,就应该无条件地服从上司的工作安排。说实际点,我会每天把办公环境收拾得干干净净,让决策者们在更为舒适的条件下工作,当上司工作繁忙劳累的时候,我会及时给送上一杯热茶,这本身就是一件非常美好的事情,因为上司的运筹帷幄之中也有了我的一份辛劳!见微知著,许多大人物不都是从小事做起的吗?"

用人单位招聘何种人员,招聘简章里早已讲得明明白白,但提出这个问题也并不是毫无意义的试探。因为无论是在公司总部,还是在下属的任何一个部门,都会有一些诸如端茶倒水、清扫整理之类的繁杂事务,而这些很可能就是你今后工作的有机组成部分。应付这类问题的办法是冷静地理好思路并从容回答。

在微软的面试中,有这样一道面试题:假如你在飞机上遇到一位高尔夫球的生产商,向你询问中国每年消耗的高尔夫球的数量。你怎样回答?

其实对于这种不可能回答的问题,我们只要找到它的解决办法就可以了,因为连考官自己也不知道问题的答案。

我们可以这样回答:1.统计中国高尔夫球场的数目;2.统计平均每天有多少位客人;3.统计每位客人平均每天消耗的高尔夫球的数量。然后我们把三个数相乘,再乘以一年的营业天数,就可以知道中国每年消耗的高尔夫球的数量。

这种方法就是用未知来回答未知。再如人民大会堂能装多少乒乓球等问题,都可以用类似的方法解决。

百事的面试是在一个偌大的会议厅里进行的,我和百事的人力资源部主任面对面谈了 2 个小时,有点像央视《东方之子》栏目的氛围。主任先问了我的一些基本情况和一些专业问题,应该还比较满意。然后她突然话锋一转问道:皮鞋和鞋油有什么关系? 刚听到这话,我几乎不相信自己的耳朵,因为在 3 秒钟以前,我们还在探讨博弈论、马斯洛需求理论。但我马上意识到关键时刻来了。考官是想看我在突然情况下的反应,因为只有在突发情况下,听其言,观其行,才能了解一个人是否具有沉着冷静、处变不惊的品质。

我想了想说:"皮鞋和鞋油是紧密联系的。皮鞋的出现才产生了鞋油,就好像物质的出现产生意识一样。鞋油出现后,推动了皮鞋的进一步发展,就好像意识的改变推动物质的进步一样。它们的关系是荣辱与共,它们的发展是与时俱进的。"

在回答这类有点风马牛不相及的问题时,引入哲学观点就很重要。哲学是一门使人聪明的科学,它的很多理论放之四海而皆准。在你的回答里,揉进哲学的观点,不仅能让你的回答富有逻辑,更使它不可辩驳。

面对以上另类问题作出得体的回答,可以让主考官意识到,尽管他在刁难你、试探你,但你不以为意,也不会被动地挨打,因为你有涵养和信心,是一个强者。

(六)巧谈待遇

有些应聘者一见面就急着问:"你们的待遇怎么样?""你们管吃住吗?电话费、车费报不报销?"这会让对方产生"工作还没干就先提条件,何况我还没说要你呢"这样不好的想法。杭州一家科技公司招软件测试工程师和应用软件工程师岗位,有个男生应聘时,一开口先问"这两个岗位哪个待遇好?"令招聘人员很无语。对于这种心态比较浮躁的大学生,最终得到"录用通知单"的可能性几乎为零。

但是薪水的多少对任何求职者来说,都是不能不关心的事情。一般来讲,在面试时,招聘人员会主动给应聘者说明试用期、正式聘用期的薪水及福利情况,但也有工作人员会只字不提。面对这种情况,应聘者可以运用旁敲侧击的方式,比如以同类公司的薪水为话题,来探询该公司对新进人员的薪水做法。另外,也可以公司的年度业绩为话题,来探询公司对于福利奖金的做法。谈论报酬待遇是你的权利,这无可厚非,关键要看准时机,一般在对方已有初步聘用意向时再委婉地提出来,而且不能"就薪水谈薪水",要告诉对方,你更在乎的是职位本身,希望单位能了解自己的价值。

有时主考官也问求职者:"关于工资,你的期望值是多少?"个别应聘者会反问:"你们打算出多少?"这样的反问就很不礼貌,好像是在谈判,很容易引起主考官的不快和敌视。

求职者可以利用网络科技查询薪资定位的相关资料,配合个人的价值观、经验、能力等条件,给出最基本的薪资底限,"依公司规定"这类回答是不被建议的,这样不但表示出自己对于工作的自信程度不高,在薪资无法符合个人要求时更会造成许多困扰。

(七)善始善终

不要以为回答完主考官的问题就万事大吉了。在面试结束前,大多数的主考官都会丢问题给求职者,最常见的就是:"你有没有什么问题或疑问,想要提出来的?"其实,这个问题背后的真正含义,通常是主考官用来测试你对这份工作有多大的企图、决心和热情。如果你不知道该从何问起,或者害怕发问不妥当而回答没有问题,很可能让主考官认为,你想要这份工作的决心还不够强。所以,求职者应该更积极、更主动地利用面试最后一关的机会,适时提出问题,这不但有助于主考官加深对你的印象,而且能趁此机会进一步了解单位的背景、文化是否适合你。这时求职者要把自己的位置摆正,提出的问题不能超出求职者应当提问的范围,这些问题应该能够获取有效信息,表达你对工作的兴趣以及你的智慧和热情。

也有人在结束前,谦虚地请教主考官:"您认为我今天的表现如何?录取的几率有多大?"这个问题也会让对方认为你对获得这份工作抱有很大的决心,而你也可以试着从对方的回答中,约略猜测出自己成功的几率有多大,并且作为下一次面试时的参考。

"您能给我这份工作吗?"据说,有很多人是因为在面试结束时勇敢地问了这个问题最终得到了那份工作。面对你的勇敢,考官也许会说,"我们需要时间考虑"或是"我们会打电话给你约第二次面试时间"。为了掌握主动,你可继续问"我最晚什么时候能得到回音?""如果因为种种原因你没有在最后期限通知我,我可以联系你吗?"

当公司有意留用你时,你也千万别忘了问一些跟你工作密切相关的问题,包括具体工作内容、工作地点和上班、下班的时间、试用期限和培训机会。这样,你就可以根据自身情况考虑是否能承受。

要特别注意的是,你在求职过程中的一举一动、一言一行,都代表了一个人的礼仪、素养,可不是只在面试的时候现演戏能装出来的,而是要在日常生活中注意素质和修养的提高,潜移默化地修炼出来的。

训练设计

一、分角色模拟求职面试并对参与者在模拟面试中的表现加以讨论分析。

二、假定有一个你所应聘的职位,试着说出 10 个录用你的理由。

三、分析下列求职者的面试应答有何欠缺或有什么成功之处?

(1)主考官:"你为什么要来本单位应聘呢?"

小李没等提问人话音落地就脱口而出:"我听说贵单位待遇不错";小王不假思索地答曰:"我听说你们要聘人,就来碰碰运气";小张顺口就答:"几个姐妹一鼓动,我就跟着来了。"小董听完提问,略停片刻说:"当我还没坐在应聘桌前,也就是还没有正式成为贵单位的员工之前,已经有了一种热血沸腾的感受,因为我一下车就远远看到贵单位大门上挂着的一只硕大无比的时钟,它好像时时在提醒贵单位的员工,也包括我在内的所有人要分秒必争,展示出贵单位惜时如金的工作理念。我坚信:一个只争朝夕的单位不可能没有远大的前途,个人亦如此。这正符合我的性格。"

(2)主考官:"这是一份充满创意的工作,需要逆向思维能力。请问从小到大,你做过最捣蛋、最让父母头痛的事是什么?"

回答一:"我一直是好学生、乖小孩,没做过坏事,也没想过去做坏事。"

回答二:"我常胡思乱想,和朋友堆一整天积木也不累。上学时,我也曾参加过火箭社、演讲社,但不曾做过什么破坏性的事,也不认为做坏事才能体现创意。"

回答三:"我是个好动儿,喜欢发明东西,常把家里的瓶瓶罐罐拿来实验,或把空木箱子改装成唱机和音箱。好在得过几次科学实验奖,才没有被父母处罚。"

(3) 主考官："你今天为什么不穿西装？"

回答一："我平常就不穿西装，所以今天也不穿。"

回答二："我昨天本想买一套西装，但路上发现两套很好的书，于是花掉了准备买西装的钱。"

回答三："我从未穿过西装，但如果这个工作需要穿，我会考虑置办一套。"

(4) 主考官："你是学××专业的，为什么要跨专业谋职？"

回答一："你们已经说明'不限专业'，所以我想来试试。"

回答二："据说，外行的灵感往往超过内行，因为他们没有思维定势，没有条条框框。"

回答三："我之所以跨专业谋职，是为了给自己提供一种动力，终生学习才不会被社会淘汰。"

回答四："我虽然学的是生物专业，但我更喜欢计算机，在校期间，我经常自学这方面的知识，而且两年前，就拿到高级程序员证书。这次又通过职业测评，咨询诊断结果是，我做销售比较合适，而且我性格开朗，亲和力强，所以，我认为我完全能胜任贵公司计算机市场开发工作。"

(5) 主考官："你没有工作经验，你认为自己符合我们的要求吗？"

回答一："可是你们就是来招聘应届大学生的啊。"

回答二："听说有一只幼虎因为没有狩猎经验，而被拒绝在狩猎圈之外，你认为它还有成长的可能吗？"

(6) 主考官："我觉得你太乖、太听话了，恐怕不适合这个职位。要知道，我们经常会遇到一些很难缠的客户。"

回答一："再难缠的客户也要讲道理，我觉得这跟个性无关。再说，乖巧听话也是优点吧。"

回答二："我显得内向，是因为我善于倾听，愿意把发言机会多留给别人，但并不表示我不善言辞，需要时我也能侃侃而谈。"

(7) 主考官："你对最近流行的事物知道得多不多？"

回答一："我只知道流行的歌手和演员。"

回答二："流行音乐、戏剧、电影、文艺活动、消费新知，我都很喜欢，不知道你想问哪方面的流行事物？"

四、评价下面案例，你认为有哪些成功的经验值得借鉴？

(1) 大四刚开始我就为找工作做准备了，通过亲戚、朋友等各路关系，我得到了一次面试的机会，虽有门路，但面试后仍然被拒，主要原因是我没有任何项目研发经验。可我还是学生，不可能有工作经验，因为没有经验，因此得不到这份工作，我陷入了一个鸡生蛋还是蛋生鸡的两难境地。一次和一位从事IT工作的老乡闲聊时，我说："用人单位都要有工作经验的，像我们毕业生很难找到合适的工作。"老乡说："你的说法并不完全对！用人单位愿意要毕业生去做技术开发,但目前,他们想要的是在本科阶段做过一些项目的毕业生!你有没有在读书时做过一些项目,这才是关键所在!他要这个,你就给他这个!"在老乡的推荐下,我到了一家研发机构开始了我为期3个月的培训。

培训结束后,我又开始了新一轮的简历投递,这次我在一周内就接到了11个面试电话。所有面试的核心都围绕如下问题:我简历上的"在校期间的实习与项目开发经历",剩下的就是技术经理针对我所做的那个项目的反复询问。由于我的确真实地接受了项目方面的培训,我的面试很顺利。经过我的选择,我最后进了一家国内著名的IT公司,试用期间就享受已工作一年的员工的待遇。

(2)4年前,一位普通大学应届毕业生参加微软的校园招聘会,在6个小时内连闯9关(1道笔试关、8道面试关),最后顺利进入微软公司。请看他的闯关经历:

我高中读的是市重点,高考时发挥失常,进了一所普通大学。但我没有气馁,在校期间,我年年获校级奖学金,英语成绩也比较突出,曾获全国大学生英语竞赛三等奖,托福考出600分。求职时我把目光瞄向了微软——之前我考出了在当时含金量较高的MCSE微软认证系统工程师证书。我填报了技术支持的职位——考虑自己的专业是自动控制,做研发没有优势,而自己的性格外向、热情,喜欢和人沟通。第1关是笔试,笔试通过后紧接着参加由微软工程师担任考官的4轮面试。这4轮面试主要考技术问题,每轮各有侧重。4位考官对我的反应能力表示满意。把守第6、第7道面试关的是两位部门经理级的考官。第6轮考官请我作自我介绍和自我评价。第7轮考官主要问我获奖和考试的情况。第8轮考官是一位金发碧眼的美国人,面试以英语进行。谈话内容从工作、学习到生活、志趣。他曾问我:"告诉我你最喜欢自己身上什么优点且为什么?"我的回答是"激情!"正好符合微软提倡的精神。聊起网球时,他提到了张德培,原来他和我一样都是张德培的Fans,对此他显得相当开心。主持最后一关面试的是微软亚洲技术中心总经理唐骏,他的问题分为两类:一类是技术问题,另一类则主要考察应聘者各方面的能力。我在回答中突出了自己是有工作激情的,也有很强的沟通能力。提问结束了,唐骏笑着表示:"恭喜你,你被微软录取了。你的月薪是×千元人民币。"听到这个结果我非常惊喜,月薪之高也出乎我的意料。面试中我忘记自己是普通大学毕业生,心情平静,没有紧张和不安,只有一个信念:我是一流的,一定能进入一流公司。

五、下列求职者在应聘过程中存在什么问题?你能从中得到什么启示?

(1)小李和小龚去某单位应聘。小李不断地问:"你们会给我什么样的职位"、"是不是有很多加班"、"你们提供什么样的福利待遇"、"上下班是不是有班车"等问题,还有意无意地透露自己的父亲担任某公司的总经理。而小龚则表示凡事听从安排,问对方主管:"你看我适合干什么?"

(2)面试当天,我细心打扮了一下自己,脱掉脏兮兮的牛仔服,换上笔挺的西装。面试时,主考官要看我的实习鉴定材料,我赶紧打开资料袋,由于资料没有分类,我心里一慌,资料散落一地。好不容易找到实习资料,我又在慌乱中将主考官的水杯碰倒,心中暗暗骂着自己。这时,主考官要验我的毕业证原件,可文件已弄得一团糟,等找出时已花了一分半钟,主考官脸色铁青。面试结束后,我长嘘一口气,可马上又慌了,原来离开时竟将毕业证原件遗失在主考官那里,想到事关重大,我只好厚着脸皮回去拿自己的毕业证。就在我转身离去的一刹那间,主考官大笔一挥,将我的名字从复试名单中划掉了。

(3)面试结束,主考官问一位求职者:"你有没有问题要说?"这位求职者欠了欠身子问道:"请问你们公司的规模有多大?中外方的比例各是多少?请问你们董事会成员里中外方各有几位?你们未来5年的发展规划如何?"

(4)侯杰到一家人力资源咨询公司面试,除了回答问题外还在电脑上做了大约3个小时的测评题,之后公司请大家回去等候通知。第二天,心情急切的侯杰打电话给公司说:"公司录不录取我们没关系,能否把测评结果给我们?"对方告诉他:"测评结果只是公司用来选拔人才用的,不给个人。"侯杰又补充一句:"录不录取我们没关系,我只想要测评结果,因为我测评了3个多小时呢!"

第七章　行业口才

知识目标

了解不同行业口语表达的特点及应具备的行业素质;掌握各行业口语表达的基本要求与技巧,提高相应行业语言表达能力。

能力目标

能够适应时代要求,运用行业语言解决工作中的实际问题,让行业口才艺术助你取得事业的成功。

第一节　公关口才

一、概述

(一)公关口才的概念与作用

公关口才是能够体现公关精神,遵循公关原则,取得良好公关效果的口语表达才能。在现代快节奏的信息社会生活中,人们交往日益频繁、竞争日渐激烈、关系日趋复杂,公关的重要性不言而喻。交流信息、传递情感、表达思想,其表现的基本形式是说话,人们在社会中同时扮演着不同的角色,处理着不同的人际关系,使用着不同的公关语言。怎样才能协调各方关系,减少工作阻力,创造辉煌事业?我们说成功必须以良好的公共关系为前提和保证。在公关成功诸要素中,公关口才尤其重要,它是公关人员必须具备的基本素养之一。

表达能力好的人,可以广交五湖四海的朋友,从而为自己的事业奠定人际关系的基础;表达能力好的人,可以轻松自如地调解纠纷,让自己的事业一帆风顺。处理公共关系时,个人的口语表达能力是个人知识、智慧与能力的综合反映,体现出独特的人格魅力,因此,我们要树立现代社交公关中的口才意识,让良好的口才帮你获得良好的人际关系,助你取得成功。

(二)公关口才的原则

公关口才作为应用口才,必须遵循公共关系的原则,体现公共关系的精神,服务于公共关系的既定目标和任务。公关口才的原则体现在以下几个方面:

1. 立诚可信

诚信,即真实可信,这对于公关口才有着特别重要的意义,"诚"是公关的立身之本。

这一原则要求在交际过程中人与人之间应保持平等的关系,要注意尊重对方。

2. 切合语境

在公共活动中说话要注意语境,这是公关活动成败的关键之一,从交际宗旨出发,看对象、看身份、看场合,选择最恰当的语言表达方式,良好的口才只有和环境相适应,才能获得好的交际效果。

3. 平实得体

语言运用要适当,把握好分寸,恰到好处。过于华丽的辞藻、过度的雕饰,会使人以哗众取宠,虚假不真之感。当然,平实并不意味着呆板单调。

公关口才的源泉来自于知识的积累。公关人员必须具备敏锐的观察能力、科学的思维能力、准确的判断推理能力,必须具有广博的知识,良好的应变技巧,学识渊博,思想才能博大精深。

二、语言技巧与典型范例

俗话说:会说话者得天下。"会说话"就是掌握说话的技巧。公关语言技巧除非语言因素外,语言因素占有很大比重,即语义、句式、文字、语音和修辞等,要根据表达的需要,得体地调动各种技巧,通过有声语言和无声语言内容上的增减、程序上的变化和方法上的组合构成具有不同魅力的语言。

(一)热情真诚,缩短距离

公共关系中的语言应恳切礼貌,相互尊重,一番关心体贴的话语,会给人带来无限温馨和慰藉。

1. 礼貌热情

使用礼貌热情的语言,表示出对人的尊重,能使对方感到亲切、愉快。有利于双方心理上的接近。礼貌语常用的有:

问候语:如"您好!""早上好!""下午好!""晚上好!"等;

礼请语:如"请进"、"请坐"、"请讲"等;

欢迎语:如"欢迎您!""见到您真高兴。"等;

道谢语:如"谢谢"、"感谢您的帮助"等;

致歉语:如"对不起"、"实在对不起"、"麻烦您了"、"给您添麻烦了"等;

告别语:如"再见"等。

宾馆的总服务台是宾馆的窗口,总服务台的热情接待与礼貌服务,可以给后面环节的顺利开展提供一个良好的开端。总服务台的服务员应站立服务,姿态端庄,着装整洁,精神饱满,思想集中,准备随时接待宾客。接待时,笑脸相迎,语言准确。"您好,欢迎光临!""请问,您预订了房间吗?""请问,您需要我帮忙吗?"这些都是规范的宾馆服务用语。如果客人是第一次来,要主动地向客人介绍宾馆的客房情况。听清楚客人的要求后,要尽量按客人的要求安排房间,

第七章　行业口才

在不失礼节的情况下,认真验看证件,然后有礼貌地交还,并致谢:"好了,谢谢您！请收好。"客房接待过程中常用的礼节用语有:"欢迎您的光临！""为您服务,非常荣幸。""请您用茶。""实在对不起,打扰您了。""对不起,请您稍等一下。""谢谢了。""早安(早上好)。""晚安(晚上好)！""再见。""希望下次为您服务。"

2. 寒暄有度

寒暄多用于人们见面时的相互问候,是常见的简洁入话的形式。它是社会交往的一种手段,是沟通彼此之间感情、创造和谐氛围的一种方式。寒暄中要体现出坦率、真挚、热情,但不恭维、虚伪和冷淡。

《北京日报》1986年10月15日登有这么一篇文章《邓小平会见英国女王伊丽莎白二世和她的丈夫爱丁堡公爵菲利普斯亲王》:在亲切友好的会见中,邓小平谈笑风生。他说:"这几天北京的天气很好,这也是对贵宾的欢迎。当然,北京天气比较干燥,要是能'借'一点伦敦的雾,就更好了。"爱丁堡公爵说:"伦敦的雾是工业革命的产物,现在没有了。"邓小平风趣地说:"那么,'借'你们的雾就更困难了！"公爵说:"可以'借'点雨给你们,雨比雾好。你们可以'借'点阳光给我们。"

这段谈话,双方都在谈"天气"、"雾"、"雨"、"阳光",是标准的寒暄。寒暄之中,双方已开始融洽气氛,联络感情,并且委婉而巧妙地传达了双方互助互利、友好合作的诚意,为进一步会谈打下了良好的基础。

人际交往中不是每一个人都能向你敞开心扉畅所欲言的,所以就需要我们在交谈中设法激发和引导对方谈话。

3. 熟记人名

能尽量记住与你只打过一次或很少交道的人的名字或基本情况,叫出对方的姓名及职称——每个人都喜欢自己的名字从别人的口中说出,这可以让你多很多机会。曾任美国总统的罗斯福能准确地叫出在白宫工作的花匠和清洁工的名字,每天亲切地和他们打招呼,让他们热泪盈眶,永记心间。

4. 直接交谈

真诚的话语最动人。直截了当的说话方式有时能产生诚信的效果,有时又能产生掷地有声的威力。话题的选择很重要,凡有利于对方理解自己的用意,有利于解决问题,而不致产生误解、引发激发矛盾的话题,均可直言表达。讲话时注意涵养既是一种教养,又是自信的表示,这样我们就可以在气势上不输于对方。

示例

  一次记者招待会上,一位外国记者给时任部长的吴仪提出一个很尴尬的问题:"请问吴仪部长,为何至今还是独身一人?"对此,部长是无可奉告,还是避实就虚含糊了事?人们揣测着可能出现的回答方式。然而,吴仪的回答大出众人的意料,她既不回避,也不闪烁其词。她说:"我不信奉独身主义。之所以单身,和年轻时的片面有关。一是受文学作品的影响,心里有个标准的男子汉的形象,而这种人现实生活中没有;二是总觉得要先立业后成家,而这个业又总觉得没有立起来。然后就是在山沟里一呆20年,接触范围有限,等到走出山沟,年龄也大了,工作又忙,就算了吧。"这一席坦率的回答使众人感到吃惊,同时也使众人大为感动。

  吴仪面对外国记者提出的这个触及个人隐私的问题,不仅没有回避,还坦率亮出自己的想法,说明至今单身的原因。正是这种坦诚直率的风格使吴仪获得了人们的尊重、理解和信任,使她成为对外贸易谈判中辩才无敌的杰出女性。

  当然,说话直率要注意方式方法。有人认为有什么就说什么,就是直言,就是真诚,其实这是不正确的。如果你说的话是对方反感的,你照直说出来,岂不是伤了感情吗?的确,人们都渴望真诚,希望生活中充满真情挚意,但是,怎样更好地把"诚"说出来,这里的确有个技巧问题。

  (二)委婉含蓄,以柔克刚

  即在讲话时不直陈本意,而是用委婉之词加以烘托或暗示,让人思而得其意。在社交公关中,人们往往会遇到不便直言之事,只好用含蓄委婉的表达方法来暗示。这种方式既避免了矛盾,又能收到以柔克刚的交际效果,因而就具有吸引力、说服力和感染力。一般常用:

  1. 暗示法

示例

  一位顾客在一家高级酒店用餐,他把餐巾系在脖子上。这种不文雅的举动很是让其他顾客反感。这时餐厅服务员走过去很有礼貌地问了那位顾客一句话:"先生,你想理发吗?"话音刚落,那位顾客立即意识到自己的失礼,赶快取下了餐巾。

  服务员没有直接指出客人有失体统之处,而是转弯抹角地问了与用餐毫不相干的事,表面看来,似乎是侍者问错了,但实际上正是通过这种风马牛不相及的事情来提醒这位顾客。既让顾客意识到自己的失礼之处,又做到礼貌周到,不伤面子。这就是委婉的妙用。直言不讳是许多人所推崇的,但是现实生活中,并非处处都能直说,有时含蓄、委婉一些,表达效果会更佳。

2. 转换法

　　一辆公交车上人很多,而这时上来一位抱小孩的妇女。于是售票员对乘客说:"哪位同志给这位抱小孩的女同志让个座?"但没想到她连喊两次,无人响应。售票员站起来,用期待的目光看了看靠在窗口处的几位青年乘客,提高嗓音:"抱小孩的女同志,请您往里走,靠窗口坐的几位小伙子都想给您让座儿,可就是没看见您。"话音刚落,"呼啦"一声,几位小伙子都不约而同地站了起来让座。这位女同志坐下之后,只顾喘气定神,忘记对让座的小伙子道谢,小青年面有冷色。售票员看在眼里,心里明白,她忙中偷闲,逗着小孩说:"小朋友,叔叔给你让个座儿,你还不谢谢叔叔。"一语提醒了那位妇女,连忙拉着孩子说:"快,谢谢叔叔。"那位小青年听到小孩道谢时,脸色由冷变喜,连声说:"不客气。"

生活中,要理解人们的合理需要,爱护人的自尊,只有这样才能把话说到别人心坎里。如果不能根据交际对象的心理,选择恰当的语言形式,话一出口先挫伤他人的自尊,必然引起对方的不快,甚至争吵。试想,售票员请人让座时说:"那么大小伙子一点也不自觉。"在劝女同志道谢时说:"别人给你让座,你也不知道说个谢。"后果会如何呢?这里,妙就妙在"曲径通幽"处。

　　某厂车间主任受命指示一位青年技工:"车间6号机器坏了,你必须在明天早上上班前修理好,不然,影响了明天的工作,要扣你奖金!"小伙子一听就跳了起来:"什么,一开口就扣奖金,口气好凶,我明天请病假,看你能把我怎样!"一开口就谈崩了。厂办人员知道后,马上去找那位青工,温和地微笑着说:"机器坏了,影响生产,大家都很着急。厂领导商量后认为,你最有把握修复它,所以,让我转告你,请你辛苦一下,加班修好它。"青年技工听了,转怒为笑,爽快地答应:"既然厂领导这样看得起我,那就请他们放心吧,明天上班前我一定修好它。"

委婉的语言收到了理想的效果。
在商务活动中,委婉的技巧更是重要。尤其面对顾客,在想改变别人立场或有批评性质的谈话中,一般都不采取直接的口吻交流。

　　一天下午,宝大祥商场儿童玩具柜台前挤满了顾客。正当服务小姐应接不暇之时,一个5、6岁的小男孩伸手抓起一只玩具就跑。不一会儿,小男孩连同玩具被有关人员带回来。这时,围上来许多顾客,他们既为小孩担心,又想看看服务员到底如何处理这件事。

小孩不懂事,拿商场的东西,多半是好奇。这种情况如果说重了,怕小孩自尊心受不了,周围人也容易打抱不平,不说吧,东西又要不回来。这真是件棘手的事。服务小姐思考片刻,面带微笑地走到小孩身边,拉起小孩子的手温和地说:"小朋友,你喜欢这只玩具吗?""喜欢。"小孩答。"小朋友自己拿玩具好不好?""不好。"小孩子不好意思地低下头。"对了,以后小朋友喜欢什么玩具就告诉阿姨,阿姨给你拿,好吗?""好。"小孩子高兴地回答,把玩具交给了服务员。

这件本来很棘手的事,宝大祥商城服务小姐处理得很巧妙、精彩,她用亲切委婉的话语既要回了所丢失的商品,又维护了小孩的自尊,还不失时机地对孩子进行了道德教育。她的优质服务,在顾客心中留下了美好的印象,由此也使顾客对宝大祥商场有了一个好的评价。

3. 推脱法

借故推脱,常常是借他人之口,或推延时间来加以拒绝。这种方式的拒绝就比简单地说"不"要让人好接受得多。

一个旅行团正按预订的日程观光游览,有几个客人途中要求增加几个观光点,但时间不够,要求不能给以满足。这位导游员说:"这个建议非常好,也非常重要。如果有时间,我们将尽量予以安排。"

交谈时,会遇到各种各样的要求,不可能都满足,因此拒绝是难免的。遭到拒绝又总是一件不愉快的事,所以,要善于说"不",要善于用技巧性语言表达拒绝之意,以尽量不使对方失望,将对方的不快减少到最小限度。导游员这种话语,使对方感到亲切、愉悦,所谈之言易于入耳生效,有较强的说服力。

一位年轻的文学爱好者,很钦佩季教授才华,总想接近他,甚至想和教授做朋友。一天,他联系上季教授,非常热情地邀请教授共进晚餐,不巧教授正忙于准备学术讲座的讲稿,实在抽不出时间。于是,教授热情地笑了笑,带着歉意说:"对你的邀请,我感到很荣幸,可我正忙于准备讲稿,实在无法脱身,很抱歉!"

对于别人的友好邀请,直言拒绝,会伤害对方的自尊,以热情友好的方式拒绝,对方才能够理解和接受。教授的拒绝是友好而礼貌的,但热情礼貌中又显得那么干脆,让对方无话可说。

4. 微笑法

公关口才的一个无言的原则,就是微笑。微笑语是一种世界通用语,除了表示友好、愉悦、欢迎、欣赏、请求之外,还可表示歉意、拒绝、否定。在公关活动中,你能首先给公众一个微笑,那么公众会感到你的友好或期待,从而也以微笑作出反馈。尤其对于初次见面的公众,微笑往往能大大缩短双方的心理距离,给对方以好感,促进公关目标的实现。实际上,微笑可以说是人际交往中的一张"万能通行证",也是现代商海中的一张免税卡。把握好微笑的尺度,在任何环境中,你都可成为受欢迎者。微笑是友好的使者,是成功的桥梁。

某市一家瓷器店里营业员面对一位十分挑剔的女顾客,给她拿了好几套瓷器,挑了半个钟头还没有选中。因顾客太多,她先照应别的顾客去了。这位女顾客以为冷落了她,便把脸一沉,大声指责道:"喂,你是什么服务态度,你没看见我先来的吗?为什么扔下我不管?"她把钞票往柜台上一扔,命令道:"快卖给我,我还有急事!"

这话真够刺耳。如果遇上脾气不好的,和她"较真儿",非有一场"热闹"不可。然而,营业员没有和她一般见识,她安排好其他顾客,和颜悦色地对她说:"请您原谅,我们店生意忙,对您服务不周到,让您久等了,我服务态度不好,欢迎您多提宝贵意见。"营业员这几句话一出口,那位女顾客的脸一下就红了,转而难为情地说:"我说得不好听,也请你原谅。"

营业员小姐以"和气"对"火气",表面上"柔情似水",实际上"力胜千钧",产生了良好的效果。"有理不在声高",话并非说得有棱有角、咄咄逼人才有分量。像这种谦让式的说法,由于充满对顾客的尊重、宽容和理解,本身就产生了一种感化力,从而引起对方心理的变化。"火气"遇上"和气",就失掉了发泄的对象,自然就会降温熄火。以宽容为特点的温和式说法有很强的征服力。

(三)应变自如,巧转逆境

公关人员难免会遇到一些意料之外的突发事件要用应变的能力来缓解,选择恰当的语言表达形式,能使尴尬窘迫的气氛变得轻松自如,变被动为主动。

1. 巧转话题

话题的转移有一定的难度,急中生智解难堪,更需对语言驾轻就熟的技巧。

某单位总经理在欢迎新员工联谊会上念新来员工的名单,当念到"刘晔"(ye)时,总经理读成了"刘华"。刘晔马上站了起来,当场给予纠正:"经理,我的名字不叫刘华,那个字读做'晔',我叫刘晔。"全场愕然。就在此时,总经理秘书马上站起来打圆场,对总经理说:"经理,不是您读错了,是我在打字的时候把'日'字旁丢掉了。"回头对那位新员工:"刘晔同志,对不起,这事儿责任在我。"

总经理秘书巧妙地为总经理解了围,非常自然地解除了尴尬,这需要有一个智慧的大脑。

2. 一语双关

一句话包含两个意思。即一句话除去表面的意思,还有别的意思。

一次,一个美国记者在采访周恩来时,看见他桌上放着一支美国产的派克钢笔。他以一种讥讽的口气问道:"请问总理阁下,你们堂堂中国,为什么还要用美国的钢笔呢?"周恩来淡淡一笑,答道:"谈起这支派克钢笔,说来话就长了。这是一个朝鲜朋友的抗美战利品,他是作为礼物赠送给我的。我想,无功不受禄,就推辞。朋友说,留下做个纪念吧。我觉得有意义,于是就收下了贵国的这支派克钢笔。"

这位美国记者的言外之意是"中国连钢笔都生产不出来,还要用进口的",带有对中国的蔑视,而总理巧妙的回答,更是一语惊人:你们美国虽然工业发达,但也是中国人民手下的败将!

3. 灵活应变

建国初期,西方一国家元首率团访问我国,周恩来总理在中南海设宴为他们洗尘。当宴会进行到最后一个程序时,服务员端上来一碗"万福汤"。汤中莲藕的形状在来宾眼里竟然是一个德国法西斯的党徽!于是,宾客脸色大变,疑惑之情油然而生。原来,这个国家在第二次世界大战时深受德国法西斯之害,对其恨之入骨。这时,周总理马上明白发生了什么,只见他神态自若,先是哈哈一笑,接着拿起筷子,夹起汤中的藕片,对客人们说:"来,我们一起消灭法西斯。"总理话音刚落,笑声再起。

周总理面对宴会上外宾因民族文化背景不同而产生的误会,感到不便解释而又难以解释,于是干脆来个顺水推舟。他机智的应对、巧妙的话语缓和了僵局,消除了紧张气氛,使宾主顿觉轻松,继而笑声四起,宾主又沉浸在欢乐的气氛之中。

新加坡某公司总经理在我国一宾馆设宴请客。席间,他酒喝多了。宴会结束,众人离席,女服务员对那位总经理说:"先生,您慢慢走,早些休息。"总经理走下楼后,却又返回来。服务员问他:"先生,有什么事吗?"总经理回答说:"没什么事。我忘记吻你一下了。"旁边的人们听了这话,都哄笑起来。其他服务员们一齐望着那位女服务员,不知所措。这时,女服务员平静地走上前去,把手伸给总经理。总经理拿起她的手,吻了一下,说:"谢谢您赏光。"然后满意地走了。

这位服务人员面对窘迫和尴尬的局面,急中生智,以自己的大度、涵养摆脱了尴尬的局面。假如那位女服务员当时是捂着脸跑开,那会造成一种什么样的后果呢?不仅会使客人难堪,而且这件事还会成为以后的一大笑料,或许还会有人添枝加叶地到处乱讲,败坏宾馆的声誉。这样处理就较为圆满。

(四)幽默风趣,生动得体

幽默是思想、学识、智慧和灵感在语言运用中的结晶,是一瞬间闪现的光彩夺目的火花。幽默是一种宽容大度的表现,是具有智慧、教养和文明的体现。在人际交往中,当发生尴尬或矛盾时,人们使用幽默的语言在某些场合下会产生一种神奇的效果。公共关系中,幽默者能使交际变得更和顺、更自然。

示例

某局在春节前几天接待了兄弟单位的一个参观团,在接待室就座时,一位客人不慎将沙发前的茶几玻璃撞落地上,碎成一堆,顿时,场面颇为尴尬,一片静寂。接待的秘书立刻笑着说:"春节将临,要除旧迎新,客人们为我们带来了好兆头,明年,我们看来一定会有新成就。"一句话说得全场一片欢笑,尴尬的场面被一句幽默话轻易化解了。

一句诙谐幽默的话语平息了尴尬的场面。通过笑声沟通了人们情感的热线。因此,在交际中,幽默的作用是显而易见的。

(五)耐心倾听,双向对话

一说到口才,人们往往会说:口若悬河、滔滔不绝。当然,这是一种口才,但口才绝不止这种。有时倾听对方讲话也是口才的表现,耐心听取别人的讲话非常重要,倾听对方说话表示敞开自己的心扉,坦诚地接受对方,宽容对方,体贴对方,因而能使彼此心灵融通,使你获得成功。

双向对话与个人间的交谈相近。现实中并不是人人都懂得与人沟通、与人交流的技巧。在公关活动中,欲实现有效的沟通,必须做到与人进行良好的交流、良好的互动。

训练设计

一、思考。

(1)举例说明公关语言在公共关系活动中的重要作用。

(2)某超市售货架前挂一写有"请顾客自重,偷一罚十"的字牌,你认为有什么不妥?

(3)面对别人尴尬的发问,你将怎样取得双赢的效果?

二、话题训练。

(1)某公司的李小姐是一位出色的公关人员,她恪守"顾客永远是对的"信条,处处为顾客着想。有一天,来了一位顾客买东西,恰巧他想要买的东西卖完了,李小姐在接待时发现了此种情况,就过去歉意地说:"先生,对不起,你要的东西刚卖完,请你过几天再来看看。"顾客听了不太高兴,就开始嚷嚷道:"怎么搞的,这么大的公司都没有备货,你们应该将这一天要卖的东西准备好,这么不懂顾客心理……"当她正要开口向他解释时,旁边一位营业员抢先说:"先生,你说话怎么这样难听。"那位顾客一听火气顿时更大,继续与营业员争执、对峙着,眼看旁边围过来看热闹的顾客越来越多了……

假如你是那位李小姐,面对这种局面,该如何圆满处理这个问题?

(2)有个顾客在某百货商店买了一套服装。这套服装的上衣有点掉色,结果把衬衫也弄黑了。这位顾客将这套服装送回该店,准备向售货员说明事情的经过。但售货员非常武断地打断了他的话。"我们已经卖出了上千套这种服装,就你一个来这儿挑毛病!""你说谎!别打算骗人!你好好看看这件衬衣的颜色!""所有黑色衣服都要掉一点颜色,你懂不懂?更何况那种价格的衣服。""这种价格的衣服怎么了?难道就不要讲质量了么?""那是颜料的问题,我也没法子。"正当二人吵得很凶时,公关部经理过来了。没过多久,这位恼怒的顾客就满意地离开了商店。

请问:这位公关部经理是如何巧妙地说动顾客的呢?

三、口语表达是一个综合运用多种表达技巧的过程。应该随时随地找机会说话,加强口才训练。这样坚持下去,你就会发现你的口才水平在迅速提高。

(1)一分钟说话训练。把自己当做公关人员有意识地训练自己的演讲、谈判及做公关人员的能力。

(2)口才训练课或自习课上,三位同学一组,到讲台上各讲一个幽默笑话或幽默小故事。请大家评判。

(3)尝试选择一位不太熟悉而又沉默寡言的人做交谈对象,运用打破沉默的技巧作沟通能力的强化训练。

(4)即兴口语训练。请第一位学生做主持人,第二位同学上讲台抽签,按抽到的题目进行口才训练(给2分钟思考时间),回答时间一般限于3分钟,由主持人作简洁的点评。然后由刚才回答抽题的同学做主持人,第三位同学按抽到的题目进行口才训练,由主持人给予点评。以此类推下去。让每位同学都有机会面对大家训练。

(5)去拜望你的一位久未联系的年长的朋友或老师,彬彬有礼地做一次话题广泛的交谈。

第二节 推销口才

一、概述

(一)推销的界定与作用

推销有广义和狭义之分。广义的推销指推销主体在一定的推销环境里,运用各种推销艺术,说服推销对象接受推销客体所进行的各种相关活动。它包括有形和无形商品的推销。狭义的推销专指推销员销售产品的行为和活动,即产品的推销,简称营销。

整个推销活动中,从接近顾客到解除疑虑,直到最后成交,都离不开口才。良好的沟通能力,是成功的关键。因此,口头表达才能对于营销人员特别重要。

(二)推销人员应具备的素质

推销人员的素质和修养是营销口才的基础。推销是极富创造性的,它综合了市场学、心理学、口才学、表演学等知识,是一门深奥的学问。成功的销售人员应该具备良好的心理素质、职业道德和业务素质。这是一切推销活动的切入点。推销员只有具备了优秀的素质,才能在推销过程中,充分掌握顾客心理和推销艺术,言之有理,言之有物,言之有序,言之有文,把自己的口才发挥得淋漓尽致,说服顾客而达到推销成功的目的。

二、语言技巧与典型范例

推销活动是双向交流,靠言语沟通。效果如何,在很大程度上决定谈话的艺术和技巧。所谓"句句动听,声声入耳",意思就是言辞谈吐高雅,让人听起来舒服,这也是推销口才艺术最为基本的要求。用好推销口才,能有效地吸引和打动顾客,使你获得事业的成功。

(一)察言观色,把握心理

推销在于攻心,推销人员在与客户打交道的过程中,根据不同的对象,选择适当的话题、合适的表达方式,引起客户关注,了解客户,把握客户求新、求实、求廉、从众的心理,缩短与客户的距离,使自己逐渐被客户接受,然后瞅准时机,把话题引向自己的商品,把不可能的客户变成可能的客户,把可能的客户变成真正的客户,把每一个新的客户变成长期的客户,从对方的言谈举止以及心理特征上把握讲话的分寸和要点,促成其购买行为。

1. 浅层交谈

这是一种礼貌性的交流行为。要在见面的寒暄中聊一些热门话题,洞察客户的内心世界,把握好与客户第一次见面时的沟通技巧,联络感情,寻找和把握商机,为后续交流做准备。要引起客户的兴趣,掌握好与客户的交谈节奏,给予客户足够的关注,迅速缩短与客户的心理距离,加强沟通,建立信任感。只有取得客户信任,才能使客户相信你推销的产品的质量。

2. 深层交流

在浅层交谈基础上,进一步深入交流。商务关系其实就是人际关系,就是一个由陌生变成朋友,再由朋友变成友好的"合作伙伴"的关系。销售人员在与客户的沟通中不能仅限于死板的例行公事上,而应尽量人情味浓一些,先做朋友,后谈业务。一定要和客户交心,使你的语言留得住顾客并打动他的心,消除顾客的忧虑,满足客户的心理。达成共鸣,才有利益关系的发展。

善于交流是销售人员必备的基本素质,交流是建立感情的基础。先要会听,才能会说。要听出顾客的需求,才能对症下药,说到顾客的心坎里。一名成功的销售人员,他可能善于辞令,但是他还应在同顾客的交谈中,根据顾客的反应,适当做一些停顿,鼓励顾客发表自己的见解,从中掌握顾客的心理,随机应变。

通过适当的提问有效接近顾客,针对顾客的兴趣和需要来介绍和说明商品。

  有位老年妇女想买某一品牌润肤霜,但又嫌价格偏高,推销员看出了她的犹豫,就说:"这一瓶48元,的确不便宜。不过,它能用大半年呢。照这样算的话,您每月只需花8元钱,每天只花两毛多钱,还比不上一根棒冰呢!这样算可是太便宜了。"这位妇女听后点了点头,一边掏钱一边直夸推销员:"你很会说话。"

这位推销员的成功之处在于:她通过观察及与顾客的进一步交谈后得出结论,这个顾客是个讲究节俭的人。所以,她就采用了时间分解的办法来计算,使得顾客的花费显得"少"多了,从而能乐意买下它。另外,即使是针对同一顾客,也要注意在不同情况下,表达方式也要相应地变化。不同的词语,尽管它们表达相同的意思,但感染力不同,用词不同,效果各异。"这个值5元",要比"这个售价5元"效果好。推销员要对用词仔细斟酌,要用生动的语言去推销。

3. 巧设悬念

在推销过程中,有时恰当地给顾客造成一点悬念,引发兴趣,诱发欲望,让顾客产生一种现在是购买的最佳时机的紧迫感,促成他与你立刻成交。

例如与顾客交谈时,给他提供一些经过适当夸张的市场信息或与商品有关的行情等,让顾客依照你提供的信息赶快采购商品。比如你可以这样说,"这种商品的原材料已经准备提高价格了,所以这种商品也会因此而价格上涨的"或者"我公司从下个季度开始可能会因人手不够而减少这种商品的供应量"。这种方法就是积极主动地去刺激顾客,调动起顾客的购买欲。这在推销过程中是很重要的。

任何人都有一些逆反心理,顾客在购买商品时也一样。有时越不容易得到的东西,顾客越想得到。推销中如果你能利用好顾客的这种逆反心理,巧设悬念,给顾客制造一种气氛,让他对你所想推销的商品产生一种占有欲,然后你再跟他说,现在有货了,此时顾客必然感觉很庆幸,肯定会欣然买下你的商品。

某推销员正在推销甲乙两幢房子,他想卖出甲房子,因此他在和顾客交谈时说:"您看这两幢房子怎么样?现在甲房子已经在前两天被人看中了,要我替他留着,因此你还是看看乙房子吧,其实它也不错。"顾客当然两幢房子都要看,而推销员的话也在他心中留下了深刻的印象,产生了一种"甲房子被人看中,肯定比乙房子好"的遗憾。到这里,推销员已经很圆满地设计了一个悬念,也可以说是出色地完成了整个推销工作的一半了。

　　过了几天,推销员兴高采烈地找到这位顾客说:"你现在可以买甲房子,你真是幸运,以前订甲房子的顾客由于手头紧,只好先不买房了,于是我就把这套房子留给了你。"听到这,这位顾客当然很高兴自己能有机会买到甲房子,现在自己想要的东西送上门了,眼下不买,还待何时,因此,买卖甲房子的交易很快达成了。

　　在这个例子中,推销员稳稳地掌握住顾客的心理,通过设悬念把顾客的注意力吸引到甲房子上,又给他一个遗憾,甲房子已被订购,刺激起他对甲房子更强的占有欲,最后很轻松地就让顾客高高兴兴地买下了甲房子。当然,做推销成功的第一要素是诚实,成功的推销皆出自于真诚与信心。

4. 引导消费

随机应变地向潜在的客户推销商品。当有同类商品可供顾客选择时,如何把自己的商品与其他厂家的产品作比较,让顾客"选我"而"舍他",这就更需要推销员的口才了。这时千万不可盲目一味地攻击其他产品,要学会取我之"长"补我之"短"。要抓特点、抓时机、巧点拨。

　　在一个大型冰箱展销会上,一位购买冰箱的顾客指着一台冰箱问推销员:"那种S牌冰箱和你们的冰箱同一类型,同一规格,同一星级,可制冷速度比你们的快,噪音也小一点,而且,冷冻室还比你们的大12升。看来,还是S牌的冰箱好一些。"这个推销员立刻爽快地回答道:"是的,你说得不错。我们的冰箱噪音是大些,但仍在国家所允许的范围之内,不会影响你家人的健康。我们的冰箱制冷速度慢,冷冻室小,但耗电量却比S牌的少得多。另外,我们的冰箱冷藏室很大,能贮藏更多的东西。你如是三口之家,一年能有多少东西需要冷冻呢?再说,我们的冰箱在价格上要比S牌冰箱便宜300元钱,保修期也长达6年,我们还可以上门维修。"

这位推销员就深谙这种取长补短的推销绝技。你看,他用"省电、冷藏量大、价格便宜、保修期长、维修方便"五方面"长处",弥补了自己冰箱"制冷慢、噪音大、冷冻室小"的

"短处",因而提高了自己冰箱的整体优势,使顾客觉得还是买这家冰箱好。假如,他只是一味地讲别家的冰箱缺点,那效果肯定没有这么好,既有不正当竞争之嫌,还会引起顾客的反感。其实,介绍商品应语言实在、明白晓畅、点到为止,切忌滔滔不绝。

示例

某市一家大型家电连锁卖场,一对老年顾客一直在电视机展台前转悠。营销人员经过仔细观察后,主动上前与这对老人打招呼:"大伯、大妈准备买哪种电视机?"这对老人说:"我们是帮女儿看的,不是自己用的。"营销人员又问:"是放在客厅里的,还是卧室里的?"老人回答:"是放在卧室里,方便用用。"营销人员于是非常热心地向两位老人推荐了国产品牌21英寸和25英寸两个型号,价格在1000元至2000元左右,供老人选择。并告诉两位老人国产品牌电视机质量已达到国际标准,品质有保证,价格也适中。老人感到非常满意,当场选定了一个型号的电视机。

这位营销人员在仔细观察中了解和把握了老人的确切想法和需要后,在与老人交谈过程中,直接用"准备买哪种电视机?"取得顾客信任后,围绕客户的需要,直接让顾客从众多型号中确定一种,而不是通常的"你想买电视机吗?"这样一句通常的问话,营销人员的问话既简洁又有一定的技巧,交谈时,针对对象放慢谈话速度,让顾客不感到有种紧迫感和过大的压力感,对对方进行试探和引导,因而顺利地完成了这一服务。

示例

一位客人在杭州某丝绸刺绣品商场为好友购买结婚礼物,她被一幅有一对白头鸟的绣花被面深深吸引,但又有些犹豫,因被面上鸟的姿态很美,但嘴巴太尖了,她担心送给好友不吉祥,怕以后夫妻会吵架。营销人员察觉顾客心理后,面含微笑地向她介绍道:"您看,这对鸟头上发白,预示这对夫妻以后会白头偕老,它们的嘴巴伸得长,是在说悄悄话,是相亲相爱的表示,送新人多吉祥。"经营销人员这么一点拨,这位客人听了连声说:"有道理,有道理。"于是非常高兴地挑选了这幅被面。

在顾客产生疑虑之时,推销员的巧言点拨,使顾客豁然明白,打消顾虑,欣然购买。其实,许多生意的成交,都是在推销员的巧言点拨下完成的。

(二)诚恳热情,语言亲切

营销人员要礼貌谦和,热情诚恳,多用敬辞、敬语,语气亲切柔和,语调高低适中,语速快慢适当,体现对顾客的敬重、信任,使顾客感到温暖,受到鼓舞,缩短与顾客之间的心理距离,融洽双方情感,促进交易成功。

1. 礼貌热心

没有热情,便没有服务。尊重每一位客户,针对不同顾客的心理需求作不同的介绍。

对年轻人,突出时尚;对老年人,强调经济实用;对男士突出品位;对女士突出漂亮等。用真诚热情来满足不同对象不同的心理需求。

走进北京蓝岛大厦,就会有蓝岛的员工热情地走到你面前,向你介绍各件商品,精心服务,并说:"在这里买衣物有优惠,质地也尽可以放心,如若哪里不满意,您可以带上小票来换、退。我们历来是顾客至上,将顾客的利益放在首位。"在顾客临走之际,蓝岛的员工还会热情道别,说道:"您走好!欢迎您再来!"

"您买走一份商品,就带走了千缕情丝",这是蓝岛的经营口号。谁不爱听这样亲切的话语?蓝岛的员工就是这样把微笑挂在脸庞,把热忱送到每一位顾客的心中。

有一位顾客想购置一套音响设备,他来到一家电器商场一看,品种虽多但价钱太高。他在音响部转了好久,问来问去,犹犹豫豫地正准备掏钱付款时,突然又改变了主意:"我还是不买这种了,万一用不了多久坏了呢?还是去买日本产的音响吧。"一直站在旁边为他解说的售货员,眼看到手的生意没了,心中就又急又气,忍不住说道:"得了得了,买不起就别买。别问这问那的。"顾客一听,气得满脸通红,转身就要走。这时,走过来一个人微笑着对这位顾客说:"请留步!真对不起!刚才,我们的售货员说话没礼貌,请千万别介意。我代表商场向您道歉。"顾客听他这么一说,满脸的怒气逐渐缓和下来。然后,这位销售经理又进一步地说:"看得出来,您很想买套音响。这些东西的价格的确较高,必须经过慎重的考虑才能决定。俗话说货比三家不吃亏,您不妨到其他商店再比较比较。"

于是,这位顾客真的就去几家商店作了观察和比较,也看不出什么结果。最后,他还是回到这家商店,毫不犹豫地买了一套音响。

试想,如果不是这位销售经理一番设身处地的话,那位推销员的几句冷言冷语肯定就把这位顾客给打发走了。假若那位推销员碰上的是一位火爆脾气的顾客的话,说不定两个人之间还会爆发一场"战争"呢!

2. 微笑服务

微笑是一种力量,微笑是无言的口才。它有帮助强化有声语言、沟通思想的功能,从而创造出一种融洽和谐的氛围,增强交际效果。卡耐基曾说:"一个人的面部表情,比穿着重要。笑容是你好意的使者,能照亮所有看到它的人,像穿过乌云的太阳,带给人们温暖。"营销人员服务要充满爱心,应重视顾客的心理,用真心、贴心、耐心为顾客做好参谋,充分取得顾客的信任,让顾客满意,使商场得益。

示例

一位顾客想买一台豆浆机,但又觉得价格偏高,犹豫起来。营销员见此情况,面带微笑走到顾客面前,非常耐心地向她介绍九阳牌豆浆机质量好,既安全可靠,又经久耐用,清洗也很方便。可根据家庭人口来选定容量的大小。顾客听了,感觉价格虽高了些,但从长计议,综合考虑,买了还是合算的。最终顾客还是买了质量可信的九阳牌豆浆机。

营销员用亲切柔和的语言,通过对品牌豆浆机细致的介绍,使顾客感到温暖,感觉到营销员是设身处地地为她着想。即刻缩短了营销人员和顾客之间的心理距离,增进了双方的情感。用真心对待顾客,促进了买卖的顺利成功。

示例

一位顾客来到一家陶瓷器皿商店,目不暇接地观看着,营销员恭敬地迎上前去:"先生,您好!我可以帮您吗?""我随便看看。"营销员亲切柔和地说:"您要看什么,我给您拿,不买也没关系。"顾客听了很高兴,随即让营销员拿货架上的一套碗盘,营销员一边详细介绍所拿碗盘的产地、特点,一边热情地帮顾客挑选。这位顾客深有感触地对营销员说:"说实在的,原先我只是随便看看,没打算买,你的热情使我动心了。"这位顾客高兴地买下了这套碗盘。

营销员的亲切热情,打动了顾客,引发其购买的动机,最终促成了消费行为。

3. 幽默风趣

幽默的表达能营造出一种轻松、活泼的氛围,现代生活少不了幽默。幽默的推销语言本身就是一种具有艺术性的广告语。

示例

一位推销员在市场上推销灭蚊剂,他滔滔不绝的演讲吸引了许多顾客。突然有人问:"你敢保证这种灭蚊剂能把所有的蚊子都杀死吗?"这位推销员机智地回答:"不敢,在您没打药的地方,蚊子照样活得很好。"结果,几箱子灭蚊剂很快就销售一空。

这位推销员幽默风趣的语言,使人感到愉悦,又在好的氛围中,不知不觉引导了消费者的购买行为,这不失为一种好的推销手段。

4. 赞美技巧

生活需要赞美。渴望赞美是每一个人内心中的一种基本愿望,巧妙地夸奖、赞美顾客,使顾客有好心情,一般来说对陌生人赞印象,对老熟人赞变化。关注客户的表情,赞美的方法应真诚、具体,瞄准对象,把握时机,推销可能就成功了。

一位穿着典雅的女士在鞋店的一知名品牌柜前看了很久,售货员A问:"这位小姐,您需要什么?""随便看看。"女士的回答明显缺乏足够的热情。一旁细心观察的售货员B走上来说:"小姐,您这身套裙是在市百大商场买的吗?""当然不是,这是从国外买来的。"女士回答时颇为得意。售货员B说:"是呀,我还真没见过这么别致漂亮的套裙呢。说真的,您穿上真的很吸引人。""您过奖了。"女士有些不好意思了。"要是配一双合适的鞋,效果会更好。"售货员B终于转向了主题。"是的,我也这么想,只是品种太多,我不知哪种样式更合适。""没关系,来,我帮您参谋一下,这双鞋的样式现在正流行,也正适合您漂亮的脚形,您穿上一定很好看。试试看,不行的话,多换几双试试。"

售货员B就这样从和她寒暄开始,赞美她的衣裙穿在她身上很具魅力,引发顾客说话,消除了顾客购物时的警戒心理,从而促使这位女士买下了一双合适漂亮的鞋。

（三）委婉含蓄,把握语境

促进销售,促使顾客作出购买行动,介绍时,要用一些具有引导、诱导、暗示性的表达。注重修辞手法的运用,比如选择疑问句等,并调整句中语气,这些表达具有一定的张力,具有极强的沟通作用。

1. 暗示启发

提醒顾客注意某个时间、事情。如:"您看,这是一种智力玩具。今天是儿童节,不买一件回家吗?""毛泽东曾赞誉过湖北的武昌鱼,您如果品尝一下,一定会有同感"。"这叫化鸡,当年乾隆皇下江南时吃过亦赞誉不止……"

2. 提问促进

提问是推销口才中最有力的手段。向顾客提问时,虽然没有一个固定的程式,但一般来说,先了解顾客的需求层次,然后提问促进其购买行为。如对外地顾客说:"这是我们这里的特产,远近闻名。您出差来一趟不容易,带几斤回家?"

3. 介绍引导

一家茶叶商店营销员在推销茶叶时,把竹叶青和峨蕊两种茶进行对比介绍:"竹叶青和峨蕊都是中国名茶。竹叶青两头尖细,形似竹叶,色泽翠绿,味道清香鲜爽,甘醇回甜,汤色明亮,叶底嫩绿均匀。峨蕊粒粒似蕊,纤秀如眉,香远味醇,经久耐泡。各位游客,这里准备了各种散装、精装茶叶,价格公道,质量优良。您是选竹叶青呢,还是选峨蕊呢?"

营销员的这种介绍语言表达就具有极强的诱导性、暗示性。他不是问游客需不需要买茶叶,而是问您准备买哪种茶叶,在这样的语气、语意引导下,顾客自然而然地就会顺着营销员的意思把两种茶都买一些带回去品尝。

4. 分析认同

分析顾客的特点,引导客户。

示例

　　一位中年人带着自己的母亲来买瓷砖,两个人在展厅里一边走一边看,这时候儿子接了一个电话。老太太就一个人在那里看瓷砖,当老太太走到一款"晶花芙蓉"产品面前时停住了,很长时间不走开。这时候营销员走上前说:"大妈,您非常喜欢这一款,是吗?"

　　大妈:是的,就是太贵了。

　　营销员:大妈,我想您和我妈一样,一辈子全为儿女了,没用过自己舒心的东西。这自己喜欢的东西买回家,自己天天看着就舒服,这人一舒服,也就能多活十几年。您儿子还真孝顺,他买瓷砖还把您带上,不就想让您老人家拿主意,买您老人家看着舒服的东西吗?我看您儿子现在也不缺这几个钱。这时候,老太太的儿子打完电话走过来。

　　营销员:这位大哥,您妈妈非常喜欢这一款,您看!中年人看了看那款砖,又看了看老太太,老太太眼中没有反对的意思,接着了看砖的标价牌。

　　中年人:"贵了点。"老太太似乎不悦,但没说什么话。

　　营销员:大哥,我觉得买这一款可以。大妈看上一件东西不容易,既然看上了,铺到家里她看着就舒服,老人心里舒服,一家人心里都舒服,老人要心里不舒服,一家人都会跟着难受。大妈心里舒服就少生病,老人健康,我们做儿女的就少担心,少担心就能集中精力做我们自己的事情。说着走到前台,拿过来一张合同。

　　营销员:大哥,您贵姓?留一个您的手机吧?您看我什么时候可以送货?

　　营销员对"老太太"进行导购时,紧紧抓住老人都希望"长寿"的心理:"这人一舒服,就能多活十几年。"一句话触动了老人最敏感的神经。最让人佩服的是:这位营销员在对这样的顾客说服引导时,整个推论一气呵成。显示出较强的推销经验和语言组织能力。按说,这种说辞对顾客的说服引导已经很到位了,但是,这位营销员并没有停留在此,而是更进一步:"您儿子还真孝顺,他买瓷砖还把您带上,不就想让您老人家拿主意,买您老人家看着舒服的东西吗?"言外之意很明显——如果您儿子不按照您的意思做,那就是不孝。但是,这么具有杀伤力的语言,这位营销员却用这么委婉的、不露痕迹的话语点出来,让人拍案叫绝。最主要的是,这句话把老太太拉到同一个战壕里,和我们这位聪明的营销员站在了一块。

 训练设计

一、思考。

1.在推销中遭到顾客拒绝一般应如何处理?

2.推销中常会遇到顾客哪些异议?针对这些异议应该怎样妥善处理?

3. 商场销售,何时与顾客打招呼或提供服务效果最好?

4. 你认为在上门推销时最需要注意的问题是什么?为什么?

二、话题训练。

(一)自信勇气训练。

1. 大胆地说话。日本人训练经理和推销员有个方法是:让他们在火车上或广场上当众唱歌、演讲,引来人们的围观和嘲笑,以锻炼他们承受羞辱的能力和当众说话的胆量。你有胆量试试吗?

2. 以小组为单位,确定一个谈话主题进行沟通交流。可以一对一,也可以一人对多人。

(二)模拟推销训练。

1. 每人上台试着推销一件物品(教师要和学生一起对推销者适时作出评价)。

2. 找机会在校园推销一种商品,积累相关经验。

3. 利用假期进行推销实践活动。并写出情况报告。

(三)请你做接近客户的话语练习:以三位学员为一组,分别扮演销售人员、客户、观察者。时间限20分钟,观察者要提供观察后的感想。不同的角色,每位同学都要扮演一次。

(四)设想你是一位推销员,在大庭广众下推销你家乡的特产,你如何介绍其特点?并为它设想两条广告词。

(五)有的推销员,见顾客来了,马上迎过去说:"你要买什么?"然后跟着顾客,顾客走到哪,他也跟到哪。表面看起来,推销员似乎很热情,但实际效果却不佳。为什么?假如你是推销人员,你会怎么做?

(六)一位女士走进一家服装店,选中一件500元的春秋裙在试衣镜前比试,最后决定买下。在服务员折叠裙子时,从裙子上掉下了一颗装饰扣,女士脸上露出不悦,便提出要继续选择。这时,服务员说:"500元的东西,掉个纽扣算什么?"一听这话,买裙子的女士一句话没说便离开了服装店。

请你发表对这件事的看法。

(七)一天,有位顾客走进一家电器商店。一台音色清纯透亮、低音浑厚、震撼力强的音响引起了这位顾客的注意。一位男售货员热情地迎上来,满脸职业微笑,主动介绍这种新产品。他的介绍很在行,很流畅,从性能优势到结构特点,从价格比到售后服务,一一道来,边讲边演示。起初顾客被他那热情而熟练的介绍所感动,对产品产生了几分好感。本想问点什么,可是男售货员连珠炮似的讲着,顾客总也插不上嘴。售货员不管你懂还是不懂,也不管你什么反应,喋喋不休地讲下去,似乎你不掏出钱包他就决不罢休。于是,顾客乘又有人来了"逃"出了商店。

为什么他那滔滔不绝的介绍反而扑灭了顾客的购买欲望呢?

(八)销售人员A:有人在吗?我是大林公司的销售人员李勇。打扰您,想向您请教有关贵店目前使用收银机的事情。

商店老板:哦,我们店里的收银机有什么毛病吧?

销售人员A:并不是有什么毛病,我想是否已经到了需要换新的时候。

商店老板:没有这回事,我们店里的收银机状况很好呀,使用起来还像新的一样,嗯,我不想考虑换台新的。

销售人员A:并不是这样哟!对面李老板已更换了新的收银机呢。

商店老板:不好意思,让您专程而来,将来再说吧!

如果你是销售人员A应该怎样接近顾客?

(九)下面的事例,你认为成功之处在什么地方?运用了哪些推销技巧?

一次,一个朋友向高小姐介绍了一个企业的老总,高小姐兴冲冲地去了。没想到,一见面,老总就给她来了一个下马威,说:"你这么年轻、漂亮,又有高的学历。你干什么不好?偏偏要去干保险。我就没有发现保险有什么好,起码我就从来不买保险。"这盆凉水泼下来,高小姐的心立即凉了。但她很快调适好自己的心情,满脸笑容的对老总说:"您说得太对了,真是说到我心坎上了!"老总一愣:明明我不想买保险才拒绝你,怎么说我说得太对了呢?

只听高小姐说:"您说得很对。我年轻,也不算难看,又有高的学历,怎么跑到保险这一行业中来了呢?我是朋友介绍到这个行业来的。做了一段时间,正在矛盾。既然您提到做保险不好,那就请您帮我总结一下:保险到底有什么不好,我好以此作为不干这个行业的依据。"紧接着,她就拿出一个本子来,准备记录。

一见她这样虔诚,老总就开始一一讲述保险不好的地方来了,共四条。讲完四条之后,再也讲不出来了。加上看到这么率真的一个女孩,自己也不应该太过分。于是,就说了一句:"当然,保险也不是什么都不好。也有它好的一面。"高小姐等的就是这句话。立即接着说:"我知道您是学经济的,关于保险的好处,想必您也肯定会总结得好的。"于是,这位老总就开始总结起保险的好处来了,高小姐擅长引导,老总不知不觉越谈越开心。当谈到一定程度的时候,高小姐一笑,说:"谢谢您的总结。您看,您总结的保险的好处有七条,短处有四条。您看,我应不应该选择这个行业呢?"

老总一听,愣了,之后哈哈大笑。说:"好吧,我本来对保险是很抵触的,但经你这么一说,我就下决心投保了。"于是,高小姐签下了平生最大的一个保单。

(十)两家卖早点的小店,早点品种、服务没什么两样,但甲店总是比乙店多卖一倍的鸡蛋,原因在哪?乙店客人进门,服务员会问一句:"要不要加鸡蛋?"有一半要一半不要。而甲店客人进门,听到的是:"要一个鸡蛋还是两个。"客人有的要一个,有的要两个,不要的很少。这样,甲店的鸡蛋总是卖得多一点。

分析:

1.甲店成功的原因是什么?

2.这则案例给我们什么启示?

(十一)某大型超市的一个奶制品专柜,有小张、小刘和老李三个推销人员。当您走近小张时,小张面带微笑,主动问长问短,一会儿与您寒暄天气,一会儿聊聊孩子的现状,总之聊一些与买奶无关的事情,小张的方式就是礼貌待客。而小刘则采取另外一种方式,他对顾客说:"我能帮您吗?您要哪种酸奶?我们对老客户是有一定优惠的。您想参加这次活动吗?"小刘的方式是技巧推销。老李的方式更加成熟老到,他和您谈论您的日常饮食需要,问您喝什么奶,是含糖的还是不含糖的?也许您正是一位糖尿病人,也许您正在减肥?而老李总会找到一种最适合您的奶制品,而且告诉您如何才能保持奶的营养成分。老李提供的是个性化的沟通模式。

以上三种推销模式你认为哪一种最有效?你会如何选择?这三种模式之间的内在联系是什么?

第三节 导游口才

一、概述

(一)导游语言的界定与特点

导游语言是在长期的社会实践中逐渐形成的有职业特点的行业语言,导游口才艺术就是导游对语言的提炼和优化,是融观念、灵感、技能、审美于一体的再创造活动。

导游语言是一种口头语言,具有科学性、知识性、艺术性、生动性、通俗性的特点。导游语言对旅游者的心理活动和旅游感受产生直接影响。

(二)导游语言的基本要求

对导游人员而言,导游服务的效果在很大程度上取决于导游人员掌握和运用语言的能力。导游员的职业责任就是在整个旅游活动中尽心尽力地为客人服务。一个合格的导游必须具备渊博的知识、扎实的语言功底、优美的口语表现能力。

1. 文明礼貌

导游是旅游业的一个窗口,与其他的服务行业一样,一个好导游要依靠语言来完成各项接待任务。因此,导游的口才要求首先是文明、热情、礼貌。

2. 幽默生动

幽默是导游语言的最高境界。导游的语言应活泼大方、风趣生动,增强语言的感染力。给旅游者一种亲切、热情、值得信赖的感受,使游客在笑声中消除疲劳,增长见识。

3. 表述清晰

导游的语言要口语化,朗朗上口,直观形象,富有哲理,通俗易懂、耐人寻味而不粗浅,导游一定要用美丽的语言"美化"风景,给游客创造美的意境。

4. 从容灵活

导游需针对游客不同的心理素质和不同的爱好、明显的个体差异,因人而异、因地而异、因时而异地讲解介绍,增加语言的情趣,以适应对象的差异性、多变性。

二、语言技巧与典型范例

导游通过语言与游客沟通、交流,满足游客求知、求解、求乐、审美等需求。"祖国山河美不美,全靠导游一张嘴"。这句话从语言表述的角度,说明了导游嘴上工夫的重要。导游全凭"嘴功"引导游人去发现美、探索美、欣赏美。导游语言是需要一定技巧的。

(一)显现法

又叫直接法。导游用明确简练的语言,直接表述景点中心内容。

1. 开门见山

用直截了当的语言,按前后顺序、因果关系简明扼要地介绍参观游览点概况的讲解方法。

各位游客:现在你们脚下的这块黄土地,便是3000多年前古蜀国的都城所在地。而现在,则是"全国重点文物保护单位"——三星堆遗址。

在这个遗址中,近几十年来出土了数以万计的各类文物,特别是1986年7月至9月,2个大型祭祀坑的相继发现,上千件地坑宝藏的出土,如平地春雷,石破天惊,震惊了全国,轰动了世界。之后,我们在遗址的一角,建起了这座大型的现代历史博物馆,就是为了让这批中华古代文明的瑰宝,能够得到充分展示。让来自五洲四海、四面八方的朋友领略这批人类文化遗产的璀璨光彩。

现在,请大家随我步入这座融原始意味和现代气息于一体的艺术殿堂,去回顾一次古蜀国历史,去作一次美的巡礼。

除客观介绍外也可做具体的描述。

日月潭之美,在于它环湖皆山,重峦迭峰,郁郁苍苍;湖面辽阔,水平如镜,潭水湛蓝;湖中有岛,水中有山;波光岚影;一年四季,晨昏景色,各有不同。在风和日丽的春天,翠山环绕,堤岸曲致,山水交映,变化多端,当晨曦初上时,万籁俱寂,湖水放射出绮丽的色彩,倏忽变易,神秘莫测;每逢夕阳西下,日月潭畔晚霞四起,轻纱般的薄雾在湖面上飘荡回旋;若遇细雨濛濛,四周山峦犹如经水冲洗,显得格外清净,水光山色,更是碧绿得可爱;尤其是秋季的夜晚,明月照潭,清光满湖,碧波素月交相辉映,宁静优雅,置身其间,如临仙境。清人曾作霖曾用"山中有水水中山,山自凌空水自闲"的诗句来赞美日月潭这"青山拥碧水,明潭抱绿珠"的美丽景观。游人常把它与西湖相比,究竟谁美?其实,祖国山河,何处不美!日月潭不仅是台湾人民的骄傲,大陆同胞亦为它那"万山丛中突现明潭"的奇景而自豪。

2. 解中升华

导游向游客叙述有关历史人物、事件、神话故事、逸闻、典故等,不仅会给景观增添神秘的色彩,而且能丰富游客的历史知识,加强自然景观和人文景观的美感,使旅游者受到启迪和教育,运用形象思维更好地了解眼前的景观,从中得到美的享受。

"这座古琴台相传是春秋战国时期的著名音乐家俞伯牙鼓琴的地方。有一次,楚国的俞伯牙坐船遇风,阻隔在汉阳,在这里,他遇见了一个叫钟子期的人,伯牙知道钟子期喜欢听琴,就用十弦竖琴弹了两支曲子,一曲意在高山,一曲意在流水。钟子期听完,很快把乐曲的含意说了出来,伯牙十分钦佩,两人从此成了莫逆之交。一年后,钟子期病逝,俞伯牙十分难过,特意到钟子期的墓前弹奏了一曲'高山流水',弹完后就把琴摔掉了,发誓不再鼓琴,这就是后人所说的伯牙摔琴谢知音。北宋时,为了纪念他俩,就在当年他们鼓琴、听琴的地方建了一座琴台,取名伯牙台。"游客们纷纷被导游员述古式的讲解所打动,再看古琴台时,感受就不一样了。

坐落在武汉月湖畔的古琴台,游客就这么看,没有多大意思,导游员采取述古式的手法后,游客对琴台的了解就深入透彻多了。让民间传说感召旅客,帮助游客在欣赏自然景观和人文景观时,感觉、理解、领悟其中的奥妙,甚至还可进一步领悟现代人之间的相处之道。

李熙宗《公关语言教程》中有一经典案例:山东蓬莱有位优秀导游,一次为八位日本客人导游,当从"八仙桌"讲到"八仙过海"的故事时,有位日本朋友问道:"八仙过海飘到哪儿去了?"这是一个难题,没有人考证过。导游一看眼前的八位日本客人,灵机一动,答道:"我想,为发展中日两国人民的友谊和交往,八仙过海东渡到邻邦日本去了吧!"日本客人一听,高兴得笑起来。

导游的回答十分巧妙,巧妙就巧妙在把眼前的情景、巧合的数字(八仙过海、八位日本客人),顺着客人的问话,和中日两国人民的友谊自然地联系起来,使回答既得体又意味深长。

3. 诙谐风趣

机智巧妙地幽默诙谐,使游客在轻松活泼的氛围中进入一个崭新的意境,使旅游者产生新鲜感、愉悦感。让游客在乐趣中得到精神享受,留下深刻的印象。

示例

各位游客,大家好!我叫刘峰,是美华旅行社的导游,我的持证号码:246782。也是今天我们这个团队的导游,很荣幸为大家服务。和大家初次见面,我很难记住在座的每一位的姓名,但是大家一定要记住我哟,黄山的帅哥——其实我的名字也非常好记,刘峰倒过来就是——风流!

自我介绍时幽默诙谐,妙语连珠,有时候可以自嘲一下,有时候还可以将自己的名字演绎发挥一番等,巧妙的做法不仅能给游客留下深刻印象,而且能够很快地创造出一种融洽的交际气氛,有效地缩短导游与游客之间的心理距离。

 示例

各位朋友:大家好!有一首歌曲叫《常回家看看》,有一种渴望叫常出去转转,说白了就是旅游。在城里呆久了,天天听噪音,吸尾气,忙家务,搞工作,每日里柴米油盐,吃喝拉撒,真可以说操碎了心,磨破了嘴,身板差点没累毁呀!(众人笑)

所以我们应该经常出去游游,到青山绿水中陶冶情操,到历史名城去开拓眼界。人生最重要的是什么,不是金钱,不是权力,我个人认为是健康快乐!大家同意吗?(众人会意)

导游交际过程中,导游员与游客见面伊始,都要说上几句应酬话,从而沟通彼此的感情,创造出一种和谐的氛围。这是一种必要的沟通,不是简单的打招呼,也不是轻描淡写的问候,应予以必要的重视。

 示例

某导游的结束语:"要谢谢大家。和你们在一起,我也很愉快。一位老导游说过:任何愉快的旅行,最愉快的还是最后那一段,那就是——回家。

衷心地祝大家一路平安。回家后别忘了代我向你们的亲人转致我们旅行社的问候,祝你们幸福、愉快!"

话虽不多,但宾主双方在幽默的氛围中都体验到那种真诚的人性美、人情美。

4. 问答互动

导游员在讲解时,为了激起游客的兴致,活跃游览气氛,让游客在游览中观察,在观察中领悟,可以使用向旅游者提问题或启发他们提问题的导游讲解方法。互动可以运用提问、反问等方式,做到讲中有问,问中有答,你问我答,我问你答,促使游客和导游人员之间进行思想交流,使游客获得参与感或自我成就感的愉快,同时使双方关系更加融洽。

示例

游无锡蠡园时,导游员让游客先看春、夏、秋、冬四个亭中的春亭,指着匾说:"春亭挂的匾额是'滴翠',表达了春天的形象,有特色。那么,夏、秋、冬三个亭子会用什么题匾呢?各位朋友是否能猜中?"一石激起千层浪,游客边猜边看,猜中的笑逐颜开,未猜中的纷纷敬佩题匾者的文笔之妙。

示例

大家快看,那些千奇百怪的石头就环绕在我们的身边,有的像报晓的雄鸡,有的像步履蹒跚的老人,还有的龟鱼对望……山峰也千姿百态:笔架峰、飞来石、仙人指路、天狗望月……数不胜数,最具有特点的是莲花峰。你们猜这座峰海拔在多少米呢?一百多米?不对,太少了。八百多米?也不对,还是太少了。不知道了吧!好!我告诉你,它的平均海拔是——一千八百六十四米,是黄山的第一高峰呢!相传当年观音菩萨奉天帝之命巡视来到黄山,将自己乘坐的莲花宝座化成了黄山一座雄奇秀丽的山峰。

(二)比较法

1. 疏密有度

在介绍眼前景物前,先简述天下有名景点中同类景物,这样可以唤起游过该地的游客美好的回忆,同时又是对眼前景物的烘托映衬,以激起欲知其究竟的好奇心和求知欲。使游客由被动地听讲解变为主动探寻,在一般讲述的基础上用凝练的词句概括出所游览景点最精彩、最有特色之处,这种方法能给旅游者留下突出印象。

示例

到过杭州的朋友一定知道"上有天堂,下有苏杭",其实,把杭州比喻成人间天堂,很大程度上是因为有了西湖。千百年来,西湖风景有着经久不衰的魅力,她的丰姿倩影,令人一见钟情,就连唐朝大诗人白居易离开杭州时还念念不忘西湖"未能抛得杭州去,一半勾留是此湖"。诗人说他之所以舍不得离开杭州,其主要原因就是因为杭州有一个美丽迷人的西湖。

而在我们徽州区唐模村,则成就了闻名遐迩的檀干园。相传,清初唐模许氏有一位富商在苏浙皖赣一带经营36片当铺,时称36典。其母想往杭州西湖游览,苦于山高路远,年老体衰不便成行。于是这位孝子不惜巨资在村边挖塘垒坝,模拟西湖景致,修筑亭台楼阁、水榭长桥,湖堤遍植檀花和紫荆,供母娱乐,并报答乡邻相助之恩。田园内遍植檀花,又有一泓小溪缓缓绕流,取《诗经》"坎坎伐檀兮,置之河之干兮"之意而名曰"檀干园"。现修葺一新的园林,由94

岁高龄的原上海博物馆馆长顾廷龙老先生于1997年4月题写了"檀干园"三字,古朴苍劲,题字数月,顾老先生即飘然仙逝,令人扼腕长叹。请游客朋友放眼饱览位于黄山脚下的"西湖胜景"吧,它会使您"直把唐模做杭州"。

从西湖开说,引出游人对西子湖畔的美好回忆,再把话题转到檀干园,让游客倍感此景之美胜过西湖,留恋其中,对此留下美好而深刻的印象。

2. 虚实结合

在导游的讲解中将典故、传说与景物介绍有机结合,以"实"为主,以"虚"为辅,导游员在导游讲解时要避免面面俱到,而要突出某一方面。这种方法可以给旅游者留下深刻的印象。

我们接着往前走。黄山的历史文化气息浓厚,流传着许多美丽的故事。"妙笔生花"就有一个故事。传说,有一年春天,诗人李白来到黄山,见到北海山峰竞秀,景色奇美,禁不住诗兴大发,便昂首向天,高声吟道:"黄山四千仞,三十二莲峰……"他写下这首诗,将毛笔顺手一掷,那毛笔翻翻摇摇,从空中落下插入土中,转眼间,笔尖化成一棵松树,矗立在散花坞中。

用大诗人李白对黄山美景的赞叹,引出一个"妙笔生花"的故事,虚实相间,使游客从对眼前黄山美丽的自然风光的欣赏,转落到对黄山历史文化的感受:徽州充满了魅力,又充满了神秘,神秘中又是那么气宇轩昂,博大精深,令人拍手称绝。

3. 动静互衬

导游在对讲解对象进行解说时,着意突出客观事物的动与静的关系,以静态渲染动态,以动态反衬静态,构成似静实动的艺术意境。

大昭寺是西藏最辉煌的一座吐蕃时期的建筑,殿宇雄伟,庄严绚丽,每日被转经的人流簇拥着。大昭寺又名"祖拉康",藏语意思是经堂。"大昭",藏语为"觉康",意思是释迦牟尼,就是说有释迦牟尼像的佛堂。而这尊释迦牟尼像便是指由文成公主从长安带来的一尊"觉阿"佛(释迦牟尼12岁时的等身镀金像),它在佛教界具有至高无上的地位。

这座土木结构的寺庙,主殿三层,殿顶覆盖着西藏独具一格的金顶,阳光下浮光耀金,光彩夺目。寺前终日香火缭绕,信徒们虔诚的叩拜在门前的青石地板上留下了等身长头的深深印痕。万盏酥油灯长明,记录着朝圣者永不止息的足迹,也留下了岁月的永恒。一千多年的历史,一千多年的香火,延续了一个流传了一千多年的故事。

导游员的讲解使祖国的大好河山由"静态"变为"动态",使沉睡了千年的文物古迹死而复生,取得了超乎寻常的审美效果,给旅游者留下难忘的印象。

(三)隐现法

1. 制造悬念

导游员先引出话题或提出问题,但不告之下文或暂不回答,让旅游者自己去思考、去琢磨、去判断,最后才讲出结果。

在导游解说中巧设悬念可吸引游客的注意,增加好奇心。常用的言语是"且听下回分解"、"到那里再说"、"大家上去便知"等等。导游通过悬念的制造,使旅游者主动参与到旅游活动中来。

各位游客,大家好!欢迎诸位来北戴河旅游,祝各位在北戴河度过一段轻松惬意的时光。北戴河的蓝天白云、青松翠柏、碧海金沙、绿树红墙,会让您流连忘返,终生难忘;北戴河深厚的文化积淀,会让您在历史的长河之中,倾听那流传千古的故事,回味那余韵无穷的篇章。北戴河一本厚厚的书,气势恢弘,博大精深,是首长长的歌,流光溢彩,韵味绵长。

千万别着急——请您静静地听,我给诸位细细地讲。

2. 启发想象

由此景联想到彼景,或是与此景有关的知识。导游员不能就事论事地介绍景物,而要借题发挥,利用所见景物使客人产生联想,从而领略其中之妙趣。导游讲解的内容要与所见景物和谐统一,让旅游者感到景中有情、情中有景,情景交融。

大家请跟我来,我们现在看黄山松,黄山松是黄山景区的一绝,最为人称道的是崖松和山顶松。大家向远看,在玉屏左侧,悬崖峭壁边长着一棵松树,你们说,这是什么松呢?——对了,这就是有八百年树龄的迎客松。看,山上的迎客松正在微笑着,向我们伸出了热情的手,欢迎各位远道而来的客人呢!它是那样的雍容大度,姿态优美,是黄山的标志性景观。游客们,再放眼看看其他的松树,许多是在悬崖峭壁上纵横堆叠,形成各种绝妙的组合。且不说那展翅欲飞的凤凰松,玉麒腾跃的麒麟松;也不说那轻歌低吟的竖琴松,缠绵亲昵的连理松。单是那漫山遍野普普通通的无名松,就足以把黄山装点得妙不可言,难怪古人说:"黄山之美始于松。"啊!好了!大家请在这里欣赏半个小时,然后在这儿集合。

情景交融的比拟,迎客松是植物,赋予人的思想感情之后,会"微笑",会"伸出热情的手",这样就增添了形象性。

在景色如画的苏州太湖洞庭山的石公山上,一位导游员对游客描绘说:"朋友们,我们现在身在仙山妙境,请看,我们的背后是一片葱翠的丛林,面前是无边无垠的太湖。青山绕着湖水,湖水映着青山。山石伸进了湖面,湖水'咬'住了山石,头上有山,脚下有水。真是天外有天,山外有山,岛中有岛,湖中有湖,山如青龙伏水,水似碧海浮动。"接着,他吟道:"茫茫三千顷,日夜浩青葱,骨立风云外,孤撑涛声中。"

这位导游情景交融的描绘,声情并茂的吟诵,使游客感觉像在观看彩色宽幅风景影片的同时,听着优美的画外音。谁不深深陶醉其中?

"千岛湖的水,涟涟如雾地缠绕在山的肩头;千岛湖的山,隐隐作态地沉湎在水的怀抱。千岛湖的山水像一幅涂抹在宣纸上的风景画,极尽构图之匠心,俱显线条之清丽,那么美仑美奂地舒展着,那么风情万种地起伏着。她用山的钟灵揽天光云影,她用水的毓秀成湖风山月。"

这里将千岛湖比喻为山水风景画,令人产生无尽的遐想。

请大家顺着我的手指看北边那一道起伏有致的山峦,是不是极像一位安详入睡的美人?这位睡美人体态丰盈,素面朝天,轻轻枕着水乡的温柔,在一个千年的梦中等待唤醒她的王子。我们太平湖素有"黄山情侣"的美称,既是情侣,自然有定情之物,大家看那湖岸处与碧水相衔接的地方有一条金黄色的带子,恰似姑娘颈项上戴着的金链,这金链想必就是黄山赠予他的姑娘——太平湖的定情物了。

运用想象的观赏才是真正的观赏。知识丰富会增加一个人的想象力,而想象力会为思维和语言插上翅膀,在语言表达中"飞"起来。导游绘声绘色的解说,打动了所有听众,当然会大受欢迎。

3. 措辞委婉

在与游客沟通时,导游一时的不小心,甚至是无意中的一句话,都有可能伤害游客的自尊心。因此,导游和游客说话,尽量要用柔性的语言,措辞委婉、语调柔和、语气亲切,还有绝不能忘了微笑,这样,才能达到理想的效果。

示例

有一个旅游团乘船在海上观光,船至海中,风浪骤起。许多游客受不住颠簸,开始晕船。正当大家感到狼狈不堪、晕晕沉沉之际,导游小姐却浅浅一笑,说出了一句富有诗意的话:"你们都被壮丽的海洋陶醉了"。短短一句话,道出了一份体贴和尊重之情,给那些晕船游客带来了温暖、安慰和鼓励。

完全从关照游客心理感受的角度出发,体现着人们在交际中的亲和要求,自然也就容易被游客接受。从而使游客减少对因晕船造成的身体不适所带来的不便的担心,情绪甚至能慢慢高涨起来。这种亲和需求在融洽的气氛的推动下逐渐升华,从而顺利地达到目的。

导游的语言是多姿多彩的,根据游客的不同、旅游目的的不同、景致的不同,甚至气候、场景的不同,灵活地运用自己的语言为游客的整个旅游生活营造愉悦的气氛,尽可能给游客带来身心的放松,获得最大的享受。

训练设计

一、思考。
(一)怎样理解导游语言的内涵?
(二)导游人员的口语表达要注意掌握哪些要领?
(三)简述导游语言运用应遵循的基本原则。
(四)观景时怎样激发游客的想象思维?
(五)举例说明导游讲解中常用的修辞手法。
(六)导游员怎样正确对待旅游者的越轨言行等问题?

二、话题训练。
(一)以书上的材料或自找材料,根据自己的需要和兴趣有选择地进行一些基本的气息训练,以提高语言的表现力。
(二)在镜子面前讲一段话或进行自我介绍,要求辅以恰当的表情动作。
(三)如果你有机会旅游或参观,请揣摩导游和解说员表达上的区别。
(四)选择国内一著名景点,查阅相关资料,创作一段导游词,并在台上演示,有条件的还可制作PPT。

要求:仪态亲切大方,语言优美生动。

(五)在条件许可的情况下,让同学到附近著名的旅游景点,组织他们进行现场导游讲解。可以将教学班学生分成若干组,每组讲解一个景点,分工协作完成。

(六)导游语言艺术能激发旅游者的热情,优秀的导游词不仅能使游客得到美的享受,激发游客的兴趣,使之积极参与游览活动,而且能够巧妙地传递适量的知识,从而获得美感的享受和满足。在具体做法上,首先要说好导语,即开场白;其次是匠心独运解说主体;再次是精心设计结束语。请你试着设计一篇首尾齐备的导游词,并面向同学解说。

（七）由于天气原因去海南的飞机不能按时起飞，游客情绪低落，有的游客心情烦躁，对你大吵大闹十分不满，在这种情况下，作为导游应如何处理？请运用导游语言技巧使旅游者的情绪平静下来。教师把教学班学生分成若干组，其中一名学生作为导游员，其他学生作为游客，进行模拟练习。

（八）小徐是位刚跨出旅游学校校门的导游员，这次他带的是来自T地区的旅游团。上车后，与前几次带团一样，小徐就认真地讲解起来。他讲这个城市的历史、地理、政治、经济，他讲这个城市一些独特的风俗习惯。然而，游客对他认真的讲解似乎并无多大兴趣，不但没有报以掌声，坐在车子最后两排的几位游客反而津津乐道于自己的话题，相互间谈得非常起劲。虽然也有个别的游客回过头去朝那几位讲话的看一眼以表暗示，但那几位游客压根儿没有意识到似的，依然我行我素。看着后面聊天的几个游客，再看看一些在认真听自己讲解的游客，小徐竭力稳定自己的情绪，使之不受后面几位聊天者的影响。但是他不知道怎样做才能阻止那几位游客的聊天。

如果你是这个旅游团的导游员你准备怎样做？

（九）导游人员平时要注意练声，从低声到高声分级练习，以便在不同的情况下掌握说话音量的大小。朗读并体会下面这篇导游词。

北戴河的美，首先美在它的海。在18.8公里的海岸线上，沙滩和礁石，相互交错；海湾和岬角，依次排开。沙滩松软洁净，堪称北方第一。礁石造型奇特，引人无限遐思。海湾浅浅碧水，浴场沙软潮平。岬角拔地而起，观鸟观日出，此处最富吸引力。大海的开阔，教给我们学会宽容；大海的博大，激励我们不断追求。大海是我们的朋友，大海是我们的老师。人类来自大海，大海是人类永远的故乡。

北戴河的美，还美在它的山。天下的山，有的以高大雄伟而闻名，有的以挺拔险峻而著称，攀登它们，不仅是对生命极限的挑战，也是对意志体力的考验。北戴河的莲蓬山却不同，它的海拔高度只有152.1米，它把高大雄伟、挺拔险峻，作为能够实现的目标，却把温柔舒缓、平步青云，作为不知不觉的过程。无论男女老少，不必气喘吁吁，慢慢走来，都能登上海滨最高峰，眺望方圆百里山川大海的旖旎风光。莲蓬山公园是一个有着80多年历史的森林公园，奇石异洞、青松翠柏、亭台阁榭、鸟语花香，把莲蓬山装点成一个有着鲜明个性的绿色公园，一幅气象万千的绚丽画图。

北戴河的美，更美在它的环境。北戴河常年保持一级大气质量，城市森林覆盖和人均占有的绿地面积，都居全国前列。北戴河是世界著名的观鸟地，是我国第一个候鸟保护区。"北戴河湿地"被纳入"国际湿地保护网络"。这里能见到409种鸟类，占我国现存鸟类的40%。鸟类是最有权威的自然环境鉴定师。鸟类选择的栖息地，必定环境质量最好。北戴河优美的自然环境，是大自然的造化，也是当地居民世世代代尽力保护的结果。

北戴河的美，是气候的美。它受海洋气候的调节，春光明媚，鸟语花香；夏无酷暑,水碧沙明;秋高气爽,蟹满鱼肥;冬无严寒,静谧安详。北戴河良好的气候条件,使北戴河成为四季皆宜的旅游胜地。北戴河是我国旅游业的发祥地,它最早开发于光绪十九年(1893年)。被称为东亚避暑胜地。北戴河属于全国人民,属于全世界,是地球母亲赐予的丰厚的礼物,是东西文化交流的智慧结晶。

(十)声情并茂朗读练习。

1.各位朋友,各位来宾:

欢迎大家乘船游览美丽的漓江。

漓江属于珠江水系,发源地在桂林北面兴安县境内的猫儿山。猫儿山是史称五岭之一的越城岭主峰,海拔2238米,号称中南最高峰,漓江由猫儿山下的涓涓细流汇集而成,兴安县境内至今还保留着秦始皇时期修建的"灵渠",它是中国第一条人工运河,史称"兴安灵渠",它把漓江的水和湘江的水连接起来。湘江在湖南境内,属于长江水系。大自然赋予了它特定的方式。大家都知道,"世上无水不东流"是因为地球西部地形高,东部地形低所造成的,但唯有湘江的水是由南向北而去,漓江的水由北向南而下,所谓"湘漓分流"、"相离而去",漓江故此得名,大概就是这个意思吧。另外漓江的"漓"字,在字典里面是清澈、透明的意思,大概也是漓江名称最佳的含义。漓江在中国的历史上曾经起过重大作用,灵渠开凿之后,它沟通了岭南与中原,对秦王朝统一中国,以及对桂林乃至西南地区政治、经济、文化、军事都有深刻的影响。

2.各位游客朋友:

泰山的日出,是一个想象的世界,神奇的世界,日出景象的美妙是笔墨难以形容的。自古以来,无数诗人对泰山日出的壮丽景观都有过生动的描述。宋代词人梅圣俞的"晨登日观峰,海水黄配熔。浴出车轮光,随天行无踪"的绝句尤为人爱,凌晨破晓前,站在日观峰,举目东方,晨星渐没,微晕稍露,天地间的一片云海滚动,稍顷,一线晨曦透过云层照亮东方,这时天空由灰变黄,继而呈现橙、紫、红瑰丽的朝霞,波浪似的云层,在阳光的照耀下,组成一幅幅五彩缤纷、绮丽多姿的图案,旭日在阳光中婷婷娜娜从云层升起,阳光因受海波起伏的影响忽隐忽现,闪烁不定,日轮缓升时又受波峰、波谷推进的影响上下跳动,渐渐成圆形,磅礴而出,金光四射,群峰尽染,大地一片光明。

第四节　主持口才

一、概述

(一)节目主持人的界定与特点

在广播电视、文艺活动、社会活动中,出场为受众(听众、观众)主持各种节目的人,叫做节目主持人。节目主持人是节目起承转合的引导者,也是参与互动、引发共鸣的带路者。因此，主持人可以说是节目的灵魂。

主持人不是表演者，但也有别于新闻通讯和文章的播报者。主持人在节目中作为沟通节目与受众的中介，以第一人称"我"的口吻介绍、组织、评说、串联节目，与受众交谈。同时还要特别注意调动受众的注意力，激发他们的兴趣。主持人语言能力的强弱、水平的高低折射出主持人的文化底蕴，直接影响节目的质量。主持人的语言表现，更成为至关重要的因素。

（二）主持人的素质要求

节目主持人职业的特殊性要求主持人具备较高的素质。节目主持人的素质直接影响着节目的质量。一名优秀的主持人应具备：

1. 健全的思想品德修养

政治涵养直接关系到主持人对节目方向、价值和深度的把握。

2. 丰富的文化知识积累

文化涵养直接影响着主持人主持节目的质量。

3. 良好的职业道德素养

良好的职业道德素养是塑造主持人形象的基础。

4. 较强的语言表现能力

既要严密准确，又要轻松、活泼、悦耳。

优秀的节目主持人总是能以他们饱满的热情、平易近人的态度、厚积薄发的功底和深入浅出的技巧，或侃侃而谈，或娓娓道来，或画龙点睛略加评点，或连缀穿插自如得体，或灵敏反应机智贴切，语流畅达颇具风采。董卿在主持第12届CCTV电视青年歌手大奖赛时表现出的那种健康、自信、睿智、机敏、温文尔雅，就形成了自己的独特魅力，让观众享受到集竞赛、娱乐、文化于一体且极具人文关怀的精神大餐。

二、语言技巧与典型范例

节目主持人，应该是"从语言到思想和激情"的艺术家。语言艺术并不是花哨繁复的技巧组合，主持人要成为艺术家，需要智慧和策略的支撑。主持人必须说好普通话，这是主持人语言表达的基本功。节目主持人恰如其分的语言技巧，对整台晚会能起到承上启下、锦上添花的作用。

（一）精练出色的开场白

开场白是一台节目或一个会议的"脸面"。一段好的开场白无疑会先声夺人，使观众耳目一新，为之一振，情趣陡增，从而取得未曾开戏先有情的艺术效果。开场白的形式多种多样，可根据主题内容需要进行选择。这里主要以综艺节目主持为例。

1. 概述式

各位观众，各位来宾，晚上好！欢迎收看中国中央电视台和新加坡电视机构共同主办的国际大专辩论会。今天将要进行的是人们期待已久的大决赛,也可谓本届辩论会的高潮。

一开始就以简练的语言,单刀直入,清楚地告诉观众活动的内容及基本情况。营造一种摩拳擦掌、群情激奋的氛围,观众很快融入辩论会大赛之中。

2. 叙述式

北大的一位新生到学校报到的那天,在校园里碰到一位衣着朴素的老人,他以为是校工,便请他帮忙看行李。一个小时以后,他回来了,那位老人在行李旁等着他,他谢了老人。第二天的开学典礼上,这位新生惊奇地发现,主席台上,昨天帮他看行李的老人正坐在校长的旁边,他就是副校长季羡林。

这是《东方之子》的主持人白岩松,在《学者系列——季羡林》中的开场白,他先以平和的话语讲述了季羡林帮一个北大新生看行李的故事,使观众了解到文学泰斗季羡林在生活中是一个衣着朴素、平易近人的老人,人们在感动中对老先生更加敬重,在说者与听者产生同感后,主持人引入正题,收到了很好的访谈效果。

3. 导入式

用一段带有启发式的开场白,引发受众的兴趣,然后自然引入正题。

各位同学们,大家晚上好!

21世纪的今天大学生创业正成为一种风气。随着大学教学的改革,尤其是大学生社会实践活动的增多,许多大学生已经不满足仅仅是死读书,而试图将自己所学的知识应用于实践,回报社会。一股创业风正在刮起。信息时代的社会就业正处于新陈代谢、不断加速的状态,作为社会建设主力军的在校大学生也纷纷跻身创业之路,对此,支持者、反对者皆有之。

那么大学生创业到底是对是错呢?这就是本次辩论赛的辩题。

正方观点:大学生可以自主创业

反方观点:大学生不应该自主创业

这是某校以大学生创业为题的一场辩论赛的开场。主持人先从大学教学改革入题,引出"今天大学生已经不满足仅仅是死读书,而创业正成为一种风气"。接着引出对这个问题两种截然不同的观点。然后用一设问句"大学生创业到底是对是错呢?"自然导入正题。非常具有吸引力。

老师,同学们,大家好!

秋风送爽,又一个金色的季节到来了。我们的祖国已经走过了近六十个年头。六十年,在历史的长河中不过是匆匆的一瞬,但是在我们这些中华儿女的心中,却是一段永远难忘的峥嵘岁月。今天,我们同聚在这里,共同为祖国母亲献上虔诚的生日贺礼。我宣布国庆诗歌朗诵比赛现在开始!

首先,请欣赏……

此段开场语言口语化,导入亲切自然。更具亲和力、感染力和凝聚力。

4. 推进式

按逻辑的递进关系逐步推进,逻辑脉络非常清楚,一目了然。

男:尊敬的各位领导,各位来宾,

女:亲爱的老师们,同学们,

(合)大家好!

男:欢迎来到某学院首届大学生英语竞赛决赛的比赛现场!本次大赛是为促进大学生英语水平的全面提高,激发广大大学生学习英语的兴趣,全面展示我院大学英语教学水平和教学改革成果而举办的。

女:本次大赛由我院教务处、学生处、团委、外国语学院联合举办。经过初赛笔试、复赛口试及作文的激烈角逐,今天,将有来自全院非外语专业的10名同学和外国语的3名同学分别参加非专业组和专业组的比赛。

男:光临今天大赛现场的领导和嘉宾是:

……

让我们再次以热烈的掌声欢迎各位领导的到来!

女:今天来到比赛现场的还有来自学院各系党总支书记、主任及观看比赛的同学们。我们以同样热烈的掌声欢迎他们的到来。

男:担任本次大赛评委的是:

非常感谢各位评委的到来!

女:下面向大家介绍比赛程序,根据抽签顺序选手依次上台,进行个人口语简介、命题演讲、评委提问、英语才艺四个环节。其中个人简介和命题演讲不得超于5分钟,评委提问3分钟,才艺表演不得超于2分钟。

男:介绍评分规则:

女:评委将从语言能力及应用、内容、技巧、时间掌握和整体形象几个方面给选手打分。

比赛正式开始,下面有请1号选手上场,1号选手,来自……演讲的题目是《 》。

请2号选手做好准备。

这是某学院首届大学生英语竞赛决赛的开场,沿时空顺序,按部就班向前推进,高潮在后,让观众心存悬念,观众的注意力牢牢聚焦于赛台上。这是一种使用频率较高的开场方式。

5. 融情式

"尊敬的某某市领导,亲爱的各界朋友们:晚上好!军民鱼水情意浓,淮河岸边喜相逢。我们怀着无比激动的心情,带着部队首长的殷切嘱托,带着全体官兵的衷心祝福,向淮河沿岸人民学习来了……"

开门见山几句话,说明了来意,道出了心声,表达了情感,一下子拉近了双方的距离,体现了鱼水情深的军民关系。

女:同是怀着一颗青春的心。

男:同是有着一个青春的梦。

女:光阴似箭,岁月如梭。转眼,我们已走过了十八个春秋。

男:十八岁是美好的,是充满梦想的。

女:十八岁是幸福的,是风采飞扬的。

女:今天,我们会聚一堂,站在青春茁壮成长的幼芽上翘首回望。回首十八年来的往事,初临人世不久的蹒跚学步,幼儿园里稚嫩的身影,无忧无虑的小学生活……

男:当淡淡的晨曦撒向大地,我们携手迈向青春,从童稚走向成熟。

女:当柔柔的微风吹在脸上,我们跨进了青春的门槛,学会理解、感激和珍惜。

男:当生命历程的花季向我们绽开笑脸,我们以浪漫的憧憬拥抱未来。

齐:下面,我宣布,迈好青春第一步——主题班会,现在开始!(鼓掌)

女:首先,我们诚挚地感谢各位家长百忙之中抽时间来参加此次班会。

男:更感谢班主任老师和所有同学为此作出的辛苦努力。

女:相信在你们的支持下,我们的班会一定会取得圆满成功。

某校"人生的新起点——青春飞扬"主题班会的主持词开场白,男女两位主持人以昂扬的激情,把与会者带入一个美好幸福、充满梦想、风采飞扬的境地,以情入境,为进一步开展会议事项定下了基调。

6. 渲染式

朱：飞向春天,春潮澎湃天地新。

董：飞向春天,春风浩荡山河美。

李：飞向春天,春光无限祖国好。

周：飞向春天,春意盎然万家乐。

朱：中国中央电视台——

董：中国中央电视台——

李：电视机前的观众朋友们,

周：这里是中央电视台综合频道、中文国际频道、英语国际频道、西班牙国际频道、法语国际频道,正在并机直播的2008年春节联欢晚会的演出现场。

张：在这万家团聚、辞旧迎新的时刻,我们向全国各族人民,

刘：向香港特别行政区同胞,向澳门特别行政区同胞,

朱：向台湾同胞、海外侨胞,向全世界的中华儿女们,道一声——

合：春节好!

董：祝大家——

合：新春快乐!万事如意!

这是中央电视台2008年(戊子年)春节联欢晚会上朱军、董卿、白岩松、李咏、周涛、张泽群、刘芳菲七位主持人的开场白。首先以群口词的方式渲染了节日晚会的热闹、喜庆的气氛,把人们带入迎新年的热烈欢乐氛围之中,然后按主题板块进行晚会的节目。这种方式适合大型综艺晚会节目。

会议主持人还兼有活跃会场气氛,调动听众积极性的重任,尤其是对与会者不太熟悉的主讲人,对大家普遍关心的热点问题,主持人若能巧妙地开个好头,为主讲人出场创造良好的氛围,就能使会议效果倍增。

有这么一个经典案例。某大学从外校请来一名教授给学生做《红楼梦》的学术报告,主持人是这样介绍的:"《红楼梦》是咱们国家文化宝库中的宝中之宝,是一部百读不厌的优秀著作。《红楼梦》共一百二十回,数十万字之巨,我们设想一下,生活当中有没有人真的把《红楼梦》读了一百遍?我告诉大家:有!今天我们请来的唐教授,一生痴爱《红楼梦》,读了不下一百遍,甚至能把其中的大部分内容熟练地背出来。唐教授对《红楼梦》很有研究,出版了六部专著,发表了四十多篇论文,是国内外知名的'红'教授。现在我们就欢迎唐教授来给大

家讲一讲'大学生如何欣赏《红楼梦》'。"

这段介绍有两巧,第一,抓住"百读不厌"这个成语,望文生义,设置悬念,然后亮出真相,令人肃然起敬。第二,把唐教授巧妙地说成"红"教授,顺理成章,既轻松幽默,又使人倍感亲切。难怪主持人的话音刚落,听众的掌声便如潮涌起。

7. 对排式

上下句意思上相似、相近、相补、相衬的对称的语言方式,形成表达形式上的整齐和谐和内容上的相互映衬,具有独特的艺术效果。

示例

男:淮河之滨,万众辞旧迎新,同唱美好赞歌!
女:江淮大地,军民携手并进,共建和谐社会!
男:让我们放声歌唱!
女:让我们尽情起舞!
男:某某学院、某某市建设投资有限公司、某某热电有限公司
合:"庆元旦"联欢会现在开始。

示例

男:这是一个浪漫的季节,新郎、新娘拥有一个温馨怡人的爱之甜梦!
女:这是一个醉人的时刻,新郎、新娘开始一个幸福热烈的爱之春天!
男:为了这一季节,鲜花含笑更美!
女:为了这一时刻,今夜星光灿烂!
……

这段婚礼主持开场词,用字数相等、结构相同的对句表达对新人的祝福,朗朗上口。温馨的话语把婚礼带入一个热烈而又弥漫浪漫气息的意境之中。

(二)即兴巧妙的连接词

连接词即串场词,连接词要承上启下,渲染鼓动,抓住听众,使之成为一个有机的整体。节目主持人串词应幽默风趣,富于文采。同时主持人要具备随机应变、临场发挥的沉着应对能力。

主持人要起到向导的作用,把听众领进现场,引向主题。当然,主持人不能把自己的看法强加于别人,而要给听众留有思考的余地。

1. 适度对话(提问)

主持人交流的对象是观众。对于节目主持人来说,一个十分重要的基本功是有效地进行现场调控,能够通过适时的串联与点评,使得节目内容更加充实而不出现无话可说的冷场情况。

示例

中央电视台主持人董卿在第 12 届 CCTV 电视青年歌手大奖赛比赛过程中,采访了一位辽宁的原生态选手,对话如下:

董卿问:你们是开赛以来的第一对汉族的原生态选手,请问是来自辽宁的什么地方?

选手:我们来自丹东市。

董卿问:是来自北水南调工程的丹东市吗?

选手:是的,我们就住在九连城水库边,过了不多久,北京的市民就能喝上清亮的丹东水了。

董卿说:谢谢,不过在喝到清亮的丹东水之前,我们已经听到了你们清亮的歌声。好的,让我们一起来看看你们的得分情况。

寥寥数语,缓和了比赛现场的紧张气氛,让歌手在对话中得到放松和休息,同时,为评委赢得打分时间,整个比赛现场衔接紧凑,环环相扣。董卿丰富的知识涵养为她的主持增色不少。

2. 情景再现

主持人在对某一事物或人物进行描绘时,必须先在内心看到、想象到所讲述的内容,并用语言把这种"情景再现"传达给受众,进而感动受众,吸引受众,达到主持人与受众的互相融合。

示例

"有位著名的作家这样说过:在所有的称呼中,有两个最闪光、最动听的称呼——一个是母亲,一个是教师。我们的老师就是这样以敬业奉献为荣,以教书育人为本,笑迎冬寒夏暑,喜育春华秋实。他们培养的学生,有的当上了工程师,有的成为科学家,有的走上了各级领导岗位,而他们自己仍然是一名默默无闻的普通教师。他们一根教鞭,两袖清风,三尺讲台,四季耕耘,执着从教痴情不改,忠诚于党的教育事业这一神圣使命,无愧于这一伟大闪光而动听的美名——"

这段串联词从人们最为崇尚的教师的职业特点讲起,字里行间,充溢着赞美颂扬,每每听到这样的语句,就会使人不由回忆起求学的岁月,看到老师辛勤耕耘的身影,一种对人民教师的敬仰之情便会油然而生。

3. 设问推进

主持人在驾驭自己主持的节目时,除了要用恰当的语言表达节目的内容,把握现场的气氛和节奏以外,还应是一个高明的问者,具备一种"倾听和交流"的能力,把握良好的分寸,在设问中启发嘉宾和观众,推进节目的展开。

示例

　　某单位文艺晚会上有个《初为排长》的相声,串联词是这样概括的:"人之初,离不开良好环境的熏陶;兵之初,离不开正确教育的引导;排长之初,应如何迈好第一步呢?请听……"

这段剥笋式层层递进的串联词,使观众未欣赏节目,先领会了其概要和主题。

示例

　　"观众朋友,您见过万里长城吗?下面的一曲《长城长》,将把您的思绪带回历史的遐想中。"

这种设问的方式,常常赋予一些老节目以新鲜的意味。主持人的语言表述应该符合节目的需要,话语并不是越多越好,关键要讲到"点子"上。

4. 后续照应

有时候,主持人的客串不是在节目之前,而是等节目演完之后,再不失时机地插上一段话,这种情况可谓之照应式。比如:

　　一曲《战士第二故乡》终了,不仅使我们想起了大海、小岛,更使我们感受到海防战士的胸怀像大海一样宽广。

5. 上下互动

主持人的相互逗说,其目的是要让观众互动,在推波助澜中把晚会推向高潮。

示例

　　下面是中央电视台春晚节目主持人周涛、李咏的一段串词:
　　周:歌如潮,花如海,红红火火过大年,这会儿,煮饺子,贴春联,放鞭炮,打年糕……可以说,神州大地上,家家欢声笑语,户户张灯结彩,年味儿四处飘香。
　　李:是啊,咱中国人过年,还有一套很讲究的老礼儿,周涛,你能说上几个?
　　周:我试试……二十三,糖瓜粘;二十四,写大字;二十五,扫尘土;二十六,炖炖肉;二十七,宰公鸡;二十八……
　　李:(接过)二十八,把面儿发;二十九,蒸馒头;三十儿晚上熬一宵……你知道为什么吗?
　　周:这还用说嘛?等着零点钟声呢,放鞭炮,拜早年……
　　李:看来你对咱们中国的年俗还很了解呀!
　　周:那当然!李咏,我还告诉你,咱老百姓过年,还图个一二三,一个字"乐",两个字"祥和",三个字……你来说……
　　李:要我说,就是"节节高"。(问观众)大家说对不对啊?

李：谢谢观众捧场。下面我就要送一个跟"节节高"有关系的节目给大家。

周：——芝麻开花呀？

李：不，《激情爬杆》，掌声欢迎。

示例

主持人董卿搀扶杨光上。

董：观众朋友们，今晚，我们为大家请来了一位特殊的年轻人，他叫杨光，虽然8个月时，因患先天性眼疾，双目失明，但他从小开朗、豁达、乐观，热爱生活，热爱艺术，每年别人都是在看春节晚会，而他是靠耳朵在听春节晚会，因此他记住了很多艺术家的声音，下面就请杨光给我们展示一下。

歌曲《等待》表演：杨光

（杨光表演模仿文兴宇、曾志伟、马三立的语言片段。）

董：杨光学得像不像？

（观众互动）

董：他不仅学得像，歌唱得也很好，大家想不想听？

（观众互动）

董：杨光，在唱歌以前能不能告诉大家，2008年，你有什么愿望？

杨：我想用一首歌来感谢社会各界对我们残疾人的关心和帮助（鞠躬）。（音乐起）我最大的愿望，就是能为北京残奥会贡献我的微薄之力。

董：大家为他鼓鼓掌，愿杨光梦想成真。

双向交流的传播方式在实现节目有效传达的过程中起积极的主导作用。真诚饱满的情感会使节目主持人更加关注人文关怀，从而更好地提升节目的品位。

6. 即兴发挥

即兴发挥也称临场发挥，对于主持人来说，是一项很高的主持技巧。随着节目的进行，主持人在与演员和现场观众交流中常会出现台本以外的情形。这个时候，主持人结合现场气氛即兴发挥、随机应答就显得尤为重要。一名优秀的主持人总是能使现场气氛热烈，台上台下相互融合。

示例

有一次在国际"白玉兰"电视节群英荟萃音乐会上，当法国著名歌星多罗黛正款款地走向舞台中央时，音响设备却不知何故"哐"地轰的一响，场上顿时十分尴尬，在法国主持过少儿节目的多罗黛以特有的幽默举起双手作了个打枪的手势，曹可凡灵机一动，当即发挥道："多罗黛小姐，刚才是上海观众对您的到来表示欢迎，鸣礼炮一响。"话音刚落，全场一片掌声，一场尴尬轻松化解。

主持人要依据现场动态,做出生动得体的即兴发挥,其作用是强化主题、烘托气氛、沟通交流、引发共鸣。

示例

著名相声演员马季,有一次到湖北省黄石市演出。在他表演之前,有一位演员错把"黄石市"说成了"黄石县",引起了观众的哄笑。在笑声中,马季登台演出。他张口就说:"今天,我们有幸来到黄石省演出……"这话把哄笑中的观众弄糊涂了。正当大家窃窃私语时,马季解释道:"刚才,我们的一位演员把黄石市说成县,降了一级;我在这里当然要说成省,给提上一级,这样一降一提,哈哈,就平啦!"

几句话,引得全场哄堂大笑。马季机智巧妙地加进一些听众感兴趣的内容,使演出得以顺利进行。马季以较强的应变能力圆了这个场。

7. 制造悬念

对于一个看似平淡却很有意义的话题可以用语言给予艺术的加工,更要以新颖的、富有吸引力的提问,制造悬念,引发受众与主持人交流的强烈兴趣,使话题节目像磁石一样吸引受众,并使受众的思绪在主持人的带领下随着节目运行的节奏起伏跌宕,张弛有致。

示例

"干我们这一行的,常年奔波在外,很容易得胃病,得了胃病不要紧,怕就怕遇到那些草菅人命的庸医。您瞧,他来了——"

这段串联词,就是借用了大家十分熟悉的电视广告词,把《庸医》这个小品引发出来的。

(三)回味无穷的结束语

成功的结束语,或是在火爆动情中将晚会推上高潮,或是营造出一种余音绕梁的艺术氛围,给观众以回味无穷的心理感受。要巧于结尾,留下余韵。

常用的结束语有:

1. 号召鼓舞式

示例

"催征的战鼓已经响起,眼前是一片崭新的天地;时代在召唤,未来在昭示;面对挑战,跨越世纪;时不我待,只争朝夕;让我们投身建功立业的大舞台,让壮丽的凯歌奏响在江淮大地!"

这样的结尾,似催征,如号角,很能鼓舞士气,激发力量,使每一位出征者如鼓满风的帆等待起航,从而使晚会在高潮中落下帷幕。

2. 颂扬赞美式

"昨天,我们到黄河口来,看到的是经济建设的春潮澎湃;今天,我们到黄河口来,看到的是日新月异的腾飞世界;明天,我们还会到黄河口来,期待着石油新城更美的风采……"

这当中既包含对共建单位以往取得成就的赞美称颂,又寄托着对美好明天的良好祝愿,这样的结尾,怎能不使人心潮起伏,豪情倍增!如果絮絮叨叨个没完,就会引起听众的反感。

冯尚益烈士走了,带着对工作和战友的不舍,带着父母妻女似水的柔情,带着大大小小的荣誉走了。一名忠诚的人民警察回到了生他养他的地方,他将扎根在这片他深深眷恋着的土地上。如那片郁郁葱葱的草木,展示着自己顽强的生命力,与天边的彩霞交相辉映……

淡泊名利甘奉献,嫉恶如仇无惧色。这是冯尚益一生的真实写照,他的一生是短暂的,他的一生是驱邪恶、解民忧的一生。他用自己三十六年的春秋,证明了人生真正的价值,为我们树立了一个人民警察、一个共产党员的光辉形象。

广州白云区分局永平街派出所民警冯尚益在处置一件群体斗殴事件中,为保护身边的战友,不顾个人安危,坚持站在最前线,不幸遭受穷凶极恶的歹徒袭击,最终因头部受重伤光荣牺牲。这是冯尚益事迹报告会的结束语,高度赞扬了英雄"淡泊名利甘奉献,嫉恶如仇无惧色"的一生,让人们在感动中震撼。

3. 希望憧憬式

朱:观众朋友们,春风拂面满眼新,我们伟大祖国的各项建设事业,又将迈开新的前进步伐。

董:在新的一年里,让我们高举中国特色社会主义伟大旗帜,更加紧密地团结在以胡锦涛同志为总书记的党中央周围,

李:认真贯彻党的十七大精神,万众一心,开拓奋进,为夺取全面建设小康社会新胜利、谱写人民美好生活新篇章而努力奋斗。

周:朋友们,2008年春节联欢晚会又到了与大家说再见的时候了。

张:难忘今宵,难忘这不眠的除夕之夜!那是心中涌动的亲情与感动。

刘:难忘今宵,难忘这万家团圆的时刻,那是心中永存的真诚与祝福。

朱:难忘今宵,难忘这欢乐的情景。

董:难忘今宵,难忘这幸福的时光。

周:让我们在歌声中相约,相约明年的除夕之夜!

李:让我们在歌声中许下心愿,共同拥抱扑面而来的

合:美好春天!再见!

 训练设计

一、思考。

(一)节目主持人应具备哪些基本素质?

(二)你认为当前主持人竞争的核心素质是什么?

(三)舞蹈家赵青在《我和爹爹赵丹》一书中,曾经回忆起她的父亲、表演艺术家赵丹教她如何克服紧张的一段往事——

在我童年时期,曾代表"华龙小学"去卢湾区参加朗诵比赛,不知怎么有些紧张,我告诉了爹爹。爹爹给我讲了个故事:"从前有个书生要当众讲话,他非常害怕。他妈告诉他就把下面听讲话的人当作是一个个灯笼,也就不害怕了。"当我踏上讲台开始朗诵诗时,我想起爹爹给我讲的故事,我果然一点也不害怕了,发挥极好,结果朗诵比赛得了第一名。后来我登台表演就用这种方法,如入"无人之境"。我从阅读中知道苏联芭蕾舞蹈大师谈表演体会时也提到这点"当众孤独"。

你能领悟吗?请按此方法训练自己面对受众的感觉。

二、话题训练。

(一)一句话发言(自我介绍、想法或希望等)。

要求:简洁流畅或独具特色,能给人留下深刻印象。

(二)绕口令练习。通过各部位肌肉放松练习、口腔练习、母音练习、呼吸练习使声音建立在气息基础上,以声带气、以气带声,使每个学生找到自己最漂亮的音色、音质。

(三)找来一篇演讲词或一篇文辞优美的散文练习朗读。一般开始朗读的时候速度较慢,逐次加快,一次比一次读得快,最后达到你所能达到的最快速度。

要求:读的过程中不要有停顿,发音要准确,吐字要清晰,要尽量达到发声完整。

(四)选一段长短合适、有一定情节的小说片段,课堂上以幻灯片的形式让同学们看一段,然后请同学复述幻灯片的情节或人物的对话。

这种训练方法的目的,在于锻炼人的记忆力、反应力和语言的连贯性。

(五)每10人一组,每位参与者做一轮主持人。将自己在生活中碰到的难题、工作学习中遇到的棘手问题说出来向大家讨教。根据时间分配每位参与者发言的时间。

要求:主持人要有亲和力,力争谈吐优雅、善于提问、善于总结。

(六)说话者以有声语言"说"的同时,运用一定的肢体语言来传递某些信息,以形成一种整体美感,这就是"态势语言"。从某种角度来讲,它传递的信息比语言更丰富,更真实,更有效,因而不容忽视。请按要求训练:

1. 同桌微笑着注视1分钟。

2. 做出不同的面部表情(面容)。

(七)假如你是迎新晚会或毕业晚会的节目主持人,请说一段开场白。

(八)练习完成从一档节目前期准备(创意撰稿、设置组织)到进行当众动态主持的完整过程。(既要对现场嘉宾提问、与他们对话,又要与现场观众进行沟通、交流)让学生互动点评演示,教师当场评讲即兴主持技巧。访谈节目创作过程中,强化主持人叙事与议论的讲述性、提问与答问的对话性。综艺节目创作过程中,强化主持人把无序变成有序的操持控场能力,强化主持人的现场应变能力和对节目的驾驭能力。

第五节 教师口才

语言是人类表达思想、进行交流的主要工具之一。言谈是人们进行交流的最主要的方式之一,它也是人际交流中重要的沟通手段之一,在日常生活中有着不可替代的作用。作为人类社会行业中的特殊群体之一,教师的职责是教书育人,正所谓"师者,传道授业解惑也"。教书育人的工作离不开恰当的教师言语,即教师口才。教师如果具备良好的语言技巧,能根据具体的谈话情景,针对具体的、不同类别的谈话对象,用恰当的语言表达出自己的意思,让交际对象(受教育者)满意,这样就可以保证教学、教育的顺利进行,促成教育、教学目标的实现。

一、教师口才的基本内涵与分类

(一)教师口才的基本内涵

教师口才指的是在各级、各类学校中直接从事教育、教学工作的教师在实际工作中运用的具有教师性质的职业语言。

教师是从事教育、教学工作的普通人群,在日常生活中教师通常具有以下两种基本的语言状态:一种是教育、教学的语言,即以教师身份所说的、符合其身份特征的语言;一种是日常生活中作为普通人所说的、日常生活化的语言,这属于通用口才中的一部分,比如,人际交往口才等。我们在这里强调的是教师在教育、教学中所说的语言,专指的是教师的职业语言即教师口才。

(二)教师口才的类型

根据在具体工作中对象和内容的不同分类,教师的职业语言主要分为教学语言和教育语言两种基本类型。

1. 教学语言

教学语言,即教师在教学的过程中传递信息、提供指导、讲授知识、辅导学生和进行评价时恰当运用的语言。它不独立存在于教学之中,却是一切教学活动最基本的教学行为。它是师生互动的结晶,是情感与知识交融的产物。这即要求教师要将知识用科学的、规范的语言,通过准确的、严密的、有条理的方式向学生传递,启发学生思维,启迪学生心智,引导学生思考,培养学生能力,帮助学生完善自我、提高自我。教学语言的种类众多,依据不同的标准可以有多种分类。如:根据教学步骤的不同,可分为教学导入语、教学过渡语、教学内容语、教学结束语等;根据表达方式的不同,可分为教学灌输语、教学交谈语、教学讲述语等;根据教学内容的不同,可分为文科教学语(语文、政治、历史等)、理科教学语(数学、物理、化学等)、实践教学语(体育、劳动等)等;根据教学目的不同,可分为普通式教学语、启发式教学语、总结式教学语等。无论哪一种教学语言其目的都是要将最有效的信息科学、准确、规范、及时、高效地传递给学生,用以培养学生的自主思考、自主学习、自我教育能力。

2. 教育语言

教育语言,即教师在对受教育对象(包括全社会所有受教师教育的人员,这里主要讲的是学生)进行思想品德教育,以端正学生的学习态度,规范学生的日常行为,培养学生情商的过程中教师所使用的语言。

教育语言是教师在"育人"环节中的重要媒介之一。它是教学语言在教育、教学过程中的重要延伸。从学生的整个人生发展角度而言,教育语言对学生的影响甚至超过教师的教学语言(即"教书")。教师的一席话可以改变一个学生的整个人生发展轨迹,它可以拯救一个学生,也有可能毁掉一个学生。所以,教师在使用教育语言的过程中应当采取慎之又慎的态度,达到真正"育人"的目的。把所有的学生都培养成"参天大树",这个目标应该是每一位教师的由衷期望,但这个目标的实现本身存在着不确定性,所以在具体的教育过程中教师应当本着有教无类、分层教育的原则,针对不同层次的学生采用不同的教育模式,使用不同的教育语言,帮助不同层次的学生达到不同的人生目标,这是"育人"的重要方法之一。当然,将"教书"(教学语言)"育人"(教育语言)融合在一起是最佳的教育模式,也应该是从事教育、教学的教师们的终身追求之一。

教育语言要求教师运用富有感召力的语言,通过摆事实、讲道理,进而说服学生,激励学生树立良好的世界观、人生观、价值观,促进学生健康成长。根据不同标准,教育语言分为不同的种类。如,根据针对对象的不同,分为个别式教育语言、集体式教育语言、群体式教育语言等;根据任务的不同,分为表扬式教育语言、批评式教育语言、激励式教育语言等;根据具体学生性格的不同,分为鼓励式教育语言、降温式教育语言、剖析式教育语言等;根据性质的不同,分为劝说式教育语言、说服式教育语言、理解式教育语言等。各种类型的教育语言其目的是一致的,即通过教师的教育语言帮助学生认识自我、调节自我、完善自我、提升自我,使其在以后的学习生活中能从容面对一切。

二、教学语言

(一)教学语言的特点、作用和要求

1. 教学语言的特点

教学语言的特点是科学严密性、准确规范性、明白晓畅性、形象生动性、有效反馈性、启发心智性等。教学语言的特点决定其要求,教学语言的具体要求体现在教学语言实际运用的特点之中,所以教学语言的特点也即教学语言的要求。

(1)科学严密性。教师工作的特殊性要求教师在教学的全部过程中要运用科学严密的教学语言促成教学目标的实现,达到"传道、授业、解惑"的预期目的。由于各学科、门类均有各自的特殊要求,教学语言需要利用本学科的语言来阐释本门类的知识。

示例

一位小学低年级的学生问老师:"老师,'但是'是什么意思?"老师答道:"'但是'的意思就是拐弯。"在隔了几天的公开教学课上,这位老师教学生用"但是"造句。该生造出的句子则是:"出了校门往南——'但是',再往东——'但是',就到我家了。"听课的老师听了,笑得前仰后合,该授课教师也是啼笑皆非。

产生上述的现象的主要原因是教师在使用教学语言的过程中没有遵循学科语言科学性、严密性的要求,没有按照本学科语言来解释"但是"而产生的笑话。要想消除此类问题,教师必须遵循教学语言科学性、严密性的特征来组织教学语言。

(2)准确规范性。教师向学生传授的知识是客观的、科学的,教师组织的教学语言必须准确、规范。学科学术语是科学知识的结晶,是人们在该学科中通过实践总结出来的对客观现实的具体反映。教师在教学中运用准确规范的教学语言可以帮助自己阐述原理、讲明道理、传授知识等,有助于学生领悟、归纳、储存、运用知识。如,一位教师在讲《我的伯父鲁迅先生》时,有如下的一段师生之间的对话:

师:同学们,"呻吟"是什么意思?

生:就是声音很小的说话。

师:那同学们的小声说话都叫"呻吟"喽? 有些同学上课回答问题时声音很小,老师说你怎么"呻吟"呢? 这样行不行呢? 请大家再仔细思考一下什么叫"呻吟"?

生:在非常痛苦的情况下,一个人小声地自己哼哼。

师:这种解释就基本正确,生病了、哪里不舒服或者哪儿痛了,这时的"哼哼"叫"呻吟"。

该教师在讲课时用词准确、规范,把学生对一些词含糊的理解引导到确切的、准确的思路上来,达到了预期的教学目的。

(3)明白晓畅性。教师教学语言的运用应该做到简洁明白,教师要用最简单的语言达到"传道、授业、解惑"之教学目的。教师的教学贵在能够使用深入浅出的语言,化长句为短句,把复杂问题简单化,将复杂的、深奥的道理讲清楚,使学生茅塞顿开。对于教材中一些新出现的概念和知识,学生通常会感到陌生。教师在讲解这些概念和知识时,可以利用现实生活中的常见事物作适当的类比,使学生对这些概念和知识的理解由生疏变为熟悉,进而形成学生的相应能力。

有一位政治老师在讲解"生产力和生产关系"之间的关系时,作了这样一个类比:"生产力好比一个人的脚,生产关系就好比人脚上穿的鞋。脚的大小决定着鞋的尺码大小,鞋的尺码只有适合了脚的大小,人走起路来才能快步如飞。否则,脚就会不舒服,人就会感到难过。同理,生产力的发展水平决定生产关系的性质和具体表现形式,生产关系只有适应了生产力发展的具体要求,才能促进生产力的发展。在任何一个社会形态里的生产力和生产关系的表现都是如此。"

板书如下:

学生在刚接触"生产力"和"生产关系"这两个概念时,学生对这两个概念以及这两个概念之间的关系都是很生疏的。鉴于此,该教师就先分别以"脚"和"鞋"及其之间的关系来类比"生产力"和"生产关系"以及两者之间的关系。这样一来,就使学生较为容易地理解了生产力和生产关系这两个概念及其之间的逻辑关系。

(4)形象生动性。在课堂教学中,学生注意的时间是有限的,教师要想使学生在课堂中始终保持集中的注意,把全部的心智用在课堂上,就需要教师用新鲜活泼、形象直观、幽默生动的教学语言抓住学生的心。教师可以在平时的生活中多观察,从学生熟悉的、兴趣浓的事物出发,运用恰当的语言,营造轻松活泼的课堂氛围。如,在学习过程中,一些学生会反复地犯一些简单的知识性错误。对此,教师可以采用编讲小故事等方法,将这种错误所形成的后果形象化、趣味化,以便加深学生的记忆,促进其改正错误。

在南方的一所小学语文教学中,因为该地的方言中有前后鼻音不分的情况,老师在教"大吃一惊"的时候发现学生易将"惊"错写为"斤"。针对这一现象,老师讲述了如下的一个故事:一个叫牛倌的作者,他文章的语言和构思很好,但他就是好写错别字。有一次,牛倌在一篇文章中这样写道:"在一个凉风习习的夏夜,我急匆匆地往家里赶。走着走着,我突然发现前面地上有一堆黑乎乎的东西。走近后仔细打量,原来那是一堆牛粪,我大吃一斤。"该老师边说边在黑板上写了一个"斤"字。学生听(看)后,全都不由自主地大笑了起来。

此后,该班学生再也没有出现过将"大吃一惊"写为"大吃一斤"的现象。

针对南方学生容易将"惊"和"斤"混听、混写的情况,该老师讲了一个因将"惊"错写为"斤"而闹出笑语的故事,引导学生认清了"惊"与"斤"混用会导致"严重后果"的事实,既纠正了错误,又活跃了课堂气氛,可谓"一石二鸟"。

(5)有效反馈性。教学语言在课堂上应用的有效反馈性,是指教师在授课时根据学生的接受情况及时地、灵活地调整教学,针对教学过程中出现的问题,采取积极、敏锐的态度处理。教学语言的有效反馈,加强了课堂教学中教师与学生的有效交流互动,使学生可以更加有效地接受教师传递的知识信息,也使教师能及时调整、更正教学语言、教学策略和教学方法,使之更加为学生所接受。

示例

有一位教师在讲"对偶"和"对照"两种辞格时,该教师发现学生听完以后在处理教师设计的题目时出现了一些理解上的偏差。针对这一现象,该教师设计了如下的教学:

因为对偶与对照的修辞目的不同,所以两者的要求不同:"对照"是要求两者意义上的对比或对照;"对偶"是要求两者结构上的整齐和匀称。因此,"对偶"既要求句式相同,又要求结构相近,并且两者的字数要相等或基本相等;"对照"则可以不受如上的限制,它只要求两者是两种相对的概念。"对偶"强调的是形式;"对照"强调的是意义。如"春蚕到死丝方尽,蜡炬成灰泪始干";"秋水共长天一色,落霞与孤鹜齐飞"等是对偶;"满招损,谦受益"、"人人为我,我为人人"、"财富是聪明人的奴隶,是蠢人的主子"等是对照。

通过反馈,该教师了解到学生理解的困境,所以采用更加生动的例子,以对比的方式讲清了"对偶"和"对照"两种修辞格的特点,使学生明确其概念及运用规律。因此,教师传授知识时通过及时的反馈,再设法以恰当的语言方式把相关的概念、定义、规律和范畴等向学生讲述清楚,分析透彻,这样才能将知识转化为学生自身的认识能力。

(6)启发心智性。启发学生心智,帮助学生完善自我,是教育的本质特征之一。教师的职责之一是启迪、指导学生,帮助学生成长。这就要求教师用充满激情、富于理智、灵活机智的教学语言,在与学生的互动过程中启发学生的心智,帮助学生完成自我认识、自我评价、自我教育。

示例

在高一历史教材中,有这样一段话总结洋务运动破产的原因:洋务派企图靠单纯引进西方的先进技术和设备,而不彻底变革封建制度就让国家富强起来,这是导致洋务运动失败的最根本的原因。为了帮助学生理解这一结论,在教授本课的时候一位历史老师用了如下的一段话进行了解释:洋务派引进西方先进技术和设备,其目的是为了维护腐朽的清朝统治。洋务派引进的西方先进科学技术就好比是一朵美丽的鲜花,而腐朽的清朝统治就好比是一堆牛粪,一朵美丽的鲜花插在牛粪上,看起来很有前途但却没有供其生长的土壤,鲜花最终能结出好的果子吗?

该教师将洋务派引进的西方先进科学技术这一行为比成"一朵美丽的鲜花",将腐朽的清朝统治则比成"一堆牛粪"——这一比喻,形象地说明了在洋务运动中,洋务派只是将西方的先进科学技术嫁接到腐朽的清朝统治之上,这一做法是无比荒谬和无效的。通过这一形象的比喻和"一朵美丽的鲜花插在牛粪上,鲜花最终能结出好的果子吗"的议论,该教师言简意赅、干净利落地阐明了洋务运动失败的根本原因,启发了学生的思维,说明了只有从根本上解决制度问题,中华民族才能强大起来的革新理念。

2. 作用

教学语言的作用是双向的。对教师而言,教师的教学语言艺术水平综合反映教师自身的全部教学素养,它对教师教学的效果和效率具有决定性的意义,教学语言艺术是教师能顺利进行教学的重要保证之一,它能够有效地提高教师的教学质量和效率。

对学生而言,教学语言是教师与学生互动的载体之一,也是联系师生之间双向思维的工具之一。教学语言可以向学生传递有效信息,启发学生思维,启迪学生心智,引导学生思考,培养学生综合能力,帮助学生完善自我。教学语言是教师课堂中应用最多的语言,教学语言是学生学习、生活用语的主要范本,对学生的发展影响最大。

(二)教学语言的技巧

根据教学的主要过程,我们可以将课堂教学环节的教学语言分为教学导入语、教学过渡语、教学提问语、教学结束语等。

1. 教学导入语

(1)教学导入语的内容。教学导入语,是教师开始上课时所讲的与授课内容、教学目标相关的,能够激发学生学习兴趣的"开场白"。导入语的主要目的是用与教学内容相关的话来激发学生对将要学习内容的兴趣,所以导入语的设计应该紧密切题、精练生动、巧妙精致、引人入胜等。

(2)教学导入语的类型。根据教学导入语的不同作用,可将教学导入语分为以下几种基本类型:

①直接式导入语。直接式导入,是指教师上课时开门见山地提出教学内容、教学目标、教学重点、教学难点等。

教师在上新诗《雨巷》时说:今天我们一起来共同学习戴望舒先生的《雨巷》,从中感受"五四"时期新诗的"建筑美、音乐美、图画美",从中领略诗歌带给我们的永久魅力和戴望舒先生在诗歌中寄托的永恒思想。

直接式导入语,可以帮助学生直接明确学习目标,进入到学习中,有助于提高学生的学习效率。这种方法简单易行,但不可多用,在上课开始时,学生的注意力还没有完全集中时,直接导入就显得过于突兀。所以,本方法可以与其他方法结合起来使用。

②故事式导入语。故事式导入语,即利用与教授内容相关的通俗的语言、相关的故事引出所要教授的内容,激发学生的学习兴趣,营造轻松活泼的课堂氛围。

> 有一位语文教师在教《海潮》时是这样设计导入语的:同学们,大家看过海吗?或者是听过关于海的故事吗?现在请大家回忆一下在电影、电视、书刊、报纸等中看到的关于海的形象,请列举一些词句来形容它的性状。(该教师请学生说出来,并不时的板书)好!大家说的都非常好!在这里我也想说一些自己对"海"的感受:海,辽阔无垠,雄奇壮美,莫测神秘,变化无常。有时它平静温柔,海鸥从海面掠过,在海空上盘旋翱翔;有时它桀骜不驯,海浪汹涌澎湃,浊浪排空高扬,怒吼咆哮声不绝于耳……生活在海边的人们,经常会对海的无常感到无可名状;而远离海边的人们,经常会在读描绘海景的佳作时,会产生身临其境之感,从而感受到海的壮观。作家鲁彦的《听潮》,着力描写了海潮涨落时的情景,下面让我们一起来认真学习这篇课文。

在示例中,该教师就是借助学生看海、听海的故事和海的形象等来引发学生对将要学习文章的兴趣。如果该教师只是枯燥地说:今天我们开始学习《听潮》这篇文章。那这样的教学效果就可想而知了。

③幽默式导入语。教师创造良好的课堂氛围对教学的顺利进行非常重要。但有些特殊状态或原因会影响、制约良好课堂氛围的形成。例如,在公开课教学中气氛较凝重,学生的思维难以活跃,师生间关系尴尬。教师如果选择恰当的话题,与学生亲切交流,以幽默的话语化解尴尬,就能创造出良好的课堂气氛。

> 在《鼎湖山听泉》的公开课中,教师面对全新的教材、陌生的学生开课时的导入语:
>
> 师:同学们今天看起来都挺严肃的!怎么没有一点笑容呢?大家会不会笑?(有一些学生笑)好!现在咱们就一起来笑一笑,我说一个词儿,同学们一起做动作,好不好?(学生齐声说:"好!")"面带笑容"、(学生们微笑)"开怀大笑"(学生们放不开,笑得不够)。
>
> 师:同学们,我们既然要"开怀大笑",就应该放开胸怀地放声大笑。下面啊!请大家加上动作,咱们再来一次,好不好?预备,开始笑——!(师生共同开怀大笑,课堂气氛顿时轻松起来)。
>
> 师:在上新课之前,我想先请同学们回答三个问题,这三个问题要是回答好了,那这节课我们一定能上好。大家说好不好?(生答:"好!")我的问题是:1.上课上得开心了,大家敢不敢笑?(生:"敢!")2.有话想说,举手了,可老师没

看见,敢不敢站起来就说?(有学生迟疑;有学生说:"敢!")3.有人觉得老师的课讲得不好,你们想睡觉了,敢不敢睡?(学生异口同声说:"啊?")(教师接着说)任何事物都是有两个方面的,你们睡觉对我来说是有好处的。大家想一想啊,你们一睡觉啊,就等于给了我一个重要信息。因为,你们一睡觉,我就知道我这样上课不行,就得赶紧调整上课方式了。还有就是前面的同学趴下我看见了,收到了这个信号;可要是后面的同学趴下了,我看不见,那该怎么办啊?

生:打呼噜!

师:对喽,打呼噜!大家会不会打呼噜?(全班学生大都趴在桌子上假装着打呼噜。)

师:好!想说的敢说,想笑的敢笑,想睡的敢睡,有了这三个"敢"字,我想我们这节课肯定能上好!(课堂气氛十分活跃。)

在上公开课时,借班上课对教师而言无疑是一个难题,教材是新的、师生间很陌生、听课的人很多等诸多因素会给学生造成很大的心理压力。因此会导致课堂气氛的紧张,教师只有化解这种紧张,才能把课上好。在这种情况下,该教师没有按照常规方式直接开始教学,而是别出心裁地设计了如上一段师生间妙趣横生的对话,化解了学生的凝重感、畏惧感、紧张感和师生之间的陌生感等,创设了轻松活泼的教学氛围。

④破哑场式导入话。在课堂教学中会常出现一些哑然阻塞的场面。其中的原因很多,打破哑场的关键在于教师的临场应变处置能力。教师如果能够用一番启发性较强的引导话,以典型的、生动的事例来开导学生,就可以帮助学生找到突破口。

示例

在一堂小学的《麻雀》课上,为了让小学生更加深刻地体会母爱的伟大,教师先让学生说说生活中看到的亲子之情的故事,因为受小学生思维能力现状的制约,所以,小学生们对老师所提的问题都哑然了。面对一双双困惑的眼睛,教师讲述了下面的一个故事:

有一条鳝鱼不幸被人们捕获了。人们把鳝鱼扔在热锅里蒸煮,鳝鱼在热锅里承受着煎熬,可是它总是竭尽全力地弓着腰身,尽量把自己的腹部抬高,再抬高,直到它生命的最后一刻!这个现象引起了在场的一位厨师的注意,于是他就解剖了这条鳝鱼。他发现鳝鱼的肚子里有无数的卵,这每一粒卵将来都是一条未来的鳝鱼宝宝啊!这就是鳝鱼努力弓腰的原因!这位厨师惊呆了,他对这条美丽而勇敢的鳝鱼——一位伟大的母亲,肃然起敬……

听完这个故事后,教师里安静极了,小学生们都沉醉在母爱的深情中。寂静了一分钟,渐渐地有一只小手举起来了,两只小手举起来了,几十只小手都举起来了。此时,孩子们喷涌出来的是一个个精致而细腻的母爱故事:母鸡保护小鸡同老鹰搏斗,大象妈妈保护小象过马路,用身体抵挡飞奔的汽车……于是,母爱就成了这堂语文课的主旋律。

为了打破学生哑然阻塞的局面,该教师通过一番发人深省的引导语,打破了课堂僵局,开启了学生的思路,感染了学生,使他们受到道德美的熏陶、至情的感染、心灵的洗涤。

⑤悬念设置式导入语。

有一位特级语文教师在上《大堰河——我的保姆》的公开课时,从开课伊始就设置悬念,将学生带进自己刻意创设的氛围中:

  同学们,我这个人有很多"优点",有的"优点"大家一看就能发现。比如我朝这一站,大家瞧瞧:身材不错,蛮苗条;模样么也还算可以,挺潇洒的;我这脸上"优点"就更多了(师微笑着指着自己脸上的痘痘和黑痣说),这个,这个,还有这个,有不少呢。我这个人呢,看不到的"优点"也不少。比如,我歌唱的很好,今天我就给大家唱一首歌。

  对了,唱歌要有音乐伴奏啊。(教师走到多媒体处,播放了一首名叫《遥远的思念》的曲子,沉缓、悠扬、深情、动人的笛子协奏曲回响在整个教室中。于是,一种动人的课堂氛围就形成了。)

  (在公开课上,该教师的自我介绍平易近人,采用自嘲的口吻,暴露自己的缺点,显示最平凡的一面,拉近了教师与学生间的距离。学生本来不认识该教师,开始有些拘谨,听完该教师的话后,都觉得该教师很亲切,从心理接受了他。该教师上的是语文课,开始却要唱歌,学生们都感到新奇,也觉得纳闷。这个悬念设得好,它既是导语,又是过渡语,真可谓一箭双雕。)

  老师接着说:古人所说的"唱和"中的"唱",实际上就是朗诵。今天,我给大家朗诵的是一首诗,它就是《大堰河——我的保姆》。

由上例可知该老师的导入设计新颖,过渡自然。至此,老师伴着舒缓、悠扬的音乐,饱含感情地朗读着,语调抑扬顿挫、语速急缓起伏、感情含露收放把握得恰到好处。教室十分寂静,师生都沉浸在诗歌的深情中。

⑥对比引导式导入语。所谓对比引导,即是利用文化或生活的差异对比,解除困惑,降低教学难度,帮助学生理解差异,为以后的学习奠定良好的基础。

  师:中国人学习英语,首先要知道中国和英语国家间的文化差异,弄清中国人和西方人在行为方式上存在的不同。请同学们根据自己读过的书刊、看过的电影或电视思考一下,中国人和西方人在感情表达方式上有什么不同。比如在美国的一条大街上,有一位男士看见一位小姐很漂亮,他会对小姐怎么说?

男生甲:Beautiful!(真漂亮!)

师:那位小姐会怎么回应呢?

女生甲(笑):Thank you!(谢谢!)

师:但是,在中国的大街上,如果有一个男的对一位小姐说同样的话,这位小姐会有什么反应?

男生乙:如果碰到文雅的,她会说:"你走不走?你不走我要叫——叫警察的!"(众生笑)

女生乙:要是碰到胆子大、泼辣一点的,她可能会骂:"流氓!"同时给你一耳光!(众生大笑!)

师:由此,我们可以看出什么?

生:西方人性格开朗豁达,而中国人则羞怯含蓄。

这是一位英语教师在上第一节英语课时创设的情景。从内容和结构上看,这个课堂的导入分两个部分:前一部分是就西方人的行为方式提出的,后一部分是就中国人的行为方式提问。这种对比引导的方式有助于学生理解中西方在文化、行为方式上的差异,激发学生的学习兴趣。

2. 教学过渡语

(1)教学过渡语的内容。一堂课的教学内容,应该包括基本的教学环节和知识要点。教学过渡语是各教学环节之间、知识要点之间的课堂衔接、转换语等自然过渡性的语言。正确使用教学过渡语可以使课堂内容过渡自然,并保持课堂气氛的融洽和谐,保证学生思维的连续性,体现教学步骤的合理性、计划性,实现教学既定目标。

(2)教学过渡语的类型。根据教学过渡语的方式不同,教学过渡语可以归纳为以下几种类型:

①自然式过渡。教师讲课时要充满激情、声情并茂的诵读、讲解,同时教师还必须随文入境,巧妙过渡。如在上《新型玻璃》一课中,有一位教师就巧设计了如下的过渡语。

示例

师:同学们,请问这五种新型玻璃各有什么特点,各有什么用途呢?请大家带着这个问题默读全课,边读边想。(全班默读,教师巡视。)然后老师请学生们互相交流,看学生们的说法是否准确。在这时,老师适时过渡说:"五种新型玻璃的特点和作用都弄明白了吗?(有部分学生举手,表示明白了。)不过,现在我不打算请大家说了,我想请大家写。写什么呢?(教师在黑板上写下了'自述'这两个字)'自述'是什么意思?(有部分学生回答)对,就是自己向别人介绍自己。现在我把全班分为五组,第一组写'夹丝网防盗玻璃自述';第二组写'夹丝网玻璃自述';第三组写'变色玻璃自述';第四组写'吸热玻璃自述';第五组写'隔音玻璃自述'。现在你们就是'新型玻璃'了。(课堂中充满了笑声)请你们采用第一人称把各自的特点、作用写出来,为自己作个广告,看谁会夸自己。当然喽,要实事求是,不要吹牛。"(笑声)(全班学生写"自述",教师走动巡视,学生写了近15分钟)。

在这个教学片段中,教师结合课文特点,随文入境,精心设计了富于艺术情趣的过渡语,自然过渡。以写促读,读写结合,颇具匠心,这样既帮助学生深入理解课文内容,又利用课文提供的材料进行作文训练,不仅激发了学生的想象与联想,而且增强了写作训练的趣味性。

②应对意外式过渡语。教学过程中,学生有时会对教师进行突然袭击,出难题、怪题等,问题往往会出乎教师的意外、让教师猝不及防。如何应对?这就要求教师反应敏捷、客观、冷静,并随机应变地对学生说一些鼓励话以维护学生探究性学习的积极性。

学生的话言之有理,教师要善于接受,并及时跟进,说些热情鼓励的话。学生的话不完全对,甚至完全不对,教师也应该用鼓励的话,肯定正确的部分,肯定学生的好问、敢讲的进取精神。

示例

在一次语文课上,教师正在分析课文。突然有一名男同学举手要发言,教师中断了分析请该学生发言。该学生毫不客气地说:"老师,你刚才读错了两个字:'呆板'应该读 ái/bǎn,你读成了 dāi/bǎn;'叶公好龙'中的'叶',应该读 shè,而不读 yè。"该教师欣慰地笑了,亲切地说:"好啊!你善于'咬文嚼字',为老师正音,我很感谢!同学们,现在让我们来议一议,看看他这次对这几个字咬准嚼透了没有?"

学生们热闹地讨论起来,课堂气氛异常活跃:"'呆板',字典上就读 dāi/bǎn,老师没错!""'呆'字两种读音,我的字典上讲,'呆板'应读 ái/bǎn。""'叶公好龙'的'叶',古代读 shè。""字典上说这个'叶',现在读 yè,老师没错。"

听完学生们的发言后,老师做了个暂停手势,课堂上顿时安静下来。老师从容地说:"这位同学见错就纠,难能可贵!他意见虽然不尽准确,但都是言之有据的。'呆板',以前的确读作 ái/bǎn。1985 年经国家审音委审定,以 dāi/bǎn 为正音。至于'叶公好龙'中的'叶',现在已经有了约定俗成读法,我们不应该拘泥于古音。同学们,这位同学的'咬文嚼字'使我们弄清楚这两个字音的来龙去脉。他是我们大家的'一字师'啊!(学生鼓掌)不过,请你等老师分析完课文后再提意见也不晚嘛。"同学们都会心地笑起来了。

在课堂上,这位同学打断教师的正常教学,这种做法已经不对,纠错又没有纠对,该教师有理由把该学生训斥一番。该教师如果这样做了,以后的课堂就会走向教师的"一言堂"。该教师对学生突袭的鼓励的话讲得得体、热情,在肯定该同学咬文嚼字的精神"难能可贵"的同时,针对意见不对的事实却肯定了他的"言之有据",肯定了他引发了讨论使大家有所收益,是"一字之师"。这三个"肯定",表现了该教师对学生积极的探究性的呵护,也对该学生打断教师讲课的缺点提出了委婉的批评,促成了教育、教学双重培养目标的实现。

③反弹琵琶式过渡语。在汉语中有不少词语具有鲜明的感情色彩,其中不乏众多的贬义词。教师可以在教学中对它们进行琵琶反弹——变贬为褒式的解读,从而取得化腐朽为神奇的教学效果,让学生产生耳目一新的感觉,收到意想不到的效果。

有一位教师在讲授"海洋资源"这一课时,对学生这样讲道:"在地球上,由于人类的过度捕捞,世界上的海洋渔业资源已经面临枯竭的危险。请大家想一想,我们应该怎么办?"

学生们纷纷发表自己的观点,大部分学生倾向于减少捕捞量。该教师见时机已到就说:"大家的看法都有道理,一句话概括,那就是世界各国的人们在捕鱼的时候都应该做到——三天打鱼,两天晒网。"

学生们听后,大感诧异。该教师不慌不忙地解释道:"人们面对我国乃至世界鱼类资源渐趋贫乏的现实,假如我们仍然坚持不懈地捕捞下去,恐怕在若干年后我们的餐桌上就再也难得见到鱼了。现在,我国在黄海、东海、南海等海域实行的伏期休渔制度,正是为了保护现有的鱼类资源。现在,世界上的大多数知名专家、学者和政界人士已经达成这样的共识:那就是在时机成熟时,可以在世界各个渔场轮流实行'三天打鱼,两天晒网'的政策。"

"三天打鱼,两天晒网"这个成语一般用以批评他人在学习或做事时,因缺乏恒心而时断时续。在如上的教学案例中教师采用反弹琵琶式的教学方法,提倡捕鱼时采用这种做法,学生自然感到吃惊。就是因为吃惊,学生们才会对该教师接下来对"三天打鱼,两天晒网"缘由的讲解给予高度注意,也才会在恍然大悟后对"三天打鱼,两天晒网"这个保护海洋渔业资源的做法记忆深刻。

④拟人式过渡语。抽象的教学语言既难以令学生理解,也难以引发学生的学习兴趣。改变这种状况的途径之一就是教师运用拟人等修辞手法,增强教学语言的形象性。

一位高级中学的数学教师在教抛物线的标准方程:$y^2 = 2px (p > 0)$时,为了强调 p 永远取正值,该教师这样告诉学生:"在 $y^2 = 2px$ 方程中,x、y 是两个变量,而参数 p 则不管国际风云如何变幻,却能够始终坚守原则、忠贞不贰、正气凛然"。

学生们听后都会意地笑了。我们有理由相信学生们在笑后,将"参数 p 永远取正值"这个信息牢牢地记在心中——同时,学生们还会萌发出堂堂正正做人的思想。

该教师如果只去抽象强调"参数 p 不能取零或负数",就很难引起学生对这一知识信息的兴趣,也就无法强化这一信息在学生们心中的印记。该教师通过巧妙运用拟人手法描述了参数 p 的特性,使学生的眼前仿佛出现了一位坚守原则、忠贞不贰、正气凛然的英雄的形象。这不仅引发学生的兴趣,也强化了参数 p "正气凛然"这一特性在学生心中的印记,而且从思想上教育了学生。

⑤类比式过渡语。通常情况下,学生的知识面较窄,理解力不强,很难理解教材中涉及的一些陌生现象和深奥的知识。这时,任课教师不宜利用专业术语进行阐释,而应该变直为曲,运用学生们熟悉的事物做类比讲解,间接地启发学生理解陌生的现象和深奥的知识。

有一位地理教师在讲"太阳黑子"时这样讲道:"有不少同学在电视上或在生活中见到过黑人。初见黑人,我们会觉得黑人的牙齿特别白。科学研究证明黑人的牙齿并不比我们黄种人的牙齿白。那我们为什么会产生这种错觉呢?科学的解释是因为光色的反差——在大面积黝黑皮肤的反衬下,黑人的牙齿显得特别的白。同理,太阳黑子实际并不黑,只是因为它的温度比太阳表面其他地方的温度低。所以,在强光的反衬下,太阳黑子就显得比太阳的其他地方暗了一些——这也就是说,我们认为太阳黑子是'黑'的,只是因为我们的视觉产生了错觉。"

"太阳黑子"之所以"黑",这涉及太阳表面上复杂的物理、化学变化以及光学和心理学等多方面的综合理论,而这些理论内容过于枯燥,理论性极强。该教师用黑人的牙齿在其黝黑的皮肤的反衬下显得特别白来类比讲解"太阳黑子"在太阳强光的反衬下显得"黑",这比利用直接的、抽象的解释更容易引发学生的听讲兴趣,学生也容易理解这个概念。

⑥引入故事式过渡语。教师讲述枯燥的内容时,如果不借助适当的教学方法,其教学语言会显得枯燥而无趣,难以引起学生听讲的兴趣。此时,教师可以引进故事等容易引起学生兴趣的内容,从而化枯燥为有趣。

教师讲"开口音"与"闭口音"的区别时,引用了如下的一则故事:

北京有一位京韵大鼓女艺人,形象俊美,她的牙齿洁白整齐,尤其引人注目。后来,女艺人因为一次事故,掉了两颗门牙。为了掩饰这个缺陷,她在公开场合尽量避免开口。万不得已,遇到有人问话时,尽量使用"闭口音"回答。

比如,别人问:"多大年纪?"她答:"十'五'。""家住哪里?""保安'府'。""干什么工作?""唱大'鼓'"。

等到牙齿修复后,她与别人再交谈时,又尽量改为"开口音"。对答变成了——"多大年纪?""十'七'。""家住哪里?""城'西'。""干什么工作?""唱'戏'"。

这是一个著名的例子,在中国传统相声中被广泛采用。这里的引用是用以阐释"开口音"与"闭口音"的。教师如果单纯采用抽象阐释的方法讲"开口音"与"闭口音"的区别,学生肯定会觉得枯燥无趣,不易理解教师所要讲解的内容。该教师通过引入京韵大鼓女艺人在牙齿修复前后,分别使用"闭口音"与"开口音"与他人交谈的故事来讲解两者的区别。该故事生动有趣,引发学生啜饮知识清泉的兴趣和欲望。

3. 教学提问语

(1)教学提问语的内容。教学提问语,即教师为了启迪、引导学生,打开学生思路,将教学内容引向更高层次的教学过程时使用的语言。教学提问在教学过程中自始至终均有着重要的地位。教学提问可以加强师生对话,促进课堂交流,保证师生互动,引导生生互动,培养学生探究式学习的能力。

教学提问语的设计要选取恰当的设问点,难度适中,循序渐进,保证学生有话可说。教学提问语的表达要明确,语言具有启发性,保证学生可以听明白问题,有思考的空间和余地。

(2)教学提问语的类型。根据教学内容的难易程度不同和化难为易的标准,教学提问语可以分为以下几种类型:

①后歇式提问。所谓后歇式提问,即是将客观上包含"教师的问"和"学生的答"的一句话,分成前后两个部分,教师在提问时只说出这句话的前部分(教师的问),以此引发"在后面歇着"的后部分(学生的答)。这种问法有助于吸引学生的注意力和调动学生思维的积极性,有助于学生形成良好的思维习惯和正确的思维方法,可以在课堂上形成师生间和谐呼应的互动效果。

示例

师:在"小屋点缀了山,什么来点缀了小屋呢?是树"这一句话中,先后出现了两个"点缀",这两个"点缀"的意思相不相同呢?(学生或思考,或疑惑)下面我们来研究一下,有了这许多树,小屋就有了许多特点。树总是轻轻摇动着。树的动,显出小屋的……

生:静!

师:对,显出了小屋的静。而树的高大,显示了小屋的……

生:小巧!

师:对,小巧。小屋之所以别致出色,乃是由于满山皆树。也就是说,满山的树为小屋布置了一个……

生：美妙的绿色背景！

师：对！前面的"点缀"，是"点缀"一词的原始意义，而后面的"点缀"，其实已经不是"点缀"的原始意义了，而应该是衬托或者……

生：装点的意思！

师：对，装点！

这是一位语文教师对《我的空中楼阁》中"点缀"一词的提问设计。该教师的提问设计主要是利用问题与答案之间的相反性（"动"和"静"、"高大"和"小巧"）、相关性（"满山的树"和"美妙的绿色背景"）、相近性（"衬托"和"装点"），对学生进行后歇式提问，以培养和锻炼学生的思维和表达能力。

②分层式提问。分层式提问，即是教师先将一个大问题分成若干小问题，然后逐一向学生发问。这种问法可以用在学生思维或语言表达中出现困难或障碍时，起到相应的引导作用，有助于培养和提升学生的口头表达能力。

示例

师：大家请想一想，太阳直射点的移动会对地球有什么影响？

生：使地球不同纬度的表面获得的太阳热量不同。这样就有了寒来暑往和四季变化。

师：同学们，你们能否更详细地解释一下呢？

（学生们按照自己的理解，随心所欲地讲却都讲不清楚。）

师：那我们来做如下设想——比如，太阳在直射北回归线时，南北半球的热量和季节会有什么变化？

生：太阳直射北回归线时，北半球获得的太阳热量多，于是南半球获得的热量少。所以，北半球是夏季，南半球则是冬季。

师：那么，当太阳在直射赤道时，南北半球的热量和季节又会有什么样的变化呢？

生：因为赤道在地球中间，所以此时南北半球获得的热量一样多。因此，北半球是秋季，南半球则是春季。

师：当太阳直射在地球的南回归线上时，南北半球的热量和季节又会有什么样的变化呢？

生：当太阳直射南回归线时，南半球获得的热量多，北半球获得的热量少。所以，南半球是夏季，北半球则是冬季。

这是一位地理教师在发现学生不能详细地陈述"太阳直射点的移动对地球造成的影响"这一个问题时，就将这一个问题分解成"太阳在直射北回归线时，南北半球的热量和季节会有什么变化"；"太阳在直射赤道时，南北半球的热量和季节又会有什么变化"；"太阳在直射赤道时，南北半球的热量和季节又会有什么变化"等三个小问题。然后，该教师依序逐一提问。从实际效果看,这种方式有助于提高学生回答问题的层次清晰度,有助于学生口头表达能力的培养和提升。

③启发式提问。启发式提问又叫开放式提问。教师在授课时的灌输会压抑学生思维的创造性和学习的主动性。此时,教师在课堂教学中的正确做法是摒弃灌输,通过巧妙提问的方法激起学生的探求欲和好奇心,促使学生积极思考,将学生一步一步引入知识的殿堂。

在一堂地理课上教师在讲解"霜冻的三个成因"时做了如下的引导:

师:在晚秋或寒冬时节,为什么霜冻多出现在晴朗的夜晚?

生(甲):因为在晴朗的夜晚,没有云层的保护,地面损失的热量多,所以容易出现霜冻。

师(接着发问):请大家注意,为什么我在题目中强调"在晚秋或寒冬时节"呢?

生(乙):在晚秋或寒冬时,天气的基础温度很低,如果继续降温,就容易出现霜冻。

师(继续发问):请问,还有没有别的原因?

学生们思考了较长时间,最终都没能回答上来。

这时,老师适时地用提问语进行提示:"这种现象与昼夜长短有没有关系呢?"

老师话音刚落,有一名思维敏捷的学生就想到了答案:在晚秋或寒冬时,因为夜晚的时间很长,所以地面失热的时间也就很长,失去的热量就会更多,所以发生霜冻的可能性因而就会更大。

该教师针对学生甲在回答第一次提出的问题时忽略了给定的前提条件"在晚秋或寒冬时"的情况,紧接着提出第二个问题——为什么我在题目中强调"在晚秋或寒冬时",引导学生注意霜冻产生的第二个原因。该教师的第三次提问,调动了学生的探究兴趣,但由于学生们的思考范围只局限于当堂的教学内容,而本次提问的答案却在前面的相关章节中,所以学生一时没能回答上来。在这种情况下,该教师以提问适时提示,最终帮助学生们找到正确的、完整的答案,让学生在探究中体验到成功的喜悦。该教师这种以连环式的提问引导学生找出霜冻的三个成因,比直接给出答案的效果自然要好得多。

④借事式提问。借事提问,即借助课堂活动等具体事例来设置问题和提出问题。这种提问方式,有助于引起和激发学生的学习兴趣。

师:同学们,我这里有两袋球,(甲袋里全是黄颜色球,乙袋里有红、白两种颜色球,无黄颜色球)下面请两组小朋友进行摸球比赛,摸到黄球多的小组获胜。

(两小组开始摸球。其中甲组摸得全是黄球,乙组没摸到黄球)

乙组学生渐渐觉察到什么,纷纷说:老师,这不公平,不公平!

师:为什么不公平?

生1:老师,他们那只袋里装的全是黄球,当然摸到的都是黄球。

师:真的吗?(倒出来看看)啊,果真全是黄球! 那么请问大家,在这只袋中任意摸一个球会有什么样的结果?

生2:任意摸一个球,一定是黄球。

师:(板书"一定")那么,另一只袋子呢?(倒另一只袋子)

生3:这个袋子里一只黄球都没有。

师:那么,在这样的袋子中任意摸一个球会有什么结果呢?

生4:任意摸一个球,都不可能摸到黄球。

师:(板书"不可能")如果想让这只袋子也有摸到黄球的可能,那我们要采取什么样办法呢?

生5:放一个黄球进去就行了。

师:好,那我们就按你说的做。(从甲袋中拿出一个黄球放进乙袋)现在,在这个袋子中任意摸一个球会有什么结果?

生6:可能是红球,可能是黄球,也可能是白球。

师:也就是说,红球、黄球和白球都有摸到的可能性。好,这节课我们就一起共同学习"可能性"。(板书课题"可能性")。

这是一位数学教师在教授"可能性"这一课时设计的导入式提问。通过巧妙创设情景,该教师以让学生摸球这个课堂活动设置提问。该教师在导入新课的同时,也引发学生对新知识的探究兴趣。

4. 教学结束语

(1)教学结束语的内容。所谓教学结束语,即是在一堂课或者一个较大的教学内容即将结束的时候,教师针对教学目的、教学内容、教学重点、教学难点等进行归纳、总结的教学话语。教师利用简洁、明了、准确、完整等的教学结束语,对课堂教学内容进行简明扼要的归纳、提炼、小结,可以帮助学生系统掌握知识,理顺学生思维,促使学生对知识的掌握,实现从感性思维到理性思维的上升。总结语的设计应该遵循简、精、深、巧的原则,让学生可以在压缩后的教学内容中再次领略课堂内容。

(2)教学结束语的类型。根据结束语的内容不同,可以将教学结束语归纳为如下几种类型:

①自然式结束语。按授课内容的先后顺序自然进行教学,教师的授课声音停,下课铃声响,就是自然式结束语。这是教师精心设计教学内容、准确把握课堂教学进程、巧妙驾驭课堂语言的必然结果。

示例

《定风波》的结语设计：

  同学们，人生中再多的雨，经过东坡先生的精心过滤，都变成一片晴空。宋朝词人苏轼为我们的人生擎起了一把伞，撑出了一片晴朗的天空，愿我们可以活得像先生一样明亮，一样豁达。

  教师的话音刚落，铃声响起，有余音袅袅之意。

②归纳式结束语。教师在教授完本节课的时候，为了使学生对全课程有个完整的印象，在课程将要结束的时候，教师用最简单的、最准确的、最概括的话语对全课程中的主要内容、教学重点、教学难点等进行归纳式总结。

示例

《蜀道难》的结束语设计：

  同学们，李白的《蜀道难》，我们已经全部学完了。在诗中，李白其人豪放率性，其诗浪漫雄奇。诗人用他的诗才通过铺垫、想象、联想、夸张等写作方法烘托出蜀道之难，反复吟咏，三次感叹：一叹蜀道高危，二叹蜀道雄奇，三叹蜀道凶险。这既展现出李白诗的雄奇壮丽、高危峻险的意境、雄放洒脱的诗风，又表现出诗人对时局的用心体悟。

教师在课程全部结束前，用极其简练的话把全文的内容概括出来，提纲挈领，可以帮助学生加深对所学课文的理解。

③过渡式结束语。为了拓宽学生的思路，教师常常要放手让学生回答或讨论问题。有时候学生的兴致很高，发言积极踊跃，有时甚至会出现一发不可收拾的局面。面对此情此景，教师既要保护学生学习的积极性，又不能任其发展；既要有放得开的本领，又要有收得拢的能力，通过巧设结束语使课内课外相互勾连。

示例

在《孔乙己》的公开课中，一位教师在结束新课时创造性地设计了如下的结语：

  同学们，对不起，快下课了，我不能请更多的同学回答这个问题了。如果时间允许的话，我想还会有更多的同学来对本文做出了自己的概括。下面，我布置一道作文，题目是《孔乙己最后的日子》，请同学们发挥你们的想象写出孔乙己最后是怎么死的。请大家根据鲁迅先生的文章思想续写《孔乙己》。注意，续写的内容要符合孔乙己的身份和性格。

  同学们，今天我和大家一起学习了鲁迅先生的《孔乙己》，倾听了鲁迅先生在本世纪初发出的改造中国的第一声"呐喊"！这一声呐喊到了1940年代末，发展成以闻一多先生的《最后一次演讲》，它代表了全中华民族的"呐喊"，新中国由此诞生！现在，到了21世纪。我们通过《孔乙己》回眸20世纪初的中国那充满冷漠、麻木、间隔的病态社会，进而展望新世纪的社会主义现代中国，我们会认识到改革开放事业的巨大成就以及自己所担负的历史使命。愿鲁迅先生的"呐喊"成为永远留在20世纪的绝唱。

这段过渡话是用火热的激情写就的。它既是旧课的"收场"，又预示了新课的开始，为旧课的"收场"和新课的"开场"做了自然的过渡。这样，该教师就使学生的思维不仅仅局限于课堂之内，还激发学生在课外仍然保持强烈的求知欲，去积极探求未知世界。这种结束语收到了过渡语与结束语交相辉映的效果，这是教师和学生同呼吸、共起伏的结果。

④任务式结束语。结束意味新的开始。教师在课程结束前设立悬念，提出新的任务，可以给学生留下可以进一步研究的空间，引发学生进行思考、讨论，激起学生学习新知识的兴趣。

《滕王阁序并诗》的结束语设计：

  请大家自主选择一二个精美之句作点评。（师提示点评的角度）如可以从以下点入手：佳词隽语的品味、技巧手法的赏析、镜头画面的想象、情感哲理的体悟等角度入手点评，可是一点也可是多点。

  下面我来做个示例：层台耸翠，上出重霄；飞阁翔丹，下临无地——王勃利用十六字就写出了台阁的壮丽：层台高耸，上可接云，丹檐溢彩，临视无地。作者以夸张的手法突出阁之高，水之深。这两句描写的视角有变，一为仰视一为俯临，写景有上下浑成之美；色彩对映，一为耸翠一为翔丹，更有流丽飞动之美。

  请大家在课下选取上述的某一点做寻美探求，写一篇欣赏性的短文。

教师在课程结束时要求学生对课文中的内容做鉴赏训练，这样既巩固原有的知识，又拓宽了学生的视野，激发了学生学习中国古诗词的兴趣。

⑤启发式结束语。课堂内容教学的结束并不意味学生思考的结束，相反教师的启发式结束语可以帮助学生课后咀嚼回味，进行想象，使学生感受到"言已尽，意无穷"的韵味，有助于学生正确、全面地看待学习的内容和身边的人、事。

《项链》的结束语设计：

  《项链》是法国短篇小说巨匠莫泊桑的代表作之一。小说中讲述了一个小职员的太太玛蒂尔德，为了满足自己的一时虚荣而付出十年青春代价的人生故事。一位特级教师在教授此课时，以辩证式评论这一方法结束了该课：

同学们，玛蒂尔德丢失了那一串借来的项链后，她完全可以像现在的一些人那样，采用欺骗的手段蒙混过关：或是逃之夭夭，或是偷梁换柱，或是出卖肉体，或是死不认账。但是，她却没有这么做，她毅然担负起还债的重担，用劳动的双手偿还了十年的债务。十年啊，玛蒂尔德的青春已不在，红颜已消退，她为一时的虚荣付出了巨大的人生代价。但我认为，我们对玛蒂尔德应给予多一份敬重，少一份贬抑。因为她最终以个人的诚信之举维护了自己做人的尊严。她的诚实之举，让她原本黯淡的形象放射出一丝善良的人性之光。

在《项链》一文中，玛蒂尔德是一位颇有争议的人物，不同的人会有不同的看法。为了引导学生正确地看待玛蒂尔德人性中的弱点和闪光点。该教师在本课的结课语中明确阐述了自己的观点，既提醒学生全面客观地看待玛蒂尔德，又使学生加深了对小说主题的领悟。

⑥引申式结束语。几乎所有相关的知识是相互关联的，引申式结束语就是要引导学生将原有的知识与现在的知识框架联系，比较两者之间的异同，将新知识整合、融化、纳入原有的知识框架中，形成更加完备的知识网络，引导学生把课堂内的学习内容和兴趣与课外内容和今后的学习结合。

《我的空中楼阁》的结束语设计：

《我的空中楼阁》抒发的是台湾作家李乐薇对大自然的热爱。一位教师在结课时说：法国雕塑家罗丹说："生活中不缺少美，生活中缺少的是发现美的眼睛。"天上的一轮明月，山间的一缕清风；天际的一片流云，路边的一朵小花；黎明前的一抹朝霞，晚照中的一道夕阳；初春的融雪，盛夏的绿茵，晚秋的枫叶，寒冬的腊梅。"耳得之而为声，目遇之而成色"。自然界中的美无处不在，这里的每一道风景都是一幅动人的画，这幅巨画的名字叫做——大自然。大自然里的一草一木，一山一水，一晴一鱼都是美的，这是生活赠与我们每个人的一笔无尽的财富，愿我们有一双发现美的眼睛。

学生常抱怨生活单调无聊乏味，该教师用诗性的语言将教学由课堂延伸到课外，拨开学生心头的乌云，提醒学生要学会用真、善和美的眼睛观察和感知生活中的风景，用心感受生活、拥抱生活。这样的结语帮助提升了学生对生活的认识，为学生乐观看待生活，为学生以后的学习生活提供了范本。

三、教育语言

(一)教育语言的特点、要求、作用

1. 教育语言的特点、要求

教育语言因对话对象和自我功能的特殊性，所以具有独特的特点：教育性、引导性、针对性、感召性、灵巧性等。同时，因为教育语言的要求是融入教育语言特点中的，所以教育语言的特点即教育语言的具体要求。

(1)教育性。教育性是教育语言最突出的特点之一。教师的职责除了传授知识外，还应该用教育语言引导学生培养完善的思想道德品质，塑造高的情商，实现自我的社会价值。

(2)引导性。学生们的人生观、价值观尚处在趋于完善的阶段，教师的教育语言能启发学生的心智，在学生的未来道路中起重要的引导作用。教师的重要职责之一就是要引导、帮助学生在看问题、分析问题、解决问题的过程中获得解决问题的原则和方法，使学生在今后的学习生活中能够灵活应用这些原则和方法，为其成长提供指导。

(3)针对性。教师的教育语言针对的是处于青少年时期的学生，而学生思想道德修养的形成是一个长期的过程。学生的思想处于群体性、过程性、长期性、复杂性等特征并存的状态之中，这就要求教师的教育语言必须有明确的指向，做到有的放矢。教师应该及时、客观地了解、预见学生的思想状况，恰当、准确地利用教育语言，有理、懂理、讲理地将符合人类社会发展和社会主流意识的思想观点融入教育过程之中，因势利导实现对学生心灵潜移默化的陶冶。

(4)感召性。感召性，是教育语言的重要表现之一。古人有云："己所不欲，勿施于人。"教师的人格魅力是教育语言发挥感召力的基石，教师的情感投入是教育语言发挥感召力的源泉，教师的理性思维是教育语言发挥感召力的根本。

(5)灵巧性。灵巧是灵活与巧妙的组合词，也就是说教师在应用教育语言时应该针对教育对象、教育环境、教育目标等灵活巧妙地利用教育语言，审时度势，随势、随时而变地展开教育，进而达到教育的预期目标。

2. 教育语言的作用

教育语言是指教师作为教育者教育学生的职业语言，它具有科学的预见能力，可以启发学生的自主思维，引导学生独立思考，促成学生情感的完善，化解学生情商上的"死角"，达成师生间心与情的交融，帮助学生开拓思路，促进学生走上积极探索、自我成才之路。

(二)教育语言的技巧

教育语言的基本类型包括批评、表扬、说服、劝导和激励等多种类型。教师对教育语言类型进行探索研究，通过掌握它们的基本原理，将它们灵活应用于教育实践中，最终形成教师的教育常态能力，这是教师教育学生的关键所在。

教育语言在教育、教学中的作用十分重要，教育者掌握教育语言，会对教育者、教育对象都产生不容忽视的效果。综合教育语言，我们可以将其概括为以下几种常见类型：

1. 批评

批评，是指教师对教育对象的缺点、错误、不足等做出负评价并提出建设性意见的行为，目的是提醒被评价者认识自己的缺失，促进被评价者积极改进，以达到"惩恶"的目的。批评旨在帮助教育对象辨明是非、认识危害、明确方向，形成正确的情感、态度、价值观、人生观和世界观，促进教育对象身心在积极、和谐、愉悦的状态下发展。批评要讲究方法策略,掌握分寸,坚持适度原则,选准场合,维护被批评者的自尊,批评后要做好批评的善后工作,使被批评者可以尽快从受批评的状态下解放出来。

批评的主要方式有以下几种类型:

(1)旁敲侧击式。课堂中出现的非正常事件需要教师用高妙的语言艺术和机智而巧妙的语言,艺术地予以应对。这样既可以将那些导致非正常事件发生的诸多偶发因素化为难得的教学资源,又可使课堂教学一波三折,生动精彩,放射出活力充盈、灵动多姿的魅力之光。

在课堂教学中,一些学生会出现怪异的言行举止,教师往往不好直说,不能直说,不便明说。这时,教师可以直话曲说,绕道迂回,旁敲侧击,从而化消极为积极,变被动为主动。

示例

一位物理教师在讲解"分子运动论"时,发现一名学生在偷吃橘子。该教师便故作惊讶地问道:"同学们,请注意!请问现在教室里有一股什么气味?"很快,学生们就判断出是橘子味道。该教师风趣地说:"同学们,不知是哪位同学太善解人意了,他大概知道'分子运动'理论过于抽象,想让大家具体地了解'分子扩散'这一现象。不过,我想像这样的实验,还是应该在课后进行为好。"学生们都笑了,那一名偷吃橘子的学生也悄悄地收起了橘子。

对在课堂上有学生偷吃橘子的"节外生枝"现象,该教师采用直话曲说、话里藏话、引而不发、含而不露的教育语言,巧借教学内容,旁敲侧击,将对违纪学生的批评和文明行为的教育自然渗透于教学活动之中,点到为止。这样既使学生加深了对分子扩散现象的理解,又避免了因与当事学生的正面交锋而伤害其自尊心情况的发生,可谓教育无痕,润物无声。

(2)明扬暗抑式。在课堂教学中,学生会因种种不可预测的原因造成自己注意力分散、持久性减弱和学习兴趣转移等。教师要不失时机地另辟蹊径,避实就虚,因势利导,明扬暗抑,实现教育的"正迁移",获得教育的"正效应"。

示例

教师在教授《货币的流通》一课时,有一位学生在课堂睡着了而且鼾声响起,这引得全班同学暗暗发笑。这时,旁边的同学急忙将该生推醒。睡觉的学生感到很不好意思,以为老师会把自己叫起来狠狠批评一顿。谁知该教师不但没有发火,反而笑呵呵地"表扬"了他:"人人都说金钱很有魅力,可就在我讲得口干舌燥的时候,我发现有人对它却无动于衷,我对此感到十分欣慰啊!"

学生在课堂上睡觉,教师理所当然要批评,但如果一味地训斥、讽刺和挖苦,就容易引起学生的不满,造成师生间的对抗,甚至会引起师生的冲突,这将影响课堂教学的顺利进行。该教师考虑到这一点,巧妙联系教学内容,寓庄于谐,寓理于趣,声东击西,明扬暗抑,将学生不听自己讲课说成是对金钱"无动于衷"。因为他的"表扬"出乎睡觉学生的预想,所以这样的教育语言不仅减轻了睡觉学生的心理压力,使其受到应有的教育,还避免了师生的针锋相对,融洽了师生的关系,从而使课堂教学处于和谐稳定的状态之中。

(3)移花接木式。处于青春期的学生的年龄、心理和个性特点各不相同,决定了学生们常会在课堂上搞一些蓄意捣乱、起哄生事等"恶作剧"。这时,教师如果能够紧扣课堂内容,由此及彼,巧妙嫁接,则可以"转守为攻,趋利避害",对这一部分学生实施有效的教育。

在上《鲁提辖拳打镇关西》课时,语文教师刚把课题写在黑板上,一个小纸团突然砸在该教师的头上,教室里顿时一片哗然。该教师并没有发脾气,而且幽默地说:"同学们,今天我们正要学习《鲁提辖拳打镇关西》这一课,让我没想到的是没学习这一课前我自己就先被打了一回。由此看来,我在同学们的眼里,就是一个类似于镇关西式的人物。既然如此,那我今后一定认真改正自己的坏脾气,保证不像镇关西那样欺压善良,鱼肉学生。好!咱们现在就开始学习这篇课文……"扔纸团的学生听到后,心里十分内疚,而其他学生在发出一阵善意的笑声后很快就安静了下来,和该教师一同沉浸到精彩的故事之中。

对于学生的恶作剧,该教师并没有怒发冲冠、大发雷霆,而是迅速找到镇关西被鲁提辖拳打和自己被纸团所打这一"共同点",用巧妙的语言将这一发生在课堂上的非常规事件与课文中的人物相联系,由此及彼,转换话题,由彼及己,移花接木。由于鲁提辖拳打镇关西是即将学习的内容,而恶人镇关西被鲁提辖所打和与人为善的教师被纸团所打并不具有可比性,所以这位教师的话语就不仅彰显了自己的大度,既让扔纸团的学生产生了内疚感,又教育了该生,而且活跃了课堂气氛,调动了学生的注意,使学生很快进入到教学氛围中。

2. 表扬

表扬,是通过褒扬、奖励等方式对教育对象合理的、良好的、积极的行为给予正评价的教育语言,以达到"扬善"的目的。它是教育者采取正评价常用的重要方法之一。心理学家威廉·詹姆士说:"人类本质中最殷切的需求是:渴望被肯定。"这种心理需求被满足后,就会产生积极的情感,并化为持久的向上动力。这是现代教育中的悦纳教育、赏识教育的重要形式之一。表扬就是树立目标,要达到激励被褒扬者再接再厉、没被褒扬者向上看齐的效果。表扬务必要做到实事求是,把握时机,适可而止。

(1)坦言直述式。坦言直述,即教师直接表达自己的观点,表扬教育对象的优点、长处等,肯定教育对象的言行,帮助教育对象发挥自己的长处,实现自我的提升。

教师要具有一双善于发现的眼睛,任何一个正常的教育对象的身上都有闪光的东西。教师的表扬可以充分发掘教育对象的潜力,帮助教育对象找回自信。

  毛小杰的成绩平平,意志力一般,怎么打气都鼓不起学习的兴趣。但在一次主题班会上,毛小杰的表演声情并茂,赢得同学的一致好评。此时,班主任及时表扬说:"毛小杰,好样的,你给我们全班奉献了一个如此精彩的节目,我们大家都很感谢你!"恰巧学校正在组织文艺汇演比赛,班主任又进一步说:"大家说,这次由谁代表我们班去参加最合适?"大家异口同声说:"毛小杰!"班主任笑着宣布道:"好!毛小杰,请你代表我们班参加比赛,我们大家期待着你带给我们更大的惊喜!"在后来的比赛中,毛小杰的表演很成功。表演的成功帮助了毛小杰,从此他变得自信起来,这也激励了他的积极性,他的学习成绩也稳步上升了。

  该教师用表扬的方法唤起毛小杰内省的心,引发了该生内心的激情,促使该生由散漫变为积极,这是他生活中的重要转折。

  (2)目标预设式。目标是前行的方向。预设目标就是给教育对象确立一个明确的方向,使教育对象始终明晰自己前进的方向,并为实现自己的目标而不断努力。

  在一次作文公开课上,授课教师故意在板书时写错了几个关键的字。快下课时,有学生小心地指出该教师的这个错误。该教师听了之后,笑着问道:"同学们,老师板书错了可不可以擦了重写呢?"大家齐声回答:"可以!"该教师不慌不忙地更正了板书,并在黑板上写了一个题目——"答卷",然后指着作文题目问道:"那么,请问人生的答卷可不可以这样擦去呢?"(生)"不可以!"(师)"对!写在纸上、黑板上的可以修改,但人生没有草稿。电脑的文件丢了,我们可以拿'备份'的文件用,可生命没有备份,所以我们每个人都要认真填写人生的每一份答卷,用心体味人生的每一个音符,每一段华章。只要大家努力,每一个人都可以交上一份满意的人生答卷!"这无疑是一次极具教育意义的课,后来的统计显示这个班的成才率很高。多年之后,有人还在说这次作文课对自己的影响。

  该教师在课堂中用了两次预设:第一次是为了引出作文题目,第二次是为了向学生讲明人生的道理。两次预设的目的都是为了给学生一种记忆,以取得历久弥新的效果,学生在教师的引导中开始思考自己的人生"答案"。

  (3)去贬用褒式。青少年时期是教育对象的人生观、世界观、价值观还没有定型的时期,教育对象在学习、生活中难免会有这样或那样的缺点和过失。教师如果只是以批评来解决,其效果是有限的。教师只有从教育对象的角度出发,本着维护教育对象的原则,忽略教育对象的部分过失,表扬、肯定其长处,教育对象才能从中感受到教师的理解、信任,同时产生内省的意识,这样就可以帮助教育对象改正缺失,实现教育上的突破。

  有一位女生平时学习不努力,成绩总体较差。在一次月考前,她得知本校将用其他学校考过的试题。她就从这所学校找到试题,将答案全部背了下来。真实水平只有50分的她,这一次考了94分,一举成为全班第二名。同学们都认为该女生作弊了。然而,教师在评价试卷时却表扬了她:"×××同学在平时不但乐于助人,关心同学,而且虚心好学,所以在这次考试中取得了全班第二名的好成绩。我相信她只要继续努力不松劲,今后她还会考出更好的成绩。"

  该女生以为自己听错了呢,眼泪都流下来了:全班同学都怀疑自己,老师却相信自己。在课下,该教师找来其他同学谈话,表明了自己的观点和目的。该教师又另外找到该女生做疏导式的谈话,说自己期待她能够再一次证明自己以打消其他同学的疑虑。女生从心里感激该教师,为了不把该教师的"失误"变成"错误",并变成大家的笑柄,她开始拼命学习。在不久以后的考试中,她终于用自己真实的第二名为自己正名,也帮该教师洗掉"失误"的之名。

在成绩评价的关键时刻,该教师从青春期学生的心理出发,保护了女生的名誉,维护了女生的人格尊严,给了看重名誉的她以热情的表扬与鼓励,该女生也从中受到教育,发奋学习,维护了该教师的名誉和自己的尊严。这样,该教师就实现了教育的目的。

(4)比较褒扬式。把同一类事物、同一件事进行比较,人们就很容易分出其高下来。同一位教育对象在不同阶段的学习成绩、学习状态、心理状态等会有起伏。同一群体的教育对象也会有同样的起伏,致使教育对象的程度参差不齐。教师可以抓住时机,采用比较的方法,褒扬"善"者,为他人树立榜样。

  在化学课上,教师端着一杯矿泉水从学生们身边慢慢走过。他一边走一边说:"同学们,请大家集中注意力,注意品味空气中的香味。"该教师故意将"香"字说得很重。然后,该教师回到讲台上,问:"哪位同学闻到杯中液体的味道了?"陆续有学生说闻到了。该教师从讲台上走下,让每一位学生再仔细闻,并再三强调:"请大家务必集中全部的注意力,仔细闻杯中液体的气味。"除了有少部分学生没有表示而显出疑惑外,大多数学生都说自己闻到了"香"味。该教师问没有闻到"香"味的学生为什么。有一位学生说:"杯中的液体的确没有味道,因为我相信我的鼻子,我刚体检过,我的鼻子没有任何问题。"该教师笑着说:"对!这杯液体不会有味道,因为它仅仅是矿泉水!"说完后,该教师诚恳地对没有闻到"香"味的学生们说:"同学们,请大家给这些同学最热烈的掌声吧!好吗?"全班响起热烈的掌声,掌声里有些人开始沉思。

该教师以物喻理,使全体学生受到一次心灵的洗礼,使学生们明白诚实的可贵,也给其他人树立了一个榜样,实事求是、诚实可信更让人尊重。

3. 说服

说服,即教育者通过摆事实、讲道理等方法,用充分的理由讲明道理,使教育对象接受正确的观点、意见、主张等,达到成功规劝的目的。说服,首先,需要教育者明确说服目的,了解说服对象,确定说服策略;其次,需要教育者端正说服态度,选择说服时机;最后,需要教育者融入情感,灵活应用说服式教育。以期达到解释疑惑,规劝告诫教育对象的不合理言行,激发教育对象情感,指引教育对象健康成长与发展。

(1)巧妙生动式。通常教育者会针对教育对象的学习情况、思想表现和心理状况等进行评价。教育者若能巧妙地运用教育语言,使自己的语言如春风化雨般滋润教育对象的心田,那将会启迪教育对象的智慧,取得良好的教育效果。教学语言用得巧,不仅能使教育、教学充满生机和活力,还会促进教育对象身心健康的发展。这需要教育者拥有现代化的教育理念和深厚的专业知识,需要教育者不断地加强自身修养,不断地提高口语表达能力。

班里有一位男生左手畸形,多长了一根指头,经常会受到同学们的歧视和调侃。为此,该男生很苦闷、自卑,不愿意多和其他学生接触。有一次,该男生又因为同学的一句玩笑话而与那个同学争执起来,并动手打了人。在班会课上,班主任老师请每一位学生们都在纸上画一长一短的两条线,再让学生们把短线抹去,学生们面面相觑不知班主任老师的葫芦里卖的什么药。正在大家纳闷的时候,班主任老师说:"短线好比人的短处,无论怎样抹去也会留下痕迹。长线好比人的长处,充分地发挥你的长处,你的短处就会越来越短。我希望同学们,都能够充分发挥自己的长处,那你的短处就自然而然地变短了。"班主任老师的一番话让这位男生深受启发。从此以后,那位男生逐渐开朗起来。

班上的其他学生听了班主任教师的一番话后,也都开始正视自己身上的缺点,努力发扬自己的优点,让缺点变得更小。

在上例中,该教师不只是运用简单的教育语言,来劝说这位学生忽视自己的缺陷,而是把人的长处比作长线,把人的短处比作短线,然后用加长长线从而使短线显得更短这样一个生动的比喻来说明:六根手指这是一个客观存在的缺陷,是无法回避的。同时,该教师还向班里的学生说明:不要太关注自己的短处,而应在加强长处上下工夫的道理。该教师把道理寓于形象的比喻中,既使教育语言变得生动有趣,学生也容易接受他的劝告。

(2)机智附会式。现代课堂教学要求教师尊重学生的个人感受和独特见解,赋予学生自主学习和自由表达的权利,课堂就会出现"另类"声音。这就需要教师巧牵妙引,机智附会,既可以自己解围,又可以收到柳暗花明、别有洞天的效果。

  有一位教师在上大型示范课时,在开课前与学生进行交流,让学生观察自己并说说自己的特点。学生们纷纷发言,有的说老师身材魁梧;有的说老师眼睛炯炯有神;也有的说老师心宽体胖等。不料,有一位学生却犹犹豫豫地说:"老师的脑袋有点……秃。"老师听后微笑着说:"这位同学观察得非常仔细,终于发现了老师身上的这块'不毛之地'了。"听课的师生顿时笑了起来。

  接着,老师问:"谁能找个与'秃子'意思相关的词?""绝顶。"一个学生以很大的声音回答道。老师接着引问道:"那'绝顶'的人是怎么样的人?"学生们齐声说:"聪明!"老师笑到说:"对,我是一个'聪明绝顶'的人!"

  课堂上笑声一片。

  在课堂上,学生们实话实说式的"揭丑",使处于大庭广众之下的该教师十分尴尬。面对这种状况,该教师先是巧牵妙引,以一句"谁能找个与'秃子'意思相关的词"的发问,引导学生将"秃"与"绝顶"联系起来。然后,该教师借助"聪明绝顶"这个词语,机智地将"聪明"这一个特征附会在自己的身上。该教师机智、幽默和风趣的话语,赢得了阵阵欢笑,博得了满堂喝彩,化解了尴尬,彰显了该教师宽容学生、善待学生、驾驭课堂的高超语言应变能力。

  (3)尊重理解式。尊重理解本身就是说服教育的有效方法之一。教师在充分掌握学生情况的基础上,根据学生的性情,随机而动,控制情绪,适度润色包装教育语言,照顾学生的感受,尊重学生的行为,理解学生的思想,可以达到成功说服教育的效果。

  班主任老师在周会课上发现性格倔强内向的小强正在写"情书",于是决定予以没收。小强不服气并用挑衅的神态面对老师。老师平静地走回讲台好像什么事情都没发生,指着一张报纸说道:"同学们,这里有一篇报道,请大家听后加一句精短的评论。"接着,老师微笑着读道:"昨天,一场突如其来的寒潮袭击了昆明世博园,园内的许多鲜花凋谢了,园艺工人正全力抢救,力求最大限度地挽回经济损失……"

  学生听后,很快就发表了许多评论。"一场不合时宜的寒潮!""不该早到的寒潮!""温室的鲜花经不起风寒!""不经一番寒霜冻,哪得梅花扑鼻香!""宝剑锋自磨砺出,梅花香自苦寒来!""及时补救,挽回损失!"等等。

  这时,老师适时地阐明了自己的观点:"是啊!人生也是如此。如果我们把握不好我们的人生航向,我们的人生之舟就会偏离航道,就有可能触礁、翻船!你们大家现在正处在人生最关键时期,请大家一定要认准人生的航向,否则,就有可能造成永久的遗憾!"

后来,小强写了一封短信给班主任老师:老师,谢谢您!您太理解学生了,谢谢您给我留足了面子,我会用自己的行动证明您给我的面子是有意义的。

该教师在处理写"情书"这件事时,立足于理解学生的年少行为,保护学生的自尊,批评有度,劝导有理,成功地说服了学生。

4. 劝导

劝导即是教师针对学生出现的或者潜在的问题予以开导、规劝、抚慰等,以帮助学生消除疑虑、化解心结、走出困境的教育语言。规劝是建立在情感投入的基础之上的、劝人走出困境的教育语言。教师的话语要委婉,道理要讲清,要换位思考,情真意切,劝人向善,改过从正,走出泥淖。

(1)比物描述式。在实际教育教学中,有的班主任的话语,就像一把砸向门上的锤子,只能在门上留下累累伤痕,让学生心理受到伤害;有的班主任的话语,像不着边际的耳边风,学生听了不入耳,更难以入心;而有的班主任的话语,则向一把金钥匙,一下子就能打开学生心头的锁。

示例

有一位教师所教的两位学生将要参加"萌芽杯"中学生现场作文大赛,这两位学生都是家在乡下十五六岁的女孩,都刚上高一。她们知道消息后既兴奋又担忧。她们兴奋的是能够有机会到外面看看,开开眼界;担忧的是作为乡下孩子,写的作文能赛过城里的学生吗?能赛过高二、高三的学生吗?

有着数十年班主任工作经验的教师看出了学生们的担忧,在学生临行前的晚上,他找来这两名学生,对她们说:"你们生在农村,常常和花草打交道,谁能说出哪一种草不开花?"两位同学陷入了沉思,最后都摇摇头说:"老师,没有一种草是不开花的,所有的草都会开出自己的花朵。"

老师笑了,说:"是的,孩子们,每一种草都是一种花。所有栽在精美花盆里的花实质上都是一种草。而生长在田地边和山野里的草实质上也都是一种花啊。不论生活在哪里,你们和其他人是一样的,既都是一种草,也都是一种花。记住,没有一种草是不会开花的,再美的花也是一种草!"

面对学生的不自信,该教师并没有讲一番大道理,而是利用一个巧妙的比喻,把每一个人都比喻成"草"。因为"所有的草都会开出自己的花朵",所以"每一个人也都是花"。然后,该教师又进一步引申说,"不论生活在哪里,你们和其他人是一样的,既都是一种草,也都是一种花"。该教师从学生的生活实际入手来说理,这样既让学生易于接受,留有余韵,又让学生回味无穷。该教师的话打消了学生们的顾虑,这两位学生高兴而轻松地南下"赶考"去了。由于轻装上阵,结果这两名同学都获得了一等奖,为学校赢得了荣誉,而这两名同学的人生也从此有了自信。

(2)启发引导式。北京有一所中学的一位女生,报的第一个志愿是北京大学,但高考前参加了一次模拟考试,平常学习成绩很好的她,却把数学考砸了。该生心乱了,认为今年肯定考不上北大,明天也不想去学校了。无奈的家长找到了老师,请他帮帮孩子。

示例

师:"你马上就要高考了,你不会的问题是客观存在的,这一点你承认吗?"

生:"对。"

师:"还有一个月就高考了,你不会的问题相对是个常数,这一点你承认吗?"她又点点头。

师:"在你不会的问题已成为常数的前提下,你是希望在考前让问题暴露得越多越好呢,还是让你不会的问题都隐藏起来好呢?"

生:"当然希望问题在考前暴露得越多越好了。"

师:"考前问题暴露得越多,是不是意味着你高考中遇到的问题,相对越来越少?在考前那么宝贵的时间里,你好不容易做一套题,居然一个问题都发现不了,那么你的时间浪费得太可惜了。而如果你在这两个小时,通过做这套题,发现了一些漏洞,那么这套题对你就太重要了,因为你通过做题发现了漏洞,然后把这个漏洞补上,你考试的时候,不就多了一份成功吗?你怎么能因为你发现问题了,就感觉自己不行了呢?就你这种心态来讲,肯定考不上北大,因为你考前不可避免地会遇到好多问题,只要遇到问题你就怀疑自己,当然会垮下来的。"

生:"我明白了。"

老师与这名女生二十来分钟的谈话,说得也很简单,但那女生好像是变了一个人似的,这是为什么?首先在于老师巧妙移用数学术语"常数",把"不会的问题是客观存在的"比作常数,形象生动;其次通过逻辑推演,对比分析,引导她明白了高考前考试练习的目的是为了暴露问题,问题暴露得越多,解决得越多,高考成功的可能性越大;反之,如果没有发现问题,才是真正的有问题了。这样就使女孩明白了考试的真正目的,使她从以前发现不会的问题就丧气,转变为后来发现不会的问题就兴奋。这样一番话,使本来就有实力的她,重新恢复了良好的心态。结果,当年她以超出录取线30分的好成绩如愿考入北大。

(3)幽默风趣式。语言幽默风趣,可以与学生拉近距离,让学生在快乐中接受教育,把原本解决起来有难度的或者不易解决的问题在欢声笑语中轻松解决。在教育学生时,经常时不时地幽学生一默,和他们乐成一团,让学生从心底对你产生亲近感。

示例

中学生每天都要进行晨练。入学第一天,新生刚来,如何动员他们呢?老师考虑到学生对晨练既有期待的心理,又有懒惰的心理,而每人体能不一样,于是便要道:"咱们哪,今天就跑一百米。一百米还分成五个组,一男快组,二男慢组,三女快组,四女慢组,五走组。跑得快的进快组,跑得慢的进慢组,跑不动的进走组。"讲到这,不少学生纷纷大笑了起来。

可有一位大胆的学生却和他"抬扛",说:"老师,我进走组也走不动。"

老师听完了,诙谐地回答:"孩子啊,别着急啊,咱走不动就走不动,咱成立第六组,爬组!"

跑个一百米,还分五个组,本身就已经够幽默的了,可末尾的那句如同相声中的抖包袱之语,让学生们在欢笑中品出了老师的爱心和宽容,从而愉快地接受了他的要求,纷纷在跑道上飞奔了起来。

(4)换位思考式。

示例

某位特级教师班上有一个学生,因为数学没考好,数学老师批评她,之所以没考好,是因为不够自信。这个同学很不高兴,经常在课堂上顶撞数学老师。

作为班主任的老师知道这一情况后,把她找到了办公室。当老师刚一提到这一话题,这位同学就激动地说:"是的,我的数学这次没考好,可也不能就说明我以后也考不好啊,这不打击我学习的积极性吗?"这时老师并没有接着她的话往下说,而是拉了一把椅子,让她坐下并为她倒了一杯水,"那我们先不说这个话题,你能告诉我你是怎样学习数学的吗?"学生说她的数学本就不是太好,平时只做一些基础题,只想在高考中考及格就行了。老师说:"我在上高中时,数学成绩也不太好,也是在及格的边缘。""真的吗?"学生惊讶地说。"是的,可是到高三后期,我主要从较基础的题目入手,并不强迫自己去进攻难题。在高考中也抱着做好基础题,大题目能做多少就做多少的态度去面对,结果反倒考得比其他科还要好。"学生说她自己也是这样想的,平时也是从基础的题目入手,平时考试前面的基础题做得很快,为了保证基础题的准确性,还经常回头去检查并且至少检查两遍。老师说:"基础题做得很快,这很好呀,可你为什么要检查两遍呢?"学生说:"如果不回头检查会担心出错。"戈老师说:"那你觉得数学老师说你不够自信,对吗?""是的……是的……我确实不够自信。"

该教师与学生谈话的技巧在于:首先,创设和谐融洽的氛围,缓解学生的心理压力。当学生很激动时,老师是拖一把椅子让她坐下,这样缓解了学生紧张的心理,拉近了学生与老师之间的距离。其次,借助切身经历,关注共同话题。教师深知,谈话要想达到"话语投机",必须选择师生共同关注的话题。于是老师用自己学生时代如何学数学的经历来进行交谈,这样易于使学生接受老师所讲的道理。终于让学生认识到自己的不足,从而顺利解开了心结。

5. 激励

激励，即教师运用赞扬、鼓励的语言引发学生内省，认知自我。激励的目的是引导学生内省，认识问题。教师的激励语言有的放矢直指学生的内心，引导学生确立目标，扬长避短，从善如流。

(1)目标预设式。许多学生并非素质差，而是存在自我认知障碍。老师要帮助学生去寻找引导的办法，或热情赞赏，或深入剖析，或互动问答，使这些学生重新找回自我。

示例

秋季新学期开学时，班上转来了一名学生。该生身高大概1.9米，体重100公斤。初次见面，老师就和该生聊了起来——

师：你好！你的这个性格，我很喜欢，也很高兴你能到我们这个班来。第一，你不是有力气吗？今后咱们这个班就有了一位保护神。今后如果咱们这个班里的任何一位同学要是受到外人的欺负，我就找你，你敢不敢保证？

生：(点点头)：老师，这个没问题。

师：还有，在这次军训期间，将有个拔河比赛，我看你这块头，一个顶仨啊，你能不能保证咱们班在拔河比赛中取得第一名？

生：能。

师：呵！你敢这样保证，那现在我就可以任命你为我们班的拔河队队长。但是，你必须把第一拿过来。这段时间，你要做好这个活动的安排，你看行不行？

生：没问题。

师：第三件事就是打水。每一个班就只有一个水桶，全班的喝水都用这个水桶。军训期间耗费体力，大家训练肯定都很累。你的块头最大，体力最好，在军训期间如果我发现去打水的是别的同学，而不是你，我就拿你是问。行不行？

生(一口答应)：没问题。

教师与学生间的谈话，该教师用的是一种发自内心的赞赏语言，给该生以充分的信任，挖掘其身上的优点。另外，该教师又暗用了"欲擒故纵"之法，根据该生身体健壮这一优势，先给予其大力赞赏，接着就给他安排了三项恰当的任务，使该生不能、也不愿拒绝。就这样，该生在为班级服务的过程中获得了足够的自信，从此走上健康的成长道路：军训期间，在该生的努力下班级的个个训练项目遥遥领先。不久，该生还成为班级的纪律委员。

(2)心理分析式。由于各种原因，现在的一些学生相当懦弱、自卑甚至是自轻，相当缺乏信心。这些学生嘴边经常挂的口头禅就是："我不能"、"我不行"、"我不如别人"或者"真郁闷啊"。教师要想教育好这部分学生，就要把握这些学生的心理，从其心理上打开"缺口"。

班级中来的一名插班生,因为成绩不好,经常一个人静静地坐在教室里,上课也无精打采。观察到这一情况后,教师主动找该学生谈心。于是,师生二人之间开始了如下的对话。

  师:你觉得你现在还能不能取得好成绩?

  生:我总是觉得自己不行,不如别人。我已经倒数第一这么多年了,再怎么努力也不行,也晚了。于是,本来能学会的知识我也不愿学,学了也没有什么用处,最后还是倒数第一。

  师:对!问题就在这儿,你总先给自己输入"不行"的意念,在你的潜意识中有了"我不如人"的想法,结果你就当然不如其他的人喽。现在,我建议你这样改变一下:每一天早晨起床以后,每一堂课前,每一天晚间都全心全意地想一想你当年排在班级第二名时的情景,再现一下那时的信心、感情、对学习的态度等。这样想一想,我想肯定会激发你的勇气和力量,经常这样施加积极的意念给潜意识,时间长了,潜意识就能起到积极的作用,会将你改变为一个自信、上进、勤奋、积极的学生。

该教师从思想根源上挖出插班生落后的原因,间接表扬了该学生曾有过的成功,并授之以自我激励之法,要求该学生每天都给自己输入积极的意念,从根本上改变消极的潜意识。该教师的这一番话,不仅使该学生知其然,明白了自己落后的根源;并且使该学生知其所以然,懂得了如何改变自己的学业成绩,学会如何正确对待人生。从这以后,该学生慢慢地开朗了起来,学习成绩也逐步提高了。

(3)激将引导式。激将引导式就是教师用恰当的语言激起学生内心深处向往优秀的潜在意识,并将之化为学生常态行为的方法。

  有一位学生,在高一、高二曾经是班里第一,后来名次一再下滑。这名学生马上就要参加高考了,仍毫无自信。家长、学生、老师都很着急,这该怎么办啊?

  老师问了他的情况,他说:"进入高三之前,我成绩一直都很好,可到了高三考一次下滑一次。所以,我感到一点希望都没有了。"

  师:"我想知道的是,你是不是始终在想自己最辉煌的时刻?你生活在过去的日子里,你老认为自己考过班里第一,你老是用第一的心态来衡量自己、来要求自己?"

  他点了点头称是,表示认同老师的说法。

  师:"那从现在开始,你能不能把过去的一切辉煌都忘掉?这一次考试,你已经成为班里的第三十名。你现在就是一个三十名的学生,你能不能承认这个现实?

生:老师我知道这是事实,但是我一时间还很难承受这种落差。

师:人的成长过程不是一帆风顺的而是跌宕起伏的,有高峰也有低谷,我想你现在就到了低谷。你应该这样想,从心理上承认这个事实:我就是第三十名。然后,你和我要做的是在第三十名基础上,我们应该怎么学,应该怎么办?

生:"老师,你说我现在应该怎么办?"

师:"你有没有信心超过班里的第二十九、二十八名?"

生:"有信心。"

师:"好了,下一个目标是超过第二十九名,这一进一退,你就成功了,找到一个突破口,你就会站起来了,道理就这么简单。"

在案例中,这一名学生陷入一个心理误区之中:该生觉得自己这次是第一,下次还应该是第一,总是用这种心态衡量自己,不愿意接受成绩下滑的现实。该教师先用两个问话,有力而直接地指出该学生的这种错误心理根源,然后用"人的成长过程是跌宕起伏的,有高峰也有低谷"这一比喻,引出两个引人深思的问题,使该学生能坦然面对落后的现实。接着,该教师又用热情洋溢的语言告诉该学生也要从这个低谷开始努力,并帮该学生设立小目标,进而找到走向成功的突破口,顺利地解开了该学生的心结,使该学生恢复了自信。结果当年的高考中,这位学生在班里是第四名,并最终考上了一所名校。

(4)树立榜样式。"榜样的力量是无穷的"。榜样就是一面镜子,学生在与榜样的比较中,可以看到自己的缺陷,能产生顿悟的效果。

示例

在各年级中,班级打扫卫生一直都是难题,特别是一些男生,虽然身高体强,就是不愿意为集体出力。班主任知道后,并没有说什么。在下一次打扫前,该老师调整了组次和成员,将懒惰的男生与勤快的、身体娇小的女生分成一组。该教师然后说:"同学们,因为体力上的悬殊,我将班里最有力气的和最没力气的几位同学分到了一组,请这一组中的几位同学互相帮助,顺利完成此次卫生工作。另外,请大家监督啊,千万别让'大力士'们欺负弱小啊!如果真发生类似的情况,我们大家一起'讨伐'他们啊!但这一组本来就很好,我相信再有这几位'大力士'的'无私帮助',这一组的表现肯定会更好的。"(学生大笑)这几位男同学在女生们的带动下也开始参与到班级的卫生工作中,该教师的工作收到了预期的教育效果。

榜样即是学习的目标,用榜样的行为来激励学生是教师应用的重要方法之一。在例子中,该教师将懒惰的"大男生"与勤快的"小女生"分为一组,目的是要用女生的勤快来反衬男生的懒惰。在弱小的女生做重体力活时,强壮的男生就不会袖手旁观,青春期的男生最怕别人蔑视的了,如果任由女生在干活,男生的心里会过意不去,这样就达到了教育的预期目的。

训练设计

一、分角色模拟。

教师要求学生要全面发展,不断提升自己的综合能力素质。可有的学生不理解这一点,提出质疑说:"老师,以后我一不当官,二不当科学家,要那么高的素质有什么用啊?"

请分别模拟教师、学生两个角色,从教师试图说服学生,学生试图摆脱老师的说教的两种角度,请各自找到自己的论点和论据,依据各自的逻辑展开阐述。

二、评析案例,你认为下列案例中有哪些成功的经验值得吸取?说明你的理由。

刘洋是郑老师花了不少心血培养出来的学生,在这次模拟考试中,郑老师看到刘洋的成绩还是排在班内二十名开外,眼见着就高考了,作为班主任的郑老师很是着急。以下有两种处理方法,请找出合适的方法,并说明你的理由。

第一种:焦急的郑老师认为应该狠狠地刺激刘洋了:"这次考试人家一班进入年级前一百名的就有22人,可你呢?同样的老师、同样的时间在班内还闯不进二十名呢,更别说年级排名了!你不用跟别人比,就跟你的同桌关蕊比吧,她学习多踏实,进步多快!再看看你,你一个大小伙子脸红不红啊?"教训到最后,郑老师又加上了一句:"我就感到奇怪了,你父母都还是老师呢,你怎么就是不开窍呢?"

第二种:郑老师决定用鼓励、商量的话语打开刘洋的自我防护网:"刘洋,这次考试,一班进入年级前一百名的就有22人,同样的老师,同样的学生,你敢不敢跟他们较较劲啊?你同桌关蕊这一次进步就不小啊,她都考到全班第七名了!怎么样?咱们一起努力,先向她看齐?你爸妈都是优秀教师,我教的学生也不能太差了吧,咱们也要做出个样来让他们瞧瞧!"

三、话题训练。

有一位教师在教完《赤壁之战》后问学生:"同学们,赤壁大战结束后,周瑜在庆功会上会怎样向将士总结这次取胜的原因?如果你是周都督,会说些什么?同样,在曹营中曹操也会总结这次大战失败的教训,如果你是曹操,你会怎样向部下做总结?"学生的发言异常热烈。

突然,有一位学生站起来发言道:"我看过《三国演义》,书上说曹操是一个从来都不会认错的人,他怎么会向部下分析战争失败的原因呢?"

面对这种情况,假设你是该教师,请你列出解决方案。要求用设计讨论话题的方式来解决这次课堂中出现的突发事件。

四、看材料回答问题:

在下课后,有一位男学生找老师问问题,因为他觉得老师在课上讲的那道题自己的解法也是对的。他刚开口:"老师你看这道题——"王老师就很不满地说:"刚刚讲过的题你都不会,你听课了没有?"看到该学生的练习本上贴着女电影明星的照片,王老师就更加生气,"我跟你们说啊,以后谁要是再听歌、打球,议论这个歌星那个球星的话,看我怎么收拾你们!我跟你们讲了多少遍了,现在这社会,考不上个好大学这辈子就完了!辛苦打拼这几年,享受幸福后半生……"

1. 王老师的做法妥当吗?为什么?
2. 王老师与学生谈话采用的是什么方式?缺点在哪里?
3. 王老师采取什么样的方法更加有效?请你设计出王老师与该男生的谈话来,要达到师生间有效交流的目的,既要解决问题又要使这名男同学信服。

附 录

附录一 容易读错的单音节字词

A:凹(āo)

B:跋(bá)掰(bāi)绊(bàn)褒(bāo)逼(bī)匕(bǐ)鄙(bǐ)币(bì)庇(bì)痹(bì)遍(biàn)
膘(biāo)濒(bīn)驳(bó)跛(bǒ)卜(bǔ)哺(bǔ)

C:糙(cāo)嘈(cáo)阐(chǎn)忏(chàn)乘(chéng)惩(chéng)逞(chěng)嗤(chī)侈(chǐ)
初(chū)刍(chú)槌(chuí)淳(chún)戳(chuō)挫(cuò)锉(cuò)

D:怠(dài)掸(dǎn)档(dàng)堤(dī)涤(dí)嫡(dí)掂(diān)跌(diē)扼(è)

F:坊(fāng)防(fáng)妨(fáng)焚(fén)讽(fěng)佛(fó)否(fǒu)孵(fū)幅(fú)甫(fǔ)缚(fù)

G:竿(gān)冈(gāng)岗(gǎng)篙(gāo)戈(gē)搁(gē)垢(gòu)估(gū)刮(guā)瑰(guī)

H:骇(hài)呵(hē)桦(huà)海(huì)

J:积(jī)绩(jì)畸(jī)箕(jī)激(jī)嫉(jí)脊(jǐ)甲(jiǎ)矫(jiǎo)缴(jiǎo)醮(jiào)皆(jiē)
茎(jīng)颈(jǐng)疚(jiù)鞠(jū)矩(jǔ)绢(juàn)崛(jué)

K:揩(kāi)慨(kǎi)铐(kào)瞌(kē)抠(kōu)框(kuàng)眶(kuàng)

L:琅(láng)捞(lāo)氯(lǜ)掠(lüè)抡(lūn)

M:氓(máng)眸(móu)谋(móu)某(mǒu)

N:挠(náo)拟(nǐ)镊(niè)您(nín)蔫(niān)拗(niù)

P:趴(pā)畔(pàn)乒(pīng)乓(pāng)胚(pēi)坯(pī)匹(pǐ)譬(pì)颇(pō)剖(pōu)

Q:栖(qī)鳍(qí)绮(qǐ)泣(qì)虔(qián)潜(qián)擎(qíng)顷(qǐng)权(quán)券(quàn)

R:然(rán)燃(rán)儒(rú)蠕(rú)褥(rù)

S:室(shì)矢(shǐ)恃(shì)嗜(shì)枢(shū)束(shù)吮(shǔn)髓(suǐ)遂(suì)穗(suì)

T:艇(tǐng)凸(tū)颓(tuí)

W:洼(wā)枉(wǎng)危(wēi)微(wēi)伪(wěi)紊(wěn)梧(wú)晤(wù)

X:锨(xiān)弦(xián)涎(xián)舷(xián)淆(xiáo)些(xiē)楔(xiē)衅(xìn)癣(xuǎn)
薛(xuē)穴(xué)

Y:亚(yà)筵(yán)衍(yǎn)仪(yí)宜(yí)诣(yì)谊(yì)涌(yǒng)迂(yū)隅(yú)愉(yú)
逾(yú)

Z:咂(zā)暂(zàn)凿(záo)蚤(zǎo)憎(zēng)沼(zhǎo)召(zhào)脂(zhī)帜(zhì)
仲(zhòng)轴(zhóu)贮(zhù)拙(zhuō)卓(zhuó)滓(zǐ)篡(zuǎn)攥(zuàn)

附录二 普通话水平测试用朗读作品

序号	篇名	作者	序号	篇名	作者
1	白杨礼赞	茅盾	31	能吞能吐的森林	中考阅读精选
2	差别	张健鹏、胡足青	32	朋友和其他	杏林子(中国台湾)
3	丑石	贾平凹	33	散步	莫怀戚
4	达瑞的故事	博多·舍费尔(德)	34	神秘的"无底洞"	罗伯特·罗威尔
5	第一场雪	峻青	35	世间最美的坟墓	茨威格(奥)
6	读书人是幸福人	谢冕	36	苏州园林	叶圣陶
7	二十美金的价值	唐继柳 译	37	态度创造快乐	
8	繁星	巴金	38	泰山极顶	杨朔
9	风筝畅想曲	李恒瑞	39	陶行知的"四块糖"	
10	父亲的爱	艾尔玛·邦贝克(美)	40	提醒幸福	毕淑敏
11	国家荣誉感	冯骥才	41	天才的造就	刘燕敏
12	海滨仲夏夜	峻青	42	我的母亲独一无二	罗曼·加里
13	海洋与生命	童裳亮	43	我的信念	玛丽·居里
14	和时间赛跑	林清玄(台湾)	44	我为什么当教师	彼得·基·贝德勒
15	胡适的白话电报	陈灼	45	西部文化和西部开发	中考阅读精选
16	火光	柯罗连科(俄)	46	喜悦	王蒙
17	济南的冬天	老舍	47	香港:最贵的一棵树	舒乙
18	家乡的桥	郑莹	48	小鸟的天堂	巴金
19	坚守你的高贵	游宇明	49	野草	夏衍
20	金子	陶猛 译	50	一分钟	纪广洋
21	捐诚	青白	51	一个美丽的故事	张玉庭
22	可爱的小鸟	王文杰	52	永远的记忆	苦伶
23	课不能停	刘墉(台湾)	53	语言的魅力	小学语文第六册
24	莲花和樱花	严文井	54	赠你四味长寿药	蒲昭和
25	绿	朱自清	55	站在历史的枝头微笑	本杰明·拉什(美)
26	落花生	许地山	56	中国的宝岛——台湾	
27	麻雀	屠格涅夫(俄)	57	中国的牛	小思
28	迷途笛音	唐若水 译	58	住的梦	老舍
29	莫高窟	小学语文第六册	59	紫藤萝瀑布	宗璞
30	牡丹的拒绝	张抗抗	60	最糟糕的发明	林光如

附录三　普通话水平测试用话题

1. 我的愿望(或理想)
2. 我的学习生活
3. 我尊敬的人
4. 我喜爱的动物(或植物)
5. 童年的记忆
6. 我喜爱的职业
7. 难忘的旅行
8. 我的朋友
9. 我喜爱的文学(或其他)艺术形式
10. 谈谈卫生与健康
11. 我的业余生活
12. 我喜欢的季节(或天气)
13. 学习普通话的体会
14. 谈谈服饰
15. 我的假日生活
16. 我的成长之路
17. 谈谈科技发展与社会生活
18. 我知道的风俗
19. 我和体育
20. 我的家乡(或熟悉的地方)
21. 谈谈美食
22. 我喜欢的节日
23. 我所在的集体(学校、机关、公司等)
24. 谈谈社会公德(或职业道德)
25. 谈谈个人修养
26. 我喜欢的明星(或其他知名人士)
27. 我喜爱的书刊
28. 谈谈对环境保护的认识
29. 我向往的地方
30. 购物(消费)的感受

附录四 安徽省普通话水平测试评分细则

测试项	评分项	评分标准	说明
读单音节字词	错误	0.1/音节	语音错误，每个音节，扣0.1分。
	缺陷	0.05/音节	读音缺陷，每个音节，扣0.05分。
	超时	0.5、1	超时1分钟以内，扣0.5分；超时1分钟以上（含1分钟），扣1分。
读多音节词语	错误	0.2/音节	语音错误，每个音节，扣0.2分。
	缺陷	0.1/音节	读音缺陷，每个音节，扣0.1分。
	超时	0.5、1	超时1分钟以内，扣0.5分；超时1分钟以上（含1分钟），扣1分。
朗读短文	错漏增	0.1/音节	读错、漏读或增读1个音节，扣0.1分。
	声韵缺陷	0.5、1	声母或韵母系统性语音缺陷，视程度扣0.5分、1分。
	语调偏误	0.5、1、2	语调偏误，视程度扣0.5分、1分、2分。
	停连不当	0.5、1、2	停连不当，视程度扣0.5分、1分、2分。
	朗读不畅	0.5、1、2	朗读不畅（包括回读），视程度扣0.5分、1分、2分。
	超时	1分	超时扣1分。
命题说话	语言标准程度（25分）	一档	语音标准，或极少有失误。扣0分、1分、2分。
		二档	语音错误在10次以下，有方音但不明显。扣3分、4分。
		三档	语音错误在10次以下，但方音比较明显；或语音错误在10—15次，有方音但不明显。扣5分、6分。
		四档	语音错误在10—15次，方音比较明显。扣7分、8分。
		五档	语音错误超过15次，方音明显。扣9分、10分、11分。
		六档	语音错误多，方音重。扣12分、13分、14分。
	词汇、语法规范程度（10分）	一档	词汇、语法规范。扣0分。
		二档	词汇、语法偶有不规范的情况。扣1分、2分。
		三档	词汇、语法屡有不规范的情况。扣3分、4分。
	自然流畅程度（5分）	一档	语言自然流畅。扣0分。
		二档	语言基本自然流畅，口语化较差，有背稿的表现。扣0.5分、1分。
		三档	语言不连贯，语调生硬。扣2分、3分。
	缺时扣分		说话不足3分钟，酌情扣分：缺时1分钟以内（含1分钟），扣1分、2分、3分；缺时1分钟以上，扣4分、5分、6分；说话不满30秒（含30秒），计0分。

主要参考文献

1. 国家教育委员会师范教育司.教师口语.北京师范大学出版社,2008.
2. 国家教育委员会师范教育司.教师口语训练手册.北京师范大学出版社,2008.
3. 黄伯荣、廖序东.现代汉语(增订三版).北京:高等教育出版社,2002.
4. 国家语言文字工作委员会普通话培训测试中心.普通话水平测试实施纲要(第1版).北京:商务印书馆,2004.
5. 宋欣桥.普通话水平测试员使用手册(第1版).北京:商务印书馆,2004.
6. 安徽省语言文字工作委员会办公室.安徽普通话训练与测试.北京:语文出版社,1997.
7. 王海天、刘小波、由文平等.教师口才艺术(第1版).海口:南海出版公司,2004.
8. 赖华强、杨国强.教师口才艺术(第1版).广州:暨南大学出版社,2003.
9. 屠荣生、唐思群.师生沟通的艺术(第2版).北京:教育科学出版社,2007.
10. 周军.教学策略(第2版).北京:教育科学出版社,2007.
11. 茅海燕、罗立新.教师语言表达学(第1版).合肥:中国科学技术大学出版社,2006.
12. 王宇.智者与愚人的说话方式——再不被别人称为傻瓜的说话艺术(第1版).北京:中国三峡出版社,2006.
13. 段文杰、张美娟.实用口才(第1版).北京:科学出版社,2007.
14. 兴盛乐.口才资本与演讲技能(第1版).北京:企业管理出版社,2007.
15. 刘伍权.高水平说话高智商办事全集(第1版).北京:中国长安出版社,2008.
16. 张丽琍.涉外秘书实务.北京:首都经济贸易大学出版社,2007.
17. 周久云、张静.实用口才训练(第1版).上海:东华大学出版社,2008.
18. 欧阳友权、朱秀丽.实用口才训练(第3版).长沙:中南大学出版社,2005.
19. 曹希波.新编当众讲话训练手册(第1版).北京:企业管理出版社,2006.
20. 李玉杰.实用演讲教程(第1版).北京:中国经济出版社,2004.
21. 李元授.演讲学(第2版).武汉:华中科技大学出版社,2003.
22. 陈建军.演讲理论与欣赏(第1版).武汉大学出版社,2005.
23. 蔡践、冯章.演讲的风采(第1版).北京.中国经济出版社,2005.
24. 易书波.精彩演讲特训营(第1版).北京大学出版社,2008.
25. 李熙宗.公关语言教程(第1版).上海:复旦大学出版社,2008.
26. 林华章.应用口才教程(第2版).北京:法律出版社,2005.

27. 欧阳友权.口才学.长沙：中南大学出版社，2002.

28. 潘桂云.口才艺术(第1版).北京：旅游教育出版社，2006.

29. 舒丹.实用口才培训手册(第1版).北京：中国电影出版社，2005.

30. 唐戈隆.练说话 练口才(第1版).北京：中国纺织出版社，2006.

31. 刘德强.现代演讲学(第6版).上海社会科学院出版社，2002.

32. 罗莉.电视播音与主持艺术(第1版).北京：中国传媒大学出版社，2004.

33. 王群、曹可凡.广播电视主持艺术(第1版).上海外语教育出版社 ，2005.

34. 杜菁锋、李科林.大学实用语文(第1版).北京：科学出版社，2005.

35. 张颂.朗读学.北京：中国传媒大学出版社，2004.

36. 王劲松.普通话与口才训练.北京：中国财政经济出版社，2006.

另有一些材料来源于网络，恕不一一列举，在此一并表示感谢！

普通话测试朗读作品

第一部分　普通话朗读作品 60 篇(新大纲)

【作品 1 号】

白杨礼赞

　　那是力争上游的一种树,笔直的干,笔直的枝。它的干呢,通常是丈把高,像是加以人工似的,一丈以内,绝无旁枝;它所有的桠枝呢,一律向上,而且紧紧靠拢,也像是加以人工似的,成为一束,绝无横斜逸出;它的宽大的叶子也是片片向上,几乎没有斜生的,更不用说倒垂了;它的皮,光滑而有银色的晕圈,微微泛出淡青色。这是虽在北方的风雪的压迫下却保持着倔强挺立的一种树!哪怕只有碗来粗细罢,它却努力向上发展,高到丈许,两丈,参天耸立,不折不挠,对抗着西北风。

　　这就是白杨树,西北极普通的一种树,然而决不是平凡的树!

　　它没有婆娑的姿态,没有屈曲盘旋的虬枝,也许你要说它不美丽,——如果美是专指"婆娑"或"横斜逸出"之类而言,那么,白杨树算不得树中的好女子;但是它却是伟岸,正直,朴质,严肃,也不缺乏温和,更不用提它的坚强不屈与挺拔,它是树中的伟丈夫!当你在积雪初融的高原上走过,看见平坦的大地上傲然挺立这么一株或一排白杨树,难道你就只觉得树只是树,难道你就不想到它的朴质,严肃,坚强不屈,至少也象征了北方的农民;难道你竟一点儿也不联想到,在敌后的广大土//地上,到处有坚强不屈,就像这白杨树一样傲然挺立的守卫他们家乡的哨兵!难道你又不更远一点想到这样枝枝叶叶靠紧团结,力求上进的白杨树,宛然象征了今天在华北平原纵横决荡用血写出新中国历史的那种精神和意志。

——节选自茅盾《白杨礼赞》

【作品2号】

差 别

两个同龄的年轻人同时受雇于一家店铺,并且拿同样的薪水。

可是一段时间后,叫阿诺德的那个小伙子青云直上,而那个叫布鲁诺的小伙子却仍在原地踏步。布鲁诺很不满意老板的不公正待遇。终于有一天他到老板那儿发牢骚了。老板一边耐心地听着他的抱怨,一边在心里盘算着怎样向他解释清楚他和阿诺德之间的差别。

"布鲁诺先生,"老板开口说话了,"您现在到集市上去一下,看看今天早上有什么卖的。"

布鲁诺从集市上回来向老板汇报说,今早集市上只有一个农民拉了一车土豆在卖。

"有多少?"老板问。

布鲁诺赶快戴上帽子又跑到集上,然后回来告诉老板一共四十袋土豆。

"价格是多少?"

布鲁诺又第三次跑到集上问来了价格。

"好吧,"老板对他说,"现在请您坐到这把椅子上一句话也不要说,看看阿诺德怎么说。"

阿诺德很快就从集市上回来了。向老板汇报说到现在为止只有一个农民在卖土豆,一共四十口袋,价格是多少多少;土豆质量很不错,他带回来一个让老板看看。这个农民一个钟头以后还会弄来几箱西红柿,据他看价格非常公道。昨天他们铺子的西红柿卖得很快,库存已经不//多了。他想这么便宜的西红柿,老板肯定会要进一些的,所以他不仅带回了一个西红柿做样品,而且把那个农民也带来了,他现在正在外面等回话呢。

此时老板转向了布鲁诺,说:"现在您肯定知道为什么阿诺德的薪水比您高了吧!"

——节选自张健鹏、胡足青主编《故事时代》中《差别》

【作品3号】

丑 石

我常常遗憾我家门前那块丑石:它黑黝黝地卧在那里,牛似的模样;谁也不知道是什么时候留在这里的,谁也不去理会它。只是麦收时节,门前摊了麦子,奶奶总是说:这块丑石,多占地面呀,抽空把它搬走吧。

它不像汉白玉那样的细腻,可以刻字雕花,也不像大青石那样的光滑,可以供来浣纱捶布。它静静地卧在那里,院边的槐阴没有庇覆它,花儿也不再在它身边生长。荒草便繁衍出来,枝蔓上下,慢慢地,它竟锈上了绿苔、黑斑。我们这些做孩子的,也讨厌起它来,曾合伙要搬走它,但力气又不足;虽时时咒骂它,嫌弃它,也无可奈何,只好任它留在那里了。

终有一日,村子里来了一个天文学家。他在我家门前路过,突然发现了这块石头,眼光立即就拉直了。他再没有离开,就住了下来;以后又来了好些人,都说这是一块陨石,从天上落下来已经有二三百年了,是一件了不起的东西。不久便来了车,小心翼翼地将它运走了。这使我们都很惊奇,这又怪又丑的石头,原来是天上的啊!它补过天,在天上发过热、闪过光,我们的先祖或许仰望过它,它给了他们光明、向往、憧憬;而它落下来了,在污土里,荒草里,一躺就//是几百年了!

我感到自己的无知,也感到了丑石的伟大,我甚至怨恨它这么多年竟会默默地忍受着这一切！而我又立即深深地感到它那种不屈于误解、寂寞的生存的伟大。

——节选自贾平凹《丑石》

【作品4号】

达瑞的故事

在达瑞八岁的时候，有一天他想去看电影。因为没有钱，他想是向爸妈要钱，还是自己挣钱。最后他选择了后者。他自己调制了一种汽水，向过路的行人出售。可那时正是寒冷的冬天，没有人买，只有两个人例外——他的爸爸和妈妈。

他偶然有一个和非常成功的商人谈话的机会。当他对商人讲述了自己的"破产史"后，商人给了他两个重要的建议：一是尝试为别人解决一个难题；二是把精力集中在你知道的、你会的和你拥有的东西上。

这两个建议很关键。因为对于一个八岁的孩子而言，他不会做的事情很多。于是他穿过大街小巷，不停地思考：人们会有什么难题，他又如何利用这个机会？

一天，吃早饭时父亲让达瑞去取报纸。美国的送报员总是把报纸从花园篱笆的一个特制的管子里塞进来。假如你想穿着睡衣舒舒服服地吃早饭和看报纸，就必须离开温暖的房间，冒着寒风，到花园去取。虽然路短，但十分麻烦。

当达瑞为父亲取报纸的时候，一个主意诞生了。当天他就按响邻居的门铃，对他们说，每个月只需付给他一美元，他就每天早上把报纸塞到他们的房门底下。大多数人都同意了，很快他有//了七十多个顾客。一个月后，当他拿到自己赚的钱时，觉得自己简直是飞上了天。

很快他又有了新的机会，他让他的顾客每天把垃圾袋放在门前,然后由他早上运到垃圾桶里,每个月加一美元。之后他还想出了许多孩子赚钱的办法,并把它集结成书,书名为《儿童挣钱的二百五十个主意》。为此,达瑞十二岁时就成了畅销书作家,十五岁有了自己的谈话节目,十七岁就拥有了几百万美元。

——节选自[德]博多·舍费尔《达瑞的故事》,刘志明译

【作品5号】

第一场雪

这是入冬以来,胶东半岛上第一场雪。

雪纷纷扬扬,下得很大。开始还伴着一阵儿小雨,不久就只见大片大片的雪花,从彤云密布的天空中飘落下来。地面上一会儿就白了。冬天的山村,到了夜里就万籁俱寂,只听得雪花簌簌地不断往下落,树木的枯枝被雪压断了,偶尔咯吱一声响。

大雪整整下了一夜。今天早晨,天放晴了,太阳出来了。推开门一看,嗬!好大的雪啊!山川、河流、树木、房屋,全都罩上了一层厚厚的雪,万里江山,变成了粉妆玉砌的世界。落光了叶子的柳树上挂满了毛茸茸亮晶晶的银条儿;而那些冬夏常青的松树和柏树上,则挂满了蓬松松沉甸甸的雪球儿。一阵风吹来,树枝轻轻地摇晃,美丽的银条儿和雪球儿簌簌地落下来,玉屑似的雪末儿随风飘扬,映着清晨的阳光,显出一道道五光十色的彩虹。

大街上的积雪足有一尺多深,人踩上去,脚底下发出咯吱咯吱的响声。一群群孩子在雪地里堆雪人,掷雪球儿。那欢乐的叫喊声,把树枝上的雪都震落下来了。

俗话说,"瑞雪兆丰年"。这个话有充分的科学根据,并不是一句迷信的成语。寒冬大雪,可以冻死一部分越冬的害虫;融化了的水渗进土层深处,又能供应//庄稼生长的需要。我相信这一场十分及时的大雪,一定会促进明年春季作物,尤其是小麦的丰收。有

经验的老农把雪比做是"麦子的棉被"。冬天"棉被"盖得越厚,明春麦子就长得越好,所以又有这样一句谚语:"冬天麦盖三层被,来年枕着馒头睡"。

我想,这就是人们为什么把及时的大雪称为"瑞雪"的道理吧。

——节选自峻青《第一场雪》

【作品6号】

读书人是幸福

我常想读书人是世间幸福人,因为他除了拥有现实的世界之外,还拥有另一个更为浩瀚也更为丰富的世界。现实的世界是人人都有的,而后一个世界却为读书人所独有。由此我想,那些失去或不能阅读的人是多么的不幸,他们的丧失是不可补偿的。世间有诸多的不平等,财富的不平等,权力的不平等,而阅读能力的拥有或丧失却体现为精神的不平等。

一个人的一生,只能经历自己拥有的那一份欣悦,那一份苦难,也许再加上他亲自闻知的那一些关于自身以外的经历和经验。然而,人们通过阅读,却能进入不同时空的诸多他人的世界。这样,具有阅读能力的人,无形间获得了超越有限生命的无限可能性。阅读不仅使他多识了草木虫鱼之名,而且可以上溯远古下及未来,饱览存在的与非存在的奇风异俗。

更为重要的是,读书加惠于人们的不仅是知识的增广,而且还在于精神的感化与陶冶。人们从读书学做人,从那些往哲先贤以及当代才俊的著述中学得他们的人格。人们从《论语》中学得智慧的思考,从《史记》中学得严肃的历史精神,从《正气歌》中学得人格的刚烈,从马克思学得人世//的激情,从鲁迅学得批判精神,从托尔斯泰学得道德的执着。歌德的诗句刻写着睿智的人生,拜伦的诗句呼唤着奋斗的热情。一个读书人,一个有机会拥有超乎个人生命体验的幸运人。

——节选自谢冕《读书人是幸福人》

【作品7号】

二十美金的价值

一天,爸爸下班回到家已经很晚了,他很累也有点儿烦,他发现五岁的儿子靠在门旁正等着他。

"爸,我可以问您一个问题吗?"

"什么问题?""爸,您一小时可以赚多少钱?""这与你无关,你为什么问这个问题?"父亲生气地说。

"我只是想知道,请告诉我,您一小时赚多少钱?"小孩儿哀求道。"假如你一定要知道的话,我一小时赚二十美金。"

"哦,"小孩儿低下了头,接着又说,"爸,可以借我十美金吗?"父亲发怒了:"如果你只是要借钱去买毫无意义的玩具的话,给我回到你的房间睡觉去。好好想想为什么你会那么自私。我每天辛苦工作,没时间和你玩儿小孩子的游戏。"

小孩儿默默地回到自己的房间关上门。

父亲坐下来还在生气。后来,他平静下来了。心想他可能对孩子太凶了——或许孩子真的很想买什么东西,再说他平时很少要过钱。

父亲走进孩子的房间:"你睡了吗?""爸,还没有,我还醒着。"孩子回答。

"我刚才可能对你太凶了,"父亲说,"我不应该发那么大的火儿 这是你要的十美金。""爸,谢谢您。"孩子高兴地从枕头下拿出一些被弄皱的钞票,慢慢地数着。

"为什么你已经有钱了还要?"父亲不解地问。

"因为原来不够,但现在凑够了。"孩子回答:"爸,我现在有//

二十美金了,我可以向您买一个小时的时间吗?明天请早一点儿回家——我想和您一起吃晚餐。"

——节选自唐继柳编译《二十美金的价值》

【作品8号】

繁　星

我爱月夜,但我也爱星天。从前在家乡七八月的夜晚在庭院里纳凉的时候,我最爱看天上密密麻麻的繁星。望着星天,我就会忘记一切,仿佛回到了母亲的怀里似的。

三年前在南京我住的地方有一道后门,每晚我打开后门,便看见一个静寂的夜。下面是一片菜园,上面是星群密布的蓝天。星光在我们的肉眼里虽然微小,然而它使我们觉得光明无处不在。那时候我正在读一些天文学的书,也认得一些星星,好像它们就是我的朋友,它们常常在和我谈话一样。

如今在海上,每晚和繁星相对,我把它们认得很熟了。我躺在舱面上,仰望天空。深蓝色的天空里悬着无数半明半昧的星。船在动,星也在动,它们是这样低,真是摇摇欲坠呢!渐渐地我的眼睛模糊了,我好像看见无数萤火虫在我的周围飞舞。海上的夜是柔和的,是静寂的,是梦幻的。我望着许多认识的星,我仿佛看见它们在对我眨眼,我仿佛听见它们在小声说话。这时我忘记了一切。在星的怀抱中我微笑着,我沉睡着。我觉得自己是一个小孩子,现在睡在母亲的怀里了。

有一夜,那个在哥伦波上船的英国人指给我看天上的巨人。他用手指着://那四颗明亮的星是头,下面的几颗是身子,这几颗是手,那几颗是腿和脚,还有三颗星算是腰带。经他这一番指点,我果然看清楚了那个天上的巨人。看,那个巨人还在跑呢!

——节选自巴金《繁星》

【作品9号】

风筝畅想曲

假日到河滩上转转,看见许多孩子在放风筝。一根根长长的引线,一头系在天上,一头系在地上,孩子同风筝都在天与地之间悠荡,连心也被悠荡得恍恍惚惚了,好像又回到了童年。

儿时的放风筝,大多是自己的长辈或家人编扎的,几根削得很薄的篾,用细纱线扎成各种鸟兽的造型,糊上雪白的纸片,再用彩笔勾勒出面孔与翅膀的图案。通常扎得最多的是"老雕""美人儿""花蝴蝶"等。

我们家前院就有位叔叔,擅扎风筝,远近闻名。他扎得风筝不只体型好看,色彩艳丽,放飞得高远,还在风筝上绷一叶用蒲苇削成的膜片,经风一吹,发出"嗡嗡"的声响,仿佛是风筝的歌唱,在蓝天下播扬,给开阔的天地增添了无尽的韵味,给驰荡的童心带来几分疯狂。

我们那条胡同的左邻右舍的孩子们放的风筝几乎都是叔叔编扎的。他的风筝不卖钱,谁上门去要,就给谁,他乐意自己贴钱买材料。

后来,这位叔叔去了海外,放风筝也渐与孩子们远离了。不过年年叔叔给家乡写信,总不忘提起儿时的放风筝。香港回归之后,他在家信中说到,他这只被故乡放飞到海外的风筝,尽管飘荡游弋,经沐风雨,可那线头儿一直在故乡和//亲人手中牵着,如今飘得太累了,也该要回归到家乡和亲人身边来了。

是的。我想,不光是叔叔,我们每个人都是风筝,在妈妈手中牵着,从小放到大,再从家乡放到祖国最需要的地方去啊!

——节选自李恒瑞《风筝畅想曲》

【作品10号】

父亲的爱

爸不懂得怎样表达爱,使我们一家人融洽相处的是我妈。他只是每天上班下班,而妈则把我们做过的错事开列清单,然后由他来责骂我们。

有一次我偷了一块糖果,他要我把它送回去,告诉卖糖的说是我偷来的,说我愿意替他拆箱卸货作为赔偿。但妈妈却明白我只是个孩子。

我在运动场打秋千跌断了腿,在前往医院途中一直抱着我的,是我妈。爸把汽车停在急诊室门口,他们叫他驶开,说那空位是留给紧急车辆停放的。爸听了便叫嚷道:"你以为这是什么车?旅游车?"

在我生日会上,爸总是显得有些不大相称。他只是忙于吹气球,布置餐桌,做杂务。把插着蜡烛的蛋糕推过来让我吹的,是我妈。

我翻阅照相册时,人们总是问:"你爸爸是什么样子的?"天晓得!他老是忙着替别人拍照。妈和我笑容可掬地一起拍的照片,多得不可胜数。

我记得妈有一次叫他教我骑自行车。我叫他别放手,但他却说是应该放手的时候了。我摔倒之后,妈跑过来扶我,爸却挥手要她走开。我当时生气极了,决心要给他点儿颜色看。于是我马上爬上自行车,而且自己骑给他看。他只是微笑。

我念大学时,所有的家信都是妈写的。他//除了寄支票外,还寄过一封短柬给我,说因为我不在草坪上踢足球了,所以他的草坪长得很美。

每次我打电话回家,他似乎都想跟我说话,但结果总是说:"我叫你妈来接。"

我结婚时,掉眼泪的是我妈。他只是大声擤了一下鼻子,便走出房间。

我从小到大都听他说:"你到哪里去?什么时候回家?汽车有没有汽油?不,不准去。"爸完全不知道怎样表达爱。除非……

会不会是他已经表达了,而我却未能察觉?

【作品 11 号】

国家荣誉感

一个大问题一直盘踞在我脑袋里:

世界杯怎么会有如此巨大的吸引力?除去足球本身的魅力之外,还有什么超乎其上而更伟大的东西?

近来观看世界杯,忽然从中得到了答案:是由于一种无上崇高的精神情感——国家荣誉感!

地球上的人都会有国家的概念,但未必时时都有国家的感情。往往人到异国,思念家乡,心怀故国,这国家概念就变得有血有肉,爱国之情来得非常具体。而现代社会,科技昌达,信息快捷,事事上网,世界真是太小太小,国家的界限似乎也不那么清晰了。再说足球正在快速世界化,平日里各国球员频繁转会,往来随意,致使越来越多的国家联赛都具有国际的因素。球员们不论国籍,只效力于自己的俱乐部,他们比赛时的激情中完全没有爱国主义的因子。

然而,到了世界杯大赛,天下大变。各国球员都回国效力,穿上与光荣的国旗同样色彩的服装。在每一场比赛前,还高唱国歌以宣誓对自己祖国的挚爱与忠诚。一种血缘情感开始在全身的血管里燃烧起来,而且立刻热血沸腾。

在历史时代,国家间经常发生对抗,好男儿戎装卫国。国家的荣誉往往需要以自己的生命去//换取。但在和平时代,唯有这种国家之间大规模对抗性的大赛,才可以唤起那种遥远而神圣的情感,那就是:为祖国而战!

——节选自冯骥才《国家荣誉感》

【作品 12 号】

海滨仲夏夜

夕阳落山不久,西方的天空,还燃烧着一片橘红色的晚霞。大海,也被这霞光染成了红色,而且比天空的景色更要壮观。因为它是活动的,每当一排排波浪涌起的时候,那映照在浪峰上的霞光,又红又亮,简直就像一片片霍霍燃烧着的火焰,闪烁着,消失了。而后面的一排,又闪烁着,滚动着,涌了过来。

天空的霞光渐渐地淡下去了,深红的颜色变成了绯红,绯红又变为浅红。最后,当这一切红光都消失了的时候,那突然显得高而远了的天空,则呈现出一片肃穆的神色。最早出现的启明星,在这蓝色的天幕上闪烁起来了。它是那么大,那么亮,整个广漠的天幕上只有它在那里放射着令人注目的光辉,活像一盏悬挂在高空的明灯。

夜色加浓,苍空中的"明灯"越来越多了。而城市各处的真的灯火也次第亮了起来,尤其是围绕在海港周围山坡上的那一片灯光,从半空倒映在乌蓝的海面上,随着波浪,晃动着,闪烁着,像一串流动着的珍珠,和那一片片密布在苍穹里的星斗互相辉映,煞是好看。

在这幽美的夜色中,我踏着软绵绵的沙滩,沿着海边,慢慢地向前走去。海水,轻轻地抚摸着细软的沙滩,发出温柔的//刷刷声。晚来的海风,清新而又凉爽。我的心里,有着说不出的兴奋和愉快。

夜风轻飘飘地吹拂着,空气中飘荡着一种大海和田禾相混合的香味儿,柔软的沙滩上还残留着白天太阳炙晒的余温。那些在各个工作岗位上劳动了一天的人们,三三两两地来到这软绵绵的沙滩上,他们浴着凉爽的海风,望着那缀满了星星的夜空,尽情地说笑,尽情地休憩。

——节选自峻青《海滨仲夏夜》

【作品 13 号】

海洋与生命

生命在海洋里诞生绝不是偶然的,海洋的物理和化学性质,使它成为孕育原始生命的摇篮。

我们知道,水是生物的重要组成部分,许多动物组织的含水量在百分之八十以上,而一些海洋生物的含水量高达百分之九十五。水是新陈代谢的重要媒介,没有它,体内的一系列生理和生物化学反应就无法进行,生命也就停止。因此,在短时期内动物缺水要比缺少食物更加危险。水对今天的生命是如此重要,它对脆弱的原始生命,更是举足轻重了。生命在海洋里诞生,就不会有缺水之忧。

水是一种良好的溶剂。海洋中含有许多生命所必需的无机盐,如氯化钠、氯化钾、碳酸盐、磷酸盐,还有溶解氧,原始生命可以毫不费力地从中吸取它所需要的元素。

水具有很高的热容量,加之海洋浩大,任凭夏季烈日曝晒,冬季寒风扫荡,它的温度变化却比较小。因此,巨大的海洋就像是天然的"温箱",是孕育原始生命的温床。

阳光虽然为生命所必需,但是阳光中的紫外线却有扼杀原始生命的危险。水能有效地吸收紫外线,因而又为原始生命提供了天然的"屏障"。

这一切都是原始生命得以产生和发展的必要条件。//

——节选自童裳亮《海洋与生命》

【作品 14 号】

和时间赛跑

读小学的时候,我的外祖母去世了。外祖母生前最疼爱我,我无法排除自己的忧伤,每天在学校的操场上一圈儿又一圈儿地跑着,跑得累倒在地上,扑在草坪上痛哭。

那哀痛的日子,断断续续地持续了很久,爸爸妈妈也不知道如何安慰我。他们知道与其骗我说外祖母睡着了,还不如对我说实话:外祖母永远不会回来了。

"什么是永远不会回来呢?"我问着。

"所有时间里的事物,都永远不会回来。你的昨天过去,它就永远变成昨天,你不能再回到昨天。爸爸以前也和你一样小,现在也不能回到你这么小的童年了;有一天你会长大,你会像外祖母一样老;有一天你度过了你的时间,就永远不会回来了。"爸爸说。

爸爸等于给我一个谜语,这谜语比课本上的"日历挂在墙壁,一天撕去一页,使我心里着急"和"一寸光阴一寸金,寸金难买寸光阴"还让我感到可怕;也比作文本上的"光阴似箭,日月如梭"更让我觉得有一种说不出的滋味。

时间过得那么飞快,使我的小心眼儿里不只是着急,还有悲伤。有一天我放学回家,看到太阳快落山了,就下决心说:"我要比太阳更快地回家。"我狂奔回去,站在庭院前喘气的时候,看到太阳//还露着半边脸,我高兴地跳跃起来,那一天我跑赢了太阳。以后我就时常做那样的游戏,有时和太阳赛跑,有时和西北风比快,有时一个暑假才能做完的作业,我十天就做完了;那时我三年级,常常把哥哥五年级的作业拿来做。每一次比赛胜过时间,我就快乐得不知道怎么形容。

如果将来我有什么要教给我的孩子,我会告诉他:假若你一直和时间比赛,你就可以成功!

——节选自(台湾)林清玄《和时间赛跑》

【作品15号】

胡适的白话电报

三十年代初,胡适在北京大学任教授。讲课时他常常对白话文大加称赞,引起一些只喜欢文言文而不喜欢白话文的学生的不满。

一次,胡适正讲得得意的时候,一位姓魏的学生突然站了起来,生气地问:"胡先生,难道说白话文就毫无缺点吗?"胡适微笑着回答说:"没有。"那位学生更加激动了:"肯定有!白话文废话太多,打电报用字多,花钱多。"胡适的目光顿时变亮了。轻声地解释说:"不一定吧!前几天有位朋友给我打来电报,请我去政府部门工作,我决定不去,就回电拒绝了。复电是用白话写的,看来也很省字。请同学们根据我这个意思,用文言文写一个回电,看看究竟是白话文省字,还是文言文省字?"胡教授刚说完,同学们立刻认真地写了起来。

十五分钟过去,胡适让同学举手,报告用字的数目,然后挑了一份用字最少的文言电报稿,电文是这样写的:

"才疏学浅,恐难胜任,不堪从命。"白话文的意思是:学问不深,恐怕很难担任这个工作,不能服从安排。

胡适说,这份写得确实不错,仅用了十二个字。但我的白话电报却只用了五个字:

"干不了,谢谢!"

胡适又解释说:"干不了"就有才疏学浅、恐难胜任的意思;"谢谢"既//对朋友的介绍表示感谢,又有拒绝的意思。所以,废话多不多,并不看它是文言义还是白话文,只要注意选用字词,白话文是可以比文言文更省字的。

——节选自陈灼主编《实用汉语中级教程》(上)
中《胡适的白话电报》

【作品 16 号】

火　光

很久以前,在一个漆黑的秋天的夜晚,我泛舟在西伯利亚一条阴森森的河上。船到一个转弯处,只见前面黑黢黢的山峰下面一星火光蓦地一闪。

火光又明又亮,好像就在眼前……

"好啦,谢天谢地!"我高兴地说,"马上就到过夜的地方啦!"

船夫扭头朝身后的火光望了一眼,又不以为然地划起桨来。

"远着呢!"

我不相信他的话,因为火光冲破朦胧的夜色,明明在那儿闪烁。不过船夫是对的,事实上,火光的确还远着呢。

这些黑夜的火光的特点是:驱散黑暗,闪闪发亮,近在眼前,令人神往。乍一看,再划几下就到了……其实却还远着呢!……

我们在漆黑如墨的河上又划了很久。一个个峡谷和悬崖,迎面驶来,又向后移去,仿佛消失在茫茫的远方,而火光却依然停在前头,闪闪发亮,令人神往——依然是这么近,又依然是那么远……

现在,无论是这条被悬崖峭壁的阴影笼罩的漆黑的河流,还是那一星明亮的火光,都经常浮现在我的脑际,在这以前和在这以后,曾有许多火光,似乎近在咫尺,不止使我一人心驰神往。可是生活之河却仍然在那阴森森的两岸之间流着,而火光也依旧非常遥远。因此,必须加劲划桨……

然而,火光啊……毕竟……毕竟就//在前头!……

——节选自[俄]柯罗连科《火光》,张铁夫译

【作品17号】

济南的冬天

对于一个在北平住惯的人,像我,冬天要是不刮风,便觉得是奇迹;济南的冬天是没有风声的。对于一个刚由伦敦回来的人,像我,冬天要能看得见日光,便觉得是怪事;济南的冬天是响晴的。自然,在热带的地方,日光永远是那么毒,响亮的天气,反有点儿叫人害怕。可是,在北方的冬天,而能有温晴的天气,济南真得算个宝地。

设若单单是有阳光,那也算不了出奇。请闭上眼睛想:一个老城,有山有水,全在天底下晒着阳光,暖和安适地睡着,只等春风来把它们唤醒,这是不是理想的境界?小山把济南围了个圈儿,只有北边缺着点口儿。这一圈小山在冬天特别可爱,好像是把济南放在一个小摇篮里,它们安静不动地低声地说:"你们放心吧,这儿准保暖和。"真的,济南的人们在冬天是面上含笑的。他们一看那些小山,心中便觉得有了着落,有了依靠。他们由天上看到山上,便不知不觉地想起:明天也许就是春天了吧?这样的温暖,今天夜里山草也许就绿起来了吧?就是这点儿幻想不能一时实现,他们也并不着急,因为这样慈善的冬天,干什么还希望别的呢!

最妙的是下点儿小雪呀。看吧,山上的矮松越发的青黑,树尖儿上顶//着一髻儿白花,好像日本看护妇。山尖儿全白了,给蓝天镶上一道银边。山坡上,有的地方雪厚点儿,有的地方草色还露着;这样,一道儿白,一道儿暗黄,给山们穿上一件带水纹儿的花衣;看着看着,这件花衣好像被风儿吹动,叫你希望看见一点儿更美的山的肌肤。等到快日落的时候,微黄的阳光斜射在山腰上,那点儿薄雪好像忽然害羞,微微露出点儿粉色。就是下小雪吧,济南是受不住大雪的,那些小山太秀气。

——节选自老舍《济南的冬天》

【作品18号】

家乡的桥

纯朴的家乡村边有一条河,曲曲弯弯,河中架一弯石桥,弓样的小桥横跨两岸。

每天,不管是鸡鸣晓月,日丽中天,还是月华泻地,小桥都印下串串足迹,洒落串串汗珠。那是乡亲为了追求多棱的希望,兑现美好的遐想。弯弯小桥,不时荡过轻吟低唱,不时露出舒心的笑容。

因而,我稚小的心灵,曾将心声献给小桥:你是一弯银色的新月,给人间普照光辉;你是一把闪亮的镰刀,割刈着欢笑的花果;你是一根晃悠悠的扁担,挑起了彩色的明天!哦,小桥走进我的梦中。

我在飘泊他乡的岁月,心中总涌动着故乡的河水,梦中总看到弓样的小桥。当我访南疆探北国,眼帘闯进座座雄伟的长桥时,我的梦变得丰满了,增添了赤橙黄绿青蓝紫。

三十多年过去,我带着满头霜花回到故乡,第一紧要的便是去看望小桥。

啊!小桥呢?它躲起来了?河中一道长虹,浴着朝霞熠熠闪光。哦,雄浑的大桥敞开胸怀,汽车的呼啸、摩托的笛音、自行车的叮铃,合奏着进行交响乐;南来的钢筋、花布,北往的柑橙、家禽,绘出交流欢悦图……

啊!蜕变的桥,传递了家乡进步的消息,透露了家乡富裕的声音。时代的春风,美好的追求,我蓦地记起儿时唱//给小桥的歌,哦,明艳艳的太阳照耀了,芳香甜蜜的花果捧来了,五彩斑斓的岁月拉开了!

我心中涌动的河水,激荡起甜美的浪花。我仰望一碧蓝天,心底轻声呼喊:家乡的桥啊,我梦中的桥!

——节选自郑莹《家乡的桥》

【作品 19 号】

坚守你的高贵

三百多年前,建筑设计师莱伊恩受命设计了英国温泽市政府大厅。他运用工程力学的知识,依据自己多年的实践,巧妙地设计了只用一根柱子支撑的大厅天花板。一年以后,市政府权威人士进行工程验收时,却说只用一根柱子支撑天花板太危险,要求莱伊恩再多加几根柱子。

莱伊恩自信只要一根坚固的柱子足以保证大厅安全,他的"固执"惹恼了市政官员,险些被送上法庭。他非常苦恼,坚持自己原先的主张吧,市政官员肯定会另找人修改设计;不坚持吧,又有悖自己为人的准则。矛盾了很长一段时间,莱伊恩终于想出了一条妙计,他在大厅里增加了四根柱子,不过这些柱子并未与天花板接触,只不过是装装样子。

三百多年过去了,这个秘密始终没有被人发现。直到前两年,市政府准备修缮大厅的天花板,才发现莱伊恩当年的"弄虚作假"。消息传出后,世界各国的建筑专家和游客云集,当地政府对此也不加掩饰,在新世纪到来之际,特意将大厅作为一个旅游景点对外开放,旨在引导人们崇尚和相信科学。

作为一名建筑师,莱伊恩并不是最出色的。但作为一个人,他无疑非常伟大,这种//伟大表现在他始终恪守着自己的原则,给高贵的心灵一个美丽的住所:哪怕是遭遇到最大的阻力,也要想办法抵达胜利。

——节选自游宇明《坚守你的高贵》

【作品 20 号】

金 子

自从传言有人在萨文河畔散步时无意发现了金子后,这里便常有来自四面八方的淘金者。他们都想成为富翁,于是寻遍了整个河床,还在河床上挖出很多大坑,希望借助它们找到更多的金子。的确,有一些人找到了,但另外一些人因为一无所得而只好扫兴归去。

也有不甘心落空的,便驻扎在这里,继续寻找。彼得·弗雷特就是其中一员。他在河床附近买了一块没人要的土地,一个人默默地工作。他为了找金子,已把所有的钱都押在这块土地上。他埋头苦干了几个月,直到土地全变成了坑坑洼洼,他失望了——他翻遍了整块土地,但连一丁点儿金子都没看见。

六个月后,他连买面包的钱都没有了。于是他准备离开这儿到别处去谋生。

就在他即将离去的前一个晚上,天下起了倾盆大雨,并且一下就是三天三夜。雨终于停了,彼得走出小木屋,发现眼前的土地看上去好像和以前不一样:坑坑洼洼已被大水冲刷平整,松软的土地上长出一层绿茸茸的小草。

"这里没找到金子,"彼得忽有所悟地说,"但这土地很肥沃,我可以用来种花,并且拿到镇上去卖给那些富人,他们一定会买些花装扮他们华丽的客厅。如果真是这样的话,那么我一定会赚许多钱,有朝一日我也会成为富人……"

于是他留了下来。彼得花了不少精力培育花苗,不久田地里长满了美丽娇艳的各色鲜花。

五年以后,彼得终于实现了他的梦想——成了一个富翁。

"我是唯一的一个找到真金的人!"他时常不无骄傲地告诉别人,"别人在这儿找不到金子后便远远地离开,而我的'金子'是在这块土地里,只有诚实的人用勤劳才能采集到。"

——节选自陶猛译《金子》

【作品 21 号】

捐　诚

我在加拿大学习期间遇到过两次募捐,那情景至今使我难以忘怀。

一天,我在渥太华的街上被两个男孩子拦住去路。他们十来岁,穿得整整齐齐,每人头上戴着个做工精巧、色彩鲜艳的纸帽,上面写着"为帮助患小儿麻痹的伙伴募捐。"其中的一个,不由分说就坐在小凳上给我擦起皮鞋来,另一个则彬彬有礼地发问:"小姐,您是哪国人？喜欢渥太华吗？""小姐,在你们国家有没有小孩儿患小儿麻痹？谁给他们医疗费？"一连串的问题,使我这个有生以来头一次在众目睽睽之下让别人擦鞋的异乡人,从近乎狼狈的窘态中解脱出来。我们像朋友一样聊起天儿来……

几个月之后,也是在街上。一些十字路口处或车站坐着几位老人。他们满头银发,身穿各种老式军装,上面布满了大大小小形形色色的徽章、奖章,每人手捧一大束鲜花,有水仙、石竹、玫瑰及叫不出名字的,一色雪白。匆匆过往的行人纷纷止步,把钱投进这些老人身旁的白色木箱内,然后向他们微微鞠躬,从他们手中接过一朵花。我看了一会儿,有人投一两元,有人投几百元,还有人掏出支票填好后投进木箱。那些老军人毫不注意人们捐多少钱,一直不//停地向人们低声道谢。同行的朋友告诉我,这是为纪念二次大战中参战的勇士,募捐救济残废军人和烈士遗孀,每年一次;认捐的人可谓踊跃,而且秩序井然,气氛庄严。有些地方,人们还耐心地排着队。我想,这是因为他们都知道:正是这些老人们的流血牺牲换来了包括他们信仰自由在内的许许多多。

我两次把那微不足道的一点儿钱捧给他们,只想对他们说声"谢谢"。

——节选自青白《捐诚》

【作品 22 号】

可爱的小鸟

没有一片绿叶,没有一缕炊烟,没有一粒泥土,没有一丝花香,只有水的世界,云的海洋。

一阵台风袭过,一只孤单的小鸟无家可归,落到被卷到洋里的木板上,乘流而下,姗姗而来,近了,近了!……

忽然,小鸟张开翅膀,在人们头顶盘旋了几圈儿,"噗啦"一声落到了船上。许是累了?还是发现了"新大陆"?水手撵它它不走,抓它,它乖乖地落在掌心。可爱的小鸟和善良的水手结成了朋友。

瞧,它多美丽,娇巧的小嘴,啄理着绿色的羽毛,鸭子样的扁脚,呈现出春草的鹅黄。水手们把它带到舱里,给它"搭铺",让它在船上安家落户,每天,把分到的一塑料筒淡水匀给它喝,把从祖国带来的鲜美的鱼肉分给它吃,天长日久,小鸟和水手的感情日趋笃厚。清晨,当第一束阳光射进舷窗时,它便敞开美丽的歌喉,唱啊唱,嘤嘤有韵,宛如春水淙淙。人类给它以生命,它毫不悭吝地把自己的艺术青春奉献给了哺育它的人。可能都是这样?艺术家们的青春只会献给尊敬他们的人。

小鸟给远航生活蒙上了一层浪漫色调。返航时,人们爱不释手,恋恋不舍地想把它带到异乡。可小鸟憔悴了,给水,不喝!喂肉,不吃!油亮的羽毛失去了光泽。是啊,我//们有自己的祖国,小鸟也有它的归宿,人和动物都是一样啊,哪儿也不如故乡好!

慈爱的水手们决定放开它,让它回到大海的摇篮去,回到蓝色的故乡去。离别前,这个大自然的朋友与水手们留影纪念。它站在许多人的头上,肩上,掌上,胳膊上,与喂养过它的人们,一起融进那蓝色的画面……

——节选自王文杰《可爱的小鸟》

【作品23号】

课不能停

纽约的冬天常有大风雪,扑面的雪花不但令人难以睁开眼睛,甚至呼吸都会吸入冰冷的雪花。有时前一天晚上还是一片晴朗,第二天拉开窗帘,却已经积雪盈尺,连门都推不开了。

遇到这样的情况,公司、商店常会停止上班,学校也通过广播,宣布停课。但令人不解的是,惟有公立小学,仍然开放。只见黄色的校车,艰难地在路边接孩子,老师则一大早就口中喷着热气,铲去车子前后的积雪,小心翼翼地开车去学校。

据统计,十年来纽约的公立小学只因为超级暴风雪停过七次课。这是多么令人惊讶的事。犯得着在大人都无须上班的时候让孩子去学校吗?小学的老师也太倒霉了吧?

于是,每逢大雪而小学不停课时,都有家长打电话去骂。妙的是,每个打电话的人,反应全一样——先是怒气冲冲地责问,然后满口道歉,最后笑容满面地挂上电话。原因是,学校告诉家长:

在纽约有许多百万富翁,但也有不少贫困的家庭。后者白天开不起暖气,供不起午餐,孩子的营养全靠学校里免费的中饭,甚至可以多拿些回家当晚餐。学校停课一天,穷孩子就受一天冻,挨一天饿,所以老师们宁愿自己苦一点儿,也不能停课。//

或许有家长会说:何不让富裕的孩子在家里,让贫穷的孩子去学校享受暖气和营养午餐呢?

学校的答复是:我们不愿让那些穷苦的孩子感到他们是在接

受救济,因为施舍的最高原则是保持受施者的尊严。

——节选自(台湾)刘墉《课不能停》

【作品 24 号】

莲花和樱花

十年,在历史上不过是一瞬间。只要稍加注意,人们就会发现:在这一瞬间里,各种事物都悄悄经历了自己的千变万化。

这次重新访日,我处处感到亲切和熟悉,也在许多方面发觉了日本的变化。就拿奈良的一个角落来说吧,我重游了为之感受很深的唐招提寺,在寺内各处匆匆走了一遍,庭院依旧,但意想不到还看到了一些新的东西。其中之一,就是近几年从中国移植来的"友谊之莲"。

在存放鉴真遗像的那个院子里,几株中国莲昂然挺立,翠绿的宽大荷叶正迎风而舞,显得十分愉快。开花的季节已过,荷花朵朵已变为莲蓬累累。莲子的颜色正在由青转紫,看来已经成熟了。

我禁不住想:"因"已转化为"果"。

中国的莲花开在日本,日本的樱花开在中国,这不是偶然。我希望这样一种盛况延续不衰。可能有人不欣赏花,但决不会有人欣赏落在自己面前的炮弹。

在这些日子里,我看到了不少多年不见的老朋友,又结识了一些新朋友。大家喜欢涉及的话题之一,就是古长安和古奈良。那还用得着问吗,朋友们缅怀过去,正是瞩望未来。瞩目于未来的人们必将获得未来。

我不例外,也希望一个美好的未来。

为了//中日人民之间的友谊,我将不浪费今后生命的每一瞬间。

——节选自严文井《莲花和樱花》

【作品 25 号】

绿

梅雨潭闪闪的绿色招引着我们,我们开始追捉她那离合的神光了。揪着草,攀着乱石,小心探身下去,又鞠躬过了一个石穹门,便到了汪汪一碧的潭边了。

瀑布在襟袖之间,但是我的心中已没有瀑布了。我的心随潭水的绿而摇荡。那醉人的绿呀!仿佛一张极大极大的荷叶铺着,满是奇异的绿呀。我想张开两臂抱住她,但这是怎样一个妄想啊。

站在水边,望到那面,居然觉着有些远呢!这平铺着、厚积着的绿,着实可爱。她松松地皱缬着,像少妇拖着的裙幅;她滑滑的明亮着,像涂了"明油"一般,有鸡蛋清那样软,那样嫩;她又不杂些尘滓,宛然一块温润的碧玉,只清清的一色——但你却看不透她!

我曾见过北京什刹海拂地的绿杨,脱不了鹅黄的底子,似乎太淡了。我又曾见过杭州虎跑寺近旁高峻而深密的"绿壁",丛叠着无穷的碧草与绿叶的,那又似乎太浓了。其余呢,西湖的波太明了,秦淮河的也太暗了。可爱的,我将什么来比拟你呢?我怎么比拟得出呢?大约潭是很深的,故能蕴蓄着这样奇异的绿;仿佛蔚蓝的天融了一块在里面似的,这才这般的鲜润啊。

那醉人的绿呀!我若能裁你以为带,我将赠给那轻盈的//舞女,她必能临风飘举了。我若能挹你以为眼,我将赠给那善歌的盲妹,她必明眸善睐了。我舍不得你,我怎舍得你呢?我用手拍着你,抚摩着你,如同一个十二三岁的小姑娘。我又掬你入口,便是吻着她了。我送你一个名字,我从此叫你"女儿绿",好吗?

第二次到仙岩的时候,我不禁惊诧于梅雨潭的绿了。

——节选自朱自清《绿》

【作品 26 号】

落花生

我们家的后园有半亩空地,母亲说:"让它荒着怪可惜的,你们那么爱吃花生,就开辟出来种花生吧。"我们姐弟几个都很高兴,买种,翻地,播种,浇水,没过几个月,居然收获了。

母亲说:"今晚我们过一个收获节,请你父亲也来尝尝我们的新花生,好不好?"我们都说好。母亲把花生做成了好几样食品,还吩咐就在后园的茅亭里过这个节。

晚上天色不太好,可是父亲也来了,实在很难得。

父亲说:"你们爱吃花生吗?"

我们争着答应:"爱!"

"谁能把花生的好处说出来?"

姐姐说:"花生的味美。"

哥哥说:"花生可以榨油。"

我说:"花生的价钱便宜,谁都可以买来吃,都喜欢吃。这就是它的好处。"

父亲说:"花生的好处很多,有一样最可贵:它的果实埋在地里,不像桃子、石榴、苹果那样,把鲜红嫩绿的果实高高地挂在枝头上,使人一见就生爱慕之心。你们看它矮矮地长在地上,等到成熟了,也不能立刻分辨出来它有没有果实,必须挖出来才知道。"

我们都说是,母亲也点点头。

父亲接下去说:"所以你们要像花生,它虽然不好看,可是很有用,不是外表好看而没有实用的东西。"

我说:"那么,人要做有用的人,不要做只讲体面,而对别人没有好处的人了。"//

父亲说:"对。这是我对你们的希望。"

我们谈到夜深才散。花生做的食品都吃完了,父亲的话却深深地印在我的心上。

——节选自许地山《落花生》

【作品 27 号】

麻　雀

我打猎归来,沿着花园的林阴路走着。狗跑在我前边。

突然,狗放慢脚步,蹑足潜行,好像嗅到了前边有什么野物。

我顺着林阴路望去,看见了一只嘴边还带黄色、头上生着柔毛的小麻雀。风猛烈地吹打着林阴路上的白桦树,麻雀从巢里跌落下来,呆呆地伏在地上,孤立无援地张开两只羽毛还未丰满的小翅膀。

我的狗慢慢向它靠近。忽然,从附近一棵树上飞下一只黑胸脯的老麻雀,像一颗石子似的落到狗的跟前。老麻雀全身倒竖着羽毛,惊恐万状,发出绝望、凄惨的叫声,接着向露出牙齿、大张着的狗嘴扑去。

老麻雀是猛扑下来救护幼雀的。它用身体掩护着自己的幼儿……但它整个小小的身体因恐怖而战栗着,它小小的声音也变得粗暴嘶哑,它在牺牲自己!

在它看来,狗该是多么庞大的怪物啊!然而,它还是不能站在自己高高的、安全的树枝上……一种比它的理智更强烈的力量,使它从那儿扑下身来。

我的狗站住了,向后退了退……看来,它也感到了这种力量。

我赶紧唤住惊慌失措的狗,然后我怀着崇敬的心情,走开了。

是啊,请不要见笑。我崇敬那只小小的、英勇的鸟儿,我崇敬它那种爱的冲动和力量。

爱,我想,比//死和死的恐惧更强大。只有依靠它,依靠这种爱,生命才能维持下去,发展下去。

——节选自[俄]屠格涅夫《麻雀》,巴金译

【作品 28 号】

迷途音笛

那年我六岁。离我家仅一箭之遥的小山坡旁,有一个早已被废弃的采石场,双亲从来不准我去那儿,其实那儿风景十分迷人。一个夏季的下午,我随着一群小伙伴偷偷上那儿去了。就在我们穿越了一条孤寂的小路后,他们却把我一个人留在原地,然后奔向"更危险的地带"了,

等他们走后,我惊慌失措地发现,再也找不到要回家的那条孤寂的小道了。像只无头的苍蝇,我到处乱钻,衣裤上挂满了芒刺。太阳已经落山,而此时此刻,家里一定开始吃晚餐了,双亲正盼着我回家……想着想着,我不由得背靠着一棵树,伤心地呜呜大哭起来……

突然,不远处传来了声声柳笛。我像找到了救星,急忙循声走去。一条小道边的树桩上坐着一位吹笛人,手里还正削着什么。走近细看,他不就是被大家称为"乡巴佬儿"的卡廷吗?

"你好,小家伙儿,"卡廷说,"看天气多美,你是出来散步的吧?"

我怯生生地点点头,答道:"我要回家了。"

"请耐心等上几分钟,"卡廷说,"瞧,我正在削一支柳笛,差不多就要做好了,完工后就送给你吧!"

卡廷边削边不时把尚未成形的柳笛放在嘴里试吹一下。没过多久,一支柳笛便递到我手中。我俩在一阵阵清脆悦耳的笛音//中,踏上了归途……

当时,我心中只充满感激,而今天,当我自己也成了祖父时,却突然领悟到他用心之良苦!那天当他听到我的哭声时,便判定我一定迷了路,但他并不想在孩子面前扮演"救星"的角色,于是吹响柳笛以便让我能发现他,并跟着他走出困境!就这样,卡廷先生以

乡下人的纯朴,保护了一个小男孩儿强烈的自尊。

——节选自唐若水译《迷途笛音》

【作品 29 号】

莫高窟

在浩瀚无垠的沙漠里,有一片美丽的绿洲,绿洲里藏着一颗闪光的珍珠。这颗珍珠就是敦煌莫高窟。它坐落在我国甘肃省敦煌市三危山和鸣沙山的怀抱中。

鸣沙山东麓是平均高度为十七米的崖壁。在一千六百多米长的崖壁上,凿有大小洞窟七百余个,形成了规模宏伟的石窟群。其中四百九十二个洞窟中,共有彩色塑像两千一百余尊,各种壁画共四万五千多平方米。莫高窟是我国古代无数艺术匠师留给人类的珍贵文化遗产。

莫高窟的彩塑,每一尊都是一件精美的艺术品。最大的有九层楼那么高,最小的还不如一个手掌大。这些彩塑个性鲜明,神态各异。有慈眉善目的菩萨,有威风凛凛的天王,还有强壮勇猛的力士……

莫高窟壁画的内容丰富多彩,有的是描绘古代劳动人民打猎、捕鱼、耕田、收割的情景,有的是描绘人们奏乐、舞蹈、演杂技的场面,还有的是描绘大自然的美丽风光。其中最引人注目的是飞天。壁画上的飞天,有的臂挎花篮,采摘鲜花;有的反弹琵琶,轻拨银弦;有的倒悬身子,自天而降;有的彩带飘拂,漫天遨游;有的舒展着双臂,翩翩起舞。看着这些精美动人的壁画,就像走进了//灿烂辉煌的艺术殿堂。

莫高窟里还有一个面积不大的洞窟——藏经洞。洞里曾藏有我国古代的各种经卷、文书、帛画、刺绣、铜像等共六万多件。由于清朝政府腐败无能,大量珍贵的文物被外国强盗掠走。仅存的部分经卷,现在陈列于北京故宫等处。

莫高窟是举世闻名的艺术宝库。这里的每一尊彩塑、每一幅壁画、每一件文物,都是中国古代人民智慧的结晶。

——节选自小学《语文》第六册中《莫高窟》

【作品 30 号】

牡丹的拒绝

其实你在很久以前并不喜欢牡丹,因为它总被人作为富贵膜拜。后来你目睹了一次牡丹的落花,你相信所有的人都会为之感动:一阵清风徐来,娇艳鲜嫩的盛期牡丹忽然整朵整朵地坠落,铺撒一地绚丽的花瓣。那花瓣落地时依然鲜艳夺目,如同一只奉上祭坛的大鸟脱落的羽毛,低吟着壮烈的悲歌离去。

牡丹没有花谢花败之时,要么烁于枝头,要么归于泥土,它跨越萎顿和衰老,由青春而死亡,由美丽而消遁。它虽美却不吝惜生命,即使告别也要展示给人最后一次的惊心动魄。

所以在这阴冷的四月里,奇迹不会发生。任凭游人扫兴和诅咒,牡丹依然安之若素。它不苟且、不俯就、不妥协、不媚俗,甘愿自己冷落自己。它遵循自己的花期自己的规律,它有权利为自己选择每年一度的盛大节日。它为什么不拒绝寒冷?

天南海北的看花人,依然络绎不绝地涌入洛阳城。人们不会因牡丹的拒绝而拒绝它的美。如果它再被贬谪十次,也许它就会繁衍出十个洛阳牡丹城。

于是你在无言的遗憾中感悟到,富贵与高贵只是一字之差。同人一样,花儿也是有灵性的,更有品位之高低。品位这东西为气为魂为//筋骨为神韵,只可意会。你叹服牡丹卓而不群之姿,方知品位是多么容易被世人忽略或是漠视的美。

——节选自张抗抗《牡丹的拒绝》

【作品31号】

"能吞能吐"的森林

森林涵养水源,保持水土,防止水旱灾害的作用非常大。据专家测算,一片十万亩面积的森林,相当于一个两百万立方米的水库,这正如农谚所说的:"山上多栽树,等于修水库。雨多它能吞,雨少它能吐。"

说起森林的功劳,那还多得很。它除了为人类提供木材及许多种生产、生活的原料之外,在维护生态环境方面也是功劳卓著。它用另一种"能吞能吐"的特殊功能孕育了人类。因为地球在形成之初,大气中的二氧化碳含量很高,氧气很少,气温也高,生物是难以生存的。大约在四亿年之前,陆地才产生了森林。森林慢慢将大气中的二氧化碳吸收,同时吐出新鲜氧气,调节气温;这才具备了人类生存的条件,地球上才最终有了人类。

森林,是地球生态系统的主体,是大自然的总调度室,是地球的绿色之肺。森林维护地球生态环境的这种"能吞能吐"的特殊功能是其他任何物体都不能取代的。然而,由于地球上的燃烧物增多,二氧化碳的排放量急剧增加,使得地球生态环境急剧恶化,主要表现为全球气候变暖,水分蒸发加快,改变了气流的循环,使气候变化加剧,从而引发热浪、飓风、暴雨、洪涝及干旱。

为了//使地球的这个"能吞能吐"的绿色之肺恢复健壮,以改善生态环境,抑制全球变暖,减少水旱等自然灾害,我们应该大力造林、护林,使每一座荒山都绿起来。

——节选自《中考语文课外阅读试题精选》中《"能吞能吐"的森林》

【作品 32 号】

朋友和其他

朋友即将远行。

暮春时节,又邀了几位朋友在家小聚。虽然都是极熟的朋友,却是终年难得一见,偶尔电话里相遇,也无非是几句寻常话。一锅小米稀饭,一碟大头菜,一盘自家酿制的泡菜,一只巷口买回的烤鸭,简简单单,不像请客,倒像家人团聚。

其实,友情也好,爱情也好,久而久之都会转化为亲情。

说也奇怪,和新朋友会谈文学、谈哲学、谈人生道理等等,和老朋友却只话家常,柴米油盐,细细碎碎,种种琐事。很多时候,心灵的契合已经不需要太多的言语来表达。

朋友新烫了个头,不敢回家见母亲,恐怕惊骇了老人家,却欢天喜地来见我们,老朋友颇能以一种趣味性的眼光欣赏这个改变。

年少的时候,我们差不多都在为别人而活,为苦口婆心的父母活,为循循善诱的师长活,为许多观念、许多传统的约束力而活。年岁逐增,渐渐挣脱外在的限制与束缚,开始懂得为自己活,照自己的方式做一些自己喜欢的事,不在乎别人的批评意见,不在乎别人的诋毁流言,只在乎那一份随心所欲的舒坦自然。偶尔,也能够纵容自己放浪一下,并且有一种恶作剧的窃喜。

就让生命顺其自然,水到渠成吧,犹如窗前的//乌桕,自生自落之间,自有一份圆融丰满的喜悦。春雨轻轻落着,没有诗,没有酒,有的只是一份相知相属的自在自得。

夜色在笑语中渐渐沉落,朋友起身告辞,没有挽留,没有送别,甚至也没有问归期。

已经过了大喜大悲的岁月,已经过了伤感流泪的年华,知道了聚散原来是这样的自然和顺理成章,懂得这点,便懂得珍惜每一次相聚的温馨,离别便也欢喜。

——节选自(台湾)杏林子《朋友和其他》

【作品 33 号】

散　步

　　我们在田野散步：我，我的母亲，我的妻子和儿子。

　　母亲本不愿出来的。她老了，身体不好，走远一点儿就觉得很累。我说，正因为如此，才应该多走走。母亲信服地点点头，便去拿外套。她现在很听我的话，就像我小时候很听她的话一样。

　　这南方初春的田野，大块小块的新绿随意地铺着，有的浓，有的淡，树上的嫩芽也密了，田里的冬水也咕咕地起着水泡。这一切都使人想着一样东西——生命。

　　我和母亲走在前面，我的妻子和儿子走在后面。小家伙突然叫起来："前面是妈妈和儿子，后面也是妈妈和儿子。"我们都笑了。

　　后来发生了分歧：母亲要走大路，大路平顺；我的儿子要走小路，小路有意思。不过，一切都取决于我。我的母亲老了，她早已习惯听从她强壮的儿子；我的儿子还小，他还习惯听从他高大的父亲；妻子呢，在外面，她总是听我的。一霎时我感到了责任的重大。我想找一个两全的办法，找不出；我想拆散一家人，分成两路，各得其所，终不愿意。我决定委屈儿子，因为我伴同他的时日还长。我说："走大路。"

　　但是母亲摸摸孙儿的小脑瓜，变了主意："还是走小路吧。"她的眼随小路望去：那里有金色的菜花，两行整齐的桑树，//尽头一口水波粼粼的鱼塘。"我走不过去的地方，你就背着我。"母亲对我说。

　　这样，我们在阳光下，向着那菜花、桑树和鱼塘走去。到了一处，我蹲下来，背起了母亲；妻子也蹲下来，背起了儿子。我和妻子都是慢慢地，稳稳地，走得很仔细，好像我背上的同她背上的加起来，就是整个世界。

——节选自莫怀戚《散步》

【作品 34 号】

神秘的"无底洞"

地球上是否真的存在"无底洞"?按说地球是圆的,由地壳、地幔和地核三层组成,真正的"无底洞"是不应存在的,我们所看到的各种山洞、裂口、裂缝,甚至火山口也都只是地壳浅部的一种现象。然而中国一些古籍却多次提到海外有个深奥莫测的无底洞。事实上地球上确实有这样一个"无底洞"。

它位于希腊亚各斯古城的海滨。由于濒临大海,大涨潮时,汹涌的海水便会排山倒海般地涌入洞中,形成一股湍湍的急流。据测,每天流入洞内的海水量达三万多吨。奇怪的是,如此大量的海水灌入洞中,却从来没有把洞灌满。曾有人怀疑,这个"无底洞",会不会就像石灰岩地区的漏斗、竖井、落水洞一类的地形。然而从二十世纪三十年代以来,人们就做了多种努力企图寻找它的出口,却都是枉费心机。

为了揭开这个秘密,一九五八年美国地理学会派出一支考察队,他们把一种经久不变的带色染料溶解在海水中,观察染料是如何随着海水一起沉下去。接着又察看了附近海面以及岛上的各条河、湖,满怀希望地寻找这种带颜色的水,结果令人失望。难道是海水量太大把有色水稀释得太淡,以致无法发现?//

至今谁也不知道为什么这里的海水会没完没了地"漏"下去,这个"无底洞"的出口又在哪里,每天大量的海水究竟都流到哪里去了?

——节选自罗伯特·罗威尔《神秘的"无底洞"》

【作品 35 号】

世间最美的坟墓

我在俄国见到的景物再没有比托尔斯泰墓更宏伟、更感人的。

完全按照托尔斯泰的愿望,他的坟墓成了世间最美的,给人印象最深刻的坟墓。它只是树林中的一个小小的长方形土丘,上面开满鲜花——没有十字架,没有墓碑,没有墓志铭,连托尔斯泰这个名字也没有。

这位比谁都感到受自己的声名所累的伟人,却像偶尔被发现的流浪汉,不为人知的士兵,不留名姓地被人埋葬了。谁都可以踏进他最后的安息地,围在四周稀疏的木栅栏是不关闭的——保护列夫·托尔斯泰得以安息的没有任何别的东西,惟有人们的敬意;而通常,人们却总是怀着好奇,去破坏伟人墓地的宁静。

这里,逼人的朴素禁锢住任何一种观赏的闲情,并且不容许你大声说话。风儿俯临,在这座无名者之墓的树木之间飒飒响着,和暖的阳光在坟头嬉戏;冬天,白雪温柔地覆盖这片幽暗的圭土地。无论你在夏天或冬天经过这儿,你都想像不到,这个小小的、隆起的长方体里安放着一位当代最伟大的人物。

然而,恰恰是这座不留姓名的坟墓,比所有挖空心思用大理石和奢华装饰建造的坟墓更扣人心弦。在今天这个特殊的日子//里,到他的安息地来的成百上千人中间,没有一个有勇气,哪怕仅仅从这幽暗的土丘上摘下一朵花留作纪念。人们重新感到,世界上再没有比托尔斯泰最后留下的、这座纪念碑式的朴素坟墓。更打动人心的了。

——节选自[奥]茨威格《世间最美的坟墓》,张厚仁译

【作品 36 号】

苏州园林

我国的建筑,从古代的宫殿到近代的一般住房,绝大部分是对称的,左边怎么样,右边怎么样。苏州园林可绝不讲究对称,好像故意避免似的。东边有了一个亭子或者一道回廊,西边决不会来一个同样的亭子或者一道同样的回廊。这是为什么?我想,用图画来比方,对称的建筑是图案画,不是美术画,而园林是美术画,美术画要求自然之趣,是不讲究对称的。

苏州园林里都有假山和池沼。

假山的堆叠,可以说是一项艺术而不仅是技术。或者是重峦叠嶂,或者是几座小山配合着竹子花木,全在乎设计者和匠师们生平多阅历,胸中有丘壑,才能使游览者攀登的时候忘却苏州城市,只觉得身在山间。

至于池沼,大多引用活水。有些园林池沼宽敞。就把池沼作为全园的中心,其他景物配合着布置。水面假如成河道模样,往往安排桥梁。假如安排两座以上的桥梁,那就一座一个样,决不雷同。

池沼或河道的边沿很少砌齐整的石岸,总是高低屈曲任其自然。还在那儿布置几块玲珑的石头,或者种些花草。这也是为了取得从各个角度看都成一幅画的效果。池沼里养着金鱼或各色鲤鱼,夏秋季节荷花或睡莲开//放,游览者看"鱼戏莲叶间",又是入画的一景。

——节选自叶圣陶《苏州园林》

【作品 37 号】

态度创造快乐

一位访美中国女作家,在纽约遇到一位卖花的老太太。老太太穿着破旧,身体虚弱,但脸上的神情却是那样祥和兴奋。女作家挑了一朵花说:"看起来,你很高兴。"老太太面带微笑地说:"是的,一切都这么美好,我为什么不高兴呢?""对烦恼,你倒真能看得开。"女作家又说了一句。没料到,老太太的回答更令女作家大吃一惊:"耶稣在星期五被钉上十字架时,是全世界最糟糕的一天,可三天后就是复活节。所以,当我遇到不幸时,就会等待三天,这样一切就恢复正常了。"

"等待三天",多么富于哲理的话语,多么乐观的生活方式。它把烦恼和痛苦抛下,全力去收获快乐。

沈从文在"文革"期间,陷入了非人的境地。可毫不在意,他在咸宁时给他的表侄、画家黄永玉写信说:"这里的荷花真好,你若来……"身陷苦难却仍为荷花的盛开欣喜赞叹不已,这是一种趋于澄明的境界,一种旷达洒脱的胸襟,一种面临磨难坦荡从容的气度,一种对生活童子般的热爱和对美好事物无限向往的生命情感。

由此可见,影响一个人快乐的,有时并不是困境及磨难,而是一个人的心态。如果把自己浸泡在积极、乐观、向上的心态中,快乐必然会//占据你的每一天。

——节选自《态度创造快乐》

【作品 38 号】

泰山极顶

泰山极顶看日出,历来被描绘成十分壮观的奇景。有人说:登泰山而看不到日出，就像一出大戏没有戏眼，味儿终究有点寡淡。

我去爬山那天，正赶上个难得的好天，万里长空，云彩丝儿都不见。素常，烟雾腾腾的山头，显得眉目分明。同伴们都欣喜地说："明天早晨准可以看见日出了。"我也是抱着这种想头，爬上山去。

一路从山脚往上爬，细看山景，我觉得挂在眼前的不是五岳独尊的泰山，却像一幅规模惊人的青绿山水画，从下面倒展开来。在画卷中最先露出的是山根底那座明朝建筑岱宗坊，慢慢地便现出王母池、斗母宫、经石峪。山是一层比一层深，一叠比一叠奇，层层叠叠，不知还会有多深多奇，万山丛中，时而点染着极其工细的人物。王母池旁的吕祖殿里有不少尊明塑，塑着吕洞宾等一些人，姿态神情是那样有生气，你看了，不禁会脱口赞叹说："活啦。"

画卷继续展开，绿阴森森的柏洞露面不太久，便来到对松山。两面奇峰对峙着，满山峰都是奇形怪状的老松，年纪怕都有上千岁了，颜色竟那么浓，浓得好像要流下来似的。来到这儿，你不妨权当一次画里的写意人物，坐在路旁的对松亭里，看看山色，听听流//水和松涛。

一时间，我又觉得自己不仅是在看画卷，却又像是在零零乱乱翻着一卷历史稿本。

——节选自杨朔《泰山极顶》

【作品 39 号】

陶行知的"四块糖果"

育才小学校长陶行知在校园看到学生王友用泥块砸自己班上的同学，陶行知当即喝止了他，并令他放学后到校长室去。无疑，陶行知是要好好教育这个"顽皮"的学生。那么他是如何教育的呢？

放学后,陶行知来到校长室,王友已经等在门口准备挨训了。可一见面,陶行知却掏出一块糖果送给王友,并说:"这是奖给你的,因为你按时来到这里,而我却迟到了。"王友惊疑地接过糖果。

随后,陶行知又掏出一块糖果放到他手里,说:"这第二块糖果也是奖给你的,因为当我不让你再打人时,你立即就住手了,这说明你很尊重我,我应该奖你。"王友更惊疑了,他眼睛睁得大大的。

陶行知又掏出第三块糖果塞到王友手里,说:"我调查过了,你用泥块砸那些男生,是因为他们不守游戏规则,欺负女生;你砸他们,说明你很正直善良,且有批评不良行为的勇气,应该奖励你啊!"王友感动极了,他流着眼泪后悔地喊道:"陶……陶校长你打我两下吧!我砸的不是坏人,而是自己的同学啊……"

陶行知满意地笑了,他随即掏出第四块糖果递给王友,说:"为你正确地认识错误,我再奖给你一块糖果,只可惜我只有这一块糖果了。我的糖果//没有了,我看我们的谈话也该结束了吧!"说完,就走出了校长室。

——节选自《教师博览·百期精华》中《陶行知的"四块糖果"》

【作品40号】

提醒幸福

享受幸福是需要学习的,当它即将来临的时刻需要提醒。人可以自然而然地学会感官的享乐,却无法天生地掌握幸福的韵律。灵魂的快意同器官的舒适像一对孪生兄弟,时而相傍相依,时而南辕北辙。

幸福是一种心灵的震颤。它像会倾听音乐的耳朵一样,需要不断地训练。

简而言之,幸福就是没有痛苦的时刻。它出现的频率并不像我们想像的那样少。人们常常只是在幸福的金马车已经驶过去很远时,才拣起地上的金鬃毛说,原来我见过它。

人们喜爱回味幸福的标本,却忽略它披着露水散发清香的时刻。那时候我们往往步履匆匆,瞻前顾后不知在忙着什么。

世上有预报台风的,有预报蝗灾的,有预报瘟疫的,有预报地震的。没有人预报幸福。

其实幸福和世界万物一样,有它的征兆。

幸福常常是朦胧的,很有节制地向我们喷洒甘霖。你不要总希望轰轰烈烈的幸福,它多半只是悄悄地扑面而来。你也不要企图把水龙头拧得更大,那样它会很快地流失。你需要静静地以平和之心,体验它的真谛。

幸福绝大多数是朴素的。它不会像信号弹似的,在很高的天际闪烁红色的光芒。它披着本色的外衣,亲//切温暖地包裹起我们。

幸福不喜欢喧嚣浮华,它常常在暗淡中降临。贫困中相濡以沫的一块糕饼,患难中心心相印的一个眼神,父亲一次粗糙的抚摸,女友一张温馨的字条……这都是千金难买的幸福啊。像一粒粒缀在旧绸子上的红宝石,在凄凉中愈发熠熠夺目。

——节选自毕淑敏《提醒幸福》

【作品 41 号】

天才的造就

在里约热内卢的一个贫民窟里,有一个男孩子,他非常喜欢足球,可是又买不起,于是就踢塑料盒,踢汽水瓶,踢从垃圾箱里拣来的椰子壳。他在胡同里踢,在能找到的任何一片空地上踢。

有一天,当他在一处干涸的水塘里猛踢一个猪膀胱时,被一位足球教练看见了。他发现这个男孩儿踢得很像是那么回事,就主动提出要送给他一个足球。小男孩儿得到足球后踢得更卖劲了。

不久,他就能准确地把球踢进远处随意摆放的一个水桶里。

圣诞节到了,孩子的妈妈说:"我们没有钱买圣诞礼物送给我们的恩人,就让我们为他祈祷吧。"

小男孩儿跟随妈妈祈祷完毕,向妈妈要了一把铲子便跑了出去。他来到一座别墅前的花园里,开始挖坑。

就在他快要挖好坑的时候,从别墅里走出一个人来,问小孩儿在干什么,孩子抬起满是汗珠的脸蛋儿,说:"教练,圣诞节到了,我没有礼物送给您,我愿给您的圣诞树挖一个树坑。"

教练把小男孩儿从树坑里拉上来,说,我今天得到了世界上最好的礼物。明天你就到我的训练场去吧。

三年后,这位十七岁的男孩儿在第六届足球锦标赛上独进二十一球,为巴西第一次捧回了金杯。一个原来不//为世人所知的名字——贝利,随之传遍世界。

——节选自刘燕敏《天才的造就》

【作品42号】

我的母亲独一无二

记得我十三岁时,和母亲住在法国东南部的耐斯城。母亲没有丈夫,也没有亲戚,够清苦的,但她经常能拿出令人吃惊的东西,摆在我面前。她从来不吃肉,一再说自己是素食者。然而有一天,我发现母亲正仔细地用一小块碎面包擦那给我煎牛排用的油锅。我明白了她称自己为素食者的真正原因。

我十六岁时,母亲成了耐斯市美蒙旅馆的女经理。这时,她更忙碌了。一天,她瘫在椅子上,脸色苍白,嘴唇发灰。马上找来医生,做出诊断:她摄取了过多的胰岛素。直到这时我才知道母亲多年一直对我隐瞒的疾痛——糖尿病。

她的头歪向枕头一边,痛苦地用手抓挠胸口。床架上方,则挂着一枚我一九三二年赢得耐斯市少年乒乓球冠军的银质奖章。

啊,是对我的美好前途的憧憬支撑着她活下去,为了给她那荒唐的梦至少加一点真实的色彩,我只能继续努力,与时间竞争,直至一九三八年我被征入空军。巴黎很快失陷,我辗转调到英国皇家空军。刚到英国就接到了母亲的来信。这些信是由在瑞士的一个朋友秘密地转到伦敦,送到我手中的。

现在我要回家了,胸前佩带着醒目的绿黑两色的解放十字绶//带,上面挂着五六枚我终身难忘的勋章,肩上还佩带着军官肩章。到达旅馆时,没有一个人跟我打招呼。原来,我母亲在三年半以前就已经离开人间了。

在她死前的几天中,她写了近二百五十封信,把这些信交给她在瑞士的朋友,请这个朋友定时寄给我。就这样,在母亲死后的三年半的时间里,我一直从她身上吸取着力量和勇气——这使我能够继续战斗到胜利那一天。

——节选自[法]罗曼·加里《我的母亲独一无二》

【作品 43 号】

我的信念

生活对于任何人都非易事,我们必须有坚韧不拔的精神。最要紧的,还是我们自己要有信心。我们必须相信,我们对每一件事情都具有天赋的才能,并且,无论付出任何代价,都要把这件事完成。当事情结束的时候,你要能问心无愧地说:"我已经尽我所能了。"

有一年的春天,我因病被迫在家里休息数周。我注视着我的女儿们所养的蚕正在结茧,这使我很感兴趣。望着这些蚕执著地、勤奋地工作,我感到我和它们非常相似。像它们一样,我总是耐心地把自己的努力集中在一个目标上。我之所以如此,或许是因为有某种力量在鞭策着我——正如蚕被鞭策着去结茧一般。

近五十年来,我致力于科学研究,而研究,就是对真理的探讨。我有许多美好快乐的记忆。少女时期我在巴黎大学,孤独地过着求学的岁月;在后来献身科学的整个时期,我丈夫和我专心致志,像在梦幻中一般,坐在简陋的书房里艰辛地研究,后来我们就在那里发现了镭。

我永远追求安静的工作和简单的家庭生活。为了实现这个理想,我竭力保持宁静的环境,以免受人事的干扰和盛名的拖累。

我深信,在科学方面我们有对事业而不是//对财富的兴趣。我的惟一奢望是在一个自由国家中,以一个自由学者的身份从事研究工作。

我一直沉醉于世界的优美之中,我所热爱的科学也不断增加它崭新的远景。我认定科学本身就具有伟大的美。

——节选自〔波兰〕玛丽·居里《我的信念》,剑捷译

【作品44号】

我为什么当教师

我为什么非要教书不可?是因为我喜欢当教师的时间安排表和生活节奏。七、八、九三个月给我提供了进行回顾、研究、写作的良机,并将三者有机融合,而善于回顾、研究和总结正是优秀教师素质中不可缺少的成分。

干这行给了我多种多样的"甘泉"去品尝,找优秀的书籍去研读,到"象牙塔"和实际世界里去发现。教学工作给我提供了继续学习的时间保证,以及多种途径、机遇和挑战。

然而,我爱这一行的真正原因,是爱我的学生。学生们在我的眼前成长、变化。当教师意味着亲历"创造"过程的发生——恰似亲手赋予一团泥土以生命,没有什么比目睹它开始呼吸更激动人

心的了。

权利我也有了:我有权利去启发诱导,去激发智慧的火花,去问费心思考的问题,去赞扬回答的尝试,去推荐书籍,去指点迷津。还有什么别的权利能与之相比呢?

而且,教书还给我金钱和权利之外的东西,那就是爱心。不仅有对学生的爱,对书籍的爱,对知识的爱,还有教师才能感受到的对"特别"学生的爱。这些学生,有如冥顽不灵的泥块,由于接受了老师的炽爱才勃发了生机。

所以,我爱教书,还因为,在那些勃发生机的"特//别"学生身上,我有时发现自己和他们呼吸相通,忧乐与共。

——节选自[美]彼得·基·贝得勒《我为什么当教师》

【作品 45 号】

西部文化和西部开发

中国西部我们通常是指黄河与秦岭相连一线以西,包括西北和西南的十二个省、市、自治区。这块广袤的土地面积为五百四十六万平方公里,占国土总面积的百分之五十七;人口二点八亿,占全国总人口的百分之二十三。

西部是华夏文明的源头。华夏祖先的脚步是顺着水边走的:长江上游出土过元谋人牙齿化石,距今约一百七十万年;黄河中游出土过蓝田人头盖骨,距今约七十万年。这两处古人类都比距今约五十万年的北京猿人资格更老。

西部地区是华夏文明的重要发源地,秦皇汉武以后,东西方文化在这里交汇融合,从而有了丝绸之路的驼铃声声,佛院深寺的暮鼓晨钟。敦煌莫高窟是世界文化史上的一个奇迹,它在继承汉晋艺术传统的基础上,形成了自己兼收并蓄的恢宏气度,展现出精美绝伦的艺术形式和博大精深的文化内涵。秦始皇兵马俑、西夏王陵、楼兰古国、布达拉宫、三星堆、大足石刻等历史文化遗产,同样为世界所瞩目,成为中华文化重要的象征。

西部地区又是少数民族及其文化的集萃地,几乎包括了我国所有的少数民族。在一些偏远的少数民族地区,仍保留//了一些久远时代的艺术品种,成为珍贵的"活化石",如纳西古乐、戏曲、剪纸、刺绣、岩画等民间艺术和宗教艺术。特色鲜明、丰富多彩,犹如一个巨大的民族民间文化艺术宝库。

我们要充分重视和利用这些得天独厚的资源优势,建立良好的民族民间文化生态环境,为西部大开发做出贡献。

——节选自《中考语文课外阅读试题精选》中《西部文化和西部开发》

【作品46号】

喜　悦

高兴,这是一种具体的被看得到摸得着的事物所唤起的情绪。它是心理的,更是生理的。它容易来也容易去,谁也不应该对它视而不见失之交臂,谁也不应该总是做那些使自己不高兴也使旁人不高兴的事。让我们说一件最容易做也最令人高兴的事吧,尊重你自己,也尊重别人,这是每一个人的权利,我还要说这是每一个人的义务。

快乐,它是一种富有概括性的生存状态、工作状态。它几乎是先验的,它来自生命本身的活力,来自宇宙、地球和人间的吸引,它是世界的丰富、绚丽、阔大、悠久的体现。快乐还是一种力量,是埋在地下的根脉。消灭一个人的快乐比挖掘掉一棵大树的根要难得多。

欢欣,这是一种青春的、诗意的情感。它来自面向着未来伸开双臂奔跑的冲力,它来自一种轻松而又神秘、朦胧而又隐秘的激动,它是激情即将到来的预兆,它又是大雨过后的比下雨还要美妙得多也久远得多的回味……

喜悦,它是一种带有形而上色彩的修养和境界。与其说它是一种情绪,不如说它是一种智慧、一种超拔、一种悲天悯人的宽容和理解,一种饱经沧桑的充实和自信,一种光明的理性,一种坚定//的成熟,一种战胜了烦恼和庸俗的清明澄澈。它是一潭清水,它是一抹朝霞,它是无边的平原,它是沉默的地平线,多一点儿、再多一点儿喜悦吧,它是翅膀,也是归巢。它是一杯美酒,也是一朵永远开不败的莲花。

——节选自王蒙《喜悦》

【作品47号】

香港:最贵的一棵树

在湾仔,香港最热闹的地方,有一棵榕树,它是最贵的一棵树,不光在香港,在全世界,都是最贵的。

树,活的树,又不卖何言其贵?只因它老,它粗,是香港百年沧桑的活见证,香港人不忍看着它被砍伐,或者被移走,便跟要占用这片山坡的建筑者谈条件:可以在这儿建大楼盖商厦,但一不准砍树,二不准挪树,必须把它原地精心养起来,成为香港闹市中的一景。太古大厦的建设者最后签了合同,占用这个大山坡建豪华商厦的先决条件是同意保护这棵老树。

树长在半山坡上,计划将树下面的成千上万吨山石全部掏空取走,腾出地方来盖楼,把树架在大楼上面,仿佛它原本是长在楼顶上似的。建设者就地造了一个直径十八米、深十米的大花盆,先固定好这棵老树,再在大花盆底下盖楼。光这一项就花了两千三百八十九万港币,堪称是最昂贵的保护措施了。

太古大厦落成之后,人们可以乘滚动扶梯一次到位,来到太古大厦的顶层,出后门,那儿是一片自然景色。一棵大树出现在人们面前,树干有一米半粗,树冠直径足有二十多米,独木成林,非常壮观,形成一座以它为中心的小公园,取名叫"榕圃"。树前面//插着铜牌,说明原由。此情此景,如不看铜牌的说明,绝对想不到巨树根底下还有一座宏伟的现代大楼。

——节选自舒乙《香港:最贵的一棵树》

【作品48号】

鸟的天堂

我们的船渐渐地逼近榕树了:我有机会看清它的真面目:是一棵大树,有数不清的丫枝,枝上又生根,有许多根一直垂到地上,伸进泥土里。一部分树枝垂到水面,从远处看,就像一棵大树斜躺在水面上一样。

现在正是枝繁叶茂的时节。这棵榕树好像在把它的全部生命力展示给我们看。那么多的绿叶,一簇堆在另一簇的上面,不留一点儿缝隙。翠绿的颜色明亮地在我们的眼前闪耀,似乎每一片树叶上都有一个新的生命在颤动,这美丽的南国的树!

船在树下泊了片刻,岸上很湿,我们没有上去。朋友说这里是"鸟的天堂",有许多鸟在这棵树上做窝,农民不许人去捉它们。我仿佛听见几只鸟扑翅的声音,但是等到我的眼睛注意地看那里时,我却看不见一只鸟的影子,只有无数的树根立在地上,像许多根木桩。地是湿的,大概涨潮时河水常常冲上岸去。"鸟的天堂"里没有一只鸟,我这样想到。船开了,一个朋友拨着船,缓缓地流到河中间去。

第二天,我们划着船到一个朋友的家乡去,就是那个有山有塔的地方。从学校出发,我们又经过那"鸟的天堂"。

这一次是在早晨,阳光照在水面上,也照在树梢上。一切都//

显得非常光明。我们的船也在树下泊了片刻。

起初四周围非常清静。后来忽然起了一声鸟叫。我们把手一拍,便看见一只大鸟飞了起来,接着又看见第二只,第三只。我们继续拍掌,很快地这个树林就变得很热闹了。到处都是鸟声,到处都是鸟影。大的,小的,花的,黑的,有的站在枝上叫,有的飞起来,在扑翅膀。

——节选自巴金《小鸟的天堂》

【作品49号】

野　草

有这样一个故事。

有人问:世界上什么东西的气力最大?回答纷纭得很,有的说"象",有的说"狮",有人开玩笑似的说:是"金刚",金刚有多少气力,当然大家全不知道。

结果,这一切答案完全不对,世界上气力最大的,是植物的种子。一粒种子所可以显现出来的力,简直是超越一切。

人的头盖骨,结合得非常致密与坚固,生理学家和解剖学者用尽了一切的方法,要把它完整地分出来,都没有这种力气。后来忽然有人发明了一个方法,就是把一些植物的种子放在要剖析的头盖骨里,给它以温度与湿度,使它发芽。一发芽,这些种子便以可怕的力量,将一切机械力所不能分开的骨骼,完整地分开了。植物种子的力量之大,如此如此。

这,也许特殊了一点儿,常人不容易理解。那么,你看见过笋的成长吗?你看见过被压在瓦砾和石块下面的一棵小草的生长吗?它为着向往阳光,为着达成它的生之意志,不管上面的石块如何重,石与石之间如何狭,它必定要曲曲折折地,但是顽强不屈地透到地面上来。它的根往土壤钻,它的芽往地面挺,这是一种不可抗拒的力,阻止它的石块,结果也被它掀翻,一粒种子的力量之大,//如此如此。

没有一个人将小草叫做"大力士",但是它的力量之大,的确是世界无比。这种力是一般人看不见的生命力。只要生命存在,这种力就要显现。上面的石块,丝毫不足以阻挡。因为它是一种"长期抗战"的力;有弹性,能屈能伸的力;有韧性,不达目的不止的力。

——节选自夏衍《野草》

【作品50号】

一分钟

著名教育家班杰明曾经接到一个青年人的求救电话,并与那个向往成功、渴望指点的青年人约好了见面的时间和地点。

待那个青年如约而至时,班杰明的房门敞开着,眼前的景象却令青年人颇感意外——班杰明的房间里乱七八糟、狼藉一片。

没等青年人开口,班杰明就招呼道:"你看我这房间,太不整洁了,请你在门外等候一分钟,我收拾一下,你再进来吧。"一边说着,班杰明就轻轻地关上了房门。

不到一分钟的时间,班杰明就又打开了房门并热情地把青年人让进客厅。这时,青年人的眼前展现出另一番景象——房间内的一切已变得井然有序,而且有两杯刚刚倒好的红酒,在淡淡的香水气息里还漾着微波。

可是,没等青年人把满腹的有关人生和事业的疑难问题向班杰明讲出来,班杰明就非常客气地说道:"干杯。你可以走了。"

青年人手持酒杯一下子愣住了,既尴尬又非常遗憾地说:"可是,我……我还没向您请教呢……"

"这些……难道还不够吗?"班杰明一边微笑着,一边扫视着自己的房间,轻言细语地说,"你进来又有一分钟了。"

"一分钟……一分钟……"青年人若有所思地说:"我懂了,您让我明白了一分钟的时间可以做许//多事情,可以改变许多事情的深刻道理。"

班杰明舒心地笑了。青年人把杯里的红酒一饮而尽,向班杰明连连道谢后,开心地走了。

其实,只要把握好生命的每一分钟,也就把握了理想的人生。

——节选自纪广洋《一分钟》

【作品51号】

一个美丽的故事

有个塌鼻子的小男孩儿,因为两岁时得过脑炎,智力受损,学习起来很吃力。打个比方,别人写作文能写二三百字,他却只能写三五行。但即便这样的作文,他同样能写得很动人。

那是一次作文课,题目是《愿望》。他极其认真地想了半天,然后极认真地写,那作文极短。只有三句话:我有两个愿望,第一个是,妈妈天天笑眯眯地看着我说:"你真聪明,"第二个是,老师天天笑眯眯地看着我说:"你一点儿也不笨。"

于是,就是这篇作文,深深地打动了他的老师,那位妈妈式的老师不仅给了他最高分,在班上带感情地朗读了这篇作文,还一笔一画地批道:你很聪明,你的作文写得非常感人,请放心,妈妈肯定会格外喜欢你的,老师肯定会格外喜欢你的,大家肯定会格外喜欢你的。

捧着作文本,他笑了,蹦蹦跳跳地回家了,像只喜鹊。但他并没有把作文本拿给妈妈看,他是在等待,等待着一个美好的时刻。

那个时刻终于到了,是妈妈的生日——一个阳光灿烂的星期天;那天,他起得特别早,把作文本装在一个亲手做的美丽的大信封里,等着妈妈醒来。妈妈刚刚睁眼醒来,他就笑眯眯地走到妈妈跟前说:"妈妈,今天是您的生日,我要//送给您一件礼物。"

果然,看着这篇作文,妈妈甜甜地涌出了两行热泪,一把搂住小男孩儿,搂得很紧很紧。

是的,智力可以受损,但爱永远不会。

——节选自张玉庭《一个美丽的故事》

【作品52号】

永远的记忆

小学的时候,有一次我们去海边远足,妈妈没有做便饭,给了我十块钱买午餐。好像走了很久、很久,终于到海边了,大家坐下来便吃饭,荒凉的海边没有商店,我一个人跑到防风林外面去,级任老师要大家把吃剩的饭菜分给我一点儿。有两三个男生留下一点儿给我,还有一个女生,她的米饭拌了酱油,很香。我吃完的时候,她笑眯眯地看着我,短头发,脸圆圆的。

她的名字叫翁香玉。

每天放学的时候,她走的是经过我们家的一条小路,带着一位比她小的男孩儿,可能是弟弟。小路边是一条清澈见底的小溪,两旁竹阴覆盖,我总是远远地跟在她后面,夏日的午后特别炎热,走到半路她会停下来,拿手帕在溪水里浸湿,为小男孩儿擦脸。我也在后面停下来,把肮脏的手帕弄湿了擦脸,再一路远远跟着她回家。

后来我们家搬到镇上去了,过几年我也上了中学。有一天放学回家,在火车上,看见斜对面一位短头发、圆圆脸的女孩儿,一身素净的白衣黑裙。我想她一定不认识我了。火车很快到站了,我随着人群挤向门口,她也走近了,叫我的名字。这是她第一次和我说话。

她笑眯眯的,和我一起走过月台。以后就没有再见过//她了。

这篇文章收在我出版的《少年心事》这本书里。

书出版后半年,有一天我忽然收到出版社转来的一封信,信封上是陌生的字迹,但清楚地写着我的本名。

信里面说她看到了这篇文章心里非常激动,没想到在离开家乡,漂泊异地这么久之后,会看见自己仍然在一个人的记忆里,她自己也深深记得这其中的每一幕,只是没想到越过遥远的时空,竟然另一个人也深深记得。

——节选自苦伶《永远的记忆》

【作品53号】

语言的魅力

在繁华的巴黎大街的路旁,站着一个衣衫褴褛、头发斑白、双目失明的老人。他不像其他乞丐那样伸手向过路行人乞讨,而是在身旁立一块木牌,上面写着:"我什么也看不见!"街上过往的行人很多,看了木牌上的字都无动于衷,有的还淡淡一笑,便姗姗而去了。

这天中午,法国著名诗人让·彼浩勒也经过这里。他看看木牌上的字,问盲老人:"老人家,今天上午有人给你钱吗?"

盲老人叹息着回答:"我,我什么也没有得到。"说着,脸上的神情非常悲伤。

让·彼浩勒听了,拿起笔悄悄地在那行字的前面添上了"春天到了,可是"几个字,就匆匆地离开了。

晚上,让·彼浩勒又经过这里,问那个盲老人下午的情况。盲老人笑着回答说:"先生,不知为什么,下午给我钱的人多极了!"让·彼浩勒听了,摸着胡子满意地笑了。

"春天到了,可是我什么也看不见!"这富有诗意的语言,产生这么大的作用,就在于它有非常浓厚的感情色彩。是的,春天是美好的,那蓝天白云,那绿树红花,那莺歌燕舞,那流水人家,怎么不叫人陶醉呢?但这良辰美景,对于一个双目失明的人来说,只是一片漆黑。当人们想到这个盲老人,一生中竟连万紫千红的春天//都不曾看到,怎能不对他产生同情之心呢?

——节选自小学《语文》第六册中《语言的魅力》

【作品54号】

赠你四味长寿药

有一次,苏东坡的朋友张鹗拿着一张宣纸来求他写一幅字,而且希望他写一点儿关于养生方面的内容。苏东坡思索了一会儿,点点头说:"我得到了一个养生长寿古方,药只有四味,今天就赠给你吧。"于是,东坡的狼毫在纸上挥洒起来,上面写着:"一曰无事以当贵,二曰早寝以当富,三曰安步以当车,四曰晚食以当肉。"

这哪里有药?张鹗一脸茫然地问。苏东坡笑着解释说,养生长寿的要诀,全在这四句里面。

所谓"无事以当贵",是指人不要把功名利禄、荣辱过失考虑得太多,如能在情志上潇洒大度,随遇而安,无事以求,这比富贵更能使人终其天年。

"早寝以当富",指吃好穿好、财货充足,并非就能使你长寿。对老年人来说,养成良好的起居习惯,尤其是早睡早起,比获得任何财富更加宝贵。

"安步以当车",指人不要过于讲求安逸、肢体不劳,而应多以步行来替代骑马乘车,多运动才可以强健体魄,通畅气血。

"晚食以当肉",意思是人应该用已饥方食、未饱先止代替对美味佳肴的贪吃无厌。他进一步解释,饿了以后才进食,虽然是粗茶淡饭,但其香甜可口会胜过山珍;如果饱了还要勉强吃,即使美味佳肴摆在眼前也难以//下咽。

苏东坡的四味"长寿药",实际上是强调了情志、睡眠、运动、饮食四个方面对养生长寿的重要性,这种养生观点即使在今天仍然值得借鉴。

——节选自蒲昭和《赠你四味长寿药》

【作品 55 号】

站在历史的枝头微笑

人活着,最要紧的是寻觅到那片代表着生命绿色和人类希望的丛林,然后选一高高的枝头站在那里观览人生,消化痛苦,孕育歌声,愉悦世界!

这可真是一种潇洒的人生态度,这可真是一种心境爽朗的情感风貌。

站在历史的枝头微笑,可以减免许多烦恼。在那里,你可以从众生相所包含的甜酸苦辣、百味人生中寻找你自己;你境遇中的那点儿苦痛,也许相比之下,再也难以占据一席之地;你会较容易地获得从不悦中解脱灵魂的力量,使之不致变得灰色。

人站得高些,不但能有幸早些领略到希望的曙光,还能有幸发现生命的立体的诗篇。每一个人的人生,都是这诗篇中的一个词、一个句子或者一个标点。你可能没有成为一个美丽的词,一个引人注目的句子,一个惊叹号,但你依然是这生命的立体诗篇中的一个音节、一个停顿、一个必不可少的组成部分。这足以使你放弃前嫌,萌生为人类孕育新的歌声的兴致,为世界带来更多的诗意。

最可怕的人生见解,是把多维的生存图景看成平面。因为那平面上刻下的大多是凝固了的历史——过去的遗迹;但活着的人们,活得却是充满着新生智慧的,由//不断逝去的"现在"组成的未来。人生不能像某些鱼类躺着游,人生也不能像某些兽类爬着走,而应该站着向前行,这才是人类应有的生存姿态。

——节选自[美]本杰明·拉什《站在历史的枝头微笑》

【作品56号】

中国的宝岛——台湾

中国的第一大岛、台湾省的主岛台湾,位于中国大陆架的东南方,地处东海和南海之间,隔着台湾海峡和大陆相望。天气晴朗的时候,站在福建沿海较高的地方,就可以隐隐约约地望见岛上的高山和云朵。

台湾岛形状狭长,从东到西,最宽处只有一百四十多公里;由南至北,最长的地方约有三百九十多公里。地形像一个纺织用的梭子。

台湾岛上的山脉纵贯南北,中间的中央山脉犹如全岛的脊梁。西部为海拔近四千米的玉山山脉,是中国东部的最高峰。全岛约有三分之一的地方是平地,其余为山地。岛内有缎带般的瀑布,蓝宝石似的湖泊,四季常青的森林和果园,自然景色十分优美。西南部的阿里山和日月潭,台北市郊的大屯山风景区,都是闻名世界的游览胜地。

台湾岛地处热带和温带之间,四面环海,雨水充足,气温受到海洋的调剂,冬暖夏凉,四季如春,这给水稻和果木生长提供了优越的条件。水稻、甘蔗、樟脑是台湾的"三宝"。岛上还盛产鲜果和鱼虾。

台湾岛还是一个闻名世界的"蝴蝶王国"。岛上的蝴蝶共有四百多个品种,其中有不少是世界稀有的珍贵品种。岛上还有不少鸟语花香的蝴//蝶谷,岛上居民利用蝴蝶制作的标本和艺术品,远销许多国家。

——节选自《中国的宝岛　台湾》

【作品 57 号】

中国的牛

对于中国的牛,我有着一种特别尊敬的感情。

留给我印象最深的,要算在田垄上的一次"相遇"。

一群朋友郊游,我领头在狭窄的阡陌上走,怎料迎面来了几头耕牛,狭道容不下人和牛,终有一方要让路。它们还没有走近,我们已经预计斗不过畜牲,恐怕难免踩到田地泥水里,弄得鞋袜又泥又湿了。正踟蹰的时候,带头的一头牛,在离我们不远的地方停下来,抬起头看看,稍迟疑一下,就自动走下田去。一队耕牛,全跟着它离开阡陌,从我们身边经过。

我们都呆了,回过头来,看着深褐色的牛队,在路的尽头消失,忽然觉得自己受了很大的恩惠。

中国的牛,永远沉默地为人做着沉重的工作。在大地上,在晨光或烈日下,它拖着沉重的犁,低头一步又一步,拖出了身后一列又一列松土,好让人们下种。等到满地金黄或农闲时候,它可能还得担当搬运负重的工作;或终日绕着石磨,朝同一方向,走不计程的路。

在它沉默的劳动中,人便得到应得的收成。

那时候,也许,它可以松一肩重担,站在树下,吃几口嫩草。偶尔摇摇尾巴,摆摆耳朵,赶走飞附身上的苍蝇,已经算是它最闲适的生活了。

中国的牛,没有成群奔跑的习//惯,永远沉沉实实的,默默地工作,平心静气。这就是中国的牛!

——节选自小思《中国的牛》

【作品58号】

住的梦

不管我的梦想能否成为事实,说出来总是好玩儿的:

春天,我将要住在杭州。二十年前,旧历的二月初,在西湖我看见了嫩柳与菜花,碧浪与翠竹。由我看到的那点儿春光,已经可以断定,杭州的春天必定会教人整天生活在诗与图画之中。所以,春天我的家应当是在杭州。

夏天,我想青城山应当算作最理想的地方。在那里,我虽然只住过十天,可是它的幽静已拴住了我的心灵。在我所看见过的山水中,只有这里没有使我失望。到处都是绿,目之所及,那片淡而光润的绿色都在轻轻地颤动,仿佛要流入空中与心中似的。这个绿色会像音乐,涤清了心中的万虑。

秋天一定要住北平。天堂是什么样子,我不知道,但是从我的生活经验去判断,北平之秋便是天堂。论天气,不冷不热。论吃的,苹果、梨、柿子、枣儿、葡萄,每样都有若干种。论花草,菊花种类之多,花式之奇,可以甲天下。西山有红叶可见,北海可以划船——虽然荷花已残,荷叶可还有一片清香。衣食住行,在北平的秋天,是没有一项不使人满意的。

冬天,我还没有打好主意,成都或者相当得合适,虽然并不怎样和暖,可是为了水仙,素心腊梅,各色的茶花,仿佛就受一点儿寒//冷,也颇值得去了。昆明的花也多,而且天气比成都好,可是旧书铺与精美而便宜的小吃远不及成都那么多。好吧,就暂这么规定:冬天不住成都便住昆明吧。

在抗战中,我没能发国难财。我想,抗战胜利以后,我必能阔起来。那时候,假若飞机减价,一二百元就能买一架的话,我就自备一架,择黄道吉日慢慢地飞行。

——节选自老舍《住的梦》

【作品59号】

紫藤萝瀑布

我不由得停住了脚步。

从未见过开得这样盛的藤萝,只见一片辉煌的淡紫色,像一条瀑布,从空中垂下,不见其发端,也不见其终极,只是深深浅浅的紫,仿佛在流动,在欢笑,在不停地生长。紫色的大条幅上,泛着点点银光,就像迸溅的水花。仔细看时,才知那是每一朵紫花中的最浅淡的部分,在和阳光互相挑逗。

这里除了光彩,还有淡淡的芳香。香气似乎也是浅紫色的,梦幻一般轻轻地笼罩着我。忽然记起十多年前,家门外也曾有过一大株紫藤萝,它依傍一株枯槐爬得很高,但花朵从来都稀落,东一穗西一串伶仃地挂在树梢,好像在察颜观色,试探什么。后来索性连那稀零的花串也没有了。园中别的紫藤花架也都拆掉,改种了果树。那时的说法是,花和生活腐化有必然关系。我曾遗憾地想:这里再看不见藤萝花了。

过了这么多年,藤萝又开花了,而且开得这样盛,这样密,紫色的瀑布遮住了粗壮的盘虬卧龙般的枝干,不断地流着,流着,流向人的心底。

花和人都会遇到各种各样的不幸,但是生命的长河是无止境的。我抚摸了一下那小小的紫色的花舱,那里满装了生命的酒酿,它张满了帆,在这//闪光的花的河流上航行。它是万花中的一朵,也正是由每一个一朵,组成了万花灿烂的流动的瀑布。

在这浅紫色的光辉和浅紫色的芳香中,我不觉加快了脚步。

【作品60号】

最糟糕的发明

在一次名人访问中,被问及上个世纪最重要的发明是什么时,有人说是电脑,有人说是汽车,等等。但新加坡的一位知名人士却说是冷气机。他解释,如果没有冷气,热带地区如东南亚国家,就不可能有很高的生产力,就不可能达到今天的生活水准。他的回答实事求是,有理有据。

看了上述报道,我突发奇想:为什么没有记者问:"二十世纪最糟糕的发明是什么?"其实二〇〇二年十月中旬,英国的一家报纸就评出了"人类最糟糕的发明"。获此"殊荣"的,就是人们每天大量使用的塑料袋。

诞生于上个世纪三十年代的塑料袋,其家族包括用塑料制成的快餐饭盒、包装纸、餐用杯盘、饮料瓶、酸奶杯、雪糕杯等等。这些废弃物形成的垃圾,数量多、体积大、重量轻、不降解,给治理工作带来很多技术难题和社会问题。

比如,散落在田间、路边及草丛中的塑料餐盒,一旦被牲畜吞食,就会危及健康甚至导致死亡。填埋废弃塑料袋、塑料餐盒的土地,不能生长庄稼和树木,造成土地板结,而焚烧处理这些塑料垃圾,则会释放出多种化学有毒气体,其中一种称为二噁英的化合物,毒性极大。

此外,在生产塑料袋、塑料餐盒的//过程中使用的氟利昂,对人体免疫系统和生态环境造成的破坏也极为严重。

——节选自林光如《最糟糕的发明》

第二部分　普通话朗读作品 50 篇

【作品 1 号】

海上日出

在船上，为了看日出，我特地起个大早。那时天还没有亮，周围是很寂静的，只有机器房的声音。

天空变成了浅蓝色，很浅很浅的；转眼间天边出现了一道红霞，慢慢儿扩大了它的范围，加强了它的光亮。我知道太阳要从那天际升起来了，便目不转睛地望着那里。

果然，过了一会儿，在那里就出现了太阳的一小半，红是红得很，却没有光亮。这太阳象负着什么重担似的，慢慢儿，一步一步地，努力向上面升起来，到了最后，终于冲破云霞，完全跳出了海面。那颜色真红得可爱。一刹那间，这深红的东西，忽然发出夺目的光亮，射得人眼睛发痛，同时附近的云也添了光彩。

有时太阳走入云里，它的光线却仍从云里透射下来，直射到水面上。这时候，人要分辨出何处是水，何处是天，很不容易，因为只能够看见光亮的一片。有时天边有黑云，而且云片很厚。太阳出来了，人却不能够看见它。然而太阳在黑云里放射出光芒，透过黑云的周围，替黑云镶了一道光亮的金边，到后来才慢慢儿透出重围，出现在天空，把一片片黑云变成了紫云或者红霞。这时候，光亮的不仅是太阳、云和海水，连我自己也成了光亮的了。

这不是//很伟大的奇观么？

【作品2号】

可爱的小鸟

没有一片绿叶,没有一缕炊烟,没有一粒泥土,没有一丝花香,只有水的世界,云的海洋。

一阵台风袭过,一只孤单的小鸟无家可归,落到被卷到洋里的木板上,乘流而下,姗姗而来,近了,近了!……

忽然,小鸟张开翅膀,在人们头顶盘旋了几圈,"噗啦"一声落到了船上。许是累了?还是发现了"新大陆"?水手撵它它不走,抓它,它乖乖地落在掌心。可爱的小鸟和善良的水手结成了朋友。瞧,它多美丽,娇巧的小嘴,啄理着绿色的羽毛,鸭子样的扁脚,呈现出春草的鹅黄。水手们把它带到舱里,给它"搭铺",让它在船上安家落户,每天,把分到的一塑料桶淡水匀给它喝,把从祖国带来的鲜美的鱼肉分给它吃,天长日久,小鸟和水手的感情日趋笃厚。清晨,当第一束阳光射进舷窗时,它便敞开美丽的歌喉,唱啊唱,嘤嘤有韵,婉如春水淙淙。人类给它以生命,它毫不悭吝地把自己的艺术青春奉献给了哺育它的人。可能都是这样?艺术家们的青春只会献给尊敬他们的人。

小鸟给远航生活蒙上了一层浪漫色调,返航时,人们爱不释手,恋恋不舍地想把它带到异乡。可小鸟憔悴了,给水,不喝!喂肉,不吃!油亮的羽毛失去了光泽。是啊,我//们有自己的祖国,小鸟也有它的归宿,人和动物都是一样啊,哪儿也不如故乡好!

慈爱的水手们决定放开它,让它回到大海的摇篮去,回到蓝色的故乡去。离别前,这个大自然的朋友与水手们留影纪念。它站在许多人的头上,肩上,掌上,胳膊上,与喂养过它的人们,一起融进那蓝色的画面……

【作品 3 号】

珍珠鸟

真好!朋友送我一对珍珠鸟。放在一个简易的竹条编成的笼子里,笼内还有一卷干草,那是小鸟儿舒适又温暖的巢。

有人说,这是一种怕人的鸟。

我把它挂在窗前。那儿还有一大盆异常茂盛的法国吊兰。我便用吊兰长长的、串生着小绿叶的垂蔓蒙盖在鸟笼上,它们就象躲进深幽的丛林一样安全;从中传出笛儿般又细又亮的叫声,就格外轻松自在了。

阳光从窗外射入,透过这里,吊兰那些无数指甲状的小叶,一半成了黑影,一半被照透,如同碧玉;斑斑驳驳;生意葱茏。小鸟的影子就在这中间隐约闪动,看不完整,有时连笼子也看不出,却见它们可爱的鲜红小嘴儿从绿叶中伸出来。

我很少扒开叶蔓瞧它们,它们便渐渐敢伸出小脑袋瞅瞅我。我们就这样一点点熟悉了。

三个月后,那一团愈发繁茂的绿蔓里边,发出一种又尖又娇嫩的鸣叫。我猜到,是它们有了雏儿。我呢?决不掀开叶片往里看,连添食加水时也不睁大好奇的眼去惊动它们。过不多久,忽然有一个更小的脑袋从叶间探出来。哟!雏儿正是这小家伙!

它小,就能轻易地由疏格的笼子钻出身。瞧,多么像它的父母:红嘴红脚,蓝灰色的毛,只是后//背还没生出珍珠似的圆圆的白点;它好肥,整个身子好象一个蓬松的球儿。

【作品4号】

珍珠鸟

起先,这小家伙只在笼子四周活动,随后就在屋里飞来飞去,一会儿落在柜顶上,一会儿神气十足地站在书架上,啄着书背上那些大文豪的名字;一会儿把灯绳撞得来回摇动,跟着逃到画框上去了。只要大鸟儿在笼里生气地叫一声,它立即飞回笼里去。

我不管它,这样久了,打开窗子,它最多只在窗框上站一会儿,决不飞出去。

渐渐它胆子大了,就落在我书桌上。

它先是离我较远,见我不去伤害它,便一点点接近,然后蹦到我的杯子上,俯下头来喝茶,再偏过脸瞧瞧我的反应。我只是微微一笑,依旧写东西,它就放开胆子跑到稿子上,绕着我的笔尖蹦来蹦去;跳动的小红爪子在纸上发出嚓嚓响。

我不动声色地写,默默享受着这小家伙亲近的情意。这样,它完全放心了,索性用那涂了蜡似的、角质的小红嘴,"嗒嗒"啄着我颤动的笔尖。我用手抚一抚它细腻的绒毛,它也不怕,反而友好地啄两下我的手指。

白天,它这样淘气地陪伴我;天色入暮,它就在父母再三的呼唤声中,飞向笼子,扭动滚圆的身子,挤开那些绿叶钻进去。

有一天,我伏案写作时,它居然落到我的肩上。我手中的笔不觉停了,生怕惊跑它。呆一//会儿,扭头看,这小家伙竟趴在我的肩头睡着了……

我笔尖一动,流泄下一时的感受:

信赖,往往创造出美好的境界。

【作品5号】

春

盼望着,盼望着,东风来了,春天的脚步近了。

一切都象刚睡醒的样子,欣欣然张开了眼。山朗润起来了,水涨起来了,太阳的脸红起来了。

小草偷偷地从土里钻出来,嫩嫩的,绿绿的。园子里,田野里,瞧去,一大片一大片满是的。坐着,躺着,打两个滚,踢几脚球,赛几趟跑,捉几回迷藏。风轻悄悄的,草软绵绵的。

……

"吹面不寒杨柳风",不错的,象母亲的手抚摸着你。风里带来些新翻的泥土的气息,混着青草味儿,还有各种花的香,都在微微湿润的空气里酝酿。鸟儿将巢安在繁花绿叶当中,高兴起来了,呼朋引伴地卖弄清脆的喉咙,唱出婉转的曲子,跟清风流水应和着。牛背上牧童的短笛,这时候也成天嘹亮地响着。

雨是最寻常的,一下就是三两天。可别恼。看,象牛毛,象花针,象细丝,密密地斜织着,人家屋顶上全笼着一层薄烟。树叶儿却绿得发亮,小草也青得逼你的眼。傍晚时候,上灯了,一点点黄晕的光,烘托出一片安静而和平的夜。在乡下,小路上,石桥边,有撑起伞慢慢走着的人,地里还有工作的农民,披着蓑戴着笠。他们的房屋,稀稀疏疏的,在雨里静默着。

天上风筝渐渐多了,地上孩子也多了。城里乡下,家家户户,老//老小小,也赶趟儿似的,一个个都出来了。舒活舒活筋骨,抖擞抖擞精神,各做各的一份儿事去。"一年之计在于春",刚起头儿,有的是工夫,有的是希望。

春天象刚落地的娃娃,从头到脚都是新的,它生长着。

春天象小姑娘,花枝招展的,笑着,走着。

春天象健壮的青年,有铁一般的胳膊和腰脚,领着我们向前去。

【作品6号】

一言既出

到纽约,不去看看闻名世界的自然历史博物馆,将会是件憾事。这个由一百多个国营、民营基金会、两百多家大公司及五十多万会员鼎力相助支持的民营机构,收藏了数十万件价值连城的物品,实在值得一看再看,其中包括中国周口店发现的史前人类头盖骨等。

第一次去参观时,刚好在一楼的摩根纪念馆欣赏闪闪晶亮的各种宝石。忽然,一位男导游迅速脱下夹克,盖在一块数百公斤重的大石头的一个缺口上,再将带来的游客叫到跟前:

"你们看着,这只是一块普通的石头吧!这位女士请你过来一下!"一位游客走到前面,导游员将夹克象变魔术似的拿开,那女士伸头望了一下,不禁大声"啊!"地叫了起来。

随着这一声惊叫,我和其他游客一块涌上前去,看个究竟。原来里面竟然是耀眼闪光的紫水晶。导游员说话了:

这块石头有个动人的故事。它原本是弃置在一位美国人住所的院子里。有一天,主人因石头有碍观瞻,就叫人来将它搬走。谁知就在搬上卡车时,工人一时失手,石头掉在地上,碰裂了一个缺口,大家就象你们刚才一样,都叫了起来,因为这并不是一块普通的石头,而是一块紫水晶。//主人知道真相后,平静地说:"这块石头,我本来就是要丢掉的。现在虽然发现它是宝物,想必是上帝的旨意,我一言既出,决不反悔。我决定不占为己有,而将它送给博物馆,让更多的人来欣赏。"

【作品 7 号】

朋友和其他

朋友即将远行。

暮春时节,又邀了几位朋友在家小聚,虽然都是极熟的朋友,却是终年难得一见,偶尔电话里相遇,也无非是几句寻常话。一锅小米稀饭,一碟大头菜,一盘自家酿制的泡菜,一只巷口买回的烤鸭,简简单单,不像请客,倒像家人团聚。

其实,友情也好,爱情也好,久而久之都会转化为亲情。

说也奇怪,和新朋友会谈文学、谈哲学、谈人生道理等等,和老朋友却只话家常、柴米油盐,细细碎碎,种种琐事。很多时候,心灵的契合已经不需要太多的言语来表达。

朋友新烫了个头,不敢回家见母亲,恐怕惊骇了老人家,却欢天喜地来见我们,老朋友颇能以一种趣味性的眼光欣赏这个改变。

年少的时候,我们差不多都在为别人而活,为苦口婆心的父母活,为循循善诱的师长活,为许多观念、许多传统的约束力而活。年岁逐增,渐渐挣脱外在的限制与束缚,开始懂得为自己活,照自己的方式做一些自己喜欢的事,不在乎别人的批评意见,不在乎别人的诋毁流言,只在乎那一分随心所欲的舒坦自然。偶尔,也能够纵容自己放浪一下,并且有一种恶作剧的窃喜。

……

就让生命顺其自然,水到渠成吧,犹如窗前的//乌桕,自生自落之间,自有一分圆融丰满的喜悦。春雨轻轻落着,没有诗,没有酒,有的只是一分相知相属的自在自得。

夜色在笑语中渐渐沉落,朋友起身告辞,没有挽留,没有送别,甚至也没有问归期。

已经过了大喜大悲的岁月,已经过了伤感流泪的年华,知道了聚散原来是这样的自然和顺理成章,懂得这点,便懂得珍惜每一次相聚的温馨,离别便也欢喜。

【作品8号】

落花生

我们家的后园有半亩空地,母亲说:"让它荒着怪可惜的,你们那么爱吃花生,就开辟出来种花生吧。"我们姐弟几个都很高兴,买种,翻地,播种,浇水,没过几个月,居然收获了。

母亲说:"今晚我们过一个收获节,请你们父亲也来尝尝我们的新花生,好不好?"我们都说好。母亲把花生做成了好几样食品,还吩咐就在后园的茅亭里过这个节。

晚上天色不太好,可是父亲也来了,实在很难得。

父亲说:"你们爱吃花生么?"

我们争着答应:"爱!"

"谁能把花生的好处说出来?"

姐姐说:"花生的味美。"

哥哥说:"花生可以榨油。"

我说:"花生的价钱便宜,谁都可以买来吃,都喜欢吃。这就是它的好处。"

父亲说:"花生的好处很多,有一样最可贵,它的果实埋在地里,不像桃子、石榴、苹果那样,把鲜红嫩绿的果实高高地挂在枝头上,使人一见就生爱慕之心。你们看它矮矮地长在地上,等到成熟了,也不能立刻分辨出来它有没有果实,必须挖出来才知道。"

我们都说是,母亲也点点头。

父亲接下去说:"所以你们要像花生,它虽然不好看,可是很有用,不是外表好看而没有实用的东西。"

我说:"那么,人要做有用的人,不要做只讲体面,而对别人没有好处的人了。"

//父亲说:"对。这是我对你们的希望。"

我们谈到夜深才散。花生做的食品都吃完了,父亲的话却深深地印在我的心上。

【作品9号】

火烧云

晚饭过后,火烧云上来了,霞光照得小孩子的脸红红的。大白狗变成了红的了,红公鸡变成金的了,黑母鸡变成紫檀色的了。喂猪的老头儿在墙根靠着,笑盈盈地看着他的两头小白猪变成小金猪了。他刚想说:"你们也变了……"旁边走来一个乘凉的人,对他说:"您老人家必要高寿,您老是金胡子了。"

天空的云从西边一直烧到东边,红彤彤的,好像是天空着了火。

这地方的火烧云变化极多,一会儿红彤彤的,一会儿金灿灿的,一会儿半紫半黄,一会儿半灰半百合色。葡萄灰,梨黄,茄子紫,这些颜色天空都有,还有些说也说不出来、见也没见过的颜色。

一会儿,天空出现一匹马,马头向南,马尾向西。马是跪着的,像是在等着有人骑到它背上,它才站起来似的。过了两三秒钟,那匹马大起来了,马腿伸开了马脖子也长了,一条马尾巴可不见了。看的人正在寻找马尾巴,那匹马就变模糊了。

忽然又来了一条大狗。那条狗十分凶猛,它在前边跑着,后边似乎还跟着好几条小狗。跑着跑着,小狗不知跑到哪里去了,大狗也不见了。

接着又来了一条大狮子,跟庙门前的大石头狮子一模一样,也是那么大,也是那样蹲着,很威武//很镇静地蹲着。可是一转眼就变了。要想再看到那头大狮子,怎么也看不到了。

一时恍恍惚惚的,天空里又像这个,又像那个,其实什么也不像,什么也看不清了,可是天空偏偏不等待那些爱好它的孩子。一会儿工夫火烧云下去了。

【作品10号】

第一场雪

这是入冬以来,胶东半岛上第一场雪。

雪纷纷扬扬,下得很大。开始还伴着一阵儿小雨,不久就只见大片大片的雪花,从彤云密布的天空中飘落下来。地面上一会儿就白了。冬天的山村,到了夜里就万籁俱寂,只听得雪花簌簌地不断往下落,树木的枯枝被雪压断了,偶尔咯吱一声响。

雪整整下了一夜。今天早晨,天放晴了,太阳出来了。推开门一看,嗬!好大的雪啊!山川、河流、树木、房屋,全都罩上了一层厚厚的雪,万里江山,变成了粉妆玉砌的世界。落光了叶子的柳树上挂满了毛茸茸亮晶晶的银条儿;而那些冬夏常青的松树和柏树上,则挂满了蓬松松沉甸甸的雪球儿。一阵风吹来,树枝轻轻地摇晃,美丽的银条儿和雪球儿簌簌地落下来,玉屑似的雪末儿随风飘扬,映着清晨的阳光,显出一道道五光十色的彩虹。

大街上的积雪足有一尺多深,人踩上去,脚底下发出咯吱咯吱的响声。一群群孩子在雪地里堆雪人,掷雪球,那欢乐的叫喊声,把树枝上的雪都震落下来了。

俗话说,"瑞雪兆丰年"。这个话有充分的科学根据,并不是一句迷信的成语。寒冬大雪,可以冻死一部分越冬的害虫;融化了的水渗进土//层深处,又能供应庄稼生长的需要。我相信这一场十分及时的大雪,一定会促进明年春季作物,尤其是小麦的丰收。有经验的老农把雪比做是"麦子的棉被"。冬天"棉被"盖得越厚,明春麦子就长得越好,所以又有这样一句谚语:"冬天麦盖三层被,来年枕着馒头睡。"

我想，这就是人们为什么把及时的大雪称为"瑞雪"的道理吧。

【作品11号】

小鸟的天堂

我们的船渐渐地逼近榕树了。我有机会看清它的真面目：是一棵大树，有数不清的丫枝，枝上又生根，有许多根一直垂到地上，伸进泥土里。一部分树枝垂到水面，从远处看，就像一棵大树斜躺在水面上一样。

现在正是枝繁叶茂的时节。这棵榕树好像在把它的全部生命力展示给我们看。那么多的绿叶，一簇堆在另一簇的上面，不留一点缝隙。翠绿的颜色明亮地在我们的眼前闪耀，似乎每一片树叶上都有一个新的生命在颤动，这美丽的南国的树！

船在树下泊了片刻，岸上很湿，我们没有上去。朋友说这里是"鸟的天堂"，有许多鸟在这棵树上做窝，农民不许人去捉它们。我仿佛听见几只鸟扑翅的声音，但是等到我的眼睛注意地看那里时，我却看不见一只鸟的影子。只有无数的树根立在地上，像许多根木桩。地是湿的，大概涨潮时河水常常冲上岸去。"鸟的天堂"里没有一只鸟，我这样想到。船开了，一个朋友拨着船，缓缓地流到河中间去。

第二天，我们划着船到一个朋友的家乡去，就是那个有山有塔的地方。从学校出发，我们又经过那"鸟的天堂"。

这一次是在早晨，阳光照在水面上，也照在树梢上。一切都//显得非常光明。我们的船也在树下泊了片刻。

起初四周围非常清静。后来忽然起了一声鸟叫。我们把手一拍，便看见一只大鸟飞了起来，接着又看见第二只，第三只。我们继续拍掌，很快地这个树林就变得很热闹了。到处都是鸟声，到处都是鸟影。大的，小的，花的，黑的，有的站在枝上叫，有的飞起来，在扑翅膀。

……

【作品 12 号】

上将与下士

乔治·华盛顿是美利坚合众国的第一任总统。就是他领导美国人民为了自由为了独立浴血奋战,赶走了统治者。

乔治·华盛顿是个伟人,但并非后来人所想象的,他专做伟大的事,把不伟大的事都留给不伟大的人去做。实际上,他若在你面前,你会觉得他普通得就和你一样,一样的诚实、一样的热情、一样的与人为善。

有一天,他身穿没膝的大衣,独自一人走出营房。他所遇到的士兵,没一个认出他。在一处,他看到一个下士领着手下的士兵筑街垒。

"加把劲!"那个下士对抬着巨大水泥块的士兵们喊道:"一、二,加把劲!"但是,那下士自己的双手连石块都不碰一下。因为石块很重,士兵们一直没能把它放到位置上。下士又喊:"一、二,加把劲!"但是士兵们还是不能把石块放到位置上。他们的力气几乎用尽,石块就要滚落下来。

这时,华盛顿已经疾步跑到跟前,用他强劲的臂膀,顶住石块。这一援助很及时,石块终于放到了位置上。士兵们转过身,拥抱华盛顿,表示感谢。

"你为什么光喊加把劲而让自己的手放在衣袋里呢?"华盛顿问那下士。

"你问我?难道你看不出我是这里的下士吗?"

"哦,这倒是真的!"华盛顿说着,解开大衣//纽扣,向这位鼻孔朝天、背绞双手的下士露出他的军服。"按衣服看,我就是上将。

不过,下次再抬重东西时,你就叫上我!"

你可以想象,那位下士看到站在自己面前的是华盛顿本人,是多么羞愧,但至此他也才真正懂得:伟大的人之所以伟大,就在于他决不做逼人尊重的人所做出的那种倒人胃口的蠢事。

【作品 13 号】

父亲的爱

爹不懂得怎样表达爱,使我们一家人融洽相处的是我妈。他只是每天上班下班,而妈则把我们做过的错事开列清单,然后由他来责骂我们。

有一次我偷了一块糖果,他要我把它送回去,告诉卖糖的说是我偷来的,说我愿意替他拆箱卸货作为赔偿。但妈妈却明白我只是个孩子。

我在运动场打秋千跌断了腿,在前往医院的途中一直抱着我的,是我妈。爹把汽车停在急诊室门口,他们叫他驶开,说那空位是留给紧急车辆停放的。爹听了便叫嚷道:"你以为这是什么车?旅游车?"

在我生日会上,爹总是显得有些不大相称。他只是忙于吹气球,布置餐桌,做杂务。把插着蜡烛的蛋糕推过来让我吹的,是我妈。

我翻阅照相册时,人们总是问:"你爸爸是什么样子的?"天晓得! 他老是忙着替别人拍照。妈和我笑容可掬地一起拍的照片,多得不可胜数。

我记得妈有一次教我骑自行车。我叫他别放手,但他却说是应该放手的时候了。我摔倒之后,妈跑过来扶我,爸却挥手要她走开。我当时生气极了,决心要给他点颜色看。于是我马上爬上自行车,而且自己骑给他看。他只是微笑。

我念大学时,所有的家信都是妈写的。他除//了寄支票外,还寄过一封短柬给我,说因为我没在草坪上踢足球了,所以他的草坪长得很美。

每次我打电话回家,他似乎都想跟我说话,但结果总是说:"我叫你妈来接。"

我结婚时,掉眼泪的是我妈。他只是大声擤了一下鼻子,便走出房间。

我从小到大都听他说:"你到哪里去?什么时候回家?汽车有没有汽油?不,不准去。"爹完全不知道怎样表达爱。除非……

会不会是他已经表达了而我却未能察觉?

【作品 14 号】

和时间赛跑

读小学的时候,我的外祖母过世了。外祖母生前最疼爱我,我无法排除自己的忧伤,每天在学校的操场上一圈又一圈地跑着,跑得累倒在地上,扑在草坪上痛哭。

那哀痛的日子,断断续续地持续了很久,爸爸妈妈也不知道如何安慰我。他们知道与其骗我说外祖母睡着了,还不如对我说实话:外祖母永远不会回来了。

"什么是永远不会回来?"我问着。

"所有时间里的事物,都永远不会回来了。你的昨天过去,它就永远变成昨天,你不能再回到昨天。爸爸以前也和你一样小,现在也不能回到你这么小的童年了;有一天你会长大,你会像外祖母一样老;有一天你度过了你的时间,就永远不会回来了。"爸爸说。

爸爸等于给我一个谜语,这谜语比课本上的"日历挂在墙壁,一天撕去一页,使我心里着急"和"一寸光阴一寸金,寸金难买寸光阴"还让我感到可怕;也比作文本上的"光阴似箭,日月如梭"更让我觉得有一种说不出的滋味。

……

时间过得那么飞快,使我的小心眼里不只是着急,而是悲伤。有一天我放学回家,看到太阳快落山了,就下决心说:"我要比太阳更快地回家。"我狂奔回去,站在庭院前喘气的时候,看到太阳还露着半边脸,我高兴地跳跃起来,那一天我跑赢了太阳。以后我就时常做那样的游戏,有时和太阳赛跑,有时和西北风比快,有时一个暑假才能做完的作业,我十天就做完了;那时我三年级,常常把哥哥五年级的作业拿来做。

每一次比赛胜过时间,我就快乐得不知道怎么形容。

……

如果将来我有什么要教给我的孩子,我会告诉他:假若你一直和时间比赛,你就可以成功!

【作品15号】

捐　诚

我在加拿大学习期间遇到过两次募捐,那情景至今使我难以忘怀。

一天,我在渥太华的街上被两个男孩子拦住去路,他们十来岁,穿得整整齐齐,每人头上戴着个做工精巧、色彩鲜艳的纸帽,上面写着"为帮助患小儿麻痹的伙伴募捐"。其中的一个,不由分说就坐在小凳上给我擦起皮鞋来,另一个则彬彬有礼地发问:"小姐,您是哪国人？喜欢渥太华吗？""小姐,在你们国家有没有小孩儿患小儿麻痹？谁给他们医疗费？"一连串的问题,使我这个有生以来头一次在众目睽睽之下让别人擦鞋的异乡人,从近乎狼狈的窘态中解脱出来。我们像朋友一样聊起天来……

几个月之后,也是在街上。一些十字路口处或车站坐着几位老人。他们满头银发,身穿各种老式军装,上面布满了大大小小形形色色的徽章、奖章,每人手捧一大束鲜花。有水仙、石竹、玫瑰及叫不出名字的,一色雪白。匆匆过往的行人纷纷止步,把钱投进这些老人身旁的白色木箱内,然后向他们微微鞠躬,从他们手中接过一朵花。我看了一会儿,有人投一两元,有人投几百元,还有人掏出支票填好后投进木箱。那些老军人毫不注意人们捐多少钱,//一直不停地向人们低声道谢。同行的朋友告诉我,这是为纪念二次大战中参战的勇士,募捐救济残废军人和烈士遗孀,每年一次;认捐的人可谓踊跃,而且秩序井然,气氛庄严。有些地方,人们还耐心地排着队。我想,这是因为他们都知道:正是这些老人们的流血牺牲换来了包括他们信仰自由在内的许许多多。

我两次把那微不足道的一点钱捧给他们,只想对他们说声"谢谢"。

【作品 16 号】

妈妈喜欢吃鱼头

在我依稀记事的时候,家中很穷,一个月难得吃上一次鱼肉。每次吃鱼,妈妈先把鱼头夹在自己碗里,将鱼肚子上的肉夹下,极仔细地捡去很少的几根大刺,放在我碗里,其余的便是父亲的了。当我也吵着要吃鱼头时,她总是说:

"妈妈喜欢吃鱼头。"

我想,鱼头一定很好吃的。有一次父亲不在家,我趁妈妈盛饭之际,夹了一个,吃来吃去,觉得没鱼肚子上的肉好吃。

那年外婆从江北到我家,妈妈买了家乡很金贵的鲑鱼。吃饭时,妈妈把本属于我的那块鱼肚子上的肉,夹进了外婆的碗里。外婆说:

"你忘啦?妈妈最喜欢吃鱼头。"

外婆眯缝着眼,慢慢地挑去那几根大刺,放进我的碗里,并说:"伢啦,你吃。"

接着,外婆就夹起鱼头,用没牙的嘴,津津有味地嚼着,不时吐出一根根小刺。我一边吃着没刺的鱼肉,一边想:"怎么妈妈的妈妈也喜欢吃鱼头?"

29岁上,我成了家,另立门户。生活好了,我俩经常买些鱼肉之类的好菜。每次吃鱼,最后剩下的,总是几个无人问津的鱼头。

而立之年,喜得千金。转眼女儿也能自己吃饭了。有一次午餐,妻子夹了一块鱼肚子上的肉,极麻利地捡去大刺,放在女儿的碗里。自己却夹起了鱼头。女儿见状//也吵着要吃鱼头。妻说:"乖孩子,妈妈喜欢吃鱼头。"

谁知女儿说什么也不答应,非要吃不可。妻无奈,好不容易从鱼腮边挑出点没刺的肉来,可女儿吃了马上吐出,连说不好吃,从此再不要吃鱼头了。

打那以后,每逢吃鱼,妻便将鱼肚子上的肉夹给女儿,女儿总是很难地用汤匙切下鱼头,放进妈妈的碗里,很孝顺地说:"妈妈,您吃鱼头。"

打那以后,我悟出了一个道理:

女人作了母亲,便喜欢吃鱼头了。

【作品 17 号】

永远的记忆

小学的时候,有一次我们去海边远足,妈妈没有做便饭,给了我十块钱买午餐。好像走了很久,很久,终于到海边了,大家坐下来便吃饭,荒凉的海边没有商店,我一个人跑到防风林外面去,级任老师要大家把吃剩的饭菜分给我一点。有两三个男生留下一点给我,还有一个女生,她的米饭拌了酱油,很香。我吃完的时候,她笑眯眯地看着我,短头发,脸圆圆的。

她的名字叫翁香玉。

每天放学的时候,她走的是经过我们家的一条小路,带着一位比她小的男孩,可能是弟弟。小路边是一条清澈见底的小溪,两旁竹阴覆盖,我总是远远地跟在后面。夏日的午后特别炎热,走到半路她会停下来,拿手帕在溪水里浸湿,为小男孩擦脸。我也在后面停下来,把肮脏手帕弄湿了擦脸,再一路远远地跟着她回家。后来我们家搬到镇上去,过几年我也上了中学。有一天放学回家,在火车上,看见斜对面一位短头发、圆圆脸的女孩,一身素净的白衣黑裙。我想她一定不认识我了。火车很快到站了,我随着人群挤向门口,她也走近了,叫我的名字。这是她第一次和我说话。

她笑眯眯的,和我一起走过月台。以后就没有再见过//她了。
这篇文章收在我出版的《少年心事》这本书里。

书出版后半年,有一天我忽然收到出版社转来的一封信,信封上是陌生的字迹,但清楚地写着我本名。

信里面说她看到了这篇文章心里非常激动,没想到在离开家乡,漂泊异地这么久之后,会看见自己仍然在一个人的记忆里,她自己也深深记得这其中的每一幕,只是没想到越过遥远的时空,竟然另一个人也深深记得。

……

【作品18号】

迷途笛音

那年我6岁。离我家仅一箭之遥的小山坡旁,有一个早已被废弃的采石场,双亲从来不准我去那儿,其实那儿风景十分迷人。

一个夏季的下午,我随着一群小伙伴偷偷上那儿去了。就在我们穿越了一条孤寂的小路后,他们却把我一个人留在原地,然后奔向"更危险的地带"了。

等他们走后,我惊慌失措地发现,再也找不到要回家的那条孤寂的小道了。像只无头的苍蝇,我到处乱钻,衣裤上挂满了芒刺。太阳已落山,而此时此刻,家里一定开始吃晚餐了,双亲正盼着我回家……想着想着,我不由得背靠着一棵树,伤心地呜呜大哭起来……

突然,不远处传来了声声柳笛。我像找到了救星,急忙循声走去。一条小道边的树桩上坐着一位吹笛人,手里还正削着什么。走近细看,他不就是被大家称为"乡巴佬"的卡廷吗?

"你好,小家伙,"卡廷说,"看天气多美,你是出来散步的吧?"

我怯生生地点点头,答道:"我要回家了。"

"请耐心等上几分钟,"卡廷说,"瞧,我正在削一支柳笛,差不多就要做好了,完工后就送给你吧!"

卡廷边削边不时把尚未成形的柳笛放在嘴里试吹一下。没过多久,一支柳笛便递到我手中。我俩在一阵阵清脆悦耳//的笛音中,踏上了归途……

当时,我心中只充满感激,而今天,当我自己也成了祖父时,却突然领悟到他用心之良苦!那天当他听到我的哭声时,便判定我一定迷了路,但他并不想在孩子面前扮演"救星"的角色,于是吹响柳笛以便让我能发现他,并跟着他走出困境!卡廷先生以乡下人的纯朴,保护了一个小男孩强烈的自尊。

【作品 19 号】

我不再羡慕

从山沟沟里跨进大学那年,我才 16 岁,浑身上下飞扬着土气。没有学过英语,不知道安娜·卡列尼娜是谁;不会说普通话,不敢在公开场合讲一句话;不懂得烫发能增加女性的妩媚;第一次看到班上的男同学搂着女同学跳舞,吓得心跳脸红……上铺的丽娜从省城来,一口流利的普通话,一口发音吐字皆佳的英语。她见多识广,安娜卡列尼娜当然不在话下,还知道约翰·克里斯朵夫。她用白手绢将柔软的长发往后一束,用发钳把刘海卷弯,她只要一在公开场合出现,男同学就前呼后拥地争献殷勤。

那时,我对自己遗憾得要命,对丽娜羡慕得要命。

有一次,丽娜不厌其烦地描述她八岁那年如何勇敢地从城西换一趟车走到城东,我突然想到,我八岁的时候独自翻过几座大山,把我养的一头老黄牛从深山里找回来,从此我不再羡慕丽娜。

上大学三年级的时候,女同学好像什么事都羡慕男生,"下辈子再也不做女人"这句话挂在口头……学习成绩差了,知识面窄了羡慕男同学,软弱时哭了就骂自己是个女人没出息,连失恋也怪自己是个女人,甚至连男人可以在夏天穿短裤、背心、理短发都羡慕得要死。有一次//一个男同学跟我推心置腹地谈了一个晚上。我知道了男人的好成绩也免不了要死记硬背,男人的知识面也不一定宽;知道了男人也哭,知道了男人常常追求女人却又追求不到;知道了男人也羡慕女人可以穿裙子,知道了男人觉得自己活得累,男人也说"下辈子不再做男人"……

于是我不再为自己是个女人而遗憾。

【作品 20 号】

轻轻的一声叮咛

出差在外,在一农家借宿一夜,放亮时又踏上一段新路。一阵积水响,老大娘追出来,拿着一把她女儿的小花伞:"带上……"看她那慈祥的目光,霎时,我像是听见了母亲的叮咛。

路上果然下了大雨,许多人在树下店旁躲着,我撑开那把伞,照旧走着,一种说不清却感人至深的温暖和情感洋溢在我的周围。

途中的一天晚上,我在招待所翻书,读到一篇《母性》的文章:

我和太太在马来西亚槟榔屿参加一个浏览团体。向导带我们到橡胶园参观割胶。一个男童爬上一棵椰树,正打算用弯刀割下一个椰子,他母亲便在附近房子里叫嚷。

我告诉太太:"她说孩子,小心啊,别把手指割掉。"

向导惊讶地问:"原来你懂马来话。"

我答:"我不懂。不过我了解母亲的叮咛。"

出差回单位后,我把自己伞下的感受和这则故事说给一位长辈听,他的眼睛似乎有些湿润,他说他的母亲早已过世,但母亲那句"好好工作,注意身体"的嘱咐,一句最平常不过的话,伴随他走进了风风雨雨四十年,成了母亲最珍贵的遗产。

我感动至极。想起了我的母亲,小时候去上学时,她总在我出门时给我整理好凌乱的衣服轻轻地叮咛:"走好,听老师话。"

又是一//个雨天,我骑车去约会。中华门城堡下,刚认识不久的女友走到我身边,轻轻地掀下我雨披的帽子:"看你热得,快把雨披脱下来。"原来,雨早已停了,我额上全是汗。空气清新得很,吸入肺腑的全是温馨。

想到每次约会结束,我推着自行车准备走的时候,她忘不了说一句:"骑好,晚上早一点休息"。于是我认可她了,因为没有爱心的人,是不会为别人着想的。

【作品 21 号】

难以想象的抉择

巴尼·罗伯格是美国缅因州的一个伐木工人。一天早晨,巴尼象平时一样驾着吉普车去森林干活。由于下过一场暴雨,路上到处坑坑洼洼。好不容易把车开到路的尽头。他走下车,拿了斧子和电锯,朝着林子深处又走了大约两英里路。

巴尼打量了一下周围的树木,决定把一棵直经超过两英尺的松树锯倒。出人意料的是:松树倒下时,上端猛的撞在附近的一棵大树上,一下子松树弯成了一张弓,旋即又反弹回来,重重地压在巴尼的右腿上。

剧烈的疼痛使巴尼只觉得眼前一片漆黑。但他知道,自己首先要做的事是保持清醒。他试图把腿抽回来,可是办不到。腿给压得死死的,一点也动弹不得。巴尼很清楚,要是等到同伴们下工后发现他不见了再来找他的话,很可能会因流血过多而死去。他只能靠自己了。

巴尼拿起手边的斧子,狠命朝树身砍去。可是,由于用力过猛,砍了三四下后,斧子柄便断了。巴尼觉得自己真的什么都完了。他喘了口气,朝四周望了望。还好,电锯就在不远处躺着。他用手里的断斧柄,一点一点地拨动着电锯,把它移到自己手够得着的地方,然后拿起电锯开始锯树。但他发现,//由于倒下的松树呈45度角,巨大的压力随时会把锯条卡住,如果电锯出了故障,那么他只能束手待毙了。左思右想,巴尼终于认定,只有唯一一条路可走了。他狠了狠心,拿起电锯,对准自己的右腿,进行截肢……

巴尼把断腿简单包扎了一下,他决定爬回去。一路上巴尼忍着剧痛,一寸一寸地爬着;他一次次地昏迷过去,又一次次地苏醒过来,心中只有一个念头:一定要活着回去!

【作品22号】

悉尼歌剧院建设轶事

蜚声于世的悉尼歌剧院,座落在澳大利亚著名港口城市悉尼三面环海的贝尼朗岬角上。它由一个大基座和三个拱顶组成,占地逾18万平方米。远远望去,既象一簇洁白的贝壳,又象一对扬帆的航船。

说起悉尼歌剧院的建造,还有一段鲜为人知的轶事。

1956年,当时的澳大利亚总理凯希尔应担任乐团总指挥的好友古申斯的请求,决定由政府出资在贝尼朗建造一座现代化的歌剧院。有30个国家的建筑师送来了223个设计方案,由美国著名建筑师沙里宁等人组成的评委会负责评选。评选初期,沙里宁因故未能及时参加。他对初评出来的十个方案都不满意,便又仔细地审阅了213个方案,从中挑选出38岁的丹麦建筑师耶尔恩·乌特松设计的方案。独具慧眼的沙里宁认为,这个方案如能实现,必将成为非凡的建筑。他最终说服其他评委采纳了这个方案,使之免遭"胎死腹中"的厄运。

当乌特松的方案于1959年开始付诸实施时,又遇到了拱顶壳面建筑结构和施工技术方面的困难。经过修改设计后,才使壳面得以施工。但当工程进行到第九年时,坚定不移的支持者凯希尔总//理去世了,新上台的自由党人以造价超过原估算为由,拒付所欠设计费,企图迫使工程停止。而此时剧院的主体结构已经完成,形成骑虎难下、欲罢不能之势。最后经过多方协商,由政府的三人小组取代乌特松负责工程继续建设。经历了15个艰难的春秋之后,悉尼歌剧院终于在1973年竣工,英国女王伊丽莎白二世专程前往悉尼,参加了10月20日举行的盛大落成典礼。

【作品23号】

匆　匆

燕子去了,有再来的时候;杨柳枯了,有再青的时候;桃花谢了,有再开的时候。但是,聪明的,你告诉我,我们的日子为什么一去不复返呢?——是有人偷了他们罢:那是谁?又藏在何处呢?是他们自己逃走了罢:现在又到了哪里呢?

去的尽管去了,来的尽管来着;去来的中间,又怎样地匆匆呢?

早上我起来的时候,小屋里射进两三方斜斜的太阳。太阳它有脚啊他轻轻悄悄地挪移了;我也茫茫然跟着旋转。于是——洗手的时候,日子从水盆里过去;吃饭的时候,日子从饭碗里过去;默默时,便从凝然的双眼前过去。我觉察他去的匆匆了,伸出手遮挽时,他又从遮挽着的手边过去;天黑时,我躺在床上,他便伶伶俐俐地从我身上跨过,从我脚边飞去了。等我睁开眼和太阳再见,这算又溜走了一日。我掩着面叹息。但是新来的日子的影儿又开始在叹息里闪过了。

在逃去如飞的日子里,在千门万户的世界里的我能做些什么呢?只有徘徊罢了,只有匆匆罢了;在八千多日的匆匆里,除徘徊外,又剩些什么呢?过去的日子如轻烟,被微风吹散了,如薄雾,被初阳蒸融了;我留着些什么痕迹呢?我何曾留着象游丝样的痕迹呢?我赤裸裸来//到这世界,转眼间也将赤裸裸的回去罢?但不能平的,为什么偏白白走这一遭啊?

你聪明的,告诉我,我们的日子为什么一去不复返呢?

【作品 24 号】

美国历史上的西红柿案件

……西红柿怎样从南美州来到欧洲,传说不一。有人说,在 1554 年左右,有一位名叫俄罗拉答利的英国公爵到南美州旅行,见到这种色艳形美的佳果,将之带回大不列颠,作为礼物献给伊丽莎白女王种植在英王的御花园中。因此西红柿曾作为一种观赏植物,被称为"爱情苹果"。

虽称"爱情苹果",并没有人敢吃它,因为它同有毒的颠茄利曼佗罗有很近的亲缘关系,本身又有一股臭味,人们常警告那些嘴馋者不可误食,所以在一段长时间内无人敢问津。最早敢于吃西红柿的,据说是一位名叫罗伯特·吉本·约翰逊的人,他站在法庭前的台阶上当众吃了一个,从而使西红柿成了食品的一员。此事发生在大约一百年前。

1895年,英国商人从西印度群岛运来一批西红柿。按美国当时的法律,输入水果是免交进口税的,而进口蔬菜则必须缴纳10%的关税。纽约港的关税官认定西红柿是蔬菜。理由是:它要进入厨房,经过烹制,成为人们餐桌上的佳肴。商人则认为应属水果,据理力争:西红柿有丰富的果汁,这是一般蔬菜所不具备的;它又可以生食,同一般蔬菜也不一样,形状色泽也都应当属于水果范畴。双方为此//争执不下,最后只好把它作为被告,送进美国高等法院,接受审判。

经过审理,法院一致判决:"正象黄瓜、大豆和豌豆一样,西红柿是一种蔓生的果实。在人们通常的谈论中总是把它和种植在菜园中的马铃薯、胡萝卜等一样作为饭菜用;无论是生吃还是熟食,它总是同饭后才食用的水果不一样。"从此,西红柿才法定为蔬菜,成为人们餐桌上的第一佳肴。

【作品 25 号】

第一次

马路旁的行人道比马路要整整高出一个台阶,而他简直还没满一周岁。

他长着两条细弱的小腿,此刻这两条小腿却怎么也不听使唤,老是哆哆嗦嗦地……但两条腿的主人——小男孩想从马路上登上人行道的愿望却十分强烈,而且信心十足。

瞧,那只穿着好看袜子的小腿已经抬了起来,踩在了人行道的边沿上,但孩子还没有下定决心登上第二只脚,有那么一会儿他就那么站着:一只脚在人行道上,而另一只脚还在原处没动。

然而小孩又收回了跨出去的那一步,他似乎在积蓄力量,小男孩就这么站着,既不前进也不后退,只是固执地注视着自己的前方。

"还小呢,刚刚能走路,就能跨台阶?"路旁一位头发花白的老奶奶噘了噘嘴说,"做大人的要帮他一把。"

而孩子的妈妈并没有伸出手去,只是微笑着鼓励说:

"自己上,小乖乖,自己上。"

小脚又一次地踏上了人行道,另一只脚也费力地提到了空中,这回可真是憋足了劲。

"加油!加油!"旁边的小姑娘喊着。

终于两只脚都站到人行道上去了,这也许是孩子一生中拿下的第一个高地,小胖脸同时绽开了笑容——了不起的胜利!

"好一个登山者!"胡子爷爷幽默地说,他//摸摸孩子的头,"一开头总是困难的,但现在总算对付过去了。乖孩子,祝你永远向新的高度进军!"

人生会有多少个第一次啊!

【作品 26 号】

金 子

自从传言有人在萨文河畔散步时无意发现了金子后,这里便常有来自四面八方的淘金者。他们都想成为富翁,于是寻遍了整个河床,还在河床上挖出很多大坑,希望借助它们找到更多的金子。的确,有一些人找到了,但另外一些人因为一无所得而只好扫兴归去。

也有不甘心落后的,便驻扎在这里,继续寻找。彼得.弗雷特就是其中一员。他在河床附近买了一块没人要的土地,一个人默默地工作。他为了找金子,已把所有的钱都押在这块土地上。他埋头苦干了几个月,直到土地全变成了坑坑洼洼,他失望了——他翻遍了整块土地,但连一丁点金子都没看见。

六个月后,他连买面包的钱都没有了。于是他准备离开这儿到别处去谋生。

就在他即将离去的前一个晚上,天下起了倾盆大雨,并且一下就是三天三夜。雨终于停了,彼得走出小木屋,发现眼前的土地看上去好象和以前不一样:坑坑洼洼已被大水冲刷平整,松软的土地上长出一层绿茸茸的小草。

"这里没找到金子,"彼得忽有所悟地说,"但这土地很肥沃,我可以用来种花,并且拿到镇上去卖给那些富人,他们一定会买些花装扮他们华丽的客//厅。如果真是这样的话,那么我一定会赚许多钱。有朝一日我也会成为富人……"

于是他留了下来。彼得花了不少精力培育花苗,不久田地里长满了美丽鲜艳的各色鲜花。

五年以后,彼得终于实现了他的梦想——成了一个富翁。"我是唯一一个找到真金的人!"他时常不无骄傲地告诉别人,"别人在这儿找不到金子后便远远地离开,而我的'金子'是在这块土地里,只有诚实的人用勤劳才能采集到。"

【作品 27 号】

启示的启示

墙壁上,一只虫子在艰难地往上爬,爬到了一半,忽然跌落了下来。

这是它又一次失败的记录。

然而,过了一会儿,它又沿着墙根,一点一点地往上爬了。第一个人注视着这只虫子,感叹地说:

"一只小小的虫子,这样的执著、顽强、失败了,不屈服;跌倒了,从头干;真是百折不回啊!

我遭到了一点挫折,我能气馁、退缩、自暴自弃吗?

难道我还不如这只虫子?!"

第二个人注视它,禁不住叹气说:

"可怜的虫子!这样盲目地爬行,什么时候才能爬到墙头呢?

只要稍微改变一下方位,它就能很容易地爬上去;可是它就是不愿反省,不肯看一看。唉——可悲的虫子!"

反省我自己吧:我正在做的那件事一再失利,我该学得聪明一点,不能再闷着头蛮干一气了——我是个有头脑的人,可不是虫子。

第三个人询问智者:

"观察同一只虫子,两个人的见解和判断截然相反,得到的启示迥然⑫不同。可敬的智者,请您说说,他们哪一个对呢?"

智者回答:"两个人都对。"

询问者感到困惑:

"怎么会都对呢?您是不愿还是不敢分辨是非呢?"

智者笑了笑,回答道:

"太阳在白天放射光明,月亮在夜晚投洒青辉,——它们相反的;你能不能告诉我:太阳和月亮,究竟谁是谁非?//

……但是,世界并不是简单的是非组合体。同样观察虫子,两个人所处的角度不同,他们的感觉和判断就不可能一致,他们获得的启示也就有差异。

你只看到两个人之间的异,却没有看到他们之间的同;他们同样有反省和进取的精神。

形式的差异,往往蕴含着精神实质的一致;表面的相似,倒可能掩蔽着内在的不可调和的对立……"

【作品 28 号】

"猫"和"老鼠"

很早很早以前,猫并不吃老鼠。

有一只猫和一只老鼠住到了一起。

冬天快到了,它们买了一坛子猪油准备过冬吃。老鼠说:"猪油放在家里,我嘴馋,不如藏到远一点的地方去,到冬天再取来吃。"猫说:"行啊。"它们趁天黑,把这坛子猪油送到离家十里远的大庙里藏起来。

有一天,老鼠突然说:"我大姐要生孩子,捎信让我去。"猫说:"去吧,路上要小心狗。"

天快黑时,老鼠回来了,肚子吃得鼓鼓的,嘴巴油光光的。猫问:"你大姐生了啥呀?""生了个白胖小子。"猫又问:"起个什么名字?"老鼠转一转眼珠说:"叫,叫一层。"

又过了十来天,老鼠又说:"我二姐又要生孩子,请我去吃饭。"猫说:"早去早回。"老鼠边答应边往外走。

天黑了,老鼠回来了,腆着肚子,满嘴都是油。猫问:"你二姐生了啥呀?""生个白胖丫头。""起个什么名字?""叫一半"。

又过了七、八天,老鼠又说:"我三姐生孩子,请我吃饭。"猫说:"别回来晚了。"

天大黑时,老鼠回来了,一进屋带来一股油味,对猫说:"我三姐也生了个白胖小子,起名叫见底。"

三九天到了,一连下了三、四天的大雪。猫说:"快过年了,什么食儿也找不到,明天咱把猪油取回来吧。"

第二天一早,老鼠走在前边,猫跟在后边,奔大庙走去。

到了大庙里,//猫第一眼就看到过梁上满是老鼠的脚印,坛子象被开过。猫急忙打开坛子一看,猪油见底了。猫一下子全明白了,瞪圆双眼大声说:"是你给吃见底了?"老鼠刚张口,见猫已经扑过来,就转身跳下地。猫紧追它,眼看就要被猫追上了,一急眼,老鼠钻到砖缝里去了。后来,老鼠见猫就逃,猫见老鼠就抓。

【作品29号】

珍视自己的存在价值

一次,仪山禅师洗澡。

水太热了点,仪山让弟子打来冷水,倒进澡盆。

听师傅说,水的温度已经刚好,看见桶里还剩有冷水,做弟子的就随手倒掉了。

正在澡盆里的师傅眼看弟子倒掉剩水,不禁语重心长地说:"世界上的任何东西,不管是大是小,是多是少,是贵是贱,都各有各的用处,不要随便就浪费了。你刚才随手倒掉的剩水,不就可以用来浇灌花草树木吗?这样水得其用,花草树木也眉开眼笑,一举两得,又何乐而不为呢?"

弟子受师傅这么一指点,从此便心有所悟,取法号为"滴水和尚"。

万物皆有所用,不管你看上去多么卑微象棵草,渺小得象滴水,但都有它们自身存在的价值。

科学家发明创造,石破天惊,举世瞩目,然而,如果没有众人智慧的积累,便就终将成为空中楼阁,子虚乌有。

鲁迅的那段话也掷地有声:"天才并不是自生自长在深林荒野里的怪物,是由可以使天才生长的民众产生、长育出来的,所以没有这种民众,就没有天才。"

"落化水面皆文章,好鸟枝头亦朋友。"当年朱熹就曾这样说过。

如果你处在社会的低层——相信这是大多数,请千万不要自卑,要紧的还是打破偏见,唤起自信,问题不在于人家//怎么看,可贵的是你的精神面貌如何?

三百六十行,行行出状元。关键还是在于,怎样按照你的实际,为社会,为人类多作贡献,从而在这个世界上找到自己的一片绿洲,一片天空。

【作品 30 号】

贪得一钱丢了官

江南有位书生,他父亲在国子监里当助教,他也随父亲住在京城。有一天,他偶然路过寿字大街,见有一间书肆,便走了进去。书肆里有一个少年书生,挑中了一部《吕氏春秋》,点数铜钱交钱时,不小心,一个铜钱掉在地上,轱辘到一边去了,少年并没有发觉。江南书生看见了,暗中把钱踩在脚下,没有作声。等买书少年走后,他俯下身子把铜钱拾了起来,装入自己衣袋中。他以为自己做得巧妙,没人看见。其实旁边坐着的一位老者,早就看见了,老者忽地起来,问他姓啥名什。书生办了昧心事,只得如实说出自己的姓名。老者听罢,冷笑一声走了。

后来这个书生读书倒也刻苦,进了誊录馆,接着拜求选举,被授予江苏常熟县县尉职务。他春风得意,整理行装赴任途中,投递名片去拜见上司,这时候,汤公任江苏巡抚,一见递上来的名片,就传话说不见。书生多次求见,一次也见不到汤公的面儿。巡捕传达汤公的话说:"你的名字已经被写到弹劾书上了!"书生一听愣了,便问:"下官因何事被弹劾?"巡捕传说:"只一个字——贪。"书生考虑,一定是弄错了,于是急切要求面见巡抚大人陈述理由。

巡捕进去禀报后,汤公还是不见,仍//让巡捕出来传话说:"你不记得前几个月在书肆中发生的事了吧。当秀才时,就把一个小钱儿看得象命一样,如今侥幸当了地方官,手中有了权柄,能不托箱探囊,拼命搜刮,作头戴乌纱的窃贼吗?你赶紧解职回去吧。"

这时书生才明白,以前在书肆中询问姓名,讥笑他的老者,就是今天的巡抚大人。

【作品31号】

锁山艺术

说来也许你不信。在英国,有一个真实的用铁链锁山的故事。

英国威尔斯有个谷口村,村外有座小山。山下有一家酒店、两家快餐店、两个咖啡店和一个书店。由于风吹雨打日晒,小山不时落下石块,威胁着顾客和村民的安全。

一天,村民集合在小山下,看到它摇摇欲坠的样子,担心它总有一天要倾倒下来,把村庄压碎。于是经过商量,他们锻铸了一条巨大的粗铁链,把整座小山锁起来。后来,人们称之为"锁山艺术"。

没想到这一锁,竟锁了六十年。小山再也没有崩下石头,也没有倒塌。

但是,到了1982年,本村年轻人对这古老的"锁山艺术"产生了怀疑,他们再一次开会,研究一个防止山塌的新方法。

1983年4月,苏格兰一家专门治理有倒塌危险山石的公司接受了任务,前来协助解决谷口村的难题。该公司采用了村民传统工艺,耗资一百万英镑,搭起了二百五十英尺高的棚架,在山石上钻了数百个小孔,筑起了二十个山石固定网。这些铁链和铁网,就象一副护身盔甲一样,把摇摇欲坠的小山牢牢围住。

1984年7月19日上午八点,强烈的地震摇动了整个谷口村。当时发生的是里氏五点五级地震,村民以为小//山必倒无疑,结果它却岿然不动。

从此以后,古口村的锁山艺术远近闻名,竟成了英国一个旅游点。

【作品 32 号】

张太太的英语角

我初至英国剑桥,便听说米顿路 120 号有位慈祥好客的中国太太,她在自己家中专为中国人开办了英语角,每个星期一晚上八时零五分开始,十时半结束。

半年后,我换了新居离她较近,且工作不如以前忙碌,便渐渐成了英语角的常客。由于平时宽厚而又友善的英国朋友对我不算很蹩脚的英语,总能表现出良好的绅士风度,久而久之,我竟自我感觉良好而得意起来。可第一次上张太太家,一分钟便被无情地指出了三个实实在在的发音错误!

在英语角,我们不仅得到了英语语法、发音、生词和习惯用语方面的提高,更能够交流信息,增进友谊。英语角的客人中,有学术水平颇高的博士,也有旅游者和语言学校的学生。其中大部分来自大陆和台湾,少数来自港澳等地区。学生一批批来,一批批去,其直接结果便是张太太每年都受到难以胜数的信件和贺年卡。

英语角的内容天南地北,五彩纷呈,其气氛融洽可以说达到哑巴也想唱歌的程度。一次在爱情专题讨论会上,一位来自台湾的博士伤心地向众人诉说:为了考验相爱四年的女友,他故意编写了一封绝交信,没料到真的被女友一脚踹//得粉碎性骨折……正当大家七嘴八舌为他出谋划策时,我满含同情地看着他说:我在湖北有一位秋水回转、亭亭玉立的未婚妻——"停停!"张太太打断道:"没有结婚的,不能称之为妻。"想不到英语还真有比中文更保守的地方。

如果问在英语角有什么铭心刻骨的特殊收获,我的第一感觉便是真正领略到了血浓于水的华夏情。

【作品33号】

小 河

离开家乡已经六年了,在梦里也想念那条小河。我在那里长大,在那里经历风雨,小河知道童年的我所经历的一切。

小时候,我喜欢站在小河边看哥哥、姐姐在河里游泳,他们一会儿游入水底,在水中捉迷藏,一会儿浮出水面,泼水打仗。我好羡慕他们啊。一次,我见他们向远处游去,幼小的我带着好奇走入水中,恍惚在梦境中一般,幸好母亲发觉我不在岸上,又见水中直泛水泡,不会游泳的母亲费了许多力气将我从死神手中拉了回来。

当时母亲怀着我的小弟弟,由于救我时费力紧张,喝了不少水,一下就病倒了,经医生治疗也不见好转。躺在床上的母亲,怕我再走到河里去,让哥哥姐姐看着我,还盼咐他们一有空就教我学游泳,我一有进步,母亲就显得很高兴,可她的病一点也没好。

就在那年秋天,母亲离我们去了,小弟弟一生下来不哭也不动,也追随母亲去了。为了我的生存,母亲去了,弟弟也去了。母亲生育了我,又从死神手中救了我。她给了我两次生命。临终前,她拉着我们兄妹四人的手,眼里流露出的尽是爱,她为了我们,没有怨言,倾泻给我们的是全部的爱!

母亲去世后,我便常站在河边,幻//想着能从小河里看到母亲,她是从小河走向那个世界的,那轻轻的流水声多像母亲温柔的语声,那缓缓拍打堤岸的河水,多象母亲温柔的手。

长大了,我也常去河边,高兴时去,烦恼时也去。清静柔顺的河水,就象母亲充满爱的目光,我带去的欢乐便愈加热烈,我带去的烦恼也烟消云散。

如今我离去了,小河被我远远地抛在故乡,可我永远地思念着你,小河。

【作品 34 号】

献给母亲的歌

蓝蓝的天空白云飘,我想飞身上天把这洁白的云轻轻摘下献给妈妈,作她的围巾。雪梅峰上雪梅开,我不畏路险风萧萧,也要把雪梅摘下献给我伟大的妈妈。

小鸟啾啾细柳枝,春花遍地开。妈妈每在新春之前,总是要为自己定下一个计划,今年要在那亩地开辟一片瓜地,让瓜结得大大的,甜甜的,让儿女们假期美美地吃上好瓜;或者在田梗上种些高粱、玉米,好让儿女们过节能吃上甜甜的高粱饴、香喷喷的玉米棒。妈妈总是想着让我们能吃上可口美味的东西,从不说她要吃什么。

全家团圆,妈妈忙前忙后,总像有使不完的劲。儿女们叫妈妈休息一下,妈妈却倔强而喜悦。妈妈虽银丝飘飘,却心明眼睛亮。每每饭后茶余,把我们集中在一起,询问学习、生活、人际关系。我们进步时,妈妈就满脸微笑,温柔地表扬我们;当我们沮丧失落时,妈妈就谆谆教导,循循善诱犹如春天雨露,滋润着我们的心田。

孩子将要远行,昏暗的灯光下,妈妈手拿针线,密密缝补着孩子的衣服。妈妈眼睛不好,总是缝一针,落两针。她那轻轻的叹息声,飘至我的心中,我总是泪湿枕巾。

离家几千里,每每眺望远方,我似乎看见我的妈//妈站在小山坡上,手搭凉棚,在寻找着,凝视着,盼望儿女们归来。我时时在梦中望见妈妈展开双臂,呼唤着我,向我走来,我跳床而起,向妈妈扑去……

妈妈给了我们坚强的性格,上进的精神,我的妈妈是世上最好的妈妈。

【作品 35 号】

放牛的日子

我是山里的孩子,七岁那年,妈对我说:"你不能再白吃饭了。"她把我带到一头大水牛跟前。于是,我的一段童年便和一条用麻线搓成的牛绳拴在了一起。

牧童们都喜欢骑到牛背上让牛儿驮着走。学军的那头老水牛,颇通人性。谁骑它不用爬,只要踩到它的头顶上,再喊一声:"伸角!"它便会把头一抬,轻轻地把你送上宽宽的背脊。

最有趣的是在酷暑的中午,带着牛儿去水里游泳。太阳热热地晒着,蝉儿高唱,稻花飘香。为了不弄湿衣裤,我们一律脱光身子,在银色的浪花里嬉戏。会游的,畅快地与水里的牛儿为伴,游来游去,累了就爬到牛背上让牛驮着游来游去。不会游的,则在水浅的河边,两手支着水底的沙石,或抓着岸边的水草、藤蔓,双脚胡乱地敲击水面,我就是这样学会游泳的。可是,放牛的日子里,也常有人们的苦难给我们幼小的心灵带来重轭。

一天傍晚,我蹓进家门,昏暗的油灯下,妈递给我一个竹篮,篮子里放着十来个红薯。"给康公家送去,他们还没吃晚饭呢。"妈说。我没说话,默默地照办了。

我放了整整一年的牛,因为八岁那年,我幸运地上学了,只在课余偶尔牵牵那根牛绳。

放牛的日子里,我似//乎没有感受到什么大的苦难,但我那多愁善感的心灵却镌上了人们被苦难灼干的眼睛。从山里走到都市,我一直用心灵装填着这些苦痛。然而,如今想来,这些苦痛已经不再是苦痛了,而是一种心灵感悟的财富!这也许是我一直保持了放牛时那颗欢乐的心灵的缘故。

【作品 36 号】

雪花飘啊飘……

清晨起来,拉开窗帘,一个银亮的世界展现在我的眼前。我一看见这纯白的雪片,就直想尽快扑进这雪白的世界。

妈妈送我走出家门,并三番五次地叮嘱我路上小心。我只顾观赏雪景,自然觉得妈妈罗嗦。"回去吧,真烦人!"便头也不回地上路了。

"妈妈,快,快拉我跑!"

雪地中一位年轻的母亲拉着身后的小女儿跑着,笑着。忽然,母亲脚下一滑,摔倒在雪地上。我忙跑过去拉起她,她却不顾自己,而是马上扶起坐在地上的小女儿。女儿也很懂事地给妈妈拍去头发上的雪,轻轻地问了一声:"妈妈,您疼不疼?"母亲由衷地笑了,笑得那么舒心。

望着雪片纷飞中母女俩紧紧相偎的身影,我的脑海里立刻映出了十年前似曾相似的一幕:那时我也曾十分乖巧地为妈妈拍雪,扶妈妈走路。可十年后同样的雪天,我却只顾自己的兴致把妈妈的关心搁在一边。也许妈妈并未留意我的话,但十七岁的我应该理解父母的苦心,因为在他们的眼里我永远是个长不大的孩子。

也许刚才的那位母亲摔得很重,可小女儿简单的一句"妈妈,您疼不疼?",便已化解了她的疼痛。不管外界多冷,一股股暖流也会涌上心头,这便是世上最动//人的欣慰,也是象雪一样纯的真情。

雪花飘啊飘,我目送那对母女远去,便急切地回转身,我要回家去对父母说:"爸爸、妈妈,雪大路滑,当心啊!"

【作品 37 号】

我的母亲独一无二

记得我十三岁时,和母亲住在法国东南部的耐斯城。母亲没有丈夫,也没有亲戚,够清苦的,但她经常能拿出令人吃惊的东西,摆在我面前。她从来不吃肉,一再说自己是素食者。然而有一天,我发现母亲正仔细地用一小块碎面包擦那给我煎牛排用的油锅。我明白了她称自己为素食者的真正原因。

我 16 岁时,母亲成了耐斯市美蒙旅馆的女经理。这时她更忙碌了。一天,她瘫在椅子上,脸色苍白,嘴唇发灰。马上找来医生,做出诊断:她摄取了过多的胰岛素。直到这时我才知道母亲多年一直对我隐瞒的疾痛——糖尿病。

她的头歪向枕头一边,痛苦地用手抓挠胸口。床架上方,则挂着一枚我 1932 年赢得耐斯市少年乒乓球冠军的银质奖章。

啊,是对我的美好前途的憧憬支撑着她活下去,为了给她那荒唐的梦至少加一点真实的色彩,我只能继续努力,与时间竞争,直至 1938 年我被征入空军。巴黎很快失陷,我辗转调到英国皇家空军。刚到英国就接到了母亲的来信。这些信是由在瑞士的一个朋友秘密地转到伦敦,送到我手中的。

现在我要回家了,胸前佩带着醒目的绿黑两色的解放十字绶带,上面挂着五六枚//我终身难忘的勋章,肩上还佩带着军官肩章。到达旅馆时,没有一个人跟我打招呼。原来,我母亲在 3 年半以前就已经离开人间了。

在她死前的几天中,她写了近 250 封信,把这些信交给她在瑞士的朋友,请这个朋友定时寄给我。就这样,在母亲死后的 3 年半的时间里,我一直从她身上吸取着力量和勇气——这使我能能够继续战斗到胜利那一天。

【作品 38 号】

在国外的中国孩子应学点中文

一位高棉的华侨把他的两个儿子送到我这里来,要求教他们学国语。这两个孩子都是美国出生的,只会说英语。我问他为什么想让孩子学国语,他说:"是中国人嘛!不会说母语总是不好的,而且二十一世纪肯定会是中国人的世纪,到那时才学国语就晚了。"

这是一位华侨的一片心意。

我主张在国外(不只是在美国)的中国孩子,都应该学点中文。

首先:"是中国人嘛!不会说母语总是不好的。"在美国的华人当中,有些是要等到事业有所成就之后再回国,有些人已经拿到了绿卡。据了解,在得到绿卡的人群中,准备进一步加入美国籍的只是少数,多数人是希望在得到绿卡后,能够"来去自由",所以对于这些绿卡持有者来说,他们现有的身份是华侨,华侨的孩子还是应该学些中文才好,否则一旦你要回国,由于语言不通,会遇到许多麻烦。

如果你已经入了美国籍,但作为华裔,学一点中文还是有好处的。随着中国国际地位的不断提高,世界各地区逐步掀起了"学汉语热",中国的文化正逐步为世界所了解所接受,中国的工农业产品正逐步跨入更多国家的国门,很多外国人原来对中国一无所知,或者只//知道一些被歪曲了的形象。但是今天的中国毕竟不同于往昔了。

不少在外国已经生活了几十年的外籍华人,他们看到新中国在世界上的影响越来越大,都纷纷要到中国去进行学术交流,去培养科技人才,去投资办厂办学,会中文成为一大优势。还有中国孩子到了要找伴侣的时候,很多人还是愿意找中国人,会讲中国话,是一种最好的沟通方式。

【作品 39 号】

世界民居奇葩

在闽西南苍苍茫茫的崇山峻岭之中,点缀着数以千计的圆形土楼,充满神奇的山寨气息。这就是被誉为"世界民居奇葩"、世上独一无二的神话般的山区建筑模式的客家人民居。

他们的居住地大多在偏僻、边远的山区,为了防卫盗匪的骚扰和土著的排挤,便营造"抵御性"的营垒式住宅,并不断进步发展,在土中搀石灰,用糯米饭、鸡蛋清作粘合剂,以竹片、木条作筋骨,夯筑起墙厚1米、高15米以上的土楼。它们大多为三至六层楼,100至200多间房如柑瓣状均匀布列各层,宏伟壮观。大部分土楼历经两三百甚至五六百年的地震撼动、风雨侵蚀以及炮火攻击而安然无恙,显示了传统技术文化的魅力。

客家先民们崇尚圆形,把圆形当天体之神来崇拜。主人认为园是吉祥、幸福和安宁的象征,这些都体现了土楼人家的民俗文化。圆墙的房屋均按八卦形布局排列,卦与卦之间设有防火墙,整齐划一,充分显示它突出的内向性、强烈的向心力、惊人的统一性。

客家人在治家、处事、待人、立身等方面无不体现儒家的思想及其文化特征。有一座土楼,先辈希望子孙和睦相处,以和为贵,便用正楷大字写成对联刻//在大门上:"承前祖德勤和俭,启后子孙读与耕"。强调了儒家立身的道德规范。楼内房间大小一模一样,他们不分贫富、贵贱,每户人家均等分到底层至高层各一间房,各层房屋的用途达到惊人的统一,底层是厨房兼饭堂,二层当贮仓,三层以上作卧室,两三百人聚居一楼,秩序井然,毫无混乱。土楼内所存在的儒家文化遗风,让人感到中华民族传统文化的蒂固根深。

【作品 40 号】

神奇燕子洞

南方北方的溶洞,我看过许多处,觉得唯有云南建水县的燕子洞独具特色。

洞内景观分水旱两路,水路可有碧流的泸江穿洞而过,洞中许多溶岩形成的生动形象,姿态万千地展现在灯光之中,让人看得眼花缭乱。旱路有一条绝壁长廊,藏有不少碑文石刻,还有一处天然舞厅,五六十人翩翩起舞是绰绰有余的。

常年歌舞在洞中,劳作在洞中的是那许多呢喃穿飞的燕子,它们辛辛苦苦把窝巢建筑在悬崖绝壁,这一向被人们称之为神奇的景观。

燕子的巢便是山珍美味中的燕窝,与熊掌鱼翅享有同等声誉。燕窝所以贵重,除其营养价值外,还在于其少,更在于其难采,所以到燕子洞参观的人,最难得的机缘是观看采燕窝。每年春分时节,燕子纷纷飞归洞中,为了保护燕子繁衍,一直到入秋是不允许采燕窝的,入秋后第一代小燕飞去暖和地方过冬,采燕窝的活动才开始。采燕窝要靠人矫健的手脚,在五十多米高的悬崖绝壁间攀缘,抬手动足都随时有险情发生,观看的人也都为采燕窝的人捏着一把汗。

采集高手一天能采五公斤燕窝,他们说,那险情自己也担一份心呢! 不过需要的是大胆细心、//镇定。采燕窝的绝技,一代代地传下来了,可真是一方水土养一方人啊。

采下燕窝之后,要经过加工才能成为佳品。如今来燕子洞的游人可以品尝到燕窝稀粥,在这里,贵重的燕窝已经是一种普及的食品了。

我赞美燕窝,赞美采燕窝人的勇敢和高超技巧,然而我更加赞美建窝筑巢的那些不辞辛苦又具有奉献精神的燕子。

【作品41号】

爱 痕

记得一位伟人说过:母亲是女儿心中的太阳。

我是太阳底下最幸福的人。

我母亲是普通工人,长年患病,病史几乎与我同龄。她身材瘦小,性格温柔而倔强,年届不惑,看起来比实际年龄略显苍老,憔悴的面容,记录了命运多舛的坎坷经历。为了排除母亲久病卧床的孤寂,为了回报圣洁的母爱,在春暖花开的日子里,我用"小飞鸽"自行车驮着母亲到郊外散心。

郊外的景色真美啊!湛蓝的天空,像一池倒映的湖水;清新的空气,似醇酒的芳香,令人心旷神怡。我一边吃力地蹬着车,一边当导游,向母亲介绍改革开放给农村带来的巨大变化。我的衬衫和后背贴在了一起,额头沁出一层汗珠。爬上一道陡坡准备跨越一条铁道。我弯腰弓背,喘着粗气,小心翼翼地行驶。突然,车子在水泥的路基上颠簸了一下,我的身体失去了平衡。就在车倒人翻的一刹那,我猛然地侧过头,用自己的身体挡住了母亲。母亲安然无恙,我却觉得眼前一黑,下颌被坚硬的铁轨磕伤,殷红的鲜血顿时淌了下来。母亲潸然泪下:"好玉玉,妈难为你啦……"我用手帕擦去母亲腮边的泪水,打趣地说:"磕破点皮,没关系。这不正好多了个酒窝吗!"母//亲破啼为笑,笑声中包含着诚挚的母爱——至高无尚的永恒之爱!

后来,我的下颌果然留下一道疤痕——充满人间亲情的爱痕。从这道值得自豪的孝痕上,我感悟到了做人的真正价值。

【作品42号】

家乡的桥

家乡的桥是我梦中的桥。

家乡村边有一条河,曲曲弯弯,河中架一弯石桥,弓样的小桥横跨两岸。

每天,不管是鸡鸣晓月,日丽中天,还是月华泻地,小桥都印下串串足迹,洒落串串汗珠。那是乡亲为了追求多棱的希望,兑现美好的遐想。弯弯小桥,不时荡过轻吟低唱,不时露出舒心的笑容。

因而,我稚小的心灵,曾将心声献给小桥:你是一弯银色的新月,给人间普照光辉;你是一把闪亮的镰刀,割刈着欢笑的花果;你是一根晃悠悠的扁担,挑起了彩色的明天!

哦,小桥走进我的梦中。

我在飘泊他乡的岁月,心中总涌动着故乡的河水,梦中总看到弓样的小桥。当我访南疆探北国,眼帘闯进座座雄伟的长桥时,我的梦变得丰满了,增添了赤橙黄绿青蓝紫。

弯弯的小桥,是我梦中的桥吗?

30多年过去,我戴着满头霜花回到故乡,第一紧要的便是去看望小桥。

啊!小桥呢?小桥躲起来?河中一道长虹,浴着朝霞熠熠闪光。哦,雄浑的大桥敞开胸怀,汽车的呼啸、摩托的笛音、自行车的叮铃,合奏着进行交响乐;南来的钢筋、花布,北往的柑橙、三鸟,绘出交流欢跃图……

满桥豪笑满桥歌啊!蜕变的桥,传递了家乡进步的消息,透露了//家乡富裕的声音。时代的春风,美好的追求,我蓦地记起儿时唱给小桥的歌,哦,明艳艳的太阳照耀了,芳香甜蜜的花果捧来了,五彩斑斓的月拉开了!

我心中涌动的河水,激荡起甜美的浪花。我仰望一碧蓝天,心底轻声呼喊:家乡的桥呀,我梦中的桥!

【作品43号】

"挤 油"

我上小学的时候,日子过得很苦。学校是一座小土庙,破破烂烂的,冬天里四面进风,学生们就常常冻了手脚。寒冷的早晨我们读着书,窗外亮亮的阳光一照,我们就急切地盼着下课了。铃声一响,学生们蜂涌而出,跑进干冷的阳光里,站在教室前,跺跺脚,脚暖了,就沿墙根一字排开,中间站个大个,两边人数相等,一齐往中间挤,咬牙,弓腿,喊号子,挤掉了帽子是顾不及捡的,绷断了线做的腰带,也只能硬撑着,一来二去,身体就暖和起来,甚至冒出汗来。这种游戏,我们叫挤油,天天要做的。

那时做老师的并不反对我们这一活动,记得教我们数学的老师,年龄不大,个头不小,冬天戴一顶油乎乎的破军帽,帽沿皱皱巴巴,他教我们学小数时,把0.24都成零点二十四,是过了一天又让我们读作0.24的。他常靠墙根一站,两手向自己一挥,"来",学生们便一涌而上,好象总是挤不动他,上课铃一响,他猛地抽身而去,学生们便倒成一片。

语文老师是上了年纪的,姓余,面黑,不苟言笑,据说私塾底子厚实。他当然不挤油了,总是提前走进教室,写一些成语要我们抄背,诸如"爱屋及乌"、"入木三分"之类。开课前总先提问题,我们最怕//的就是头十分钟,回答不出来,他就会拿眼瞪着你,半天说一句:"挤油的劲呢?站着!"

那时学生穿的小袄都是自家纺的棉布,粗糙,易坏,在凹凸不平的黄土墙上磨不多久,就会露出黑黄的棉絮,回家总少不了挨骂:"又在墙上磨痒痒了。"呵斥好象并没有减少了挤油的次数,孩子快乐起来的时候,什么都敢忘记。

这是我童年时代最有趣的游戏。

【作品 44 号】

生命在于奉献

从今年除夕起,我很认真地看了由中央电视台首播的电视剧《猴娃》,深深地被剧中的人物命运和情节所打动。近日,我又一次观赏了该剧,感慨颇多。

记得六十年代初,由绍剧表演艺术大师六龄童主演的绍剧《孙悟空三打白骨精》风靡全国,誉满海外。毛泽东主席先后三次观看了他们父子的演出并挥毫作诗《七律——和郭沫若同志》,留下了"金猴奋起千钧棒,玉宇澄清万里埃"的千古绝唱。祖籍绍兴的周恩来总理,在观看了家乡的绍兴戏后,高兴地抱起了"猴娃"天星合影留念,称他小六龄童(后来即成为天星的艺名),这既是对他继承父业的鼓励,也是对他艺术上的肯定。我曾经五次看过"猴娃"在剧中扮演的可爱动人的"小传令猴",他的表演常常博得同行和观众的热烈掌声。生活中的"猴娃"聪颖活泼,机敏过人,每次见着我总是阿姨长阿姨短地说个不停,他曾不止一次地说就喜欢看阿姨您演的评剧,百看不厌。可万万没有想到,这么一位在艺术上日趋辉煌、前途不可估量的小"猴娃",竟然被白血病这个病魔无情地夺走了生命,年仅 16 岁。他的英年早逝,着实令人痛惜不已。

又一个 16 年,值得大家欣慰的//是"猴娃"的小弟弟天来(即六小龄童),奋发拼博,刻苦努力,在大型电视连续剧《西游记》中扮演的孙悟空获得了巨大的成功,终于完成了兄长临终前的最后嘱托,成为名扬中外、妇孺皆知的新一代美猴王。

衷心地感谢拍摄单位让广大电视观众看到了这么一部成功的佳作。《猴娃》给青少年指引了一条成才的路,也使我深深感到,人的生命在于奉献。

"猴娃"的艺术永存。

【作品45号】

荔枝蜜

今年四月,我到广东从化温泉小住了几天。那里四围是山,环抱着一潭春水。那又浓又翠的景色,简直是一幅青绿山水画。刚去的当晚是个阴天,偶尔倚着楼窗一望,奇怪啊,怎么楼前凭空涌起那么多黑黝黝的小山,一重一重的,起伏不断?记得楼前是一片园林,不是山。这到底是什么幻景呢?赶到天明一看,忍不住笑了。原来是满野的荔枝树,一棵连一棵,每棵的叶子都密得不透缝,黑夜看去,可不就象小山似的!

荔枝也许是世上最鲜最美的水果。苏东坡写过这样的诗句:"日啖荔枝三百颗,不辞长作岭南人。"可见荔枝的妙处。偏偏我来的不是时候,荔枝刚开花。满树浅黄色的小花,并不出众。新发的嫩叶,颜色淡红,比花倒还中看些。从开花到果子成熟,大约得三个月,看来我是等不及在这儿吃鲜荔枝了。

吃鲜荔枝蜜倒是时候。有人也许没听说过这稀罕物儿吧?从化的荔枝树多得象汪洋大海,开花时节,那蜜蜂满野嘤嘤嗡嗡,忙得忘记早晚。荔枝蜜的特点是,成色纯,养分多。住在温泉的人多半喜欢吃这种蜜,滋养身体。热心肠的同志送给我两瓶。一开瓶子塞儿,就是那么一股甜香;调上半杯一喝,甜香里带着//股清气,很有点鲜荔枝的味儿。喝着这样的好蜜,你会觉得生活都是甜的呢。

我不觉动了情,想去看看一向不大喜欢的蜜蜂。

荔枝林深处,隐隐露出一角白屋,那是温泉公社的养蜂场,却取了个有趣的名儿,叫"养蜂大厦"。一走近"大厦",只见成群结队的蜜蜂出出进进,飞去飞来,那沸沸扬扬的情景会使你想,说不定蜜蜂也在赶着建设什么新生活呢。

【作品 46 号】

海 燕

在苍茫的大海上，风聚集着乌云。在乌云和大海之间，海燕象黑色的闪电高傲地飞翔。

一会儿翅膀碰着海浪，一会儿箭一般地直冲云霄，它叫喊着，——在这鸟儿勇敢的叫喊声里，乌云听到了欢乐。

在这叫喊声里，充满着对暴风雨的渴望！在这叫喊声里，乌云感到了愤怒的力量、热情的火焰和胜利的信心。

海鸥在暴风雨到来之前呻吟着，——呻吟着，在大海上面飞窜，想把自己对暴风雨的恐惧，掩藏到大海深处。

海鸭也呻吟着，——这些海鸭呀，享受不了生活的战斗的欢乐：轰隆隆的雷声就把它们吓坏了。

愚蠢的企鹅，畏缩地把肥胖的身体躲藏在峭崖底下……只有高傲的海燕，勇敢地、自由自在地，在翻起白沫的大海上面飞翔。

乌云越来越暗，越来越低，向海面压下来；波浪一边歌唱，一边冲向空中去迎接那雷声。

雷声轰响，波浪在愤怒的飞沫中呼啸着，跟狂风争鸣。看吧，狂风紧紧抱起一堆巨浪，恶狠狠地扔到峭崖上，把这大块的翡翠摔成尘雾和水沫。

海燕叫喊着，飞翔着，像黑色的闪电，箭一般地穿过乌云，翅膀刮起波浪的飞沫。

看吧，它飞舞着像个精灵——高傲的、黑色的暴风雨的精灵，——它一边大笑，它一边高叫……它笑那//些乌云，它为欢乐而高叫！

这个敏感的精灵，从雷声的震怒里早就听出困乏，它深信乌云遮不住太阳,——是的,遮不住的!

风在狂吼……雷在轰响轰响……

一堆堆的乌云像青色的火焰,在无底的大海上燃烧。大海抓住金箭似的闪电,把它熄灭在自己的深渊里。闪电的影子,像一条条的火舌,在大海里蜿蜒浮动,一晃就消失了。

——暴风雨!暴风雨就要来啦!

这是勇敢的海燕,在闪电之间,在怒吼的大海上高傲地飞翔。这是胜利的预言家在叫喊:

——让暴风雨来得更猛烈些吧!……

【作品47号】

高楼远眺

住在十几层的高楼上,每天都能凭窗远眺,俯瞰着广袤和辽阔的世界。

黎明时分,张望着东方白茫茫的云雾中,一轮血色的太阳,从多少耸立着的高楼背后冉冉升起,觉得它离自己好近啊,还猜测着纵横交错排列成一长串队伍的高楼里,也应该有数不清的人们,同样都热情澎湃地欢呼它艳丽的光焰。比起在大平原上、浩瀚的海边,或峰峦的顶巅观望日出,心中竟有着完全不同的感受,那儿是寂寞的、孤独的、忧郁的,这儿却是热闹的、昂扬的、欢快的。

站在高楼里面,眺望左右前后的高楼,比起在马路上翘首仰视,要从容镇静和悠闲自在得多。那方方正正伸向空中的大厦,真像古代庄严的城堡,而在它旁边矗立着的多少高楼,却像挺拔的峭岩、圆圆的宝塔,漂亮的戏台,或者是启碇远航的轮船。

我曾有多少回踟躅于北京的大街小巷,我多么喜爱仰望北京城里蓊郁和葱茏的树木。那一片嫩绿的杨柳,使我想起青春的光泽,那伸向半空的榆树,和覆盖着茵茵草地的梧桐树,使我想起繁茂的人生;而一簇簇苍翠和浓密的松柏,却又使我想起沉重和坚韧的日子。可是当我在高楼上俯视大地时,簇拥//在一座座大厦的周围,替它们点缀着色彩的树木,竟变得十分的细小,似乎在观赏盆景里纤巧的树枝。

在今天飞腾的年代里,高楼大厦象雨后的春笋那样,纷纷冒出了地面。这洋溢着立体感的美景,显示了北京已经成为真正的大都市。

【作品48号】

十渡游趣

仲夏,朋友相邀游十渡。在城里住久了,一旦进入山水之间,竟有一种生命复苏的快感。

下车后,我们舍弃了大路,挑选了一条半隐半现在庄稼地里的小径,弯弯绕绕地来到了十渡渡口。夕阳下的拒马河慷慨地撒出一片散金碎玉,对我们表示欢迎。

岸边山崖上刀斧痕犹存的崎岖小道,高低凸凹,虽没有"难于上青天"的险恶,却也有踏空了滚到拒马河洗澡的风险。狭窄处只能手扶岩石贴壁而行。当"东坡草堂"几个红漆大字赫然出现在前方岩壁时,一座镶嵌在岩崖间的石砌茅草屋同时跃进眼底。草屋被几级石梯托得高高的,屋下俯瞰着一弯河水,屋前顺山势辟出了一片空地,算是院落吧!右侧有一小小的蘑菇形的凉亭,内设石桌石凳,亭顶褐黄色的茅草像流苏般向下垂泻,把现实和童话串成了一体。草屋的构思者最精彩的一笔,是设在院落边沿的柴门和篱笆,走近这儿,便有了"花径不曾缘客扫,蓬门今始为君开"的意思。

当我们重登凉亭时,远处的蝙蝠山已在夜色下化为剪影,好象就要展翅扑来,拒马河趁人们看不清它的容貌时豁开了嗓门韵味十足地唱呢!偶有不安分的小鱼儿和青蛙蹦//跳成声,像是为了强化这夜曲的节奏。此时,只觉世间唯有水声和我,就连偶尔从远处赶来歇脚的晚风,也悄无声息。

当我渐渐被夜的凝重与深邃所融蚀,一缕新的思绪涌动时,对岸沙滩上燃起了篝火,那鲜亮的火光,使夜色有了躁动感。篝火四周,人影绰约,如歌似舞。朋友说,那是北京的大学生们,结伴来这儿度周末的。遥望那明灭无定的火光,想象着篝火映照的青春年华,也是一种意想不到的乐趣。

【作品49号】

海滨仲夏夜

夕阳落山不久,西方的天空,还燃烧着一片橘红色的晚霞。大海,也被这霞光染成了红色,而且比天空的景色更要壮观。因为它是活动的,每当一排排波浪涌起的时候,那映照在浪峰上的霞光,又红又亮,简直就像一片片霍霍燃烧着的火焰,闪烁着,消失了。而后面的一排,又闪烁着,滚动着,涌了过来。

天空的霞光渐渐地淡下去了,深红的颜色变成了绯红,绯红又变成浅红。最后,当这一切红光都消失了的时候,那突然显得高而远了的天空,则呈现出一片肃穆的神色。最早出现的启明星,在这蓝色的天幕上闪烁起来了。它是那么大,那么亮,整个广漠的天幕上只有它在那里放射着令人注目的光辉,活象一盏悬挂在高空的明灯。

夜色加浓,苍空中的"明灯"越来越多了。而城市各处的真的灯火也次第亮了起来,尤其是围绕在海港周围山坡上的那一片灯光,从半空倒映在乌蓝的海面上,随着波浪,晃动着,闪烁着,像一串流动着的珍珠,和那一片片密布在苍穹里的星斗互相辉映,煞是好看。

在这幽美的夜色中,我踏着软绵绵的沙滩,沿着海边,慢慢地向前走去。海水,轻轻地抚摸着细软的沙滩,发出温柔//的刷刷声。晚来的海风,清新而又凉爽。我的心里,有着说不出的兴奋和愉快。

夜风轻飘飘地吹拂着,空气中飘荡着一种大海和田禾相混合的香味,柔软的沙滩上还残留着白天太阳炙晒的余温。那些在各个工作岗位上劳动了一天的人们,三三两两地来到这软绵绵的沙滩上,他们浴着凉爽的海风,望着那缀满了星星的夜空,尽情地说笑,尽情地休憩。

【作品50号】

济南的冬天

对于一个在北平住惯的人,象我,冬天要是不刮风,便觉得是奇迹;济南的冬天是没有风声的。对于一个刚由伦敦回来的人,象我,冬天要能看得见日光,便觉得是怪事;济南的冬天是响晴的。自然,在热带的地方,日光是永远那么毒,响亮的天气,反有点叫人害怕。可是,在北中国的冬天,而能有温晴的天气,济南真得算个宝地。

设若单单是有阳光,那也算不了出奇。请闭上眼睛想:一个老城,有山有水,全在天底下晒着阳光,暖和安适地睡着,只等春风来把它们唤醒,这是不是理想的境界?小山整把济南围了个圈儿,只有北边缺着点口儿。这一圈小山在冬天特别可爱,好象是把济南放在一个小摇篮里,它们安静不动地低声地说:"你们放心吧,这儿准保暖和。"真的,济南的人们在冬天是面上含笑的。他们一看那些小山,心中便觉得有了着落,有了依靠。他们由天上看到山上,便不知不觉地想起:明天也许就是春天了吧?这样的温暖,今天夜里山草也许就绿起来了吧?就是这点幻想不能一时实现,他们也并不着急,因为这样慈善的冬天,干什么还希望别的呢!

最妙的是下点小雪呀。看吧,山上的矮松越发的青黑,//树尖上顶着一髻儿白花,好象日本看护妇。山尖全白了,给蓝天镶上一道银边。山坡上,有的地方雪厚点,有的地方草色还露着;这样,一道儿白,一道儿暗黄,给山们穿上一件带水纹的花衣;看着看着,这件花衣好象被风儿吹动,叫你希望看见一点更美的山的肌肤。等到快日落的时候,微黄的阳光斜射在山腰上,那点薄雪好象忽然害羞,微微露出点粉色。就是下小雪吧,济南是受不住大雪的,那些小山太秀气。